고집불통 송강평전

당대 최고의 학자와 문인들이 교유하던 소쇄원 내의 제월당(霽月堂)

송강정(松江亭)의 전경. 송강의 6대 자손인 재(裁)인 죽계공(竹溪公)이 중건하였다

부용당(芙蓉塘). 1970년 국비로 복구하였고 이후에 부용당(芙蓉堂)으로 중건하였다
성산별곡에 '홍백연(紅白蓮) 섞여 피니 만당(滿堂)에 향기(香氣)로다' 하는 구절이 현판에
쓰여져 있다

환벽당(環碧堂). 김윤제가 그의 집 뒤에 지은 별당으로, 이곳에서 낮잠을 자다가 용의 꿈을 꾼 뒤 소년이었던 송강 정철을 발견했다고 한다

송강의 문학에 큰 영향을 주었다는 송순의 면앙정 전경

사미인곡, 속미인곡의 산실인 송강정의 오른쪽에 있는 죽록정(竹綠亭)의 전경

송강의 묘소. 충북 진천군 문백면 지장산에 모셔져 있다

송강의 성주본(星主本) 가사집으로 관동별곡, 속미인곡, 사미인곡등이 수록되어 있다

송강의 친필로써 송강사(松江祠)기념관에 있다

송강의 송강집. 목판(木版)이 장서각(藏書閣)에 보관되어 있다

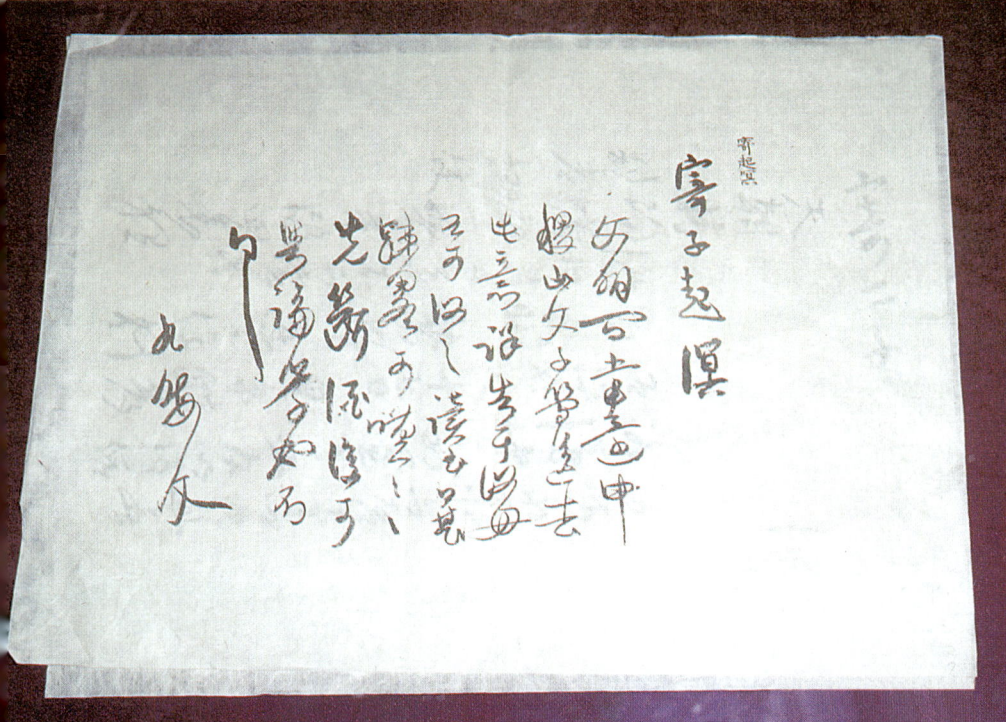

송강의 친필로써 송강사(松江祠)기념관에 있다

송강의 어부사시사

면앙정의 현판들. 송순이 제자들에게 지어주었다는 시가 걸려 있다

고집불통 송강평전

박영주 지음

고요아침

■ 책머리에

송강, 그 깊고 푸른 강의 형상

역사의 숲에 난 길

역사라 불리우는 숲에는 사람들이 걸어다녀 생긴, 사람의 흔적이 완연한 길들이 나 있다. 어떤 길은 넓고 뚜렷하여 누구나 알아보기 쉽다. 또 비뚤어지거나 구불구불하여 어디에서 꺾이고 끝나는 지 알 수 없는 길도 있고, 다정다감한 오솔길도 있다. 길은 그 사람의 인생역정이다.

그 길들을 걷노라면 참으로 많은 이야기를 듣게 된다. 사람의 형체는 보이지 않지만, 놀라워라, 목소리 만큼은 선명하다. 사람은 죽어서 어떤 식으로든 그 삶의 자취를 남긴다. 그래서 오늘날까지도 살아 숨쉬며 우리에게 말을 건네고, 사람살이의 개연성 속에서 오늘의 삶을 성찰하게 한다.

그래서인지 역사의 숲에 난 길들을 걸으며 그들과 이야기하는 일은 참으로 벅차고 흥미롭다. 그것은 때로 본능적 열망에 가까운 호기심과 매력을 자아낸다. 사람은 누구나 자신에게 주어진 단 한 번의 삶을 보다 재미있고 가치있게 살고 싶어하기 때문이다. 또 시대와 환경은 바뀌었지만, '무엇을 어떻게 하며 살아가야 하는가?' 하는 문제는 시대를 초월하는 보편적 관심사이기 때문이다.

그런 면에서 역사의 숲에 난 길들은 제각기 감당해 내었던 삶의 부피와 무게를 안고 있다. 특히 관심의 초점을 길 내부로 옮겨보면, 어떤 길이든 평탄한 경우가 흔치 않다는 사실을 실감한다. 길 도중에는, 그것이 얕고 잔잔한 개울이든 거세게 굽이치는 물살이든, 건너야 할 시련이 있게 마련이다. 때로 버겁기만한 언덕과 고개, 가파른 계곡과 벼랑도 적잖게 나타난다. 그만큼 인생역정은 우여곡절의 연속이며, 변화무쌍하기조차 하다는 말일 것이다.

그렇기에 역사의 숲에 나 있는 길들은 우리에게 들려 줄 새삼스러운 이야기들을 숱하게 간직하고 있다. 따라서 그런 길들을 찾아 떠나는 여행은, 크게 보아 우리가 딛고 서 있는 삶의 토양을 다시 새롭게 일구는 일이라고 할 수 있다. 전통 문화유산이란 오늘의 나를 설명해 줄 수 있는 논리적 근거이자, 우리 삶의 질을 높이는 계기를 마련해 주는 자양분 역할을 하기 때문이다.

중요한 것은, 이와 같은 우리의 자각과 인식의 계기들이 그 원칙적 타당성에 걸맞는 시각과 방법을 통해 어떻게 의미있는 것으로 구현되느냐 하는 데 있다. 그런 면에서 거듭 논의할 필요가 있는 것은 전통 문화유산에 접근하는 바람직한 태도와 수용 방법이다. 이 문제는 바로 우리의 역사적 인물 탐구 여행에 필수적으로 수반되는 이정표 역할을 한다는 데 중요한 의미가 있다.

지나간 시대의 행적이나 문화를, 한 때는 빛을 발하였지만 이제는 다만 녹이 슨 훈장으로 여기거나, 선반 위에 고이 모셔놓은 골동품 도자기처럼 취급해서는 곤란하다. 그것이 아무리 소중하고 가치있는 것이라 할지라도, 거기에 깃든 정신이나 생활의 실제에 관심을 기울이지 않을 때, 그것은 '자랑스러운 그 무엇'이라는 추상적 의미 이외의 다른 무엇이기 어렵기 때문이다. 그것을 계승·발전시키고자 하는 의지와 함께 오늘의 관점에서 창조적으로 가치전환할 필요를 느낄 때에야 비로소 실질적인 의미를 지니는 것이다.

오늘날 우리의 삶과 문화라는 것이 민족적 동질성에 기초하고 있는 것이고 보면, 문화적 전통의 영향력은 여전히 다양한 경로를 통해 우리의 일상을 틀지운다. 따라서 우리의 탐구 여행이 실질적인 의미를 지니기 위해서는, 어떤 역사 시기의 문화유산이나 인물의 행적에 담겨 있는 '당대인의 삶의 실상―그 역사적 여건과 인간 이해'에 초점을 맞추어 나가는 일이 무엇보다도 중요하다. 이와 같은 면이 고려되지 않을 때, 그것은 단순히 우리 지식의 창고를 채우는 육중한 납덩이와 같은 존재일 따름이기 때문이다.

그러나 역사의 저 편에 서 있는 사람들은 자신의 모습을 쉽사리 드러내 보여주지 않는다. 그들은 우리가 부단한 관심과 애정을 가지고 말을 건넬 때, 그리하여 그들이 살았던 시대의 진실을 향해 다가갈 때에야 비로소 마음을 열어 보인다.

우리가 일상의 대인관계에서도 절감하듯, 어떤 사람을 진정으로 좋아해야 비로소 이해의 길이 열리는 게 아닌가 싶다. 그래서 우리는 역사적 인물들이 남긴 삶의 자취들 가운데서 아무래도 긍정적인 면들을 주로 보게 된다. 그리고 어쩌면 자신이 평소 본받고자 하거나 닮은 데가 있다고 생각되는 인물에 대해서는 더욱 강렬한 관심과 애착을 가지게 되고, 존경하는 인물상으로 삼기까지 한다. 물론 당대 역사적 상황과 삶의 진실에 충실했던 인물들은 시대를 초월해 공감되게 마련이다. 중요한 것은 그 실상에 이르는 우리의 태도와 방법인 것이다.

그런 의미에서 오늘날과 시간적 · 공간적으로 떨어져 있는 시대의 인물을 이해하는 일은 쉽지 않은 과정임에 틀림없다. 게다가 오늘을 살아가는 우리의 기준과 논리로만 본다면, 진정한 이해란 얻어지기 어렵다.

누군가를 이해한다는 것은 그가 처해 있던 여러 정황들을 고려한 차원에서 그 인물이 추구했던 가치와 행위를 파악하고, 그것을 다시 우리 삶의 보편적 기준에 비추어 판단 · 수용하는 일일 것이다.

사람은 더불어 존재한다. 그 존재 양태와 삶의 내용은 시대에 따라 문화적 배경에 따라 그야말로 제각각이다. 이렇듯 다양한 삶을 체험하는 일, 그리고 이러한 체험을 통해 풍부한 통찰력을 길러 올바른 삶과 인간의 의미를 찾고 발견하는 일이, 우리 삶의 좌표 가운데 하나임에는 의문의 여지가 없을 것이다. 역사적 인물을 탐구하는 과정에 개재하는 우리의 호기심과 매력은, 의식의 표면 위에 이런 점들을 보다 분명한 형태로 착상시키고자 하는 열망에서 비롯되는 것이 아닐까 싶다.

더욱이 오늘날 우리가 진지하게 검토할 문제 가운데 하나가, 서구 중심주의에 대한 반성과 그 대안으로서의 민족적 주체성을 확립하는 일이라는 사실을 상기한다면, 우리 역사에 뚜렷한 자취를 남긴 인물을 탐구하는 일은 더욱 각별한 의미를 갖는다고 할 것이다.

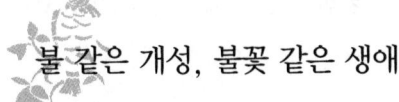

불 같은 개성, 불꽃 같은 생애

이 책에서 찾아 나선 인물은 송강 정철(1536~1593)이다.

야심만만한 정치가, 우리 문학사 최고의 시인, 수많은 정적政敵을 제거해 버린 매파의 우두머리, 당대 인격자들과 평생 우의를 다진 최고 엘리트. 이렇듯 전혀 어울릴 것 같지 않은 이질적인 형상들로 비추어지는 송강. 그는 권력 지향형의 현실주의자인가? 당쟁에 휩쓸려간 이상주의자인가?

그의 자는 계함季涵, 호는 송강松江이 가장 널리 알려진 것이고, 임정臨汀·칩암蟄庵이라는 호도 있다. 송강이라는 호는 전라남도 담양 창평에 있는 죽록천竹綠川의 별칭에 말미암은 것이고, 임정은 그의 본관 영일迎日의 옛 이름에서, 그리고 칩암은 그가 한 때 경기도의 옛 현인 음죽陰竹에 칩거하며 지낸 적이 있었던 데 말미암은 것이다.

송강이 생존·활동했던 16세기 중엽에서 말엽에 이르는 기간은, 조선 왕조 건국과 함께 시작된 새로운 체제 확립과 문물의 창조·정비 등이 크게 한 단락 지어지고, 바야흐로 또다른 변화와 발전을 위한 움직임들이 다방면에 걸쳐 제기된 시기다. 그 가운데서도 특히 주목할 만한 사실은 이른바 사림士林이라는 사회 세력이 우리 역사상에 등장하여, 마침내 이 시기에 이르러 기존의 훈구·척신勳舊 戚臣 세력을 밀어내고 집권 세력을 형성하였다는 사실이다. 송강은 바로 사림 출신이다.

사림 세력의 형성 및 집권 이후의 동향과 관련하여 우리 역사는 엄청난 격변의 소용돌이를 겪는다. 정치적·사회적 입장이 다른 사대부들 사이의 대립과 갈등으로 빚어진 사화士禍와 당쟁黨爭이야말로, 그 격변의 소용돌이를 일으켜 나간 태풍의 눈이었다. 크게 네 차례에 걸쳐 일어난 사화는 신흥하는 사림 세력에 대해 기존의 훈구·척신 세력이 대대적으로 정치적 반격을 가한 결과라고 할 수 있다. 그리고 조선조 후기까지 지속된 당쟁은 선조宣祖 이후 집권 세력을 형성한 사림 내부에서 정론政論과 입지立地가 서로 다른 정파政派 간의 대립과 분열이라고 할 수 있다.

물론, 당쟁의 경우는 흔히 생각하듯 부정적 측면만을 지녔던 것은 아니다. 그것은 공도公道의 실현이라는 공동의 목표 아래 상호 비판과 견제로 정치를 이끄는 이른바 붕당정치朋黨政治의 활발한 실현 과정으로 이해될 수 있기 때문이다. 그러나 세부 실상이야 어떻든 사화에서 당쟁으로 이어지는 일련의 사태들로 인해, 나라가 어수선해지고 민생이 피폐해지는 것은 어쩔 수 없는 일이었다. 그리하여 이러한 지배층의 분열과 국력의 쇠퇴가 당시 혼란과 변혁의 기운에 싸여 있던 동아시아의 역사적 상황과 맞물리면서, 임진왜란(1592~1598)이라는 엄청난 민족적 위기 앞에 거의 속수무책이었던 결과를 낳았던 것으로 보인다.

송강은 이러한 역사 현실의 일선에서 대부분의 사태를 직접 체험하며 살았던 인물이다. 그는 당대 이름있는 사대부 지식인들이 그랬듯, 학자면서 정치가였고 문인이었다. 그의 일생은 타고난 성격이 범상치 않았던 데다 역사 격변기를 살았던 만큼, 파란만장한 삶 바로 그것이었다.

따라서 우리에게 들려주는 이야기가 많을 것은 물론, 그 내용 또한 남다른 바가 있다.

송강은 스스로가 옳다고 믿는 바에 대해서는 그 뜻을 추호도 굽히지 않았다. 민본民本과 훈민訓民을 위정이념으로 삼은 왕조시대를 살면서, 그 자신 바람직하다고 생각하는 경국제민의 뜻을 타고난 기질에 충실하여 펴 나갔다. 그리하여 자신의 뜻을 실천에 옮기는 과정에서 파란만장한 삶을 자초하기도 했다. 당쟁의 한 복판에 서서 자신의 신념과 의지를 거침없이 밀고 나간 정치가였는가 하면, 우리 문학사상 불후의 명작들을 창작해 낸 문인이었고, 무엇보다도 우리네 인간의 유한한 삶을 이해하고 즐길 줄 아는 풍류인이요, 타고난 재인이었다.

이 책은 이처럼 우리 역사의 숲에 큰 길을 남긴 송강의 일대기를, 그의 생애에서 큰 전환점이 된 사건과 시기별 특징들을 고려하여 쓴 글이다. 그의 행적을 더듬어 나가면서 우리는 송강이라는 인물 특유의 품성과 인간적 풍모는 물론, 위대한 문인으로서의 자취와 작품 세계에 담겨진 특질, 또 평생을 두고 추구한 이념과 가치 등을 그가 생존·활동하던 시기 나라 안에서 전개되고 있었던 두드러진 역사적 동향들과 함께 살피게 될 것이다.

그리하여 그가 역사 격변기의 파란만장한 삶을 살아가면서 보고 느끼고 생각하고 행동한 모습들, 그리고 무엇보다도 천부적인 감성으로 노래한 그의 주옥같은 문학 작품들을 이해·향수할 수 있는 기회를 갖게 될 것이다. 또, 역사의 숲에 큰 길을 남긴 이들의 삶이 그렇지만 송강의 경우 오늘날까지도 다양한 평가가 내려지고 있는 만큼, 탐구 여정을 마무리하는 시점에서는 그의 다양한 얼굴과 역사적 평가를 아우를 것이다.

그런데, 송강이 그려나간 삶의 자취들을 더듬어 나가면서 우리는 참으로 흥미로운 사실을 실감하게 된다. 그는 특히 성장 환경·기질과 품성·작품 경향·삶에 대한 지향의식 등의 면에서 퍽이나 대조적인 측면을 지니고 있으면서도, 어느 국면에 이르러서는 이런 대조적 측면들이 특유의 개성과 더불어 조화 · 통일된 형상으로 우리 앞에 그 실체를 드러내기 때문이다. 그만큼 다채로우면서도 복합적인 형상을 지닌 인물이 바로 송강이다. 따라서 이 책에서는 이와 같은 송강의 개성과 인물형상을 부분적 측면의 대조보다는 그가 그려나간 삶의 총체적 국면에서 탐구 · 해명하는 데 주안점을 두기로 하겠다.

송강은 불 같은 개성으로 불꽃 같은 생애를 살았지만, 그가 역사의 대지 위에 남긴 행적들은 깊고 푸른 강물을 이루어, 오늘도 우리 곁으로 흐른다. 우리는 송강에게서 역사 격변기를 헤쳐나간 문인 지식인의 한 전형을 본다. 그는 강렬하게 느끼고 주체적으로 사고했으며, 지식인다운 의지와 용기로써 행동했다. 그리하여 자신의 시대가 제기하는 삶과 사회 문제들에 누구보다도 적극적으로 대처해 나갔다. 특히 그가 남긴 문학 작품들은 자신이 겪어 나간 삶의 기록이자, 대대로 공감의 지평을 열어 준 사유와 감성의 결정체라 할 수 있다. 오늘날, 21세기를 살아가는 또다른 격변의 시대에, 우리가 송강의 생애와 문학에 각별한 관심을 기울여야 하는 이유가 바로 여기에 있다.

송강의 생애와 행적에 관련된 기록들은 그가 남긴 문집들과 함께 『국역 송강집』(송강유적보존회, 1988)으로 묶여, 관련 자료 대부분이 원문과 함께 정리 · 출간된 바 있다. 송강 관련 서술 및 작품 인용은 주로 이 책에 의거하되, 가급적 어려운 용어들을 피하여 쉽게 풀어쓰려고 애썼다. 보다 자세한 내용을 필요로 하는 이들은 이 책 뒤쪽에 실려 있는 송강관계 문헌 및 참고논저 목록을 참조하기 바란다.

차례

■ 책머리에
  송강, 그 깊고 푸른 강의 형상 18

1. 왕자의 친구에서 유배지 체험까지
  송강, 그 평온했던 샛강 · 출렁이는 물결 29
  도약하던 정씨 가문의 막내 32
  왕자의 친구 36
  을사사화, 그리고 유배지 생활 39
  김윤제와의 운명적 만남 43

2. 최고 엘리트로의 수련
  송강, 그 맑고 차가운 물 46
  당대 최고의 지성, 하서와 고봉의 제자가 되다 49
  호남시단의 맹주들 아래서 60
  율곡 · 우계와의 평생 우정 68
  지식인 그룹의 중심에 서다 78

3. 화려하게 내딛은 관료 · 시인의 역정
  송강, 그 길을 잡는 물줄기 89
  정치가로서의 경륜을 쌓다 109
  탁월한 감수성의 젊은 시인 118
  어버이의 죽음과 시묘살이 122

차례

4. 당쟁의 소용돌이와 굽이치는 행로
송강, 그 세차고 막힘 없는 물살 128
당쟁의 소용돌이 속에서 133
거듭되는 정치무대에의 진퇴 145
송강이 지향한 출과 처 158
현실주의자로서의 이념과 서정성 175

5. 시인·풍류가로서의 전성시대
송강, 그 만물을 머금은 물속 191
창평의 향리생활과 식영정 4선 194
시름과 풍류의 벗, 술과의 인연 203
빼어난 시문학에 깃든 정서와 미학 221

6. 파란만장의 조정, 우여곡절의 송강
송강, 그 파란곡절을 헤쳐나가는 물길 250
화려한 재등장과 기축옥사 253
정승의 자리에서 귀양살이로 262
임진왜란과 마지막 충정 271

차례

7. 쓸쓸한 최후와 사후의 시비
송강, 그 노을진 저녁 풍경 283
힘겨운 만년 286
강화 송정촌에서 살별로 지다 293
남겨진 사람들과 아버지 송강 298
100년 동안 잠들지 못한 시신 303

8. 역사의 거울에 비추어진 송강의 얼굴
송강, 그 넓고도 깊은 강 309
호방하면서도 다감한 풍류인 312
당쟁의 중심에 선 정치가 322
영원히 살아 숨쉬는 시인 330

■ 글을 마치며
송강, 그 격정적 사대부 문인의 초상 340

부록
간추린 송강 연보 345
송강 관련 자료 및 참고논저 목록 353

송강 영정

1. 왕자의 친구에서 유배지 체험까지

송강, 그 평온했던 샛강 · 출렁이는 물결

강은 애초에 작은 샘이나 실핏줄 같은 지류에서 시작된다. 그러다가 여기저기 골짜기를 지나면서 작은 물줄기를 이루고, 다시 솔 숲을 거치면서 시내를 이룬다. 아마도 이 시냇물이 점차 낮은 곳, 그리하여 사람들이 모여 사는 구릉과 평지에 가까워지면서 이름이 붙게 되고, 그제서야 비로소 강이라 불려지게 되는 것으로 보인다.

이렇듯 강은 이름이 붙기까지 여러 행로를 거친다. 그리고 다채로운 물상을 겪게 하는 그 행로의 굽이들은, 대개 강의 특성과 흐름을 틀 지운다. 우리 삶이 그러하듯이.

산골에서 솟아나 흐르는 물아,	流水峽中出
멀리멀리 가느냐 어느 곳으로.	沼沼何所之
네 능히 큰 강물에 이를 양이면,	爾能達江漢
그윽한 내 생각 부치고지고.	吾欲寄幽思

송강의 「얼른 떠오르는 생각을 읊다偶吟」라는 5언절구다. 벼슬길에서 물러나 전원에 묻혀 지내던 어느 해에 지은 작품으로 보인다. 자신의 심성과 의지를 산골에서 솟아 흐르는 물에 견주어, 그처럼 맑고 순수한 정성을 멀리 큰 강물—사회 현실 혹은 임금이 계시는 대궐에까지 전하고 싶다는 노래다.

근원이야 저마다 다르겠지만, 맑은 산골에서 솟아나 흐르는 물처럼, 애초 우리네 삶도 그렇게 시작된다. 구비구비 계곡을 돌아 흐르면서, 바위를 만나 꺾이고 더러 웅덩이 되어 머문 흔적을 남기면서, 점차 자신의 형체—자신이 지향하는 삶의 물줄기를 갖추어 간다. 그리하여 마침내 다른 물줄기들이 섞여 흐르는 큰 강물에 이르게 된다. 아니, 그 자신 또하나의 이름을 가진 큰 강물이 되기도 한다.

송강 역시 처음에는 조그마한 지류에 지나지 않았다. 도도하게 흐르는 큰 강줄기의 중간에서 생겨난 것도 아니었고, 작은 물줄기에서 곧바로 넓고 깊은 물살로 흐른 것도 아니었다. 그러나 그 원천은 고려 왕조에까지 거슬러 올라간다.

조상 대대로 내로라 하는 가문은 아니었으나, 뼈대 있는 집안임에는 틀림 없었다. 송강 부모대에 이르러 왕실과 인척관계를 맺으면서 집안이 크게 펴나갔고, 벼슬살이에 우여곡절이 많았으나 결국 송강 자신이 정승의 자리에까지 올랐기에, 그를 가문의 중흥조中興祖라 일컫기도 한다.

송강이라는 이름이 붙기 전, 그 작은 물줄기는 참으로 평온하였다. 눈에 띄는 개성까지야 그때부터 나타나지는 않았지만, 그렇다고 아무런 특성도 없이 그저 그런 물줄기로 그치고 말 형상도 아니었다. 송강의 유년은 앞으로 전개될 숱한 우여곡절을 깊숙히 간직한 채, 작지만 쾌활한 물줄기를 이루며 흐르고 있었다. 궁궐에 드나들며 왕자들과 벗하며 놀기도 했으니, 크게 부러울 것도 부족한 것도 없는 유년시절은 분명 복받은 일임에 틀림없었다.

그러나 그처럼 평온하던 샛강에 거친 비바람이 몰아치기 시작했다. 조선왕조를 줄곧 뒤흔들었던 사화에 집안이 참혹한 화를 입는 것이다. 그의 나이 10살 무렵, 아직 강의 형체를 온전히 갖추기도 전이었다. 하여 강물은 세차게 출렁거렸고, 비바람에 휩쓸려 아주 먼 곳으로까지 옮겨가게 되었다.

너무도 뜻밖이었기에, 아무런 의욕조차 생기지 않았다. 스스로의 흐름을 읽으면서 문자를 익히고 삼라만상에 눈 뜰 나이였건만, 예기치 않은 고난은 배움에 접어드는 길을 늦추고 있었다. 북에서 다시 남으로, 길은 험하고 해는 또 별 의미 없이 떴다가 졌다.

산 마루에 달이 뜨자 시냇물 건너가니,	嶺月初生度夜溪
모래와 돌 환히 보여 동서가 분명터니,	分明沙石各東西
그늘진 비탈에는 밝은 빛이 오질 않아,	淸輝不到陰崖裏
골짜기를 들어서니 갈 길이 희미하네.	入谷還愁去路迷

「밤길을 가다夜行」라는 송강의 7언절구다. 달빛 환한 시냇가를 걷다가, 시냇물 건너 어두컴컴한 골짜기에 접어든 심경을 노래하고 있다. 주위의 모래와 돌까지도 분명하게 보이던 길을 걷던 처지에서, 이제 방향이며 윤곽조차 분간하기 어려운 길을 가야하는 처지가 참으로 암담하기만 하다.

송강이 현실의 자장권磁場圈에서 밀려나 생활하게 된 장년의 어느 해에 지은 작품이겠지만, 어린시절 유배지 생활의 처지와 심경이 바로 이와 같지 않았을까 싶다. 이렇듯 어두운 밤길을 걸어가야 하는 암담한 현실 앞에서, 부모 형제며 자신인들 무슨 의욕이 생겼겠는가. 설령 의욕이 생겼다 하더라도, 달리 어찌할 도리가 있었겠는가.

아버지를 따라 유배지 생활을 전전하기 7년, 송강의 유년과 소년은 그렇게 소리도 없이 지나갔다. 그러나 새로운 삶의 햇살은 먹구름 뒤에서도 항상 빛나고 있는 법. 마침내 아버지의 유배가 풀리면서 비바람이 멎자, 남녘으로부터 서서히 맑은 하늘이 열리기 시작했다. 그의 나이 16살 되던 해였다.

송강 집안이 고난의 늪에서 벗어나 새로운 삶의 터전을 마련한 곳은 남도의 한 복판, 아늑한 대숲의 고장이었다. 백일홍이 만발한 개울이 있었고, 솔숲 위로 별무리 지는 산이 있었다. 거기에 깃들어 살게 되면서, 비바람에 출렁이던 물결도 차츰 잦아들었다. 그리하여 이리저리 떠돌던 물줄기가 바로잡히게 되자, 강은 다시 서서히 형체를 갖추기 시작했다. 제법 큰 물줄기로 뻗어나갈 채비를 하면서, 그러나 아직은 더딘 흐름을 이루고 있었다.

예정된 우연은 필연이라고 했던가? 인연의 고리는 참으로 기묘했다. 마치 그곳에서 내내 기다리고 있었다는 듯, 송강은 그의 총명을 한눈에 알아보는 노선비의 눈에 띄게 되었다. 마침내 본격적인 배움의 길이 거기에서 열렸다.

심신이 평온해지니 초목도 새삼 새로웠다. 큰 물살을 꿈꾸며 대장부의 기개를 기르던 17살에는, 월하노인(月下老人:부부의 인연을 맺어주는 신)이 점지해 준 배필을 만났다. 이제 눈 앞에 펼쳐진 새로운 세계를 향해, 강은 서서히 긴 여정을 준비하고 있었다.

도약하던 정씨 가문의 막내

송강 정철松江 鄭澈은 1536년(조선 중종 31년) 윤 12월 6일 서울 장의동藏義洞에서, 4남 3녀 중 위로 형 셋과 누나 셋을 둔 막내로 태어났다. 당시의 장의동은 지금의 자하문 근처 종로구 청운동淸雲洞 일대에 해당한다. 현재 청운 초등학교 입구에 그의 생가터임을 알리는 기념표석이 세워져 있다.

송강의 아버지는 왕실 친척들의 친목을 위해 설립된 사무 관청인 돈령부敦寧部의 판관判官 정유침鄭惟沈이며, 어머니는 죽산竹山 안씨安氏로서 대사간大司諫 안팽수安彭壽의 딸이다.

그의 본관은 영일迎日이며, 고려왕조 때 현감 벼슬을 한 정극유鄭克儒의 12대 손이다. 송강의 집안은 7대조 정홍鄭洪이 조선 왕조에 들어와 제학提學 벼슬을 한 이래로, 다음 대인 고조 정연鄭淵이 병조판서를 지낸 바 있고, 증조인 정자숙鄭自淑은 김제군수를, 그리고 조부 정위鄭潙는 건원릉참봉을 역임하였다.

사실, 조부와 부친은 윗대와 달리 관직에 나아가지 못하고 있었는데, 송강의 맏누이가 인종仁宗의 후궁 가운데 한 사람인 숙의(淑儀:내명부 종2품 벼슬로서 궁중에서 직무는 없고 임금의 교명을 받들면 빈으로 승격함)로 입궐하면서 관직을 제수받게 된 것이다. 송강의 맏누이는 뒤에 귀인(貴人:내명부 종1품 벼슬로서 정1품인 빈의 아래)으로 승격된다. 또한 훗날 송강이 입신출세하게 되자 부친은 영의정에, 조부는 좌찬성에, 증조는 이조판서에 각각 추증(追贈:종2품 이상 벼슬아치의 죽은 부·조부·증조부에게 벼슬을 부여하거나 직위를 높여주는 일)된다.

한편, 송강의 부모에 관한 이야기는 자세히 전하는 바 없으나, 집안 대대로 청렴·결백한 가풍을 이어왔으며, 특히 아버지 정유침은 효행과 우애로 이름났다고 한다. 어머니 죽산 안씨 역시 천성적으로 효순孝順하여, 일찍이 아버지로부터 "내 딸의 효행은 열 아들 못지 않다."라는 말을 듣기도 했다. 부모 모두 온화한 성품으로 집안의 화목과 안정된 생활 태도를 갖추는 데 힘썼던 것으로 보인다.

송강의 형제들은 예기치 않게도 서로 상당히 다른 삶을 산다. 맏형인 자滋는 문과에 급제하여 이조정랑吏曹正郎이 되지만, 뒤에서 살필 을사사화乙巳士禍에 연루되어 일찍 죽는다. 또 둘째 형인 소沼 역시 을사사화가 가져온 참혹한 현실에 뜻을 잃어, 벼슬길을 포기하고 처가가 있는 전라도 순천으로 몸을 숨긴 후 다시 나오지 않는다. 그리고 셋째 형인 황滉은 황해도 해주로 몸을 숨기는데, 명종 연간에 군기사첨정軍器寺僉正이라는 관직을 제수받았다가, 후에 병조판서에 추증된다.

그런가 하면, 송강의 맏누이는 앞에서 언급한 것처럼 인종의 귀인이 되고, 둘째 누이는 부제학을 지낸 최홍도崔弘渡에게 출가하며, 막내 누이는 왕의 종실인 계림군 유桂林君 瑠에게 출가한다. 계림군은 성종의 후궁 소생 왕자 가운데 한 사람인 계성군桂城君의 아들이다.

이렇게 보면, 송강이 출생할 무렵 그의 집안은 당시로서 대단한 신분이나 위세를 지니고 있었던 것은 아닌 셈이다. 그러나 비교적 온화한 집안 분위기와 안정된 생활 여건을 갖추고 있었으며, 거듭된 왕실과의 혼인으로 집안이 새로운 도약의 시점에 놓여 있었던 것으로 보인다.

[송강의 가계도]

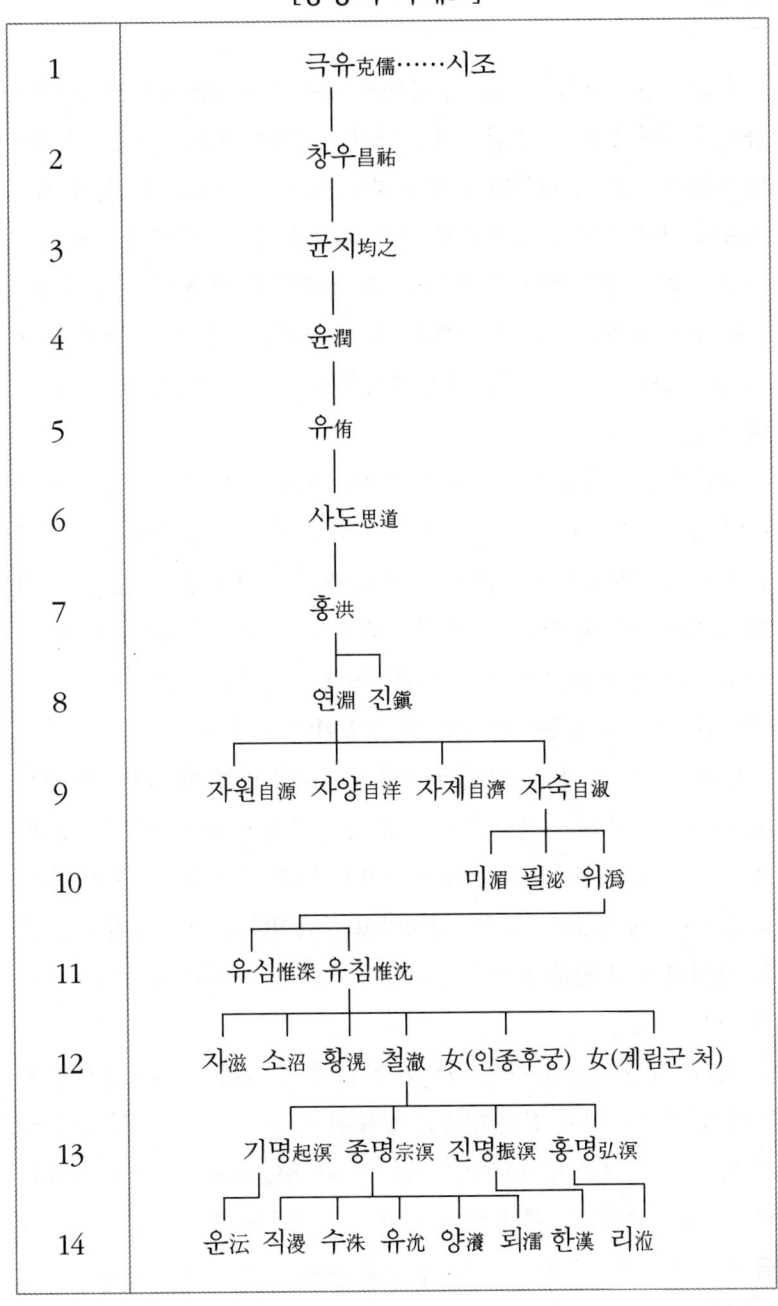

왕자의 친구에서 유배지 체험까지 35

왕자의 친구

송강의 유년시절은 10살 무렵까지 매우 다복했던 것으로 전한다. 특기할 만한 일은 그의 맏누이가 당시 세자였던 인종의 후궁-숙의였던 까닭에, 어렸을 때부터 궁중에 자주 드나들게 되었다는 사실이다. 더욱이 나중에 막내 누이까지 왕의 종실인 계림군에게 출가하면서, 그의 궁중 출입은 훨씬 더 자유롭고 빈번해진다. 그 동안 다소 침체되었던 집안이 왕실과 혼인을 맺음으로써 활기를 찾는 것과 함께, 막내인 송강으로서는 다른 어느 때보다도 유복한 환경에서 유년시절을 보내게 되었던 것이다.

송강의 궁중 출입은 누이 때문이기도 하지만, 따지고 보면 인척 사이인 왕자들과 어울려 노는 일에 중심이 놓여 있었다. 그리하여 송강은 유년시절부터 자형인 동궁(東宮:세자궁)과 친교를 쌓음으로써, 주위의 넘치는 사랑과 기대를 받으며 지내게 된다. 대궐을 천부天府, 즉 하늘에 있는 집 또는 하늘이 거처하는 집으로 불리던 시절이었으니, 그곳을 무시로 드나드는 일은 대단한 영광이었던 것이다.

사대부 집안의 자식으로서 궁중의 왕자들과 함께 어울려 노는 경험을 하기란 흔치 않은 일임에 틀림 없다. 송강은 당시 세자였던 인종의 배 다른 동생 경원대군(慶源大君:훗날의 명종)과 특히 우의가 두터웠다. 그리하여 경원대군과 거처도 같이하고 장난이나 놀이도 함께 하면서, 둘 사이에 쌓인 정분이 매우 두터웠다고 한다. 나이는 송강이 2살 아래였다.

이로부터 20년에 가까운 세월이 흐른 후 송강이 과거에 급제하자, 당시 임금의 지위에 있던 명종은 발표된 방목榜目을 보고서, 그의 아이 때 이름을 부르며 "아무개가 급제하여 올랐다지." 하면서 기뻐했다고 한다. 그리고는 특별히 술과 안주를 예닐곱 사람에게 지워 보내 급제 잔치를 도와주고, 또 방榜을 부를 때에는 서문 밖을 경유하여 가게 하였으니, 이는 성 위에서 친히 송강을 보고 싶어했기 때문이었다고 한다.

유년시절 경원대군을 위시한 왕자들과의 친교는 송강에게 많은 추억거리를 남겼으리라 생각한다. 더군다나 훗날 인종이 왕위에 오른 지 채 일년도 되지 않아 병으로 세상을 뜸으로써 문정왕후 소생의 경원대군이 왕위에 오르게 되는 사실을 감안할 때, 유년시절 그와의 친교는 남다른 의미를 지닌다고 할 것이다.

물론 명종이 정작 임금의 자리에 올라 통치하는 시기에 이르러서는, 송강은 왕실 친척 간에 일어난 살인·옥사 사건으로 명종과 상당 기간 불화하기도 한다. 그렇지만 어린 시절부터 쌓아 온 명종과의 우의와 정분이 명종 재위 기간 내내 그에게 적지 않은 힘이 되었던 것은 사실이다.

여기에서 잠시 언급해 둘 필요가 있는 것은, 과거 왕실에 속하는 인물들의 호칭이다. 이는 송강 집안이 당대 왕실과 외척外戚 간이었다는 사실 때문이기도 하지만, '경원대군'·'계림군'과 같은 왕실 인물들의 호칭이야말로 왕조사회와 궁중문화의 단면을 이해하는 데 도움되는 바 적지 않기 때문이다. 나아가 조선왕조는 왕실에 속하는 인물들에 의해 숱한 파란이 일어났다. 그리하여 누구 소생의 어느 왕자가 왕위를 잇는가에 따라 역사의 방향이 달라지기까지 하였다. 이 문제는 개국 초기부터 왕실의 커다란 분란거리였는데, 송강이 생존·활동하던 시기에도 예외는 아니었다.

우선, 왕은 왕비와 더불어 품계를 초월한 존재다. 그러나 왕의 부실副室인 후궁들은 모두 내명부內命婦의 품계를 받았다. 왕은 공식적으로 여덟 품계의 후궁을 거느릴 수 있었는데, 정1품 '빈'에서부터 종1품 '귀인', 정2품 '소의', 종2품 '숙의', 정3품 '소용', 종3품 '숙용', 정4품 '소원', 종4품 '숙원'이 그들이다. 후궁의 품계는 왕의 총애를 받은 정도, 즉 자녀를 생산하였는가·자녀 중에 왕자가 있는가·그 왕자가 세자가 되었는가의 여부에 따라 결정되었다. 인종의 후궁인 예의 송강의 맏누이는 처음에 '숙의'의 품계를 받았다가 후에 지위가 높아져 '귀인'의 품계를 받았던 것이다.

이처럼 왕실에 속하는 인물들은 특히 모계 쪽의 품계가 달랐던 관계로, 자연히 같은 왕자들이라 하더라도 등급에 차이가 있었다.『경국대전經國大典』에 따르면 왕비 소생의 왕자를 '대군'이라고 하고, 후궁 소생의 왕자는 '군'으로 칭한다고 정해 놓고 있다. 대군과 군의 차이는 바로 적서차별을 의미한다고 하겠는데, 이 점은 왕녀의 경우에도 마찬가지였다. 왕비 소생의 딸을 '공주', 후궁 소생의 딸을 '옹주'라 일컬었던 것이 그것이다.

그런데 왕비는 공식적으로 한 명일 수밖에 없으니 자연 후궁의 자식들이 많게 되고, 따라서 '대군'보다는 '군'의 수가 월등히 많았다. 물론 '군'으로 호칭된 왕자들 역시 왕위에 오를 수 있는 자격이 없었던 것은 아니다. 왕비 소생의 왕자가 없을 때에는 당연히 후궁 소생의 왕자가 왕위를 잇기 때문이다. 아울러 군의 칭호는 때로 후궁 소생의 왕자들 외에, 왕손이나 공신의 봉작으로서 붙는 경우도 있었다. 송강의 막내 누이는 성종의 후궁 소생 왕자들 가운데 한 사람인 계성군의 아들에게 출가했는데, 그가 바로 훗날 송강 집안에 엄청난 풍파를 몰고 오는 장본인인 계림군이다.

어떻든 당시의 세태를 감안할 때, 유년시절 송강의 궁중 출입과 왕자들과의 친교는 특기할 만한 일이라고 할 수 있다. 왕조시대 궁중의 후광은 매우 큰 위력을 발휘할 수 있었기 때문이다. 이렇듯 유년시절에 해당하는 10살 무렵까지의 송강은 정서적으로 안정되고 다복했던 것으로 보인다.

을사사화, 그리고 유배지 생활

그러나 송강의 나이 10살이던 1545년(명종 즉위년), 당대 사대부 사회에 엄청난 풍파를 몰고 온 을사사화乙巳士禍가 일어난다. 이 사건으로 인해 집안의 부형父兄이 화를 입게 되면서, 송강의 일생은 파란의 시발점에 서게 된다. 막내 누이의 남편인 계림군 유桂林君 瑠가 무고誣告에 의해 을사사화에 연루되어 처형되면서, 계림군의 처가인 송강 집안이 참혹한 화를 입게 되기 때문이다.

을사사화는 명종 즉위 이후 정국 주도권을 둘러싼 왕실 외척 간의 반목에서 빚어진 사림의 화옥禍獄으로, 윤원형尹元衡을 중심으로 한 소윤小尹 세력이 윤임尹任을 중심으로 한 대윤大尹 세력을 몰아낸 사건이다.

일찍이 중종은 왕비 신씨를 즉위 직후 폐위하여 후사가 없었는데, 제1계비 장경왕후章敬王后 윤씨에게서 인종을 낳고, 제2계비 문정왕후文定王后 윤씨에게서는 명종을 낳았다. 1545년 중종이 세상을 떠나고 인종이 즉위하자, 장경대비의 아우 윤임이 득세하여 이언적李彦迪·류관柳灌·성세창成世昌 등과 같은 사림의 명사들을 큰 벼슬로 많이 등용한다. 그리하여 사림은 일시 그 기세를 회복한다.

그러나 인종이 재위 8개월만에 승하하고, 나이 불과 12살의 명종이 즉위하여 문정대비가 수렴청정(垂簾聽政:왕대비가 신하를 대할 때는 그 앞에 발을 늘이던 데서 생긴 말로, 임금이 어린 나이로 즉위하였을 때 왕대비나 대왕대비가 정치를 대신하던 일)하게 되자, 이번에는 문정대비의 아우 윤원형이 득세한다.

이들 소윤 세력은 윤임 및 그 배경을 이루는 사림 세력을 제거하고 정국의 주도권을 장악하기 위해 계책을 꾸미는 한편, 윤원형의 첩 난정蘭貞으로 하여금 문정대비에게 대윤 일파가 역모를 꾸미고 있다고 무고하게 한다. 그리하여 마침내 윤임과 사림 세력은 역모죄로 몰리어 대대적인 화옥을 당한다. 이를 일러 을사사화라고 하는데, 이 과정에서 수많은 사람들이 희생되었던 것은 물론, 윤임의 생질(甥姪:누이의 아들)이며 송강의 매부였던 계림군 역시 역모의 주모자로 몰려, 처형되었던 것이다.

이와 같은 을사사화가 송강 집안에 던진 파문은 실로 컸다. 집안이 윤임 계열의 왕실과 인척관계에 놓여 있었던 터라, 화를 모면하기 어려운 처지일 것은 당연했다.

역모를 꾀했다는 혐의를 쓴 계림군은 처음에 궁궐에서 도망쳐 함경도 안변安邊의 황룡산黃龍山에 땅굴을 파고 숨었다고 한다. 사실이야 어떻든 왕조시대에 역모죄의 혐의가 지워지면 누구라도 살아남기 어렵다. 일단 도망하여 목숨을 보전하는 것이 상책인 지 모른다. 계림군 역시 그랬던 모양인데, 문제는 다음이다.

일이 이렇게 되자 그와 조금이라도 관계가 있는 사람들은 모두 체포되어, 경회루慶會樓 남쪽 뜰에서 고문을 당했다. 송강 집안에서도 계림군의 장인인 아버지와 처남되는 맏형이 잡혀가 고문을 당했다. 그리하여 송강의 아버지에게는 사위의 행방을 대라, 맏형에게는 매부의 행방을 대라고 사정없이 매질을 했다고 한다.

그러나 이들로서는 알 까닭이 없었다. 고문을 하던 이들은 말이 안 된다고 하면서 필시 곡절이 있는 모양이라는 혐의와 함께 고문을 그치지 않았다. 이 때 송강의 아버지는 자신 역시 고문을 당하면서도 아들이 모질게 고문당하는 것에 가슴이 아파, "내 아들이 억울하다는 것은 하늘이 안다." 면서 피눈물을 흘리니, 보는 이들도 눈시울이 뜨거웠다고 한다.

계림군은 결국 한 달 뒤에 붙들려 왔다. 관원들이 몰래 그의 하인의 뒤를 밟아 황룡산을 덮친 것이었다. 계림군은 갖은 고문을 당하였다. 쇠를 불에 달구어 지지는가 하면, 무릎을 틀에 넣고 비틀어 부수는 고문도 당했다. 그는 결국 죄를 인정하고 말아, 처형당했다.

그렇다고 송강의 아버지와 맏형이 풀려난 것은 아니었다. 당시 궁중에서 쓰는 술을 빚는 사온서司醞署의 책임자였던 아버지는 함경도 정평定平으로 유배되고, 이조정랑의 자리에 있던 맏형 자滋는 전라도 광양光陽으로 유배되었다. 송강의 아버지는 오래지 않아 유배에서 풀려난다. 그러나 맏형은 그렇지 못했다.

그런데 사태는 여기에서 그치지 않았다. 을사사화가 일어난 지 2년 후인 1547년(명종 2년), 이른바 '양재역良才驛벽서사건'이 다시 터진다. 문정대비의 수렴정치와 거기에 빌붙어 있는 간신배들이 나라를 망친다는 내용의 낙서가 전라도 양재역 벽에 나붙은 것이다. 이 사건 역시 소윤의 윤원형 세력이 반대 세력을 제거하기 위해 꾸민 악랄한 술책이었다.

사건이 터지자 소윤 세력들은 의도했던 바를 실행에 옮기기 시작했다. 우선 이런 글까지 나붙게 된 것은 지난 을사년 때의 처벌이 미흡했기 때문이라고 하면서, 그 때 관련자들 가운데 풀려나 돌아다니는 자들의 소행이 틀림없으니 다시 처벌하자고 나섰다. 요컨대 대윤의 잔당 세력들을 뿌리째 뽑아버려야 한다는 것이었다. 그리하여 이 사건을 계기로 또다시 많은 사람들이 붙들려 유배를 당했다. 송강의 아버지도 다시 붙들려, 이번에는 경상도 영일로 유배되었다.

특히 광양에서 만 2년 동안 유배생활을 하고 있던 송강의 맏형은 재차 붙들려 와 매를 맞고, 더욱 험한 함경도 두만강 가의 경원慶源으로 옮겨가게 되었다. 그는 포졸들에게 끌려 경원으로 가는 도중 서울에 당도했으나, 성 안에 들어가지 못하고 동대문 밖을 거쳐 북쪽으로 걸음을 재촉했다. 이 소식을 듣고 달려나간 어머니는 아들을 붙들고 통곡하면서, 자신의 속옷을 벗어 아들에게 입혀주었다고 한다. 아들이 싸움터에 나갈 때 어미의 속옷을 입고 가면 빨리 돌아온다는 옛말이 있다고 하면서……. 지나가던 사람들이 이 광경을 보고 눈시울을 적셨다고 한다. 그러나 어머니의 간절한 염원도 아랑곳없이, 송강의 맏형은 매맞은 상처가 심해 경원으로 가는 길에서 32살의 젊은 나이로 죽었다.

송강의 집안에 평지풍파를 몰고 온 유배는 형벌의 하나다. 유배란 원래 중한 죄를 범하였을 때 차마 사형에는 처하지 못하고, 먼 곳으로 보내어 죽을 때까지 고향에 돌아오지 못하게 하는 형벌이다. 그 종류에는 여러 가지가 있었지만, 대개 유배 지역 내에 일정한 장소를 지정하고 그곳에 유폐시키는 경우가 가장 많았다. 개인에 따라 구체적 양상은 다를 수 있지만, 그 자체가 혹독한 형벌임에 틀림없다고 할 것이다.

의금부나 형조에서 유배의 형을 받으면, 도사都事 또는 나장羅將들이 지정된 유배지까지 압송하여 고을 수령에게 인계하고, 수령은 죄인을 지키는 사람에게 위탁한다. 죄인을 지키는 사람은 그 지방의 유력자로서, 한 채의 집을 거처로 제공하고 죄인의 감시와 보호 책임을 졌다. 유배지에서의 죄인의 생활비는 그 고을이 부담하라는 특명이 없는 한 스스로 부담하는 것이 원칙이었으므로, 자연히 가족의 일부 또는 전부가 따라가게 마련이었다. 유배는 원래 기한이 없이 종신을 원칙으로 하였으나, 죄가 덜어지거나 단순한 자리 이동으로 유배지가 이동되기도 하고, 사면으로 형이 해제되기도 하였다.

어떻든 집안이 화를 당해 풍비박산되면서, 송강은 10대 초·중반의 시기를 아버지의 유배지를 따라다니며 고난에 찬 생활을 한다. 한창 지적·정서적으로 틀을 갖추어야 할 시기에 배움에 큰 뜻을 둘 수 없었음은 물론, 감수성이 예민한 시기에 절망과 허무가 주위를 가득 메운 상황에 내던져져 있었던 것이다.

어린 시절 물에 빠져 죽을 뻔한 경험을 한 사람은 물에 대해 큰 공포심을 갖는다. 그리하여 끝내 수영을 배우지 못하고 마는 사람도 있다. 어린 시절의 경험이란 그만큼 심리적 충격이 크고 오래가는 법이기 때문이다. 말에서 떨어져 본 경험이 있는 사람이 다시 말타기를 두려워하는 것과 마찬가지다.

　소년에서 청년이 시작되는 시기의 유배지 체험은 송강에게 실로 큰 충격이었다. 더욱이 평온한 분위기 속에서 궁중을 자유롭게 출입하며 지내던 지난 날과 비교해 보면 모든 것이 하늘과 땅 차이여서, 한창 자라나는 나이에 놓여 있던 송강의 정서적 충격은 형언키 어려울만큼 컸을 것이다. 훗날 그가 중앙 정치무대에서 파란곡절을 헤쳐나가는 삶을 살면서도, 어떻게든 권력의 중심부에 서 있어야 한다는 일종의 강박관념 같은 것을 갖게 된 것은, 아마도 이같은 성장기의 쓰라린 경험들로부터 연유하는 것인지도 모른다.

김윤제와의 운명적 만남

　송강의 나이 16살 되던 1551년(명종 6년), 왕실의 대를 이을 왕자(훗날의 선조)가 태어난다. 이 왕자 탄생의 은사恩赦로 드디어 송강의 아버지 참판공은 7년만에 유배에서 풀려나게 된다. 오늘날 국경일이나 나라 전체에 획기적 전환의 계기가 마련될 때, 위정자가 특별사면을 단행하는 것과 비슷한 경우다.

　유배에서 풀려난 참판공은 가족을 이끌고 부친의 묘소가 있는 담양潭陽 창평昌平의 당지산唐旨山 기슭으로 거처를 옮긴다. 그리하여 아버지를 따라 창평으로 내려온 송강은 27살의 나이로 과거에 급제하여 벼슬길에 오르기 전까지 약 10년간을 이곳에서 생활하게 된다. 지리한 고통과 절망의 늪에서 벗어나, 그의 일생에서 가장 중요한 청년의 성장기를 바로 이곳에서 보내게 되는 것이다.

　송강에게 있어서 담양 창평은 새로운 인생의 출발점이자, 마음의 영원한 고향이다. 삼라만상에 새삼 눈뜨며 청춘의 꿈과 생각들을 영글게 하던 성장지요, 그의 문학적 감수성을 담금질하던 텃밭이었다.

또 훗날 어지러운 현실의 풍파에서 벗어나 머물 때마다, 고뇌와 갈등을 치유하고 위안을 얻던 마음의 안식처기도 했다.

송강의 새로운 인생은 사촌 김윤제沙村 金允悌와의 만남으로부터 시작되었다고 할 수 있다. 그와의 만남을 통해 본격적인 배움의 길이 열리고, 배필을 만나 성인의 예를 올리는가 하면, 경제적으로도 안정을 얻게 되기 때문이다. 송강이 김윤제의 문하에 들어가 수학하게 된 내력과 관련하여 다음과 같은 일화가 전해 내려온다.

창평에 내려와 살고 있던 어느 여름날, 송강은 둘째 형 소沼를 만나러 어머니와 함께 길을 떠났다. 그의 둘째 형은 일찍이 과거를 준비하던 중, 을사사화가 일어나자 벼슬길에 통분과 환멸을 느껴 이를 포기하고, 처가가 있는 순천順天으로 내려가 그곳에 깃들어 살고 있었다. 당시에는 순천으로 가려면 반드시 성산星山을 거쳐야만 했다. 너무도 더운 여름날이라서 송강은 성산 앞을 지나는 길에 개울[자미탄紫薇灘]에 들어가 멱을 감았다.

이 무렵 사촌 김윤제는 벼슬을 잠시 그만두고 성산 맞은편 작은 구릉에 환벽당環碧堂을 짓고, 시와 술을 벗하며 한가로운 세월을 보내고 있었다. 어느 여름날 졸음에 겨워 잠시 눈을 붙이노라니, 앞 개울에서 한 마리의 용이 이리저리 노니는 꿈을 꾸었다. 너무도 생생했다. 그는 자리에서 일어나자 마자 자미탄으로 눈길을 돌렸다. 마침 개울에서 멱을 감고 있는 소년이 눈에 띄었다. 한 눈에 비범한 기골을 알아본 그는 소년을 불러 여러 가지 문답을 해 보았다. 참으로 영특했다. 그리하여 그는 송강의 순천행을 만류시키고, 자기 문하에 두고서 글을 가르치기 시작했다.

이렇듯 송강과 김윤제와의 만남은 단순히 우연이라고 하기에는 너무도 극적이다. 그것은 마치 운명적으로 정해져 있던 인연이 비로소 때를 만나 실현된 듯한 느낌이 들게 한다. 그러나 사람들은 대개 이런 일화를 믿기 좋아한다. 아마도 극적인 만남을 통해 이루어지는 인연은 누구에게나 강렬한 흥미를 자아내기 때문일 것이다.

김윤제의 문하에 들어가면서부터 송강은 본격 배움의 길에 접어든다. 마침 김윤제의 종질(從姪:사촌 형제의 아들)인 서하 김성원棲霞 金成遠도 거기에서 공부하고 있던 중이어서, 송강은 그와 동문수학의 인연을 맺게 된다. 운명적인 만남에 이은 인연의 고리는 이렇게 송강이라는 인물의 행로를 서서히 틀지워 나가기 시작했다.

한편, 송강은 17살 되던 1552년, 문화文化 류씨柳氏에게 장가든다. 부인 역시 창평에 살고 있었는데, 고려왕조 때 태사太師 벼슬을 한 류차달柳車達의 후손 류강항柳强項의 딸로서, 김윤제의 외손녀다. 송강의 혼사를 김윤제가 적극 주선했을 것은 물론이다. 그로 인해 김윤제는 송강의 처외조부妻外祖父가 되고, 김성원은 처외재당숙妻外再堂叔이 된다.

송강의 결혼생활과 관련된 이야기는 특별히 전해 내려오는 게 없다. 다만, 자신의 외손녀를 송강에게 시집보낸 김윤제는 그다지 넉넉할 리 없는 송강에게 재산의 일부를 나누어 주었다고 한다. 그리하여 송강은 경제적으로도 다소 여유를 갖게 되었던 것으로 보인다. 송강이 큰 인물로 발돋움하는 데에는, 이와 같은 김윤제의 각별한 보살핌이 있었던 것이다.

유년에서 청년에 이르는 송강의 성장 환경은 이처럼 안정된 상태에서 불안정한 상태를 거쳐 다시 안정을 되찾는 것이 특징이다. 비유하자면, 맑았다 흐려지더니 다시 개는 양상을 띤다고 할 수 있다. 그러나 그 변화의 폭은 실로 엄청난 것이어서, 이른바 대조적 국면에서 조화의 상태에 접어든다고 간단히 말하기에는 부족한 감이 없지 않다. 그런 만큼 송강은 어린 시절부터 정서적으로 심한 변화과정을 체험했다고 할 수 있겠는데, 이런 체험들이 은연중 그의 기질과 품성을 형성하는데 작용했으리라 생각된다. 그의 다채로우면서도 복합적인 인물형상은 이렇듯 생애 초기에서부터 그 움이 서서히 돋고 있었다고 할 것이다.

2. 최고 엘리트로의 수련

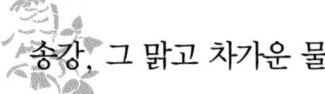 송강, 그 맑고 차가운 물

물의 품성은 부드러우면서도 강하고, 자애로우면서도 차갑다. 맑고 고요한 상태로 머무는가 하면, 쉼 없이 노래하며 어디로든 흘러가기도 한다. 갈래갈래 제 길을 찾아 나서 흐르다가도, 물은 어느 결엔지 형제처럼 서로 화합하며 한 줄기임을 확인한다.

송강의 경우도 예외는 아니다. 특별히 보아주는 이 없이 낯선 계곡을 돌아다니던 작은 물줄기는, 솔 숲을 거쳐 시내를 이루다가 드디어 이름을 얻는다.

높은 정자 홀로 올라 비 갠 천지 바라보니,	高亭獨上望新晴
다함 없는 긴 강이라 한 없는 정이로세.	不盡長江無限情
내 만약 하늘을 가로지르는 학이 된다면,	若爲化作橫天鶴
대궐로 날아 가서 한 소리 외쳐 보련만.	飛到秦京叫一聲

「집 북쪽 높은 정자에 올라 입으로 읊다登舍北高亭口占」라는 7언절구다. 훗날 송강이 벼슬에서 물러나 창평에 낙향해 지내던 어느 해에 지

은 작품으로 보인다. '대궐─임'을 이별한 외로운 처지에서, 그 '임'에게 '학'으로 표상된 자신의 고결한 충정을 전하고자 하는 심정을 안타까이 노래하고 있다.

여기에서 그에게 '한 없는 정'을 불러 일으키는 '긴 강'이 바로 당지산 기슭을 거쳐 흐르는 '송강'이다. 숱한 우여곡절을 간직한 채 너른 들판 사이로 구비구비 흐르는 강, 그 강이야말로 자신의 분신이기에, 이를 바라보는 송강의 심사는 예사롭지 않다.

송강은 아버지의 유배가 풀려 창평에 깃들어 살게 된 16살 이후에야 비로소 본격 수학의 길에 들어서게 된다. 그리하여 그의 주변 환경을 이루는 계곡과 굽이들─스승과 벗들을 거치면서 크게 성장한다. 그의 생애에서 감수성이 가장 예민한 시기이자 성격 및 가치관이 틀 잡히기 시작하는 10대 중반에서 20대 중반의 10년을, 당대의 석학들과 뛰어난 문인들 사이에서 혹은 스승으로 혹은 벗으로 교유하며 대가의 풍모를 갖추는 것이다. 나아가 이들과는 평생 동안 교분과 우의를 함께한다.

송강의 품성은 원만하다고는 할 수 없다. 그는 대체로 허심탄회하게 터놓고 이야기할 수 있는 사람과 그렇지 않은 사람의 경계를 분명히 하는 편이었다. 따라서 그와 뜻이 맞거나 공감대가 이루어진 이들과는 평생을 두고 변치 않은 친분을 유지하였다. 반면 그렇지 않은 이들과는 적이 되는 경우가 많았다. 우리 주변에서도 어렵잖게 확인할 수 있듯, 이런 유형의 사람들이 절친한 친구도 많고 적도 많은 그런 품성의 소유자였다. 말하자면 송강은 딱부러진 성격을 지닌 '의리의 사나이'였던 것이다.

이와 같은 송강의 교유와 처세의 이면에는, 당쟁이라는 당대의 사회상황이 긴밀히 관여하고 있었던 것도 부인하기 어렵다. 이른바 당파에 의한 정치적 신념이나 행동 노선에 따라 각기 교분을 달리했을 터이기 때문이다. 그러나 보다 근본적인 이유는 송강이라는 인물의 성격 때문이라고 할 수 있다.

쇠나기 한 줄기미 년닙페 솟다로개,
물 무든 흔젹은 젼혀 몰라 보리로다.
내 마음 뎌 가타야 덜믈 줄을 모르고져.

퍼붓는 소나기에도 연잎은 젖지 않는다. 아니, 물 묻은 흔적조차 전혀 모를 정도다. 그처럼 자신의 마음도 외부의 영향에 물들지 않는 순결을 유지하고 싶다는 노래다. 청신淸新의 이미지를 연꽃이 아닌 연잎에 건 송강의 감각이 실로 돋보인다. 일종의 자기다짐이면서도, 강직·결백에 대한 자부심이 은근히 배어 있는 시조다.

송강은 본래 마음에 없으면서 상대방에게 동조하거나, 자신의 뜻을 굽혀가면서 동의를 구하는 일과는 아예 거리가 먼 인물이었다. 차라리 스스로가 편벽된 성격임을 인정하고 말지언정, 옳다고 믿는 바에 대해서는 타협을 모르는 외곬수의 기질을 지니고 있었기 때문이다. 그렇기에 그는 강직과 결백을 신조처럼 여기며 살았다. 송강의 이런 품성은 이미 10대 후반의 수학기에서부터 나타났던 것으로 보인다.

그의 스승 가운데 한 사람인 고봉 기대승高峯 奇大升의 문하에 들어가 수학하던 시기의 일이다. 고봉이 일찍이 산에 올라 놀다가 수석水石이 특이하게도 맑고 깨끗한 경지를 만났다. 그 때 어떤 이가 "세간 사람으로서 인품이 이에 비길 만한 이가 있을까요?" 하고 물으니, 고봉은 "오직 정철이 여기에 견줄 만하다."라고 하였다. 다른 누구도 아닌 고봉과 같은 스승으로부터, 송강은 일찍이 이와 같은 품성과 자질을 인정받았던 것이다.

또, 그와 평생의 지기知己로 지냈던 우계 성혼牛溪 成渾과 시를 주고받으며 학문하는 방법에 대해 논하던 시절, 우계가 송강에게 지어 보낸 시 가운데에는, 다음과 같은 「정송강이 지은 시의 운을 따서 짓다次

鄭松江徹韻」라는 5언절구가 있다.

저 아름다운 송강의 물,	彼美松江水
가을 다가오니 바닥까지 맑구나.	秋來徹底淸
날로 새로워라 함께 목욕하노니,	湯盤供日沐
마음에 넘치는 깨달음 있네.	方寸有餘醒

'바닥까지 맑은 송강의 물'을 아름답게 그리면서, 그와 교유하는 즐거움을 노래한 시다. 특히, 맑은 물과 같은 심성을 가진 이와 생각을 주고 받노라니 '마음에 넘치는 깨달음'이 생겨난다고 한 데서, 둘 사이에 오간 더할 나위 없는 우정의 한 모습을 확인할 수 있다.

나아가 우계는 송강의 공부를 격려하는 글 가운데에서, "바라건대 송강의 맑고 차가운 물도, 탕湯 임금이 목욕하는 그릇에 새긴 것과 같이 날로 새로워서, 마음 밖의 탁한 사물들로 인해 조금이라도 흐리게 하는 일이 없었으면 합니다."라고 하였다. 진정으로 벗을 경계하고 아끼는 마음을 담으면서, 송강의 두드러진 품성을 잘 드러내고 있는 말이라 하겠다.

그래서인지 청년시절 송강을 흐르는 물은 참으로 맑고 차갑다.

당대 최고의 지성, 하서와 고봉의 제자가 되다

아버지의 유배가 풀려 마침내 담양 창평에 깃들어 살게 된 송강은 무엇보다도 심리적인 안정을 얻는다. 그러면서 김윤제의 적극적인 주선과 배려로 본격 배움의 길에 나선다. 그때 그의 나이 16~7살이었다.

송강이 나이가 들어서야 본격 배움의 길에 들어서게 된 이유를 짐작하기는 어렵지 않다. 사계 김장생(沙溪 金長生:1548~1631)이 지은 송강의 「행록行錄」에는, 송강에게서 직접 들은 얘기라고 하면서 그 이유의 일단을 다음과 같이 밝히고 있다.

> 공이 일찍이 말씀하시되, "을사사화를 만나 가족이 큰 변을 당함으로써 부형父兄이 자제 교육에 뜻을 두지 않으므로, 그렁저렁하다가 배울 기회를 놓쳐 성현의 글을 많이 읽지 못하였고, 자라서야 비로소 학문에 뜻을 두었다."고 하셨다.

을사사화의 여파는 송강 개인에게도 엄청난 시련과 손실을 가져왔다. 송강은 10대 초·중반의 시기를 아버지의 유배지를 따라다니는 생활을 하였다. 따라서 어버이나 형제들로서도 목숨을 부지하기조차 어려운 세상에서 자제 교육에 정성을 쏟기란 쉽지 않았을 터다.

그러나 출발이 다소 늦었을 뿐, 본격적으로 배움의 길에 들어선 송강의 행보는 날렵하고도 정밀했다. 이는 송강의 타고난 재질과 강렬한 수학 욕구 탓도 있었겠지만, 무엇보다도 훌륭한 스승을 만나, 그 넓고 깊은 물에 들어가 느끼고 배운 바가 컸기 때문이라고 할 수 있다.

송강의 학문적 스승으로는 단연 하서 김인후河西 金麟厚와 고봉 기대승高峯 奇大升을 꼽는다. 이와 관련하여 우암 송시열(尤庵 宋時烈:1607~1689)이 편찬한 송강의 「연보年譜」와 위에서 인용한 김장생의 송강 「행록」에는 다음과 같이 기록되어 있다.

> 이 즈음 송강은 스스로 배워야 할 필요성을 깨닫고 드디어 하서 김인후의 문하에 들어가 학업을 청하였고, 그 후 또 고봉 기대승을 좇아 배웠다. :「연보」

> 공이 좀 자란 뒤에 기고봉 대승을 좇아 「근사록近思錄」 등 서書를 배

워 학문의 방향을 알았고, 또 김하서 인후의 문하에 출입하여 항상 그의 인품을 사모하고 큰 절개를 기리며, 그 출처出處의 바름이 근세의 어진 선비들이 미치지 못하는 바가 있다고 하셨다. :「행록」

두루 알려져 있는 바와 같이 하서와 고봉은 당대의 석학들이다. 송강은 이들에게서 학문적 감화를 받은 것은 물론, 이들의 인품과 생활 태도까지를 귀감으로 삼을 만큼 큰 영향을 받는다. 그리하여 평생을 두고 이들을 존경하게 된다. 생각해 보면, 사람의 일생을 좌우하는 청년시절의 성장기에 이들 석학에게서 수학하게 된 것이야말로 송강으로서는 큰 행운이기도 했다.

하서로부터 배운 선비의 절개와 기품

하서 김인후(1510~1560)는 호남 유학의 할아버지격인 인물이다. 전라도 장성長城 출신이며, 본관은 울산蔚山이다. 자는 후지厚之, 호는 하서河西 외에 담재湛齋가 있다.

하서는 조선조 유학 진흥에 큰 공적을 남긴 모재 김안국(慕齋 金安國:1478~1543)의 제자다. 22살 때 성균사마시成均司馬試에 합격하여 성균관에 입학했으며, 이황(李滉:1501~1570)과 교우가 두터웠다. 31살인 1540년(중종 35년)에는 과거에 급제하여 벼슬길에 나아갔고, 나중에 홍문관 부수찬弘文館 副修撰 등을 역임했다.

하서는 중종과 인종에게 두터운 신임을 받았다. 특히 인종에게서는 일찍이 학자로서의 자질과 능력을 인정받아 『주자대전朱子大典』을 하사받기까지 하였다. 그러나 이를 미처 독파하기도 전에 인종이 승하하여 크게 애통해 한다. 그리하여 인종의 뒤를 이어 명종이 즉위하면서 을사사화가 일어나자, 병을 이유로 고향 장성으로 물러나 학문 연구와 제자 양성에 전념한다. 그 때 그의 나이 36살이었다.

하서는 시문詩文에 능하여 10여권의 시문집을 남겼으나, 학문과 관련된 저술은 많지 않다. 특히 인종과의 각별한 인연으로 인해, 그는 매년 7월 인종의 기일忌日이 되면, 술을 가지고 산에 들어가 한 잔 마시고 한 번 곡하다가, 취하면 소리 내어 크게 울었다고 한다. 그래서인지 하서는 후대 사람들에게 "학문과 절의와 문장에 있어서 이를 다 갖춘 사람은 김하서 뿐이다."라는 평을 듣기도 했다.

송강은 이와 같은 하서로부터 선이 굵은 선비의 절개와 기품을 배운다. 한창 감수성이 예민한 10대 후반에서 20대 전반 사이에 정신적으로 큰 영향을 받는 것이다. 송강 시의 두드러진 특징 가운데 하나라고 할 수 있는 간절한 연군戀君의 정은, 아마도 하서가 인종에게 그랬던 것에 영향을 입어, 이를 선조에게 옮겨 놓은 것이 아닌가 생각된다. 송강은 특히 하서에게서 배운 『대학大學』을 종신토록 수양의 귀감으로 삼는다.

송강의 시문 가운데에는 하서를 사모하고 존경하는 마음을 담은 글들이 적지 않다. 다음의 예는 다만 15편 정도가 전하는 그의 「일기」가운데 한 편이다.

젊은 시절에 찾아가, 백화정百花亭 위에서 선생님께 인사를 여쭈었다. 우러러보면 맑은 풍채와 빼어난 운치가 옆 사람에게까지 휘황하고, 술기운에 힘입어 산책을 하실 때에는 흡사 신선과 같았다. 마음 깊이 사모하여 일생을 두고 배우려 했는데, 그 법도에서 벗어나지 않으심은 아직도 배우지를 못하였다.

길지 않은 말 속에 하서의 풍모와 생활태도를 우러르고 사모하는 마음이 잘 나타나 있다. '백화정'은 하서의 향리 장성에 있는 정자다. 송강은 처음 이곳에서 하서에게 인사를 드리고 배움을 청했던 것으로 보인다. 이 「일기」는 아마도 송강의 나이 30대 후반이었을 때 쓰어진 것이 아닌가 생각되는데, '마음 깊이 사모하여 일생을 두고 배우려 했다.'는 데서 보듯, 하서에게 정신적으로 큰 영향을 받았음을 헤아릴 수 있다.

하서와 송강은 사제 간의 정분이 각별히 두터웠던 것으로 보인다. 하서가 일찍이 송강을 전송하면서 다음과 같은 두 구를 즉흥적으로 지어 불렀다.

엷은 가을 구름 나직히 드리운 저녁,	秋雲低薄暮
취중에 더하누나 이별의 아쉬운 정.	別意醉中生

그러자 송강은 여기에 이어지는 다음의 두 구를 역시 즉석에서 지어 스승에게 화답하였다.

험한 앞길 구불구불 아득도 한데,	前路崎嶇甚
이리도 애닯아라 서로 두고 머무는 정.	相留多少情

스승과 제자 사이에 주고 받은 시면서도 참으로 아름답고 정감이 넘친다. 스승은 담담하면서도 품위 있게 제자를 떠나보내는 아쉬움을 전하고, 제자는 또 겸손하게 그 사랑을 받들면서 스승을 향해 연연한 정을 드러내고 있다. '그 스승에 그 제자'라는 말이 절로 나올 듯하다. 송강은 하서에게서 특히 벼슬길에 나아가고 물러나는 출처出處의 바른 도리를 배운다. 하서 자신이 이 방면의 귀감이었던 만큼, 송강의 마음 속에는 스승의 출처야말로 유가 사대부의 표본 가운데 하나라는 생각이 깊숙히 자리잡고 있었던 것이다. 그의 「하서를 그리며懷河西」라는 다음과 같은 5언절구에서 이를 실감할 수 있다.

동방에는 출처 잘한 이 없더니,	東方無出處
홀로 담재옹湛齋翁만 그러하셨네.	獨有湛齋翁

해마다 칠월이라 그날이 되면,　　　　　年年七月日

통곡 소리 온 산에 가득하였네.　　　　痛哭萬山中

    역대 어떤 선비보다도 '담재옹'이 유독 '출처'의 귀감임을 말하면서, 이를 본받고자 하는 뜻을 행간에 담고 있다. 여기에서 '담재'는 하서의 또다른 호다. 그리고 '해마다 칠월이라 그날'은 하서와 각별한 인연이 있었던 인종의 기일을 말한다. 앞에서도 언급했듯, 하서는 이 날이 되면 술을 들고 산으로 들어가 취하면 크게 소리내어 곡하였다고 하는데, 그 충정忠情과 절의節義는 당시 유가 사대부의 이념에 비추어 하나의 표본일 시 분명하다 하겠다.

    그래서인지 송강은 하서를 제사하는 글에서도 그 출처의 바름을 기리고 고결한 덕을 흠모해 마지 않는다. 간결하면서도 생애적 특징을 분명하게 드러낸 그의 「김하서 선생 제문祭金河西先生文」을 옮겨보면 다음과 같다.

    슬프도다! 선생이시어. 맑은 물에 연꽃같은 덕의 순결을 나같은 사람이 어떻다 말하리오만, 나시면 세상을 상서롭게 하는 기린이시요, 드시면 산을 빛내는 옥이셨도. 선생님의 출처가 마땅하였다고 이르는 것은 새삼스러울 따름이다. 옛날인즉 잘 알 수 없으나, 우리 동방 천년 동안에 오직 우리 선생님 뿐이시로다.

    사대부로서는 벼슬길에 나아가고 물러나는 시기를 알아 이에 합당한 처신을 하는 일이야말로, 명분과 실질 양면에서 '사대부다운' 면모를 드러내는 일임에 틀림 없다. 그러나 그것은 생각처럼 쉽지 않다. 하서는 이 점에 있어서 하나의 표본을 제시하였다는 것이고, 이를 귀감으로 삼음으로써 출처의 바른 도리를 마음 속에 새기고자 하는 것이다.

하서가 세상을 뜬 해가 1560년이니, 그 때 송강의 나이 25살이었다. 당대의 석학들과 뛰어난 문인들 밑에서 수학하고 있었기에 공부는 나름대로 익었겠지만, 그 자신 아직 벼슬길에 나아가기 전이었다. 그래서 그가 바야흐로 경국제민의 뜻을 펼치기 위해 벼슬길에 나아간다면, 모름지기 하서가 밟았던 행적을 본받아 따르리라 이렇게 스스로 다짐했는 지 모른다.

그러나, 훗날 송강은 이와 같은 스승의 행적을 그대로 따르지는 않는다. 요컨대 그에게 있어서 경국제민의 사회현실은 자아실현의 끝없는 텃밭처럼 생각되었기 때문이 아닐까 생각한다. 그렇지만 일찍이 스승으로부터 이와 같은 감화를 입었기에, 숱하게 출처를 반복하면서도 항상 '사대부다운' 명분과 실질을 잃지 않으려고 애쓴 것만은 사실이다. 구체적 처신이나 행동 방식은 달랐을 지 모르지만, 그 정신 만큼은 여전히 의식의 밑바닥에 깊숙히 자리잡고 있었기 때문일 것이다.

송강은 이러한 하서의 학덕과 인품 외에, 문학적으로도 상당히 큰 영향을 받았던 것으로 보인다. 하서로 말하면 시문에 있어서도 당대에 명성이 자자했던 인물 가운데 한 사람이다. 그는 역대 문인들이 시적 정서의 근원으로 삼아온 『시경詩經』을 수없이 독파하여, 그 시정신을 깊이 터득했다. 그런가 하면, 「이소離騷」를 위시한 『초사楚辭』에 남다른 애착과 감동을 느껴, 이를 항상 애송하면서 우국충정憂國衷情의 정신에 철저하고자 했다.

널리 알려진 것처럼 「이소」 등의 『초사』는 역대 충신 교과서로 불리어지는 사대부 필독 교양서다. 송강의 「사미인곡」과 「속미인곡」은 제목 뿐만 아니라 그 시상이나 정서 형상화 방식 면에서 이에 영향을 입은 바 적지 않다. 이는 단지 우연의 일치라고 말하기 어렵다. 송강이 「이소」 등의 『초사』에 깊은 관심을 두게 된 것은 스승 하서의 가르침이 깊은 영향을 끼쳤던 데 말미암는 것으로 생각되기 때문이다.

송강 문학의 사상적 기반이 된 고봉

송강의 또다른 학문적 스승인 고봉 기대승(1527~1572)은 조선조를 빛낸 큰 학자요 선비다. 전라도 나주羅州 출신이며, 본관은 행주幸州다. 자는 명언明彦, 호는 고봉 외에 존재存齋가 있다. 어려서부터 특출한 재주로 널리 고금의 서적들을 독파하였으며, 철학은 물론 문학에도 이름을 떨쳤다.

고봉은 32살인 1558년(명종 13년)에 문과에 급제하여 벼슬길에 나아갔다. 그러나 직선적인 성격과 당시의 불안정한 정치상황 등으로 벼슬살이에 변화가 많았다. 그는 현직에 있는 동안 주로 백성을 바르게 기르고, 넉넉한 혜택을 베풀며, 예를 존중하고, 언로言路를 개방해야 한다는 등의 생각을 바탕으로 한 혁신정치를 꾀했으나, 뜻을 이루지 못했다. 44살인 1570년(선조 3년)에 대사성大司成을 역임했고, 46살 때에는 잠시 대사간大司諫을 지냈는데, 병으로 사직하고 향리로 물러나는 도중 46살의 나이로 세상을 떴다.

호남의 큰 유학자들을 찾아다니며 관심사를 논하던 젊은 시절, 고봉은 선학들이 미처 생각하지 못했던 새로운 학설을 제시한 바 많았다고 한다. 특히 스승뻘이 되는 퇴계와는 32살 때인 1558년 이후 12년에 걸쳐 학문적 대화를 담은 편지를 주고 받았다. 그 가운데서도 1559년에서 1566년까지 무려 8년 동안에 이루어진 사람의 심성心性을 주제로 한 사단칠정이기론四端七情理氣論은 유학사상 지대한 영향을 끼친 논쟁으로 평가되고 있다. 그는 퇴계의 이기이원론理氣二元論에 반대하여 "사단칠정이 모두 다 정情이다."라는 주정설主情說을 주장하였다. 또 퇴계의 주리설主理說과 대조되는 주기설主氣說을 제창하였다.

송강은 이러한 고봉을 스승으로 섬기며 『근사록』 등을 배운다. 그리하여 스승의 탁월한 학덕과 고매한 인격을 본받고 익히면서, 점차 인생과 학문의 방향을 깨우친다. 그는 고봉으로부터 배운 『근사록』을 자신의 학문과 인생의 지표로 삼았다고 한다. 고봉 또한 송강의 범상치 않은 자질과 맑은 품성을 일찍부터 간파하여, 앞서 언급한 수석水石이 특이한 경지에 비길만큼 송강을 아꼈던 것으로 보인다.

송강은 고봉으로부터 특히 선비가 평소 지녀야 할 마음가짐과 행동의 바른 도리를 배운다. 그렇기에 고봉이 세상을 떴을 때, 이를 가르치고 몸소 실행에 옮기던 이가 이제 더 이상 세상에 존재하지 않는다는 사실에 애통해 한다. 간결한 내용에 스승을 추모하는 정을 담은 그의 「기고봉 선생 제문祭奇高峯先生文」을 옮겨보면 다음과 같다.

> 소자가 선생님을 사모한 지가 이미 오래이오나, 오늘에 이르러 더욱 간절해지는 까닭은, 선비들의 풍조가 더러운 데 물드는 것을 누가 능히 맑히며, 세상을 올바르게 다스리는 도리가 낮게 떨어지는 것을 누가 능히 높일 수 있겠는가 하는 생각이 들어서입니다. 그것을 높이고 맑힐 분은 오직 우리 선생님이시기 때문입니다. 선생님이 가신 후로는 세상에 그럴 사람이 없사오니, 외로이 서 있는 사당엔 남기신 자취만이 눈에 선하옵니다.

고봉이 세상을 뜬 해에 송강은 37살이었다. 그러니, 이미 벼슬길에 나아가 유가 사대부가 지녀야 할 올바른 심성과 도리가 무엇인지 절감할 무렵이기도 했을 것이다. 따라서 학덕과 인품 모두에서 귀감을 보인 스승 고봉과의 이별은, 송강의 마음 한 구석을 텅 비게 하는 안타까움과 허전함을 안겨주었던 것으로 보인다.

하서에게서와 마찬가지로, 송강은 고봉에게서 학문 뿐만 아니라 문학 방면에서도 큰 영향을 받았던 것으로 보인다. 요컨대 송강의 시편들은 이성보다는 감성이, 인간 본연의 성품보다는 기질적 특성이 강하게 드러난다고 할 수 있는데, 이와 같은 성향은 인간의 심성을 정情과 기氣로써 파악하고자 한 고봉의 영향이 컸던 데 말미암는 것이 아닌가 생각되기 때문이다. 더욱이 고봉 역시 일찍부터 시에 일가견이 있는 인물로 일컬어졌음을 감안할 때, 송강 문학의 사상적 기반은 고봉에 의해 다져진 바 적지 않았을 것으로 생각한다.

고봉의 「우연히 짓다偶題」라는 7언절구를 보기로 하겠다.

뜰 앞 작은 풀꽃 바람 향기를 머금으니,	庭前小草挾風薰
꿈결인듯 비로소 취한 낮술이 깨이네.	殘夢初醒午酒醺
깊은 정원엔 꽃잎 날리고 봄날은 긴데,	深院落花春晝永
주렴 너머로 벌 나비 어지러이 노니네.	隔簾蜂蝶晚紛紛

봄시름에 겨워 낮술을 한 잔 하고 얼핏 잠이 들었나보다. 봄바람이 뜰 앞에 돋아난 풀꽃을 살랑거리며 스쳐 지나가자, 그 신선한 향기가 은은하게 코끝에 스민다. 꿈결인가 싶어 살짝 눈을 뜨니, 비로소 낮술이 깨인다. 몸을 일으켜 뜨락을 둘러본다. 화창한 봄날 오후, 해는 아직도 길다. 정원 깊숙한 곳에서는 바람에 꽃잎이 흩날리고, 주렴 너머 꽃들 사이에서는 벌·나비가 어지럽게 춤춘다.

이 시는 아늑하고 정겨운 어느 봄날 오후의 정경을 눈에 선하게 그리고 있다. 봄의 정경은 으레 화려하고 생동감 넘치는 물상들로 인해 감정이 넘쳐나게 마련이다. 그런데 이 시는 그러한 물상들을 담담하게 형상화하면서, 일상의 삶 속에 내재된 봄의 흥취를 자연스럽게 표출하고 있다.

그러면서도 거기에는 봄날 특유의 생기가 있다. '풀꽃 향기를 머금은 바람'으로 인해 '꿈결인듯 비로소 낮술에서 깨어난다'는 표현은 그 담담한 흥취와 생기를 대변한다. 또, '깊은 정원에 날리는 꽃잎'과 '주렴 너머로 어지럽게 노니는 벌·나비'에서의 '깊은'과 '주렴 너머'는, 격정적 정서에 휩쓸리지 않는 작자의 절제된 감성을 대변한다고 할 것이다. 화려하거나 야단스럽지 않으면서도, 자연의 조화로운 이법과 일상적 삶의 단면을 탁월하게 형상화하고 있는 것이다.

조선 후기의 문인이며 탁월한 비평가의 한 사람인 홍만종(洪萬

宗:1643~1725)은 그의 『시평보유詩評補遺』에서, "이 시는 말을 짓는 솜씨가 참으로 자연스럽고, 각각의 표현들이 오묘한 경지에 이르렀으니, 그 성정性情의 바름을 시에서 얻는다는 사실을 여기에서 확인할 수 있다."라고 한 바 있다. 정곡을 찌른 평이 아닌가 생각한다.

그런데 다음과 같은 송강의 작품을 보면, 그 표현 기법이나 시적 형상화 방식 면에서, 인용한 고봉의 시와 두루 상통하는 면모를 확인할 수 있다. 5언절구로 된 「식영정잡영 10수息影亭雜詠十首」 가운데 한 수인 「백사장에 졸고 있는 물오리白沙睡鴨」를 들어보기로 하겠다.

바람 일자 사르르 깃이 너울거리고,	風搖羽不整
햇빛에 어리는 색태 더욱 고와라.	日照色增姸
무자맥질 마치고 나오자 마자,	纔罷水中浴
백사장 따사로워 조속조속 졸고 있네.	偶成沙上眠

그리 넓지 않은 백사장 가장자리로 푸릇푸릇 여뀌풀꽃이 돋아 있음직한 계절이다. 쉬엄쉬엄 강물이 흐른다. 그런 정경 사이로 무엇인가 가볍게 움직인다. 바람이 일자 사르르 깃이 너울거리고, 그 깃에 햇빛이 어리면서 더욱 고운 색태를 띠는 물오리. 이리저리 수면 위를 다니며 자맥질을 하더니만, 따스한 햇빛이 스민 백사장으로 나오자 마자, 고개 웅크리고 꾸벅꾸벅 졸고 있다.

이 시 역시 어느 따스한 봄날의 정경을 눈에 선하게 그리고 있다. 화려한 물상이 등장하지도, 특별히 눈에 띌 만한 상황이 전개되고 있는 것도 아니다. 그런데 흔히 지나칠 수 있는 자연의 생태를 주의깊게 관찰하여, 이를 감각적 이미지로 형상화하고 있다. 거기에는 고요한 가운데 움직임이 있고, 생기가 있는가 하면 아늑함이 있다. 송강 특유의 감각적 묘사와 신선한 색채감이 그것을 북돋운다. 그리하여 주변 물상들과 더불은 물오리의 생태에서 봄의 흥취, 나아가 자연의 조화로움을 저절로 느낄 수 있게 한다.

  고봉은 당시 사대부들 사이에서 널리 읽혀진 주자朱子의 「무이도가 武夷櫂歌」를 두고 벌어진 논쟁에서, 시는 "외부 사물로부터 촉발된 감정을 바탕으로 가슴 속의 흥취를 풀어내는因物起興以寫胸中之趣"데 초점을 두어야 한다는 견해를 편 바 있다. 위 두 시편들이 곧 이러한 견해에 부합하는 예가 아닐까 생각한다.

  이렇게 볼 때, 송강은 고봉으로부터 학문의 깊이와 선비의 도리를 다진 것은 물론, 그의 시적 기반을 다지는 일에 있어서도 또한 적지 않은 영향을 받았던 것으로 보인다.

호남시단의 맹주들 아래서

  송강의 문학적 스승으로는 누구보다도 면앙정 송순俛仰亭 宋純과 석천 임억령石川 林億齡을 든다. 물론 당대의 수학 풍토라는 것이 문학·역사·철학을 두루 포괄한 종합적 교양을 함께 익히는 것임에 비추어 볼 때, 학문적 스승이 문학에, 문학적 스승이 학문에 영향을 끼치지 않았을 리 없을 것이다.

  그럼에도 불구하고 특히 이 두 사람을 송강의 문학적 스승으로 꼽는 이유는, 그가 국문시가 뿐만 아니라 한시에도 탁월한 작품을 남겼다는 사실 때문일 것이다. 면앙정으로부터는 특히 국문시가를, 그리고 석천으로부터는 특히 한시를 세련되게 배워 익혔다고 할 수 있기 때문이다.

  따지고 보면 면앙정과 석천은 당대 호남시단의 맹주들이었다. 당대 호남시단은 담양 부사를 지낸 눌재 박상(訥齋 朴祥:1474~1530)과 능성 현감을 지낸 취은 송세림(醉隱 宋世琳:1479~?)이 할아버지격 인물이었다. 이들에게서 면앙정과 석천이 배출되었고, 하서와 고봉 그리고 송천 양응정松川 梁應鼎・사암 박순思庵 朴淳・서하 김성원棲霞 金成遠 등이 이들 면앙정과 석천의 문하에서 수학하거나 긴밀한 교유관계를 이루고 있었다. 그리고 다시 송강을 위시하여 구봉 송익필龜峯 宋翼弼・옥봉 백광훈玉峯 白光勳・고죽 최경창孤竹 崔慶昌・제봉 고경명霽峯 高敬命・백호임제白湖 林悌 등이 면앙정으로부터 서하에 이르는 인물들과 사제간을 이루거나 선후배 문인으로서 절친하게 교유하고 있었다.

면앙정에게서 익힌 우리말의 감성

면앙정 송순(1493~1582)은 조선조 일대를 풍미했던 자연예찬의 시풍—강호가도江湖歌道의 선구자로서, 호남시단의 큰 맥을 이룬 인물이다. 전라남도 담양 출신이며, 본관은 신평新平이다. 자는 수초遂初 또는 성지誠之, 호는 면앙정 외에 기촌企村이 있다. 당대 문학과 예술에서 명성이 높았던 예의 눌재 박상과 취은 송세림에게서 수학했다.

면앙정은 27살 때인 1519년(중종 14년)에 과거에 급제하여 벼슬길에 나아간 이후, 두어 차례 우여곡절이 있기는 했지만 60여년 동안 여러 관직을 거치면서 원만한 벼슬살이를 하였다. 그렇기에 송강은 그의 「면앙 송순 제문祭宋俛仰純文」에서 특히 이 점을 높이 기리고 존경해 마지 않는다.

> 슬프도다. 세상살이 험난한 길을 겪고 겪은 자 많으나, 그 넘어지지 않은 이 역시 드문데, 조정에 서 계신 60여년을 대로大路로만 따르며, 마침내 크게 넘어지지 않은 이로 상공相公을 보았습니다. 그러니 오늘 저의 비통함이 사사로운 인정에서 나온 것이 아닙니다. 아아! 슬프고 서럽도다.

벼슬살이 60여년 동안 큰 파란 없이 지냈다는 것은 당대 사대부로서는 실로 드문 일임에 틀림 없다. 그 벼슬살이 기간이 오랜 것도 놀라운 일이지만, '험난한 세상살이'에서 그만큼 원만한 품성과 덕을 지니기가 쉽지 않기 때문이다. 나아가 이 제문을 지을 무렵 송강의 나이는 47살로서, 당쟁의 소용돌이 속에서 정치무대에의 진퇴를 거듭하던 즈음이었다. 따라서 스승의 일생과 행적이 더욱 뼈저리게 가슴에 와 닿았을 것이다. 당시까지만을 따져 보더라도, 송강 자신의 경우와는 너무도 대조적이었기 때문이다.

면앙정은 의정부 우참찬議政府 右參贊이던 77살(1569년·선조 2년) 이후, 벼슬을 사양하고 향리 담양에 묻혀 살면서 문학과 풍류로 만년을 보낸다. 그리하여 마침내 90살을 일기로 세상을 마쳤으니, 보기 드물게 장수한 인물이기도 하다.

그는 본시 성격이 너그럽고 후하였으며, 특히 음률에 밝아 거문고를 잘 탔다. 그래서 풍류를 아는 호기로운 재상으로 일컬어졌다. 41살(1533년·중종 28년) 때 벼슬을 잠시 그만두고 향리에 내려와 지낼 무렵, 담양의 제월봉霽月峰 아래에 면앙정俛仰亭이라는 정자를 지었는데, 이 정자와 인근의 누정들을 중심으로 이른바 호남 제일의 시단詩壇을 형성하였다.

면앙정에는 송강은 물론이요, 김인후·임억령·기대승·박순·고경명·임제·이황·윤두수·양산보 등 당시 시문과 학식으로 이름높던 여러 인사들이 출입하며 시 짓기와 풍류를 즐겼다. 면앙정은 한시뿐만 아니라 국문시가에 능하여, 여러 편의 시조와 가사 「면앙정가」를 남겼다.

송강은 이런 면앙정을 스승으로 모시면서 시문을 수학한다. 특히 그의 「성산별곡」은 작품의 전반적 짜임새나 내용상의 상통점 외에, 시적 정조와 표현상의 특징 면에서 스승의 「면앙정가」에 힘입은 바 크다고 할 수 있다. 더욱이 주변 경관을 묘사하는 수법과 사대부적 풍류와 흥취를 노래한 점에 있어서는 그 직접적인 영향 관계를 확인할 수 있다. 「면앙정가」를 [면]으로, 「성산별곡」을 [성]으로 표시하고, 그 몇몇 경우만을 대비해 보면 다음과 같다.

[면] 굼기든 늘근 농이 선잠을 갓깨야 머리를 안쳐시니
[성] 물 아래 잠긴 농이 잠 깨야 니러날 듯

[면] 용천산 나린 물이 정자 압 너븐 들에 올올히 펴진드시
　　 넙거든 기노라 푸르거든 희지 마니 (……)
　　 닷는 듯 따르는 듯 밤낮으로 흐르는 듯
[성] 창계 흰 물결이 정자 압에 둘러시니
　　 천손운금을 뉘라서 버혀 내어
　　 닛는 듯 퍼티는 듯 헌사토 헌사할샤

[면] 흰구름 브흰 연하 프로니는 산람이라
　　 천암 만학을 제 집을 삼아 두고
　　 나명셩 들명셩 일해도 구는지고
[성] 저근덧 올라 안자 엇던고 다시 보니
　　 천변의 떠난 구름 서석을 집을 삼아
　　 나는 듯 드는 양이 주인과 어떠한고

[면] 술이 닉어거니 벗지라 업슬소냐
　　 블내며 타이며 혀이며 이아며
　　 온가짓 소리로 취흥을 배야거니
　　 근심이라 이시며 시름이라 브터시랴
[성] 엇그제 비즌 술이 어도록 닉언나니
　　 잡거니 밀거니 슬카장 거후로니
　　 마음의 매친 시름 져그나 하리나다

　　단순 대비를 떠나, 경물형용 면에서 두 작품 모두 탁월한 표현 언어
와 시적 형상성이 돋보인다. 수려한 자연경관을 배경으로 묘사된 시냇

물의 형상이라든지, 유유자적한 전원생활을 비유한 구름의 형상과 움직임, 또 그 속에서 누리는 호방한 풍류의 흥취 등이 감칠맛나는 표현 어휘들을 통해 감각적으로 드러나 있다.

이렇게 볼 때, 송강의 세련된 우리말 감각이나 표현의 긴밀성은 많은 부분 면앙정으로부터 배워 익힌 것이 아닌가 생각한다. 송강이 강원도 관찰사 시절에 지은 16수의 시조 「훈민가」 역시 면앙정의 「오륜가」와 상통하는 점이 많고 보면, 송강의 국문시가는 특히 스승 면앙정으로부터 영향받은 바 크다고 하겠다.

석천에게서 배운 한시와 풍류

석천 임억령(1496~1568)은 호남의 사종(詞宗:시문에 뛰어난 대가.사백詞伯이라고도 함)으로 일컬어지는 인물이다. 전라도 해남海南 출신이며, 본관은 선산善山이다. 자는 대수大樹, 호는 석천을 널리 썼다. 역시 눌재 박상의 제자로서, 천성적으로 도량이 넓고 청렴결백하며 누구보다도 시문을 좋아하였기에, 당시의 어진이들로부터 두루 존경을 받았다.

21살에 사마시司馬試에 합격하여 진사가 되었고, 30살인 1525년(중종 20년)에 과거에 급제한 이후, 사헌부 지평·홍문관 교리 등 여러 벼슬을 역임했다. 을사사화(1545년) 때 금산錦山 군수로 있었는데, 동생 백령百齡이 윤원형을 중심으로 한 소윤 세력에 가담해 윤임을 중심으로 한 대윤의 선비들을 추방하는 등의 횡포를 보고, 자책감을 느껴 벼슬을 사퇴하고 해남에 은거하였다. 그러나 명종 연간에는 다시 벼슬에 나아가 강원도 관찰사·담양 부사 등을 역임하기도 했다.

석천은 특히 시에 뛰어나, 고금古今 각 체의 시를 일생 동안 꾸준히 지었다. 그래서 그의 시 전체가 곧 그의 인생 기록이었다고 할 수 있다. 그는 당나라 이백李白의 시풍을 배워, 문도들에게 적선謫仙이라고 호칭된 바 있다. 이러한 사실은 그의 문하생으로서 삼당시인三唐詩人

의 한 사람으로 일컬어졌던 옥봉 백광훈이 "남도 땅 시문의 대가는 우리 석천 선생님, / 그 문채 그 풍류 이태백의 풍모로세. 江南詞宗吾石川 文彩風流今謫仙"라고 한 데 잘 나타나 있다.

석천은 그의 나이 63살 되던 해(1558년·명종 13년)에 담양 부사로 부임한다. 이 때 송강의 나이는 23살이었다. 송강은 아마도 이 무렵부터 석천을 스승으로 섬기며 시를 배운 것으로 보인다. 과거에 급제하여 벼슬길에 나아가기 전까지 약 5년 동안이다. 석천은 만년에 향리 해남을 오가기도 했으나, 주로 담양 창평의 성산에 은거한다.

시에 어느 정도 눈을 뜰 무렵의 송강에게는, 이백의 풍모를 지닌 석천의 화려한 시풍과 낭만적 정조가 특히 마음을 사로잡았을 듯하다. 20대 초·중반의 나이야말로 일상의 모든 일들을 멋과 낭만에 결부시켜 이해하고 행동하려는 때가 아니겠는가. 더욱이 송강 자신 풍류에 남다른 자질을 가지고 있는 인물이고 보면, 석천의 문채와 풍류는 그의 호방·활달한 기질을 시로써 형상화하는 데 큰 영향을 주었을 것으로 생각한다.

송강은 석천에게서 특히 위대한 시인의 풍모를 본 듯하다. 그래서 스승을 마음으로 우러르고 받들었던 것으로 보인다. 석천과 송강이 성산에 있는 식영정息影亭의 오동나무를 두고 주고 받은 다음과 같은 시가 전한다. 두 시의 제목은 모두 「벽오동나무에 걸린 서늘한 달碧梧凉月」이며, 5언절구로 되어 있다.

가을 산 서늘한 달 토해 내더니,	秋山吐凉月
한 밤중 뜨락 오동나무에 걸렸네.	中夜掛庭梧
봉황은 어느 때야 날아오려나,	鳳凰何時至
지금 내 생에야 보리오마는.	吾今命矣夫
선생은 봉황의 문장 품으셨는데,	人懷五色羽
오동나무 가지엔 달이 걸렸네.	月掛一枝梧

| 백발이 가을 달 속을 가득채우니, | 白髮滿秋鏡 |
| 쇠한 모습 이제 장부는 아니로세. | 衰容非壯夫 |

위쪽의 시가 석천이 지은 것이고, 아래쪽의 시가 송강이 지은 것이다.

석천의 시에는 가을 산이 토해 낸 서늘한 달빛 이미지와 함께, 인생 황혼기의 쓸쓸함이 짙게 배어 있다. 그래서 달빛이 무척이나 싸늘하게 느껴진다. 석천은 한 밤중 오동나무에 걸린 달을 보고 봉황을 생각한다. 오색의 아름다운 날개를 하고 대나무 열매을 먹으며 벽오동나무에 깃을 드리운다는 그 상서로운 새는 어느 때나 날아오려는지를……. 그러나 아무런 기약이 없다. 그리하여 자신이 이루고자 했던 꿈, 고대하던 태평세월은 아마도 가망이 없으리라는 생각을 한다. 속절없이 늙어가는 자신을 돌아보며 안타까워하는 심정이 잘 드러나 있다.

그러나 송강은 이런 스승의 심정을 헤아리듯 곧바로 화답한다. 어찌 속절없이 늙기만 하셨겠습니까. 선생님이야말로 그 오색의 아름다운 날개로 상징되는 봉황의 문장을 품고 계시지 않습니까. 저는 오동나무 사이로 비치는 달과 어울린 선생님의 백발을 봅니다. 위대한 시인의 풍모를. 나이가 드셔서 이제 장부는 아니시지만, 저렇듯 맑게 비추는 달처럼 원숙하신 선생님이 아니십니까. 송강의 시에는 스승을 우러르고 사모하는 마음이 은근하고도 정겹게 담겨 있다.

이처럼 스승에 대한 정이 두텁고 각별했기에, 송강은 석천이 세상을 뜨자 그 덕과 인품을 기리며 간절히 그리워한다. 스승이 지은 시의 운을 따서 지은 다음과 같은 「식영정 잡영息影亭雜詠」10수 가운데 한 수 「선유동仙遊洞」에서, 그 그리움의 깊이와 밀도를 능히 짐작할 수 있다.

그 어느 해런가 바닷가의 신선,	何年海上仙
구름 서린 산 속에 깃드셨던고.	棲此雲山裏
끼치신 유풍을 어루만지며,	怊悵無遺蹤
머리 허연 제자가 슬퍼합니다.	白頭門下士

첫 구와 둘째 구에서 스승의 고결한 품성을 '구름 서린 산 속에 깃들어 사신 바닷가(해남)의 신선'으로 기리면서, 그 생전의 행적을 회상하고 있다. 그리고 이어지는 '끼치신 유풍을 어루만지며'에서는, 스승이 남기신 뜻을 받들어 나갈 것을 새삼 되새긴다. 그런데 마지막 구에서 이런 생각에 젖은 송강 자신을 '머리 허연 제자'라고 했으니, 스승과 인연을 맺은 지 이미 상당한 세월이 지났음을 알 수 있다. 바로 여기에서 스승을 그리워하는 간절하고도 애틋한 정이 세월의 두께만큼이나 겹겹이 쌓여 있음을 느낄 수 있다.

여기서 한 가지 살피고 갈 필요가 있는 문제는, 작품에 등장하는 '바닷가의 신선海上仙'이 실제로 누구인가 하는 것이다. 『송강집』에서는 이 시 마지막에 '해상선은 하서를 가리킨다.'라고 적고 있으나, 김성원의 『서하당유고棲霞堂遺稿』에는 '해상선은 석천을 가리킨다.'라고 달리 기록되어 있기 때문이다.

여러 사실을 감안할 때, 이는 하서가 아니라 석천임이 분명하지 않은가 생각한다. 무엇보다도 이 시는 식영정 주변의 여러 풍광들을 노래한 연작 형식의 작품 가운데 하나로서, 애초 석천이 지은 시의 운을 따서 지은 화답시和答詩이기 때문이다. 나아가 석천의 향리가 남도 바닷가에 위치한 해남이고 보면, 위 작품에 등장하는 '해상선'은 석천을 가리키는 것으로 보아야 마땅할 것이다. 이 시가 하서와 송강의 관계를 언급할 때 빈번히 인용되기에, 작품을 살피는 기회에 이를 바로잡고자 덧붙인다.

요컨대 송강은 석천에게서 특히 한시의 다양한 시풍과 화려하고도 낭만적인 정서를 많이 물려받았던 것으로 보인다. 송강의 우리말 시가는 그 중심 시상이나 시적 이미지가 그가 지은 한시와도 상통하는 점이 많은데, 이 점에 있어서도 석천은 송강의 시 세계에 적지 않은 영향을 끼쳤으리라 생각한다.

율곡·우계와의 평생 우정

사람의 일생에서 성장기의 스승은 정신적인 틀을 갖추는 데 결정적인 역할을 한다. 그러나 이에 못지 않게 중요한 역할을 하는 존재가 바로 친구다.

송강은 그와 뜻이 맞는 사람들과 두루 사귀었으면서도, 특히 율곡 이이栗谷 李珥·우계 성혼牛溪 成渾과는 각별한 사이였다. 이들 세 사람은 서로 비슷한 연배에 놓여 있었으며, 비교적 일찍부터 교분을 쌓았던 터에, 마음이 통하고 뜻이 맞아 서로에게 힘이 되는 경우가 많았다. 그래서 복잡다단한 일들로 바람 잘 날 없는 정치무대에서나, 정치 현실의 자장권에서 벗어나 앞 일을 모색하며 생활하던 때에도, 송강은 이들과 당면 문제를 의논하고 서로를 격려하는 사이로 지냈다. 이른바 마음을 나누고 서로를 이해해 주면서 평생의 지기知己로 지냈던 것이다.

정치무대의 동반자 율곡

율곡 이이(1536~1584)는 조선조 일대를 통해 가장 탁월한 행적을 남긴 현인賢人의 한 사람이다. 뛰어난 학자요 정치가였으며, 참으로 다양한 분야에 재주를 가진 인물이었다. 강원도 강릉江陵출신이며, 본관은 덕수德水다. 자는 숙헌叔獻, 호는 율곡 외에 석담石潭·우재愚齋가 있다.

율곡은 어려서부터 어머니에게서 학문을 배웠고, 13살 때 이미 진사 시험에 합격했다. 19살 때에는 우계 성혼과 교우의 도를 맺었으며, 금강산에 들어가 불교를 공부하고 이듬해 20살 때 하산하여 유학에 전심했다. 23살 되던 1558년(명종 13년) 봄에 도산陶山으로 퇴계 이황을 방문하였고, 그 해 겨울 과거에서 「천도책天道策」을 지어 장원급제하였다. 또한 그는 전후 아홉 차례의 과거에서 모두 장원을 하여, '구도장원공九度壯元公'이라는 별칭을 얻기도 했다.

율곡은 동서 간의 당쟁이 격화되던 시기에 벼슬살이를 하면서 적지 않은 풍파를 겪었다. 그러나 항상 쟁론을 조정하고 정치적 화합을 위해 노력을 아끼지 않았기에, 조정 안팎의 신뢰와 덕망이 누구보다도 두터웠다. 벼슬은 호조·이조·병조판서를 거쳐 우찬성右贊成에 이르렀다.

율곡은 퇴계와 함께 조선조 유학의 쌍벽을 이룬 인물이다. 사람의 심성을 주제로 한 논쟁은 이미 고봉과 퇴계 사이에서도 이루어진 바 있지만, 그 역시 퇴계의 견해에 대립하는 성리학적 사유를 체계적으로 폈으며, 하나의 뚜렷한 학맥을 형성하여 기호학파畿湖學派를 이루었다. 그는 철학·교육·문학·제도·사상 등 다방면에 걸쳐 훌륭한 저술을 여러 편 남겼으며, 49년이라는 길지 않은 생애로 삶을 마감했다.

송강은 율곡과 태어난 날이 불과 20일 차이밖에 나지 않는 동갑내기였다. 송강의 「연보」에 따르면, 21살 때 그를 처음 만나 교우의 도를 정했다고 한다. 또, 송강이 지은 「율곡 제문祭栗谷文」에 따르면, 재야의 선비라는 것 외에 그 행적이 잘 알려지지 않은 이희참李希參이라는 이를 통해 서로 알게 되었는데, 그 때 율곡은 금강산에서 불교 공부를 한 후 처음 서울에 왔었다고 한다. 이후 송강은 율곡이 49살로 세상을 뜰 때까지 평생의 지기로 지낸다.

송강은 율곡과 정치적 신념을 같이하면서 밝은 치세治世를 이루기 위해 정성을 다한다. 그러나 동서붕당東西朋黨의 분쟁이 격화되자, 때로 서로의 입장이 달라 불화하기도 한다. 송강이 명철한 사태 판단과 강직한 품성으로 상대 세력인 동인에 적극적인 공세로 임하려는 데 비해, 율곡은 항상 조정의 화합을 위하여 탕평을 꾀하려 했기 때문이다.

그럼에도 불구하고 서로 간의 우의는 다시없이 돈독해서, 송강이 예의 타협을 모르는 강직한 품성으로 인해 정치적 곤경에 처하게 되면, 율곡은 매번 앞장서서 그를 변호하였다. 당시 격화되던 당쟁의 소용돌이 속에서 송강이 정치적으로 성장해 나갈 수 있었던 것도, 따지고 보면 율곡이 있었기 때문이라고 해도 지나친 말은 아니다. 아울러 율곡이 동인들로부터 서인을 옹호한다는 비난을 받은 것 역시, 송강과의 긴밀한 유대관계 때문이었다고 할 수 있다.

송강의 나이 34살 때인 1569년(선조 2년) 10월, 당시 부교리副校理의 직책을 맡고 있던 그는 사명을 받들고 호남으로 내려가게 된다. 그가 떠날 때 율곡 역시 강릉으로 향하는데, 서로 시를 주고 받으며 송별한다. 이렇게 서로 헤어지는 상황 자체를 제목으로 하여 율곡이 송강에게 지어준 「계함 정철은 사명을 받들고 호남으로 가고 나는 관동으로 가는 이별의 자리에서 지어 주다鄭季涵徹奉使湖南余有關東之行臨別賦贈」라는 5언율시를 옮겨보면 다음과 같다.

굳게 사귄 벗 천리 길 헤어지나니,	石友分千里
가슴 속 쌓인 정회 한숨에 부친다오.	幽懷付一嗟
동으로 대관령 눈길처럼 어지럽고,	東關迷雪路
남으로 뻗은 길 뱃길처럼 아스라하네.	南國渺星槎
꽃다운 풀 좋은 기약 멀기만 한데,	芳草佳期闊
차가운 매화에 저녁 그림자 어리는구려.	寒梅晚影斜
가엾어라 오늘 밤 솟은 달이여,	堪憐今夜月
서로 떨어져 하늘 끝에 이르게 하네.	相送到天涯

'굳게 사귄 벗'과 서로 이별해야 하는 상황이 서글프기만 하다. 그래서 대관령 너머 강릉과 머나먼 남녘 땅 사이의 '천리 길'이 참으로 멀고 애닯게 느껴진다. 꽃 피는 봄이 오면 하마 다시 만날 수 있을지 기약할 수 없는 이별이기에, '차가운 매화에 저녁 그림자 어리는' 계절에 헤어지는 아쉬움은 더욱 간절하다. 그 아쉬움을 달래주려 '솟은 달'마저 가엾고 쓸쓸하다. 이제 서로 헤어지면, 다만 '하늘 끝'에서 저 달을 쳐다보며 서로 그리워하리라. 마음을 나눈 벗과 헤어지는 안타까운 심정이 구절 사이 사이에 흥건히 배어 있다.

송강이 사귄 벗 가운데서도, 율곡은 특히 사회생활의 동반자였다. 그와 진지한 학문적 대화를 주고 받은 일 역시 적지 않았겠지만, 그보다는 경국제민의 사회현실에서 제기되는 복잡다단한 문제들을 의논하고 추진해 나가면서, 서로를 의지하고 동고동락했다. 이들 두 사람은 대체로 정치적 운명까지를 함께한다. 현실에 대처하는 태도나 행동방식이 달라 때로 의견이 엇갈리기는 하지만, 근본적인 입장에는 차이가 없었다.

산이 서로 등졌지만 맥은 본래 한 가지요,	山形背立本同根
물이 따로 흐르지만 근원이야 하나로세.	江水分流亦一源
화석花石이라 옛 정자 사람 볼 수 없나니,	花石古亭人不見
돌아가는 석양 길에 혼이 거듭 녹아나네.	夕陽歸路重銷魂

7언절구로 된 송강의 「화석정을 지나면서 過花石亭」다. '화석정'은 율곡과 인연이 깊은 경기도 파주 율곡栗谷에 있는 정자다.

율곡의 자취가 남아 있는 정자를 지나면서, 유명을 달리한 그를 간절히 그리워한 시다. 다만 같은 어버이에게서 태어나지 않았을 뿐, 율곡과는 '맥'도 '근원'도 함께했던 사이였기에, 그를 생각할 때면 하염없이 눈물이 흐른다. 그 애끊는 심정을 마지막 구 '돌아가는 석양 길에 혼이 거듭 녹아나네.'에서 실감할 수 있다.

그렇기에 1584년(선조 17년) 1월, 율곡이 49살이라는 나이로 세상을 떴을 때, 지기를 잃은 송강의 비통함은 이루 다 표현할 수 없었다. 21살 때 우정을 맺어, 이후 30년 가까이 한결같은 마음을 주고 받은 사이였으니, 다른 무엇으로도 대신할 수 없는 그의 빈 자리가 두고두고 송강을 눈물짓게 했을 것임은 짐작하기 어렵지 않다. 더욱이 당쟁의 소용돌이는 당시에도 여전히 계속되고 있었고, 마음을 털어놓고 이야기할 벗이 많지 않았던 송강으로서는, 율곡의 죽음이 그야말로 참담하기조차 했을 것이다.

송강은 율곡을 두고 지은 한시 10여 수와 제문, 만시(輓詩) 등을 남겼다. 함께 벼슬살이할 무렵 율곡에게 자신의 뜻을 내보이며 지은 몇 편의 시를 제외하면, 대부분 먼저 떠난 율곡을 애도하고 그리워하는 정을 담은 내용들이다. 「친구의 만시(挽友)」라는 제목의 다음과 같은 7언절구 역시 그 가운데 하나다.

남들은 이승이 저승보다 낫다지만,	人說人間勝地下
나는야 저승이 이승보다 나을레라.	我言地下勝人間
율곡栗谷이랑 군망君望을 좌우에 손잡고,	左携栗谷右君望
한밤중 솔바람 푸른 산에 누우리니.	半夜松風臥碧山

죽어 '율곡'과 '군망'을 좌우에 두고 '솔바람 푸른 산'에 누울 수 있기에 차라리 '저승이 이승보다 나을레라.'라는 말에서, 벗의 죽음을 애도하는 송강의 간곡한 마음을 살필 수 있다. 얼마나 안타까운 죽음이기에 이렇게까지 표현했을까를 생각해 보면, 단순히 우정이라는 말만으로는 부족한 인간적 유대와 슬픔의 깊이를 느낄 수 있다. 누구도 흉내내기 어려운 애도의 정이 몇 마디의 말 속에 절절이 배어 있다.

율곡과 함께 애도한 '군망'은 송강의 또 다른 벗 신응시(辛應時:1532

~1585)의 자字다. "신군망 교리 적의 내 마침 수찬으로…"로 시작되는 송강의 시조에 나오는 바로 그 인물이다. 신응시는 율곡보다 한 해 뒤에 죽었으니, 송강이 이 시를 지은 것은 아마도 50살(1585년 · 선조 18년) 무렵일 듯하다.

진정한 벗은 이별 후에 그 존재가치가 더욱 빛난다. 사별한 경우는 두말할 나위가 없을 것이다. 송강과 율곡 사이에서 이를 절감할 수 있지 않을까 생각한다. 송강은 율곡이 세상을 뜨고 난 후 10년을 더 산다.

평생에 걸쳐 자문을 구한 우계

송강의 또 다른 지기인 우계 성혼(1535~1598)은 일찍이 경국제민의 뜻을 접어두고 학문과 교육에 힘쓴 조선조 성리학의 대가요, 재야 선비다. 서울에서 출생하여 주로 경기도 파주坡州 우계에서 살았으며, 본관은 창녕昌寧이다. 자는 호원浩原, 호는 우계牛溪 외에 묵암默庵이 있다.

우계는 17살 때 생원 · 진사의 초시에 모두 합격했으나, 신병으로 다음 단계의 과거를 포기하고, 정주학程朱學에 연구가 깊은 휴암 백인걸(休菴 白仁傑:1497~1579)의 문하에서 학문에 전념했다. 19살 때에는 율곡과 사귀게 되면서 평생의 지기가 되었고, 32살 때 퇴계를 만나고서 깊은 영향을 받았다. 38살이던 1572년부터 6년 동안에 걸쳐 율곡과 사람의 심성을 주제로 한 논쟁을 벌였는데, 율곡의 학설을 반박함으로써 당대 유학계에 커다란 화제를 불러 일으켰다. 그는 대체로 퇴계의 학설을 지지하는 쪽에 섰다.

우계는 재야에 있으면서도 학덕과 인망이 높아, 선조 임금으로부터 여러 차례 관직을 제수받았다. 그러나 그때마다 사임하고 벼슬에 나아가지 않았다. 다만, 임금이 사임을 허락하지 않아 부득이 관직에 머물러 있었던 적은 몇 차례 있었다. 그가 벼슬살이에 나아가게 된 것은 대부분 율곡의 권유에 따른 것이었다.

우계는 46살(1580년) 때 장령掌令, 임진왜란이 일어난 58살(1592년) 때 우참찬右參贊에 제수되어 조정에 나아갔다. 그리고 60살(1594) 때에는 좌참찬에 이르러 영의정 유성룡(柳成龍:1542~1607)과 함께 일본과의 화의를 주장하다가, 선조의 노여움을 사게 되어 사직하고 향리 파주로 돌아갔다. 이후에는 다시 관직에 나아가지 않았으며, 1598년 64살의 나이로 삶을 마감했다.

송강은 우계와도 일찍부터 교우의 도를 정했던 것으로 보인다. 나이는 우계가 송강보다 한 살 위다. 송강이 진사 시험에 합격한 해(26살·1561년)에 우계가 보낸 다음과 같은 편지를 보면, 두 사람 사이의 우정과 의리가 실로 두터웠음을 알 수 있다.

> 삼가 독서의 재미가 어떠하신지 묻습니다. 나는 돌아가는 도중 심기가 변함이 없어, 집에 도착한 지 사흘 후에 책을 펼 수 있게 되었습니다. 스스로 크게 위안이 됩니다.
>
> 시를 적어 주신 부채를 받고서, 말 위에서 읊으며 종일토록 잊지 못할 이별의 정을 느꼈습니다. 내가 그대를 사모하여 잊을 수 없는 것이, 어찌 호방하고 의협심이 강한 무리들이 서로 마음이나 기개가 맞아 사귀면서 사사로이 감격하는 마음에서 나오는 것과 같으리오. 다만 분발하시고 기운을 가다듬어 게을리 않으시기를 바랄 따름입니다.
>
> 또 나는 질병을 빌미로 장차 안일 방랑으로 세월을 보낼 염려가 있으므로, 붕우와 더불어 같이 머물러 있을 것을 생각하나 그럴 수도 없는 처지이니, 바람을 향하여 멀리 있는 그대 생각을 그칠 수가 없구려.

서울에서 서로 이별한 후, 우계가 그의 향리 파주로 돌아가 송강에게 보낸 편지인 듯하다. 아무래도 처음 만나 헤어진 사이에서 이런 정도의 편지를 주고 받기는 어려울 듯싶다. 따라서 송강은 적어도 26살

이전부터 이미 우계와 교분을 쌓았던 것으로 보인다.

　송강과 우계는 실로 다방면으로 교유한다. 젊은 시절로부터 노년에 이르기까지, 그때 그때 부딪히는 문제나 고민이 있을 때면 으레 마음을 터놓고 이야기를 주고 받았다. 한창 무르익을 무렵의 공부 문제는 물론이요, 벼슬살이에서 제기되는 이런 저런 문제들, 바람 잘 날 없는 조정의 크고 작은 일들, 또 일상에서 살피고 넘어가야 할 의례절차 등에 이르기까지, 생활 현실 전반의 문제들을 의논하고 진심어린 충고를 하는 사이로 지낸다. 따라서, 평생에 걸쳐 이들 두 사람처럼 다양하게 교유한 이들을 찾기란 쉽지 않을 것이다.

　송강과 우계가 이처럼 돈독한 우정을 쌓게 된 것은, 무엇보다도 공통의 관심사가 많은 데다가 동연배였기에, 현실에서 부딪히는 문제나 고민에 있어서도 공유분모가 많았기 때문인 것으로 보인다. 우계가 송강에게 보낸 다음과 같은 글이 그 단적인 예가 아닐까 생각한다.

　　우계의 물과 송강의 물은 애초 다 같이 맑은 물입니다. 어찌 먼 곳에서 한 종지의 물을 쥐어 오는 것을 기다려서 맑으리오. 그러나 우계의 물은 항상 맑지 못할까 두려우니, 어찌 감히 스스로 그 맑음을 믿고 맑힐 공부를 하지 않으리오. 또한 바라건대 송강의 맑고 차가운 물도, 탕湯 임금이 목욕하는 그릇에 새긴 것과 같이 날로 새로와서, 마음 밖의 탁한 사물들로 인해 조금이라도 흐리게 하는 일이 없었으면 합니다.
　　그리고 이별에 즈음하여 한 말씀드리는바, 하늘의 이치와 사람의 욕심은 함께 존재할 수 없는 것이어서, 떳떳한 이치에만 정신을 집중하여 돈독히 밀고 나가 거기에 젖어들면, 저 한 편의 사람 욕심은 애쓰지 않고서도 저절로 없어질 것이니, 간절히 바라건대 깊이 살피시고 몸소 체험하시어, 그 맛을 알아가며 계속 분발하시기를 더욱 바라는 바입니다.

　젊은 시절, 송강의 공부를 격려하는 말과 함께 학문하는 방법을 논한 글이다. 본래 가지고 있는 맑은 심성이 흐려지지 않도록 하기 위해서는, 항상 정신을 가다듬고 수양을 게을리하지 않음으로써, 날로 마음을 새롭게 해 나가야 할 것이라는 자기다짐이자 당부다. 또한 오로지 떳떳한 이치에만 정신을 집중해서, 일상의 허튼 욕심에 빠져들지 않도록 조심해야 할 것이라는 충고를 덧붙이고 있다. 옛 사람들이 친구 사이에서 서로의 공부를 격려하고 경계의 말을 주고 받는 것이 이와 같았음을 알 수 있는 예라 하겠다.

송강은 국가의 대소사에 우계를 찾아가 자주 예禮를 묻기도 하고, 자신의 맏아들 기명起溟을 그에게 보내 배우게 한다. 송강의 품성이나 행동방식이나 처세에 대해 누구보다도 이해의 폭이 넓었던 우계였기에, 송강은 그를 믿고 자문을 구하는 일이 많았다. 물론 우계 역시 정치적 운명을 송강과 함께한다. 거친 파도가 몰아치는 세상에서 서로 터놓고 이야기할 수 있는 벗이 있다는 건 얼마나 큰 위안인가.

괴로운 곡조 예사 노래와 어울리기 어려워,	苦調難諧衆楚音
병든 몸 세상과는 이미 마음이 없네.	病夫於世已無心
아마도 강호江湖의 솔숲 아래서,	遙知湖外松林下
세모歲暮라 찬 술을 맘껏 마시리.	歲暮寒醪滿意斟

뜻하는 바 마음을 달리 두어서인지, 다른 사람들과 어울리지 않으려는 성격 때문인지, 이런저런 풍파에 시달리는 벼슬길에서 이미 마음을 접었네. 한 해가 저무는 겨울, 세속에 물들지 않은 자연에 몸과 마음을 맡기고, 찬 술을 마음껏 기울이며 지내리.

송강의 「우계에게 부쳐 보이다寄示牛溪」라는 7언절구다. 현실의 자장권에서 벗어나 있는 우계의 심경과 생활의 단면을 읊은 듯하다. 그러나 달리 보면, 송강 자신이 이런 상황에 처하고 싶다는 것을 읊고 있는 듯도 하다. 그래서 이 시는 우계에 관한 이야기면서 송강 자신의 이야기일 수도 있으리라는 생각이 든다.

이처럼 마음까지를 서로 주고 받을 수 있는 돈독한 우정은 무엇보다도 상대에 대한 깊은 신뢰에서 생겨난다. 그리하여 때로 비틀거리는 걸음을 바로잡아 주는 애정어린 충고에 귀 기울이며, 옳다고 생각되는 일에 대해서는 스스럼없이 받아들이는 자세를 갖추어야 참된 우정을 나눈 사이일 터다.

송강의 넷째 아들 기암공 홍명(畸巖公 弘溟:1582~1650)의「기옹소록 畸翁所錄」에는, 김방걸(金邦杰:1623~1695)이라는 이가 이세장(李世長:1628~1668)에게 보낸 편지라고 하는 말과 함께 다음과 같은 이야기가 실려 있다.

> 송강이 한 기생을 첩으로 두었는데, 우계가 편지를 보내어 통절히 책망하였다. 공은 곧바로 하인에게 명하여 행구를 차리게 하여, 그 기생 첩을 보지도 않고 내보내 버렸다. 송강과 같이 의義에 복종하는 사람을 오늘날 어디서 찾아볼 수 있으며, 또 세상에 우계 같은 이가 없으니 어찌하리오.

혹 변명할 속내가 있었을 지 모르지만, 다른 누구도 아닌 우계의 '책망'이기에 송강은 이를 스스럼없이 받아들이지 않았는가 싶다. '송강과 같이 의義에 복종하는 사람'을 찾아보기 어렵다는 말이나, '우계 같은 이'가 없음을 탄식하는 말 속에서, 참된 우정의 단면을 새삼 확인할 수 있다.

둘 사이가 이와 같았기에, 송강과 우계가 받은 시문·편지만 해도 상당수에 이른다. 특히 송강이 우계에게 보낸 14통에 달하는 편지에는, 그가 벼슬길에 나아가 있을 때든 낙향의 처지 혹은 유배생활을 하고 있을 때든, 일상에서 겪는 다단한 문제들을 상의하고 진정으로 충고를 구하는 내용들이 많다.

송강과 우계 사이에서 이루어진 이와 같은 교유 내용들로부터, '평생의 지기란 바로 이런 것'이라는 생각을 분명하게 떠올릴 수 있을 듯하다. 송강은 우계보다 5년 먼저 세상을 뜬다. 송강이 없는 세상에서 우계 역시 허탈하고 쓸쓸했을 터다.

지식인 그룹의 중심에 서다

송강은 지금까지 살핀 스승과 벗들 외에, 당대 이름높은 학자·문인들과도 돈독한 유대를 맺으며 수학·교유한다. 그리하여 자신의 학문적 식견과 문학적 자질을 훨씬 더 깊고 넓게 다져나간다.

그 대표적 인물들을 들어보면, 송강을 처음 발견하여 그 자질을 계발케 한 사촌 김윤제沙村 金允悌를 비롯하여, 송천 양응정松川 梁應鼎, 사암 박순思庵 朴淳, 서하 김성원棲霞 金成遠, 구봉 송익필龜峯 宋翼弼, 옥봉 백광훈玉峯 白光勳, 고죽 최경창孤竹 崔慶昌, 제봉 고경명霽峯 高敬命, 중봉 조헌重峯 趙憲, 백호 임제白湖 林悌 등이라고 할 수 있다.

모두가 한 시대를 풍미했던 쟁쟁한 학자요 문인들이다. 송강의 학문과 문학은 그의 타고난 자질 탓도 있었겠지만, 이렇듯 풍요로운 수학·교유의 기반 위에서 세련되게 다듬어지고 열매맺게 된 것이라고도 할 수 있다.

또다른 스승 김윤제와 양응정

사촌 김윤제(1501~1572)는 송강이 담양 창평에 이르렀을 때, 그의 문하에 두고 보살피며 면학의 길을 열어준 송강의 첫 스승이자 은인이다. 『소쇄원사실瀟灑園事實』에 남아 전하는 하서 김인후의 평에 따르면, 사촌은 너그럽고 여유있는 품성으로 선한 일을 즐기는 도량이 있었으며, 여섯 고을에 나아가 다스렸는데 모두 어진 정치를 베풀었다고 한다.

그러나 사촌의 자세한 내력이나 생존·활동 당시의 행적은 알려진 바 드물다. 따라서 송강이 그로부터 수학한 내용이나 영향의 실상 역시 구체적으로 헤아리기 어렵다. 그렇지만 사촌이라는 존재는 분명 송강에게 있어서 잊을 수 없는 스승 가운데 한 사람임에 틀림없다. 청년시절 송강의 수학과 교유는 바로 사촌이 거처하던 환벽당環碧堂으로부터 비롯되었기 때문이다.

한 줄기 샘 두 언덕 사이로 날아 떨어지고,	一道飛泉兩岸間
여뀌꽃 핀 물굽이엔 연 캐는 노래 한창일레.	採菱歌起蓼花灣
시냇가 반석 위에 산 늙은이 취해 누우니,	山翁醉倒溪邊石
모래밭 갈매기 소리 없이 오고 가네.	不管沙鷗自往還

송강의 「환벽당 운을 따서 짓다次環碧堂韻」라는 7언절구다.

솔숲 우거진 두 언덕 사이로 날아 떨어지는 한 줄기 '샘물', 시냇물 가장자리로 붉게 핀 '여뀌꽃', 연인을 부르는듯 때맞춰 들려오는 '연 캐는 노래'로부터, 선명한 색채감과 함께 아늑하고 낭만적인 분위기가 물씬 풍긴다. 이를 배경으로 시냇가 반석 위에 취해 누워 있는 '산 늙은이'. 느꺼운 전원의 흥에 취하고, 더불어 기울인 몇 잔의 술에 취한 것이리라. 그 맑은 홍취를 깨뜨릴세라, 무시로 나니는 모래밭 갈매기조차 '소리 없이' 오고 간다.

운치있는 환벽당 주변의 풍광과 초야에 묻혀 지내는 사촌의 유유자적한 삶을 노래한 시다. 맑고 한가로운 자연의 경물들을 묘사하면서, 이들을 벗삼아 생활하는 사촌이 그와 같은 자연의 심성을 닮아 있다는 사실을 넌지시 일깨우는 듯하다. 그 호젓하면서도 운치있는 정경은, 탈속脫俗의 정서가 깃든 한 폭의 문인화文人畵를 연상케 한다. 사촌의 삶을 기리는 송강의 정이 담담하게 녹아들어 있는 예라 하겠다.

한편, 송강의 학문적 스승을 말할 때 대개 서슴지 않고 하서와 고봉을 든다. 그러나 이들 외에 결코 빼놓을 수 없는 인물로 송천 양응정 (1519~1583)을 들 수 있다. 송천은 대사성大司成을 역임한 당대의 큰 학자요, 시문에 뛰어난 문인이기도 했다. 송강은 21살 때부터 송천을 스승으로 섬기면서 학문과 시문을 배운다.

송강은 송천에게서 특히 선한 품성과 원만한 인격의 표본을 본다. 송천에 대한 송강의 존경심과 사모의 정은 그의 다음과 같은 「양송천 응정 제문祭梁松川應鼎文」에 잘 나타나 있다.

아아! 슬프도다. 소자가 선생님의 문하에 드나든 지 27년이나 됩니다. 어찌 문장 뿐이오리까. 제가 선생님을 모시고 지낼 적에, 군색하고 궁지에 빠질 때면 명랑한 데로 인도하시고, 경박하고 급할 때면 서서히 완만한 데로 이끌어 주셨습니다. 착한 것은 말씀하시되 악한 것은 말씀하지 않으시고, 길한 것은 이르시되 흉한 것은 이르지 않으셨으니, 이는 천성으로 그러하셨습니다.

지금 세상에서 선생님을 의론하는 사람들이 "어찌 그리도 막힘이 없는고!"라고 말하지만, 의연히 세속적인 것들과 동화하지 않으시면서, 그 심중에 확고함을 가지셨던 것을 누가 알겠습니까. 저 명예와 이해만을 따지고 급급히 따르는 자 선생님의 유풍을 들으면, 어찌 얼굴빛이 변하지 않으오리까.

바야흐로 선생님의 병환이 위중하게 되시던 날, 저는 금성錦城에서 소식을 듣고 스스로 침식도 잊어버리고, 혼이 하루 저녁이면 여러 번 놀라 깨었나이다. ……마음이 찢어지는듯 하옵니다.

문인門人 관찰사 오천인烏川人 정철

송강의 기질이나 성격을 한 두 마디로 잘라 말하기 어렵지만, 어떻든 그는 성미가 급하고 다혈질적인 면이 있었던 것이 사실이다. 사람의 기질이나 성격이 하루 아침에 형성되는 것이 아니고 보면, 송강 역시 젊어서부터 이런 면이 더러 밖으로 나타났던 모양이다. 그런 송강을 때때로 다잡아 준 분이 곧 송천이었음을 위의 제문을 통해 확인할 수 있다. 특히, '군색하고 궁지에 빠질 때면 명랑한 데로 인도하시고, 경박하고 급할 때면 서서히 완만한 데로 이끌어 주셨다.' 는 말에서, 일상생활에서 송천으로부터 입은 감화가 컸음을 알 수 있다.

나아가 송강이 송천을 존경하고 따르지 않을 수 없는 것 가운데 하나가, 송천이 세속의 명예나 이익에 초연하고 맑은 품성을 지닌 인물이었다는 사실임을 분명하게 헤아릴 수 있다. '의연히 세속적인 것들과 동화하지 않으면서 그 심중에 확고함을 가졌던' 송천이었기에, '명예와 이해만을 따지고 따르는 자 선생님의 유풍을 들으면 얼굴빛이 변하지 않을 수 없을 것' 이라는 말이 이를 함축하고 있다.

송천이 세상을 뜬 해에 송강은 48살이었다. 세상살이, 벼슬살이에서 무엇이 어렵고 또 경계해야 할 점은 무엇인가를 대강 깨달았을 나이다. 그래서인지 송강은 송천의 고매한 품성이 선비사회의 귀감임을 힘주어 말한다. 명예와 이익에 초연하기란 기실 얼마나 어려운 일인가를 되새기면서…….

막역한 선배 박순

사암 박순(1523~1589)은 눌재 박상의 조카로서, 학문·시문은 물론이요, 정치적 역량 또한 남달랐던 인물이다. 일찍이 화담 서경덕(花潭 徐敬德:1489~1546)에게서 학문을 배워 성리학에 조예가 깊었고, 문장·글씨 뿐만 아니라, 시에 특히 뛰어났다. 당시 삼당시인三唐詩人으로 일컬어진 세 사람 가운데 두 사람, 즉 옥봉 백광훈과 고죽 최경창을 그의 문하에서 배출한 사실이 이를 입증한다.

그는 43살 때인 1565년(명종 20년), 대사간의 자리에 있으면서 윤원형을 탄핵하여 척신 일당의 횡포를 제거한 주역 역할을 했다. 이후 대사헌·대제학·이조판서·우의정·좌의정 등 요직을 두루 거쳤으며,

50살인 1572년(선조 5년) 영의정에 오른 이후 약 14년 동안이나 정승의 반열에 있었다.

사암은 특히 송강·율곡·우계와 교분이 두터웠다. 이들보다는 나이가 10년 이상 많았음에도 불구하고, 막역한 선배이자 지기로서 어울려 지냈다. 그래서 당쟁이 본격화된 시점에서는, 동인들로부터 서인의 실세 가운데 한 사람으로 지목되기도 했다. 그도 그럴 것이, 이들과 정치적 신념을 같이했기 때문이다. 송강 등 세 사람이 동인들로부터 탄핵을 입었을 때, 이들을 옹호하다가 도리어 탄핵을 입고 마침내 관직에서 물러나는 것이 그 단적인 예다.

송강은 일찍이 사암의 종사관이 되면서 돈독한 교분을 쌓게 되었다. 그의 나이 33살 때였다. 물론 사암이 호남시단의 할아버지격 인물인 눌재 박상의 조카인 데다, 그의 나이 39살 때인 1561년(명종 16년)에 윤원형의 미움을 받고 파면되어 향리 나주에 머물렀던 적이 있어, 아직 벼슬길에 나아가기 전이었던 송강이 가까이에 사는 그와 이미 어떤 교분을 쌓았을 가능성도 없지 않다. 어떻든 송강으로서는 자신의 자질을 알아주고 이를 발휘할 수 있는 기회를 일찍부터 마련해 준 인물이 바로 사암이었다.

이후 당쟁의 풍파가 몰아치는 험난한 정계에서, 송강은 복잡다단한 일들로 난관에 봉착할 때면, 그와 허심탄회하게 상의하고 의지하는 바 적지 않았다. 송강에게 있어서 사암은 단순히 노선을 같이하는 정계 선배로서보다는, 서로 우애하며 고난의 가시덤불을 헤쳐나간 형제와도 같이 지냈다.

사암이 송강에게 지어 준 시와 송강이 사암을 그리워하는 시 수 편이 전한다. 그 시편들에는 두 사람 사이의 도타운 교분만큼이나 다사로운 정이 잔잔하게 배어 있다. 송강의 「사암의 운을 따서 짓다次思菴韻」라는 7언율시를 옮겨보기로 하겠다.

몸은 병든 학이건만 산으로 돌아가지 못하여,	身如病鶴未歸山
시내와 골짜기엔 송죽松竹 난초 늙었다오.	溪老松筠谷老蘭
한강이라 가을 바람 시름 속에 지나가고,	漢水秋風愁裏度
아득한 고향 길 꿈 속에도 멀더이다.	楚雲鄕路夢中漫
세간 인심 겪고 나니 머리 모두 희어지고,	人情閱盡頭全白
세상 맛 씹어 보니 이가 다시 시리구려.	世味嘗來齒更寒
먼 추억 송강松江에서 낚시하던 옛 친구들,	遙憶松江舊釣侶
밝은 달에 노 저으며 앞 여울로 내려가네.	月明搖櫓下前灘

벼슬살이의 고달픈 심정을 노래하면서, 세파에 시달린 몸과 마음을 아늑히 감싸줄 고향의 품을 그린 시다. 이런 자신의 심사를 마치 사암에게 하소연하듯, 나아가 사암 역시 이런 심사일 시 분명한 감정적 동화상태를 확인하듯 노래하고 있다. 특히 '송강에서 낚시하며 놀던 친구들'에 대한 추억은, 아마도 그와 사암이 공유하는 옛 일이 아닐까 생각된다. 사암을 마주 대하고 이야기하는 것보다 훨씬 더 살가운 정감이 깃들어 있다.

각박하고 모진 벼슬살이에서 사암은 그 너른 잎새들로 거친 비바람을 막아주기도 하고, 때로 한 숨 돌릴 그늘을 만들어 주었던 나무와도 같은 존재였다. 그렇기에 사암을 생각하는 송강의 정은 각별하다. 「호정에서 박사암을 추억하다湖亭憶朴思菴」라는 7언절구 한 수를 더 들어보기로 하겠다.

강가 높은 누대에 봄 풀이 깊었는데,	江上高臺春草深
신선되어 놀던 자취 찾을 길 아득하네.	仙遊往跡杳難尋
만약에 학을 타고 선경仙境으로 아니 갔다면,	若非跨鶴淸都去
정녕히 별을 타고 고국을 내려다보리.	正是騎星故國臨

봄이 되자 강가에 선 높다란 누대 주위에 자욱히 풀이 돋아난다. 지난 날 이곳에서 사암과 어울려 즐기던 풍류, 그 시절 추억이 다시 돋아나는 풀처럼 자욱히 떠오른다. 그러나 이제 다시 볼 수 없는 사암, 그가 남긴 이승의 자취는 흔적조차 찾을 길 없다. 아마도 학을 타고 신선의 나라에 가 있지나 않은지. 만약 그렇지 않다면, 필시 별을 타고 하늘로 올라가 이곳, 진진한 추억과 정이 서린 이 땅을 내려다보고 있으리라. 남기고 간 사람들 차마 잊지 못해 굽어 살피면서…….

세상을 떠난 사암을 그리워하면서, 저 하늘의 별처럼 항상 자신의 가슴 속에서 빛나는 추억을 기린 시다. 사암은 1589년(선조 22년) 67살을 일기로 세상을 하직했는데, 그 때 송강의 나이는 54살이었다. 20여 년 동안 쌓아 온 정분을 어찌 한 두 줄의 말로 드러낼 수 있겠는가 마는, 사암이 없는 쓸쓸하고 허전한 마음을 이처럼 담담하게 달래는 송강의 심사에서, 오히려 시·공을 초월한 끈끈한 유대의 정을 느낄 수 있지 않을까 싶다.

13년이라는 나이 차이에도 불구하고, 사암은 송강을 막역한 벗이자 형제처럼 위해 주었다. 그가 세상을 떠난 지 불과 4년 뒤에 송강 역시 유명을 달리한다. 아마도 송강 또한 별을 타고 하늘로 올라가, 사암과 나란히 앉아 이 땅에 두고 온 끈끈한 인연들을 굽어 살피지 않았을까 싶다.

따로 또 같이 걸어간 김성원

서하 김성원(1525~1597)은 사촌 김윤제의 문하에서 동문수학한 송강의 오랜 지기다. 그는 생원시에 합격한 뒤 과거에는 다시 응시하지 않고, 대부분 성산 주변의 자연에 묻혀 문학활동과 풍류생활을 즐기면서 독서에 열중한 인물이다.

그는 어려서 아버지를 여의고 홀어머니를 모시고 살았는데, 효행으로 이름이 나 선조 임금 때에는 침랑寢郞·강원도 찰방察訪 같은 벼슬을 제수받아 관직에 나아가기도 했다. 그렇지만 대개 송강과 진퇴를 함께했다. 또, 임진왜란 때에는 동복同福 현감縣監으로 있으면서 주위 의병들과 제휴하여 백성들을 보호하였고, 정유재란 때 나이 많은 어머니를 모시고 피란했는데, 적병을 만나자 어머니의 신변을 보호하다가 함께 죽음을 당했다고 한다.

그가 성산 기슭에 서하당棲霞堂과 식영정息影亭을 짓고 당대 호남의 명사들과 교유한 것은 유명하다. 서하는 특히 석천 임억령·제봉 고경명·송강 등과 함께 식영정 4선四仙으로 일컬어지기도 했다. 석천은 그의 스승이요, 송강과 제봉은 막역하게 어울려지내는 사이였다. 그는 이 식영정·서하당을 중심으로 전개되는 자신의 생활과 풍류를 읊은 시들을 많이 남겼다.

따지고 보면, 서하는 송강의 처가쪽 어른이요, 나이가 송강보다 11살이나 위였다. 그렇지만 두 사람은 서로 흉금을 털어 놓고 사귀는 사이였다. 훗날 송강이 중앙 정치무대에서 향리 창평으로 내려올 때마다, 그를 가장 반겨 맞아주었던 이도 바로 서하다. 여러 사정을 떠나, 젊은 시절에 만나 동문수학한 사이라는 사실이 두 사람 사이의 친밀감을 더욱 돈독하게 해주었던 게 아닌가 싶다.

서하 당신은 평생의 벗이라,	霞老平生友
꿈결에도 잊지를 못한다오.	難忘夢寐間
나는 지금 속세를 헤매지마는,	吾方走塵世
그대는 홀로 운산雲山에 누웠구려.	君獨臥雲山

「멀리 하당 주인에게 부치다遙寄霞堂主人」라는 5언절구다. 여기에서 보듯, 송강은 서하를 '평생의 벗'으로 여겼다. 그래서 서로 다른 처지에 놓여 있을 때에도 항상 마음 속에 두고 그리워한다. 그 우정의 깊이를 둘째 구 '꿈결에도 잊지를 못한다오.'에서 넉넉히 헤아릴 수 있다.

나아가 벼슬아치로서 '속세를 헤매는' 자신의 삶과 '운산雲山에 누워' 유유자적한 생활을 하는 서하의 삶을 대조적으로 그리고 있는 데서는, 서하의 생활을 부러워하는 송강의 애틋한 심사를 살필 수 있다.

그래서 서하와 떨어져 있을 때면, 송강은 그와 어울려 지내던 시절의 추억이나 성산 주변의 정경들을 눈에 아련히 떠올리곤 한다. 이런 심경과 재회의 기쁨이 잘 나타나 있는 「서하당 주인과 풀꽃 핀 물가를 거닐다가 서하당에 돌아와 조촐히 잔을 들다與霞堂丈步屧芳草洲還于霞堂小酌」라는 7언절구를 옮겨보면 다음과 같다.

풀꽃 핀 물가 거닐다 지쳐 돌아와,	散策芳洲倦却廻
꽃 그림자 속에서 술을 나누네.	殘花影裏更傳杯
해마다 남쪽 북쪽에서 그리는 꿈은	年年南北相思夢
몇 번이나 밤중에 이곳에 왔던가.	幾度松臺夜半來

실로 오랜만이라 할 이야기도 많다. 그래서 그 동안 나누지 못했던 얘기들과 지난 날 함께 쌓았던 추억들을 되새기며, 풀꽃이 흐드러지게 핀 물가를 함께 거닌다. 그렇게 얼마나 걸었는지 피로가 몰려온다. 서하당으로 다시 돌아와 주인과 조촐하게 술잔을 기울인다. 깊어가는 봄날, 꽃 그늘을 배경삼아 앉은 자리에 하나 둘 꽃잎이 진다. 아아, 얼마나 이런 일을 그리었던가! 고즈넉한 밤이면, 꿈길에서도 몇 번이나 이곳으로 달려왔던가! 마치 꿈만 같다.

이 시는 어느 해 송강이 낙향한 직후에 지은 듯하다. 제목 자체에서 작품을 짓게 된 당시의 정황을 충분히 짐작할 수 있다. 몇 년을 두고 서하와 남북으로 떨어져 그리기만 하다가, 오랜만에 만나 정담을 나누게 된 후련함을 기껍게 노래하고 있다.

송강은 벼슬살이를 하면서도 이처럼 서하가 있는 성산을 무척이나 그리워했다. 그와의 재회는 언제나 반갑고 즐겁다. 힘들고 답답한 생활에서 벗어나, 아늑하고 정겨운 곳에 머무는 것은 또 얼마나 홀가분한 일인가. 여기서 '풀꽃 핀 물가'는 성산 앞을 흐르는 자미탄紫薇灘일시 분명하다. 자미탄은 바로 서하당에서 내려다 보이는 곳에 있다. 요컨대 이 시에는 그가 '하당장霞堂丈'이라고 존칭하여 부른 서하와의 각별한 우정이 잘 나타나 있다.

널리 알려져 있는 것처럼, 송강은 그의 「성산별곡」에서 서하의 세속에 초연한 삶과 풍류생활을 의미있게 기리기도 했다. 그가 추구하고자 했거나 추구했던 삶과는 아주 다른 삶일 수 있지만, 아마도 마음 한 구석에서는 늘 서하당·식영정 주인으로 대변되는 유유자적한 전원생활에 동경의 눈길을 보내고 있었는 지 모른다. 그것이 동경 자체에 머물고 말 뿐, 실제로 행동―귀은歸隱으로까지 연장하려는 의지는 약한 것이었다 할지라도…….

사실 송강과 서하는 서로 다른 길을 걸었다. 그러면서도 어느 지점에서는 서로 반갑게 만나 정다운 얘기들을 나누었다. 비록 걷는 길은 각기 달랐을지라도, 마음 속에서는 늘 서로를 생각하며 아껴주었다. 기질이 정히 같았던 것도 아닌 듯한데, 두 사람은 시원스럽게 통했다. 송강에게는 '그곳에 가면 그가 있다.'라는 확신이 항상 그를 푸근하게 해주었고, 서하는 송강과 마주 대하고 이야기를 나누는 것만으로도 기분 좋은 사이가 아니었던가 싶다.

벼슬길에 나아가 있을 때든, 낙향해 함께 지낼 때든, 서하는 한결같이 송강에게 큰 위안이었다. 벗 사이에서 아무런 조건 없이 서로를 위해 주는 것을 참된 우정이라고 한다면, 송강과 서하는 아마도 그런 우정을 나누었다 할 것이다.

이상에서 보듯, 송강의 수학·교유관계는 그 범위와 내용 면에서 당대 최고의 학자와 문인들에 두루 걸쳐 있다. 그는 이처럼 쟁쟁한 인물들 사이에서 자신의 소질과 능력을 계발하고, 이를 한층 폭넓고 세

런되게 다듬어 나갔다고 할 수 있다. 특히 청년기의 주변 환경이나 풍토는 사람의 일생을 두고 영향을 미친다는 점을 감안할 때, 젊은 시절 송강의 수학·교유관계는 그의 지성과 감성을 순화·세련시키는 데 결정적 계기를 마련했다고 할 수 있다. 그의 쟁쟁한 명성의 이면에는 이처럼 다채롭고도 비옥한 토양이 있었던 것이다.

물론 이와 같은 송강의 수학·교유관계에도 나름의 한계는 있다. 그가 수학·교유한 인물 개개의 면모를 자세히 살펴보면, 대부분 자신과 정치적 신념을 같이한 이들이라는 사실과, 거의가 호남 사람이라는 사실이 그것이다. 이러한 한계는 한 마디로 당쟁을 중심으로 한 당대의 정치상황과 사회현실이 긴밀히 관여한 결과라고 할 수 있다. 그와 교유한 이들 대부분이 당대 정치적 판도에 따라 진퇴를 함께했다는 사실이 그것을 잘 말해 준다.

그러나 이와 같은 외면적 사실도 간과하기 어려운 바지만, 송강이 수학·교유한 인물들 대부분이 나라 전체를 통해 인품과 학덕, 식견과 능력, 시문이나 예술적 자질 등에 있어서 공인된 명성을 얻고 있었던 인물들이라는 사실 또한 분명하다. 나아가 송강이 교유한 인물들 가운데에는 그와 품성이나 기질 면에서 상통하는 이들이 많았다는 사실 역시 주목할 필요가 있다. '그 스승에 그 제자'라는 말도 의미심장한 말이지만, '그 친구를 보면 그를 알 수 있다.'라는 말도 제값을 하는 경우가 많기 때문이다.

3. 화려하게 내딛은 관료 · 시인의 역정

송강, 그 길을 잡는 물줄기

 강으로 불리어질 만한 형체와 이름을 갖게 된 이후, 송강은 10년여에 걸쳐 여러 물줄기들을 모은다. 훌륭한 스승 밑에서 소양을 다지고 선비로서의 틀을 갖추어 나가는 것이다. 그리하여 20대 중반에 이르러서는 스스로 행로를 결정해 나갈 만한 물줄기로 성장한다. 그 역시 사대부 신분으로서 경국제민의 뜻을 펼칠 기회를 갖고자, 과거를 통해 벼슬길에 나아가는 것이다.

 송강은 두 차례에 걸친 과거에서 장원을 차지한다. 화려한 출발인 셈이다. 쟁쟁한 스승들 밑에서 글공부한 결과가 자연스럽게 빛을 발하게 된 것이 아닌가 생각한다. 그리하여 송강은 드디어 관인官人의 생활을 시작하면서, 유가 사대부로서의 경륜을 서서히 펴 나가게 된다. 송강과 비슷한 시기의 사람인 계곡 장유(谿谷 張維:1587~1638)는 일찍이 『송강집』「후서後序」에서, "공은 벼슬에 나아가기 전부터 이미 높은 이름이 있었고, 벼슬길에 오른 것은 명종조 마지막 무렵이었는데, 좋은 정치를 해보려는 때였다."라고 말한 바 있다.

 낭중지추囊中之錐, 즉 '주머니 속의 송곳'이라는 말이 있다. 주머니 속에 든 송곳은 끝이 뾰족하여 곧 밖으로 삐져나오는 것과 같이, 재능이 있는 사람은 대중 속에 끼어 있어도 이내 그 재능이 드러난다는 말이다. 어질고 능력있는 이의 처세를 나타내기도 하는 이 말은, 다른 누구보다도 송강에게 합당한 말이 아닌가 싶다.

송강의 타고난 기질과 잠재된 능력은 30대에 이미 당찬 물줄기를 이룬다. 임금을 도와 나라 일을 꾸려나가는 정치가로서의 자질을 발휘하는가 하면, 호방한 기개와 하늘이 부여해 준 감성으로 위대한 풍류운사風流韻士의 면모를 갖추어 가는 것이다. 타협을 모르는 성격과 다혈질의 기질이 그의 벼슬살이를 고달프게 하기는 하지만, 그 당찬 기세로 뻗어나가는 물줄기는 바야흐로 때를 만나 도도한 흐름을 이룰 시기를 기다리고 있었다.

저녁 달이 술잔에 거꾸러지자,	夕月杯中倒
봄바람이 얼굴에서 일어나누나.	春風面上浮
천지 간에 외로운 칼 한 자루로,	乾坤一孤釖
다시금 루에 올라 긴 파람하네.	長嘯更登樓

송강의 「달을 마주하고 홀로 술잔을 기울이다對月獨酌」라는 5언절구다. 밝은 달 아래서 홀로 술잔을 기울이며, '얼굴에서 봄바람이 이는' 도도한 취흥에 실어 장부의 기상을 노래하고 있다. 그 호기 넘치는 기상이 '천지 간에 외로운 칼 한 자루'에 오롯이 담기는가 싶더니, '다시금 루에 올라' 내지르는 '긴 파람'으로 사방에 퍼진다. 호방한 기개와 낭만적 열정이 넘치는 작품이다.

그럴 즈음, 송강에게 예기치 않은 시련과 슬픔이 찾아온다. 몇 해 사이에 어버이가 연이어 돌아가심으로써, 참담한 고통의 나날을 맞는 것이다. 어버이의 품을 떠난 지는 이미 오래지만, 그 분들을 다시 볼 수 없다는 사실은 참으로 큰 슬픔이 아닐 수 없다. 그를 지금껏 흘러오게 한 인연의 크나큰 물줄기를 잃으면서, 송강은 이제 오히려 자신이 새로운 물줄기를 만들어 흘러가게 된다.

어버이를 여읜 송강은 시묘侍墓살이를 하며 많은 상념에 사로잡혔을 것이다. 그리하여 인연의 고리와 삶의 덧없음을 새삼 깨달았을 지 모른다. 그러나 삶이 아무리 덧없는 것이라 할지라도, 덧없기에 오히려 우리는 매순간 최선을 다해 살지 않으면 안 된다. 송강은 자기 앞에 주어진 삶을, 최선을 다해 살려고 노력했던 사람임에 분명하다. 매사에 적극적인 기질과 거친 풍파를 뚫고 나가는 그의 집념이 그것을 잘 말해 준다.

어버이의 거상居喪을 마친 송강은 다시 거친 파도가 몰아치는 경국제민의 사회 현실로 그 물줄기를 돌린다. 그의 나이 마흔의 일이다.

장원급제 그리고 떠오르는 해

청년시절 창평에서의 생활은 송강이 어엿한 장부로 성장하는 데 결정적인 계기를 마련했다. 그곳에서 10년여의 수학 과정을 거쳐, 송강은 드디어 과거에 응시하여 장원급제한다. 26살 되던 1561년(명종 16년) 진사시에 일등으로 합격하고, 이듬해 27살에는 문과 별시에 장원으로 급제하여 성균관 전적典籍에 제수되고 지제교知製敎를 겸하게 되는 것이 그것이다. 바야흐로 20대 중반에 이르러 송강은 파란곡절의 삶이 기다리는 정치무대에 서게 되는 것이다.

과거 응시의 의미와 관료의 길

왕조시대에 있어서 과거에 응시하는 일은 특별한 의미를 갖는다. 관료는 당대 지배신분이며 직업이기도 했는데, 이 관료가 되기 위해서는 과거를 통해 등용되어야 하기 때문이다. 따라서 글공부를 통해 몸과 마음을 바르게 세우고, 세상에 나아가 이름을 떨치며 나라 경영에 참여하고자 하는 이라면, 응당 과거에 응시·급제하여 벼슬을 제수받고 관료로서의 역할을 수행하는 일을 최고의 목표로 삼았다.

과거제도는 유학을 국가의 지도이념 내지 실천윤리로 삼았던 나라에서, 주로 유가 경전의 시험을 통해 관료를 선발하는 제도다. 이같은 제도는 원래 중국에서 비롯된 것으로서, 천자가 귀족 세력을 제압하고 중앙집권적인 관료체제를 확립하기 위한 목적으로 실시한 것이다. 나라의 통치와 경영을 주도하는 중앙의 핵심 관료들은 물론, 지방을 다스리는 관료들까지를 천자가 임용함으로써, 자신을 정점으로 권력을 집중화시키는 것이다.

우리나라에 이 제도가 도입된 것은 고려 초기다. 호족豪族 연합정권의 성격을 지니고 출발한 고려왕조는, 왕권을 위협하는 호족출신의 공신세력을 제압하고, 강력한 중앙집권적 관료체제를 갖추려고 하였다. 그리하여 광종 때인 958년에 이 제도를 처음 도입·실시하여, 유학적 교양을 갖춘 문신 관료 중심의 문치체제文治體制를 확립하는 데 성공했다. 이후 과거제도는 우리나라 관료 선발제도로서 정착되었는데, 이는 양반 관료국가인 조선왕조에 와서도 마찬가지였다.

송강이 두 차례에 걸쳐 수석한 과거시험은 진사시와 문과 별시다.

먼저, 진사시는 생원시와 함께 소과小科에 속한다. 각각 두 단계의 시험을 치러 100명씩을 뽑아 생원·진사의 칭호를 주고, 당대 최고의 국립 교육기관인 성균관에 입학할 수 있는 자격을 주었다. 그 시험 내용은, 생원시가 유가 경전의 내용을 중심으로 그 이해의 정도를 평가하는 것인 반면, 진사시는 시문 작성을 중심으로 문학적 역량을 평가하는 것이었다. 요컨대 송강은 1561년(명종 16년)에 실시한 소과 진사시에서 일등을 차지한 것이다. 그의 문학적 역량이 대외적으로 공인된 첫 계기인 셈이다.

다음으로, 문과 별시는 과거시험 최고의 수준과 권위를 자랑하는 문과의 한 종류다. 조선시대 과거에는 크게 소과·문과·무과·잡과의 네 종류가 있었는데, 이 가운데서도 문과에 급제하는 것을 가장 높이 쳤다. 옛부터 무보다는 문을 더 숭상하는 풍조에 말미암은 것일 터다. 문과에는 원칙적으로 생원·진사가 응시하게 되어 있었으며, 3년에 한 번씩 정기적으로 시행되는 식년시式年試와 기타 부정기시의 구분이 있었다.

송강이 응시한 '별시別試'는 부정기적으로 시행되는 시험의 한 종류인데, 주로 국가에 경사가 있을 때 실시했다. 그 시험 내용은 주로 마음 속에 품고 있는 생각을 임금께 적어 올리는 표表와, 정치에 관한 계책을 물어 적게 하는 책策이 출제되는 일이 많았다. 송강은 진사시에 일등한 이듬해인 1562년(명종 17년)의 문과 별시에서 장원급제한 것으로서, 자신의 고등 문관으로서의 역량을 만천하에 드러내고 최고의 영예를 얻게 된 것이다.

왕조시대에 과거를 통해 관료가 되는 것은 신분과 직업을 보장받는 것 외에 참으로 다양한 의미를 함축하는 것이었다. 우선 과거에 응시하는 이들 대부분은 이른바 사대부士大夫로 불리우는 계층이다. 그리고 사대부가 되는 데에는 크게 세 가지 요건이 필요했다. 유학적 교양, 관직, 도덕적 품성이 그것이다. 이는 연암 박지원(燕巖朴趾源:1737~1805)이 그의 「양반전」에서, "글을 읽는 사람을 사士라 하고, 벼슬하는 사람을 대부大夫라 하며, 덕이 있는 사람을 군자君子라 한다."라고 한 데 잘 나타나 있다. 한 마디로 사대부는 유가 이념이 사회를 지배하던 시대의 지도층인 것이다.

'사'의 처지에서 글을 읽는 이유는 '대부' 즉 관료가 되기 위해서다. 당시 관료가 된다는 것은 나라로부터 토지와 녹봉을 받게 되기에 경제적인 보장을 받는다는 의미도 있었지만, 그보다는 가문과 개인의 영광을 가져다주는 출세로서의 의미가 더 컸다. 관료가 됨으로써 신분상의 특권을 계속 유지할 수 있으며, 특권 신분층으로 대접받을 수 있었기 때문이다. 게다가 군역 등 국가에서 부과하는 역役에서 면제되었고, 형법 적용에서도 몸에 직접 형벌을 가하는 체형은 노비가 대신 받게 할 수 있기까지 했다.

따라서 당시 다른 직업이 발전하지 못했기 때문이기도 했으나, 관료가 되는 것은 상공업 등을 통해 돈을 버는 것과는 비교할 수 없을 만큼 중요한 일이었다. 당대의 사대부들이 관료야말로 희망 직업이었을 것은 두말할 필요가 없다. 그렇기에 연암 박지원은 역시 「양반전」에서, "문과의 홍패(紅牌:합격증)는 길이가 두 자 남짓한 것이지만 백물이 구비되어 있다."라고 한 바 있다.

당시 관료가 되는 데는 크게 세 가지 길이 있었다. 첫째는 과거시험을 통하는 길이요, 둘째는 재야의 선비로서 학문과 덕행이 높아 천거 받는 길이며, 셋째는 아버지나 할아버지가 공신이거나 3품 이상의 벼슬을 한 집안의 자식으로서 간단한 시험을 거쳐 임용되는 길이 그것이다. 그러나 과거를 통하는 길이 가장 바람직한 것이었고, 과거 중에서도 고등 문관시험에 해당하는 문과에 합격하는 것이 가장 영예로운 길이었다.

그러나 관료라고 해서 다 같은 것은 아니었다. 관료는 크게 당상관堂上官과 당하관堂下官으로 구분되는데, 정3품 이상의 상계上階인 통정대부(通政大夫:문관)와 절충장군(折衝將軍:무관) 이상을 당상관, 하계下階인 통훈대부(通訓大夫:문관)와 어모장군(禦侮將軍:무관) 이하를 당하관이라 칭했다. 그리고 당하관은 다시 조회에 참석할 수 있는 6품 이상을 참상관參上官, 7품 이하를 참하관參下官이라 구별했다. 품계는 1품으로부터 9품까지 있었으며, 각 품마다 정正·종從으로 구분되고, 참상관 이상의 품계에는 정·종에 또한 각각 두 단계의 품계가 있었다. 그리하여 문·무관의 품계는 모두 30계가 있었던 셈이다.

아울러 남편이 관료가 되면, 그 아내도 남편의 품계에 걸맞는 품계를 받도록 되어 있었다. 이를 총칭하여 외명부外命婦라 했는데, 당상관의 아내는 '부인夫人'이라는 말이 붙고, 당하관의 아내에게는 '유인孺人'으로부터 '신인愼人'까지 '인人'이라는 말이 뒤에 붙는다. 오늘날 제사 때 여성의 지방紙榜이나 축문에 쓰는 '유인孺人'은 당시 9품직의 아내에게 주어지던 칭호였다. 이처럼 남편의 품계에 따라 아내도 거기에 상응하는 품계를 부여하던 전통은 신분제 사회에서의 부부에 대한 인식의 일면을 엿보게 한다.

그런가 하면, 관료는 해가 긴 봄·여름에는 묘시(卯時:오전 5~7시)에 출근하여 유시(酉時:오후 5~7시)에 퇴근하며, 해가 짧은 가을·겨울에는 출근이 두 시간씩 늦어지고 퇴근은 두 시간씩 빨라졌다. 그리고 정규적인 휴일은 없었던 듯하다.

조선조 사대부는 특히 양반兩班으로 불리었다. 국왕이 조회를 받을 때, 남쪽을 향하고 있는 국왕에 대하여 동쪽에 서는 반열을 동반(東班:문반), 서쪽에 서는 반열을 서반(西班:무반)이라 하고, 이 두 반열을 함께 일컬어 양반이라고 한 데서 비롯된 말이다.

어떻든 송강은 당시 누구나 부러워하는 문과를 통해 관료가 되었으며, 거기에 장원급제까지 하였으니, 그 영예가 더욱 빛났을 것은 당연하다. 이제 송강은 사회적으로 공인받은 문인 지식층으로서, 관료의 길에 접어들어 그 동안 가슴 속에 품어 온 포부를 펼치기 위해 더 넓은 세상으로 나아간다.

송강의 장원급제 답안지

당시 송강이 임금 앞에 나아가 치른 시험은 책策이었다. 책은 임금이 묻는 책문策問과, 이에 대해 신하가 답하는 대책對策으로 이루어진다. 대책에서는 우선 시험 문제를 베껴쓰고, 처음·중간·마지막 단락의 첫머리에 '신복독(臣伏讀:신이 엎드려 읽어 보오니)' 세 글자를 써야 한다. 출제된 문제와 자획이 다르거나 한 글자라도 빠뜨리면 안 된다. 또한 국왕과 관련된 글자는 두 글자 올려 쓰고, 국가와 관련된 글자는 한 글자 올려 써야 한다. 책문의 답안지는 한 줄에 스물네 글자, 본문은 두 글자 내려 써야 한다. 이렇듯 대책을 작성하는 데에는 엄정한 격식이 있었다.

다음에서 송강이 치른 과거의 책문과 장원급제한 답안지인 대책을 옮겨봄으로써, 당대 과거시험의 구체적 단면을 살펴보기로 하겠다. 송강의 대책은 과거시험 답안이 흔히 그렇듯 상당히 길다. 그러나 그 실상을 파악하고 논의 내용을 음미하기 위해서는, 아무래도 전문을 소개하는 것이 바람직하지 않을까 생각한다. 단락은 이해의 편의를 위해 임의로 구분하였다.

책문

왕께서 다음과 같이 말씀하셨다.

"하늘이 백성을 내심에 착한 성품은 갖추고 있게 하였으나, 다스리고 가르치는 책임은 임금에게 있게 하였다. 삼대(三代:중국 상고시대의 하·은·주) 이전에는 선비의 기풍이 아름답고 인심이 올곧아서, 풍속은 후하기를 기대하지 않아도 저절로 후했고, 염치는 행해지기를 기대하지 않아도 저절로 행해졌다. 어떤 도를 행했기에 그렇게 된 것인가?

후대로 내려와 다스리는 도가 날로 비천해져서, 인품과 기질이 달라짐에 따라 인심과 선비의 기풍이 예전과 같지 않으니, 어떻게 풍속이 후해지고 염치가 행해지기를 바라겠는가. 이렇게 된 것은 무엇 때문인가? 또한 삼대 이후로부터 지금에 이르기까지 선비의 기풍과 인심으로서 올곧고, 풍속과 염치로서 기릴 만한 것이 있는가?

내가 부덕한 몸으로 정사를 맡아 잘 다스려지기를 바란 지 18년이 되었는데, 다스린 것이 효험을 보지 못해 그릇된 정사가 더욱 심해지고, 선비의 기풍은 더욱 타락하여 지조를 가지고 서로 숭상하는 것을 보지 못하며, 인심이 교활해져 충직하고 후덕한 마음으로 힘쓸 줄을 모른다. 변고가 일상의 근본 도리에서 일어나 풍속이 날로 야박한 데로 흘러가고, 탐욕스러운 풍조가 크게 자행되어 염치를 혼탁한 가운데서 다 잃어버리게 되었다. 말이 여기에까지 이르니 참으로 한심한 일이로다. 어떻게 하면 선비의 기풍이 아름다워지고 인심이 올곧게 되며 풍속이 후해지고 염치가 행해져서, 다스리는 도가 옛날 융성하던 시대처럼 융성해지고 이에 따라 임금의 책임을 저버리지 않을 수 있겠는가?

그대 대부大夫들은 시국의 어려움을 목격하고 분명히 정의감에 복받치어 한탄스럽게 말할 것이 있을 터이니, 조금도 숨김 없이 진술하도록 하라."

대책

신이 대對하나이다.

신은 들으니, 송나라 선비 주희朱熹의 말에 "천하의 일은 그 근본이 한 사람에게 있고, 한 사람의 몸은 그 중요함이 한 마음에 있는 까닭에, 만 백성의 어버이 마음이 한 번 정해지면 천하의 일도 바르지 않은 것이 없어, 마치 겉모습이 단정하면 그림자도 반듯하고, 근원이 맑으면 하류도 깨끗한 것과 같으니, 그 이치가 반드시 그러하다."라고 하였나이다.

삼가 생각건대, 주상 전하께서는 총명하게 나라의 규범을 세우시는 성군으로서, 근본을 바로잡아 다스리는 도를 펴는 공덕이 있으시니, 가르침이 위에서 이루어지고 감화가 아래에서 행해져, 나라를 다스리는 도가 이에서 더할 수 없으십니다. 그런데도 오히려 백성을 통솔하는 것이 마땅함을 잃어 다스리는 도가 날로 저하될까 염려하시어, 이에 신 등을 궁궐 뜰 아래로 나오게 하시어 책문을 내셨습니다. 전하께서는 책문에서 선비의 기풍과 인심이 옛과 같지 않음을 근심하시고, 풍속과 염치가 날로 무너져 가는 것을 애태우시어, 옛 시대를 끌어다 오늘의 세상까지를 말씀하셨습니다. 아름답고도 기쁘옵니다. 실로 종묘 사직과 만 백성의 복이옵니다. 신이 비록 슬기롭지 못하오나, 감히 아름다운 물으심에 만 분의 일이라도 답하는 말씀을 드리지 않으오리까.

신이 엎드려 책문을 읽어보오니, "하늘이 백성을 내심에 착한 성품은 갖추고 있게 하였으나, 다스리고 가르치는 책임은 임금에게 있게 하였다. 삼대 이전에는 선비의 기풍이 아름답고 인심이 올곧아서, 풍속은 후하기를 기대하지 않아도 저절로 후했고, 염치는 행해지기를 기대하지 않아도 저절로 행해졌다. 어떤 도를 행했기에 그렇게 된 것인가?"라고 하셨습니다. 신은 전하께서 반드시 옛 시대를 모범으로 삼아 세상을 길이 이어가시려는 성스러운 마음을 보았습니다.

　　신은 들으니, 진덕수眞德秀의 말에 "하늘이 사람에게 지극히 착한 성품을 부여하기는 했으나, 사람들로 하여금 그 성품을 온전히 보전하게 할 수는 없으므로, 누군가를 시켜 그 성품을 온전히 보존하게 했다. 이것이 바로 임금의 책임이다."라고 하였나이다. 무릇 사람들은 하늘에서 부여한 성품을 똑같이 받았으니, 애초에는 지혜로움과 어리석음의 구별이 없었습니다. 그러나 맑은 기질과 탁한 기질을 받은 것이 다르므로, 기백氣魄과 재덕才德이 있는 사람에게 하늘의 책임을 맡겼습니다. 따라서 백성들은 임금에게 의뢰하지 않을 수 없고, 임금이 하는 일 또한 사람들이 본디 가지고 있는 떳떳한 성품을 마음대로 발휘하도록 길을 열어주는 것에 지나지 않습니다.

　　삼대 이전의 일로 말한다면, 요·순 임금께서는 자신을 공손히 하여 임금노릇을 하였으므로, 특별한 조치를 하지 않아도 교화가 자연스럽게 아래에까지 미치게 하였습니다. 문왕·무왕께서는 형벌을 두기만 하고 쓰지 않아도 백성들이 스스로 정다워서, 자신이 바르기만 하면 감히 범하는 이가 없었습니다. 그런데도 오히려 이들 성군은 떳떳한 도리를 행하게 하고, 가르침을 따르게 하는 방안을 잊지 않았습니다. 결국 백성들을 바르게 살게 하고 오륜五倫을 아름답게 한 것은 요·순의 가르침이 지극했기 때문이며, 육경六經을 강론하고 육행(六行:효도·우애·화목·돈독·이타심·구휼)을 밝힌 것은 문왕·무왕의 가르침이 지극했기 때문입니다.

　　이렇게 하여, 선비의 기풍으로 말하면 겸양하는 성대함이 있었고, 인심으로 말하면 충직하고 후덕한 아름다움이 있었습니다. 집집마다 벼슬할 만한 사람이 많아서 풍속은 자연히 후해졌고, 예의와 겸양으로 서로 대우하여 염치가 저절로 행해졌습니다. 그리하여 빠르게 하지 않아도 저절로 신속해지고, 억지로 하지 않아도 자연히 변화하였으니, 백성을 가르치고 풍속을 이룬 도는 또한 사람이 본디 가지고 있는 성품을 발휘하도록 한 것에 지나지 않습니다.

비록 그러하오나, 훌륭하게 변화된 것은 밝은 덕에 근본하였고, 훌륭하게 끝맺음하는 시초는 나라의 규범을 세운 데에서 나왔습니다. 정신을 통일하고 치우침이 없는 바른 도리를 지키라는 가르침이라야 만세에 뛰어난 정치의 기초가 될 것인즉, 삼대의 정치 역시 어찌 유래 없이 그렇게 된 것이겠습니까.

아아! 삼대는 이미 멀고 다스리는 도는 날로 저하되어, 마음을 바르게 하고 몸을 닦는 방법이 세상에 밝혀지지 않기에, 눈 앞의 편한 것만 좇으며, 으슥한 방에서 건들거리며 날을 보냅니다. 이러할진대, 선비의 기풍과 인심이 예전과 같지 않고, 풍속이 날로 무너지며, 염치가 날로 없어지는 것이 실로 유래가 있는 것입니다. 그 사이에 비록 한 가지 기릴 만한 일이 있는데도, 선비의 기풍이 오히려 아름답지 못하고, 인심이 오히려 바르지 못하며, 풍속과 염치 또한 그 도리를 다하지 못한즉, 신이 감히 전하를 위하여 번거롭게 말씀드리지 않겠습니다. 엎드려 바라옵건대, 전하께서는 반드시 삼대로써 모범으로 삼으시고, 반드시 후세로써 경계를 삼으소서.

신이 엎드려 책문을 읽어보오니, "내가 부덕한 몸으로 정사를 맡아 잘 다스려지기를 바란 지 18년이 되었는데, 다스린 것이 효험을 보지 못해 그릇된 정사가 더욱 심해지고, 선비의 기풍은 더욱 타락하여 지조를 가지고 서로 숭상하는 것을 보지 못하며, 인심이 교활해져 충직하고 후덕한 마음으로 힘쓸 줄을 모른다. 변고가 일상의 근본 도리에서 일어나 풍속이 날로 야박한 데로 흘러가고, 탐욕스러운 풍조가 크게 자행되어 염치를 혼탁한 가운데서 다 잃어버리게 되었다. 말이 여기에까지 이르니 참으로 한심한 일이로다. 어떻게 하면 선비의 기풍이 아름다워지고 인심이 올곧게 되며 풍속이 후해지고 염치가 행해져서, 다스리는 도가 옛날 융성하던 시대처럼 융성해지고 이에 따라 임금의 책임을 저버리지 않을 수 있겠는가?'라고 하셨습니다. 신은 전하께서 그릇된 정사를 바로잡으시고 지극히 훌륭한 정치를 회복하시려는 성스러운 마음을 보았습니다.

엎드려 보옵건대, 전하께서는 왕위에 오르신 이래 잘 다스리시려는 생각이 날로 성실하시고 달로 독실하시어, 지극한 정치의 근본이 전하께 있음을 아시고, 백성을 인도하시는 책임이 전하께 있음을 염두에 두시었습니다.

선비의 기풍이 바르지 못한 것을 근심하시어, 학교를 많이 세우시고 스승된 이들을 많이 맞으시니, 가르치고 타이르는 도가 이르지 않은 곳이 없습니다. 인심이 예전과 같지 않은 것을 염려하시어, 관리들이 성실하게 직책을 수행하게 하시고 예법을 바로잡으시니, 가르쳐 인도하시는 공이 이르지 않은 곳이 없습니다. 풍속이 무너지는 것을 걱정하시어, 삼강三綱을 밝히시고 오륜五倫을 펴시니, 사람의 도리를 바르게 가다듬는 일이 이르지 않은 곳이 없습니다. 염치가 없어지는 것을 염려하시어, 욕심부리는 혼탁한 이들을 내쫓으시고 절개있는 이들을 표창하시니, 권장하시는 도가 이르지 않은 곳이 없습니다.

이러하오니, 마땅히 선비마다 기개와 절개를 힘써 권하고 사람마다 밝은 덕을 밝히어, 화락한 풍속이 성대해지고 염치의 도가 행해져서, 삼대의 정치와 더불어 어깨를 나란히 해 나아가야 할 것입니다. 그런데, 어찌된 일인지 근년 이래로 다스리는 효과가 나타나지 않고, 그릇된 정사는 날로 늘어나고 있습니다.

선비의 기풍에 대해 말씀드리면, 한갓 과거 준비만을 일삼아 벼슬과 녹봉 받기만을 도모할 줄 알며, 이해득실을 계교하는 데에만 급급합니다. 그리고 아버지의 가르침이나 형이 권장하는 것 또한 여기에서 벗어나지 않습니다. 그러므로 화복禍福이 지조를 빼앗고 영욕이 그 마음을 더럽혀서, 아부하는 것을 서로 숭상하고 부드럽게 남의 비위 맞추는 것을 높이 여깁니다. 하여 곧은 말과 바른 낯빛을 한 사람이 그 사이에서 나왔다는 것을 듣지 못하였은즉, 절개를 지키는 신하를 신은 얻어보지 못하였습니다.

인심에 대해 말씀드리면, 간악하고 거짓되고 교묘하고 사특함이 습성으로 굳어져, 피차가 서로 틈을 엿보아 속이고 모함하는 일이 이미 그 마음에 싹터 있습니다. 관례를 치르고 성인이 되면, 남을 얽어매고 모함하여 욕망을 한껏 부립니다. 눈을 흘기며 원한을 품어 헤아릴 수 없는 화에 빠뜨리고, 송곳 끝만한 이익을 다투어 아침 저녁으로 받은 은혜도 저버린즉, 충직하고 효성스러운 백성을 신은 얻어보지 못하였습니다.

풍속에 대해 말씀드리면, 자식으로서 아비를 시해하는 변고가 있으며, 노복으로서 주인을 시해하는 변고가 있습니다. 서로 죽이는 화가 친근한 사이에서 일어나며, 음란한 음악이 선비의 집안에서 행해집니다. 고문이 날로 엄해져도 악행이 고쳐지지 않고, 사형의 형벌이 자주 시행되어도 죄를 범하는 자가 더욱 많아졌습니다. 그리하여 점차 극악한 일이 자주 벌어져 그치지를 않은즉, 충직하고 의로운 풍속을 신은 얻어보지 못하였습니다.

염치에 대해 말씀드리면, 재상은 아무리 채워도 채워지지 않는 욕심을 부리고, 수령은 제멋대로 마음껏 승냥이같은 탐욕을 부려 가혹하게 백성의 재물을 빼앗아 그 욕심을 채우고, 가죽을 벗기고 살을 베어내어 그 탐욕을 채웁니다. 뇌물을 수레에 가득 쌓아 많은 것을 자랑하고 그것으로 아름다움을 다투니, 금과 구슬로 젓을 담글 정도며, 토지문서로 시문집을 만들 정도입니다. 공공연히 청탁을 행하되 아무런 거리낌이 없고, 재화로 옥사를 해결하되 보통의 일로 여긴즉, 염치의 도를 신은 얻어보지 못하였습니다.

이런 까닭에, 식견있는 선비들은 깊이 염려하고 돌이켜 생각하며 참으로 한심스럽게 여겨왔습니다. 그런데 성스러운 물으심이 여기에까지 미치시니, 실로 오늘이 돌려 바꾸어 놓을 수 있는 일대 변혁의 기회입니다.

신은 들으니, 정이程頤의 말에 "나라를 다스리는 도는 근본을 좇아 말하는 것이 있고 일을 좇아 말하는 것이 있는데, 근본을 좇아 말한다면, 오직 임금 마음의 잘못을 바로잡는 데에서 시작한다. 임금의 마음을 바르게 하여 조정을 바르게 하고, 조정을 바르게 하여 백관을 바르게 해야 한다."라고 하였고, 또 장재張載의 말에 "조정에서는 도덕과 정치적 계책을 두 가지의 일로 삼으니, 이것이야말로 예로부터 걱정해 온 것이다."라고 하였습니다. 지극하도다! 두 현인의 말씀이여. 진실로 백대의 제왕이 바꾸지 못할 귀감이라 하겠나이다.

　엎드려 바라옵건대, 전하께서는 학문을 강구하시어 마음을 바르게 하시고, 마음을 바르게 하시어 정치를 펴시되, 강직하고 명민한 자를 취하여 보좌하게 하시고, 돈후하고 염치있는 자를 표창하여 풍속을 장려하시며, 글재주를 중히 여겨 기량과 식견을 소홀히 하지 마옵소서. 그러면 지조와 절개가 있고 의기에 넘치는 선비들이 옷소매를 잇대어 조정에 발걸음을 끊이지 않으리니, 이로써 성군의 밝은 덕교德教의 근본을 돈독히 돕게 하시고, 이로써 임금께서 인도·통솔하시는 교화를 협력케 하시면, 인심이 바르게 되고 풍속이 후해지며, 염치의 도가 저절로 행해지고 탐욕을 부리는 풍조가 자연히 사라질 것입니다.

　이리하여 크게는 조정의 백관, 작게는 지방의 감사와 수령, 그리고 멀리는 바다 끝 백성들에 이르기까지 다 같이 선한 마음을 불러 일으키지 않는 이가 없을 것입니다. 그런즉, 네 가지 폐습이 이루어진 원인이 비록 다른 것 같지만, 그 근본은 선비의 기풍을 바르게 하는 데 달려 있고, 선비의 기풍을 바르게 하는 것은 비록 여러 방법이 있는 것 같지만, 그 근본은 전하의 한 마음에 달려 있습니다.

　엎드려 바라옵건대, 전하께서는 이 도를 아는 참다운 선비를 널리 찾아 좌우에 두시고, 의리의 학문을 강구하여 밝히시며, 성현의 말씀을 탐구·토론하십시오. 그리하시어, 이치를 날로 더욱 밝히시고, 의리를 날로 더욱 정밀하게 하시되, 이를 붙들어 지키시기를 날로 더욱 굳게 하시고, 넓혀서 확충하시기를 날로 더하소서. 그러시면 전하의 학문은 밝으시다 이를 것이요, 전하의 마음은 바르시다 이를 것이어서, 융성한 옛 시대의 정치와 더불어 아름다움을 짝할 수 있을 것입니다. 이것이 바로 '지키는 바는 간략하되 미치는 바는 넓다.'라는 것입니다. 엎드려 바라옵건대, 전하께서는 마음 깊이 생각하소서.

　신이 엎드려 책문을 읽어보오니, "그대 대부大夫들은 시국의 어려움을 목격하고 분명히 정의감에 복받치어 한탄스럽게 말할 것이 있을 터이니, 조금도 숨김 없이 진술하도록 하라."라고 하셨습니다. 신은 전하께서 허심탄회하게 간언諫言을 받아들이시며, 아랫사람에게 묻는 것을 부끄럽게 여기지 않으시는 성대한 마음을 보았습니다.

　신은 들으니, 공자 말씀에 "그대가 솔선해서 바르게 하면 누가 감히 바르게 하지 않으리오."라고 하셨고, 『대학』에 이르기를 "요·순이 천하를 인仁으로 거느리니 백성이 이를 따랐고, 걸·주가 천하를 포악으로 거느리니 백성이 이를 따랐다."라고 하였습니다. 이러할진대, 우리 백성의 바름이 전하의 바른 마음에 달려 있다 하지 않겠사오며, 우리 백성이 따르는 일이 전하가 인을 구함에 달려 있다 하지 않겠습니까.

　인을 구하는 요체要體는 마음을 바르게 하는 데 달려 있고, 마음을 바르게 하는 요체는 사물의 이치를 탐구하여 앎을 지극히 하는 데 달려 있으며, 사물의 이치를 탐구하여 앎을 지극히 하는 공부는 조심하고 삼가함으로써 내심內心을 바르게 하고 의롭고 떳떳함으로써 외물外物을 바르게 하는 데 달려 있습니다.

　엎드려 바라옵건대, 전하께서는 조심하고 삼가함[敬]으로써 안의 마음을 곧게 하시고, 의롭로 떳떳함[義]으로써 밖의 언행을 방정하게 하십시오. 마음의 은미한 것에 공력을 들이시고, 인륜과 풍속 교화의 근본에 정력을 다하시되, 노심초사 부지런히 조금도 흐트러짐이 없게 하십시오. 그리하시면, 그릇이 네모나면 물도 네모나듯 백성들이 감히 바르게 되지 않을 수 없을 것이며, 바람이 움직이면 풀도 따라서 쓰러지듯 백성들이 감히 좇지 않을 수 없을 것입니다. 그리하여 백성과 문물이 요·순 시대와 비등하여 나라의 복이 무궁토록 영속할 것이오니, 어찌 깊은 폐습을 아직 떨어 없애지 못함을 근심하시며, 다스리는 도가 날로 저하됨을 근심하시오리까. 엎드려 바라옵건대, 전하께서는 유의하소서.

  신이 삼가 대對하나이다.

  임금의 물음에 격식과 논리를 갖추어 진술하는 글인 만큼, 송강의 답안은 퍽이나 길다. 그럼에도 불구하고, 산만하거나 지루한 느낌을 주지 않는다. 그것은 우선 진술 내용에 군더더기가 없으며, 논리적 설득력을 갖추고 있는 데다, 표현이 분명하고 문체에 힘이 있기 때문이 아닌가 생각한다. 역시 장원급제한 답안지로서 손색이 없는 것이다.

  질문의 요지는, 당대의 폐습을 척결·쇄신하여 모두가 더불어 잘 사는 세상을 만드는 데 필요한 위정자의 도리를 제시하라는 것이다. 이에 송강은 그 동안 임금의 어진 심성과 노력에 비해 교화의 효과가 크게 나타나지 않은 이유를 조목조목 따져가며, 위정자가 견지해야 할 바람직한 치교治敎의 도리, 즉 다스림과 가르침의 도리를 체계적으로 제시한다.

  송강은 문제 해결의 실마리로써, 무엇보다도 임금이 어질고 성실한 마음과 중용의 덕에 근본을 두고 정사를 펴 나가야 한다는 사실을 강조한다. 그런 바탕 위에서, 구체적으로 백성들이 본디 지니고 있는 선한 품성을 발휘하도록 가르침의 도리를 극진히 할 것이며, 지조와 절개가 있고 의기에 넘치는 선비들을 가까이하여, 다스림의 도리를 돈독히 할 것을 설득력 있게 진술한다. 그렇게 함으로써, 인심이 바르게 되고 풍속이 후해지며, 염치의 도가 저절로 행해지고 탐욕을 부리는 풍조가 자연히 사라질 것이라는 것이다. 아울러 이 모든 문제 해결의 출발점이자 귀결점은 바로 임금 자신의 바르고 의로운 마음에 달려 있는 것이기에, 겸허한 자세로 학문을 강구하고 교화에 더욱 정성을 다할 것을 힘주어 말한다.

이렇듯 송강이 치른 과거시험은 당대의 시사 문제를 중심 화제로 삼아, 삶의 현실에서 제기되는 다양한 문제와 인간 심성의 바른 도리를 규명하고 있다. 그리하여 더불어 잘 사는 사회를 만들기 위한 대안을 모색하는 과정으로 이어지고 있다. 다른 것은 접어두더라도, 그 논의 범위와 내용이 실로 포괄적이다. 따라서 몇몇 단편적인 지식이나 이해의 안목만을 가지고 책문에 부응하는 대책을 진술해 나가기란 버거운 일임에 틀림 없다. 이른바 인문·사회에 대한 포괄적인 식견과 짜임새 있는 논리의 틀을 바탕으로, 자신의 견해를 설득력 있게 펴 나가야 하는 것이다.

그런 면에서 송강이 치른 과거시험은 요컨대 인간과 사회에 대한 통찰을 전제로 한 '시대적 규범의 제시'라고 할 수 있다. 그 주제가 곧 바람직한 위정자의 도리이며, 형식은 이른바 논술인 셈이다.

논술의 생명은 주체적인 시각과 논지 전개의 타당성에 있다. 그리고 이를 바탕으로 주제와 관련된 내용을 개성적으로 서술해 나가되, 자신의 주장을 뒷받침할 만한 적절한 논리적 근거를 제시하고, 서술의 일관성을 유지하는 일이 중요하다. 그리하여 바람직한 논의가 이루어진 글에는, 균형 있는 사고와 개성적인 문체가 자연스럽게 녹아 있다. 송강의 과거시험 답안에서 이와 같은 논술의 바람직한 요건들을 구체적으로 확인할 수 있을 것이다.

송강시대의 공부방식과 논술

논술은 근래 들어서야 그 중요성이 부쩍 강조되고 있지만, 따지고 보면 그 역사가 매우 깊다. 우리나라를 위시하여 과거 동아시아 한문문명권 내에서 치러진 시험들 가운데, 논술에 해당하는 과목이 빠진 경우는 거의 없었기 때문이다. 이는 관료가 갖추고 있어야 할 기본 요건이기도 했겠지만, 그보다는 당대 지식인이라면 주체적으로 사고한 결과를 논리적으로 서술해 나가는 능력 정도는 필수적으로 갖추고 있어야 한다는 생각이 뿌리 깊게 자리잡고 있었기 때문이 아닌가 생각한다. 문제는 그 깊이와 정교함이다.

송강을 위시한 과거의 지식인들은 전반적으로 논술에 지금 시대 사람들보다 밝았다고 할 수 있다. 우선 문제를 대하는 시각이나 이해의 안목이 훨씬 포괄적일 뿐 아니라, 주체적으로 사고한 결과를 서술해 나가는 능력에 있어서도, 대부분 논리의 흐름이 자연스럽고 개성 있는 문체를 구사하는 경우가 많다. 거기에 때로 깊이와 정교함을 갖춘 경우를 만날 때면, 탄성이 절로 나온다.

그렇다면 이처럼 과거의 지식인들이 논술에 밝았던 이유는 무엇일까?

옛날의 공부라는 것은 오늘날의 공부와는 판이하게 다르다. 무엇보다도 오늘날에 비해 읽어야 할 책들이 비교가 안 될 만큼 적었고, 전문적인 과정이나 영역도 지금처럼 다양하지 않았다. 당대 사회가 농경을 기반으로 구축되었기 때문에, 다양한 산업과 정보·통신 매체들을 기반으로 구축된 오늘날 사회 구조에 비추어, 그 삶의 구조나 양식은 상대적으로 단순했을 터다. 따라서 하나의 독립된 개체로서 사회에 적응·활동하기 위한 공부 역시 비교적 단순했던 것으로 보인다.

그럼에도 불구하고, 과거 지식인들은 백과전서적인 지식과 안목을 갖추고 있는 경우가 허다하다. 그것은 아마도 문사철文史哲, 즉 문학·역사·철학을 별개의 학문으로서가 아니라, 통합교과적 차원에서 배우고 익혔던 수학 풍토에 말미암은 것이 아닌가 생각한다. 개인의 삶과 공동체에 대한 인식의 틀을 애초 단편적 지식이나 안목에 의존해 다지기보다는, 인문·사회에 대한 포괄적 식견을 바탕으로 다져나가는 것을 일종의 규범으로 삼았기 때문이다. 따라서 문화·문명이 발달하면서 전문 영역을 중심으로 학문이 다양하게 분화된 오늘날과는, 공부할 내용은 물론 구체적인 공부 방식에 있어서도 큰 차이가 있을 것은 당연하다.

　옛날의 공부 방식은 대개 글을 수없이 반복해서 읽고, 그 뜻을 낱낱이 음미하며, 직접 손으로 쓰면서 되새기는 것이 전부라고 할 수 있다. 오늘날 다양한 공부 방식에 비하면 턱없이 단순하다고 할 수 있다.

　그런데, 이런 공부 방식을 이른바 '막고 품는 식'으로 치부하며, 요령부득이요 답답한 것으로만 이해해서는 곤란하다. 이런 공부 방식은 오늘날 세련된 방식들에 비해 미개하다고 할 지 모르겠으나, 나름대로 큰 장점을 지니고 있기 때문이다. 조금 엉뚱하지만, 몇 년 전에 개봉된 영화 이야기 한 토막을 하기로 하겠다.

　미국에서 만들어진 「흐르는 강물처럼A river runs through it」이라는 영화가 있다. 자연 경관이 빼어나게 아름다워 실로 경외감이 들만큼 장엄한, 미국 서북부 몬태나Montana주의 어느 시골 마을을 배경으로 이야기가 전개된다.

　제물祭物 낚시를 퍽이나 즐기는 목사에게는 두 아들이 있다. 아이들 역시 아버지를 닮아 온 종일 낚시할 생각으로 머리 속이 꽉 차 있다. 아버지는 밖에 나가 놀기 전에 이것만은 해야 한다면서, 매일 오전 아들(큰 아들)에게 공부를 시킨다. 그런데 아들에게 시키고 검사하는 그 공부라는 것이 참으로 흥미롭다.

　아버지는 평소 읽고 쓰기만을 집중적으로 시키는데, 영화 속 대목에서도 아들에게 글을 써 오라고 한다. 그리하여 아들이 글을 써 오면, 주욱 읽으면서 밑줄을 긋거나 표시를 한 다음, 그 글을 반으로 줄이라고 시킨다. 아들은 한참 고심한 후 다시 써서 가져온다. 그러면 아버지는 역시 몇 군데 표시를 한 다음, 그 글을 또 다시 반으로 줄이라고 시킨다. 글을 배우기에 아직 어린 동생은, 이 일이 어서 끝나기만을 무료하고 초조하게 기다린다.

　마침내 아들이 다시 써서 가져왔을 때, 아버지는 다만 짤막하게 덧붙이며 공부를 끝낸다. "잘 됐다. 이젠 버려라."

그 말이 떨어지기가 무섭게 아들은 자신이 쓴 글을 손으로 구겨 내던지니 현관문을 밀치고 달려나간다. 그리고는 이미 준비해 둔 낚시대와 미끼통을 들고, 뒤돌아 보지도 않은 채 종종걸음을 친다. 창이 열리면서 어머니의 말씀이 뒤따른다. "애야, 동생이랑 같이 가야지!" 그러자 비로소 걸음을 멈추고, 겨우 뜀박질을 시작한 동생을 기다려 함께 강으로 향한다. 나머지 공부는 자연 속에서 이루어진다. 아름다운 자연의 품에 안겨, 그 경이로운 형상과 소리와 움직임의 일부가 된다. 큰 아들은 훗날 영문학 교수가 된다.

「흐르는 강물처럼」이라는 영화는 상당히 긴 줄거리 속에 여러 가지 이야기를 담고 있다. 그러나 아주 잠깐 동안 전개되는 이 대목은 영화의 전체 줄거리나 메시지와 상관없이 놓치기 아까운 장면이다. 아버지가 아들에게 시키는 공부의 내용이나 공부 방식이 참으로 깊은 인상을 남기기 때문이다.

오늘날 스스로 글을 써가면서 하는 공부는 많지 않다. 공부할 내용들이 이런 방식 자체를 필요로 하는 경우가 많지 않아서인지 모르겠다. 그래서 오늘날의 공부는 대부분 글을 읽는 것만으로 이루어지는 것이 예사다. 그러나 자신이 직접 쓰는 공부는, 읽기만 해서는 얻기 어려운 이해력과 주체적인 사고 능력을 얻게 되는 장점이 있다. 공부 내용을 요컨대 자기것으로 만드는 데 훨씬 더 효과적인 방식일 수 있는 것이다. 어떤 글이든 자신이 직접 써가면서 생각하고 음미하는 만큼 이해가 깊어지고 사고 능력이 쌓일 것은 당연하기 때문이다. 위 영화 속의 한 대목도 같은 측면에서 이해·공감할 수 있는 예가 아닐까 싶다.

우리나라를 위시한 동아시아 한문문명권에서는, 오랜 옛날부터 공부할 내용을 자신이 손으로 직접 베껴 쓰는 일이 거의 필수적인 과정이었다. 따라서 한문이라는 글이 뜻글자인 점을 감안한다 하더라도, 여러 번 읽고 직접 써가면서 익히는 공부야말로, 어떤 대상을 이해하고 음미하는 능력을 한층 심화시켰을 것은 당연하다. 과거의 지식인들이 오늘날 우리들에 비해 논술 능력이 앞서는 것은 아마도 이와 같은 공부 방식에 말미암는 바 크다. 송강의 장원급제 답안지는 그 한 전형이라 할 것이다.

정치가로서의 경륜을 쌓다

송강은 27살 되던 1562년(명종 17년) 3월에 벼슬살이를 시작한다. 유년시절 궁중을 출입하며 놀던 때부터 그와 정분이 두터웠던 명종의 관심과 배려 아래, 성균관 전적成均館 典籍을 거쳐 곧바로 사헌부 지평司憲府 持平에 제수되는 것이다. 당시 사헌부 지평이라는 자리가 만만치 않은 일을 수행하던 곳이고 보면, 벼슬길에 발을 내딛는 시점으로서는 상당히 화려했던 셈이다.

사헌부는 사간원司諫院 · 홍문관弘文館과 함께 조선조 삼사三司의 하나다. 당시의 정치에 관하여 논의하고, 모든 관리의 비행을 조사하여 그 책임을 규탄하며, 풍기 · 풍속을 바로잡고, 백성이 억울하게 누명을 쓰는 일이 없나를 살펴 그것을 풀어주는 등의 일을 맡아보던 곳이었다. 지평은 이곳 사헌부에 소속된 정5품 벼슬이다. 이제 벼슬을 시작하는 단계의 송강에게는 특별배려였던 셈이며, 어떤 면에서 그의 기질이나 적성에도 맞는 벼슬이었다.

그런데, 바로 그 즈음 명종의 사촌형인 경양군景陽君이 처갓집 재산을 빼앗으려는 계책으로 처남을 유인하여 죽이는 사건이 일어난다. 남몰래 죽여 그 흔적을 없애려고 했는데, 죽은 시체와 친척의 송사로옥사獄事가 벌어짐으로써, 경양군 부자는 장차 죽지 않을 수 없게 된다.

송강이 이 사건의 법 집행을 맡았는데, 엄격하기 그지없었다. 법 집행에 조금의 흔들림도 없자, 명종이 사적으로 나서서 "내 형이 장차 죽게 되었으니, 청컨대 공은 관대히 용서하라."고 관용을 부탁한다. 그러나 송강은 끝내 듣지 않는다. 그로서는 우선 이 일이 관용을 베풀 만큼 간단치 않을 뿐 아니라, 맡은 바 직분을 생각할 때 나라의 기강과 대의명분에도 어긋나고, 무엇보다도 강직한 그의 성격이 그것을 용납할 수 없었기 때문이었던 것으로 보인다.

그러나 또 한편 생각해 보면, 송강이 이렇듯 임금의 부탁을 거절하면서까지 법대로 집행할 것을 고집했던 데는, 일찍이 명종이 즉위하면서 일어난 을사사화에 대한 무언의 항변이 깔려 있었던 게 아닌가 생각한다. 을사사화는 그의 사랑하는 맏형과 자형을 죽음의 길로 몰아넣었을 뿐 아니라, 송강 자신 역시 아버지와 함께 고난에 찬 유배지 생활을 겪게 했다. 터무니없는 무함을 입고서 말이다. 따라서 송강의 입장에서는 더할나위 없이 억울한 사건이었다. 비명에 간 자형 계림군을 추모하는 다음의 시에서, 가슴 속 깊숙히 맺혀 있는 그의 억울한 심정을 능히 헤아릴 수 있다.

가을 비에 황량한 누대 귀신불 새파랗고,	秋雨荒臺鬼燐靑
낡은 사당엔 주인 없어 풀만이 어둑하네.	古龕無主草冥冥
세월 가고 해가 바뀌어도 왕손이 품은 한은,	年年世世王孫恨
우짖는 풀벌레 소리로 밤 뜰을 가득 메우네.	散作虫音夜滿庭

「계림정사에 임시로 머물다寓居桂林亭榭」라는 7언절구다.

'가을 비'에 젖는 '황량한 누대', '새파란 귀신불', '풀만이 어둑한 낡은 사당' 등이 소름이 끼칠 만큼 오싹한 분위기를 자아내는 가운데, 무함을 입고 죽어 잠들지 못하는 계림군의 넋을 추모하고 있다. 해가 가고 또 가도 풀어지지 않는 한이 '밤 뜰을 가득 메우는 풀벌레 소리'가 되어 귓전을 울린다. 이렇듯 원혼이 되어 떠도는 '왕손의 한'은 바로 송강의 가슴 속에 서리서리 맺혀 있는 한이기도 했을 것이다.

을사사화 역시 궁중 내부의 암투에서 빚어진 사건이라는 점을 감안할 때, 또 집안이 겪은 여러 일들을 생각할 때, 이번 사건에 대해서만은 관용을 베풀라는 임금의 말을 그로서는 쉽게 받아들이기 어려웠을 것이다. 송강은 원칙대로 밀고 나갔다. 그리하여 마침내 경양군 부자는 옥중에서 죽게 되고, 명종의 뜻을 거슬린 송강은 이로 인해 오랫 동안 좋은 벼슬에서 소외된다. 명종으로서는 믿었던 도끼에 발등 찍힌 격이라고 생각했을지 모른다.

이후 송강의 벼슬은 형조·예조·공조·병조의 좌랑佐郞에 이어, 공조·예조의 정랑正郞에 제수된다. 당시 이런 벼슬들은 요직이라고 할 수 없었다. 따라서 송강으로서는 자신의 능력을 제대로 발휘할 기회를 얻지 못했다.

그의 나이 30살인 1565년(명종 20년) 12월에는 한 달여 동안 경기도사京畿都事에 제수되기도 한다. 이어 31살인 1566년(명종 21년) 1월에 형조정랑에 제수되는데, 이때 궐정에 참여할 기회가 주어지자 을사년에 입은 여러 어진이들의 무함을 밝힐 것을 청한다. 여기에는 자신의 가문에 덧씌워진 무함을 풀고자 하는 뜻도 강하게 담겨 있었던 셈이다. 그러나 그 뜻이 쉽사리 이루어질 리 만무하다.

같은 해 3월에는 성균관 직강直講에 제수된다. 그리고 이 무렵 인조의 귀인이었던 맏누이의 상을 당하여 곡한다. 역시 같은 해 9월에는 사명을 받들고 잠시 북관어사北關御史로 나아가 함경도를 순시하며, 10월에는 외지에서 돌아와 홍문관 부수찬副修撰에 제수된다. 그가 이때 홍문관에 들어간 것은 그 무렵의 벼슬 가운데 가장 나은 것이었다고 할 수 있다.

그런데 32살이 되는 1567년(선조 즉위년) 7월 이후, 송강의 벼슬살이는 새로운 전기를 맞게 된다. 명종이 세상을 뜨고 선조가 즉위하면서 조정에는 갱신의 기운이 약동하고, 그 동안 소외되었던 많은 인재들

이 발탁·등용되기 때문이다. 같은 해 11월, 송강은 홍문관 수찬修撰
으로 승진한다. 수찬은 자료를 뽑고 글을 지어서 책을 꾸며 내는 일을
맡았던 벼슬이다.

송강으로서 더욱 시원스러운 일은, 수찬으로 승진되기 바로 한 달
전에, 을사사화 당시 억울하게 화를 입은 사람들의 명예가 회복된다
는 사실이다. 그리하여 송강의 부친 정유침에게도 다시 판관공의 직
첩이 주어진다. 그의 가문이 드디어 을사사화의 통분과 질곡으로부터
벗어나게 되는 것이다.

나아가 수찬 벼슬에 제수된 직후, 송강은 율곡과 더불어 호당湖堂에
선출된다. 호당은 당시 젊고 재주 있는 문신으로서 임금의 특명을 받
은 사람들이 휴가를 얻어 공부하던 독서당이다. 따라서 호당에 선출
되는 것 자체가 큰 영광이었다. 송강으로서는 자신의 학문적 역량을
인정받는 동시에 임금의 신임까지를 확인받는 것이어서, 더욱 고무적
인 일이었다.

사실, 송강이 벼슬살이에 나서서 자신의 뜻을 본격적으로 펴 나가
게 된 시점에서 모신 임금이 바로 선조다. 송강은 선조 임금으로부터
일찍이 이와 같이 능력을 인정받았다. 이후 몇 년 지나지 않아 벌어지
는 당쟁의 소용돌이 속에서도, 선조는 대부분 송강을 믿고 두둔한다.
그만큼 신임이 두터웠던 것이다.

송강 또한 평생을 두고 이런 선조를 가까이에서 받들고, 헤어져 있
을 때에는 간절히 그리워한다. 송강으로서는 선조를 생각할 때마다
'망극한 성은'이라는 말이 저절로 나왔을 법하다. 널리 알려져 있는
것처럼, 그의 「사미인곡」·「속미인곡」에서의 '미인'은 곧 선조 임금
을 가리키는 것이기도 하다.

이어 33살 되던 이듬해 1568년(선조 원년) 3월, 송강은 이조좌랑吏曹
佐郞이라는 요직을 맡는다. 그 무렵 홍문관 수찬에서 이조좌랑으로 옮
겨가는 일은 최고의 영전이라고 할 수 있었다. 당시 이조라는 곳이 문

관을 선임하거나 공훈을 책정하는 일을 맡아보았을 뿐 아니라, 관리들의 성적을 조사해 살피고 그 상벌에 관한 일 등을 수행하던 관청이었기에, 한창 경륜을 펴 나가는 시점에 놓여 있던 송강에게는 벼슬살이의 중요한 계기가 되었다고 할 수 있다.

이조에는 좌랑 바로 위에 정랑正郎이 있고, 그 위에는 참의參議, 또 그 위에는 참판參判, 그리고 맨 윗자리에는 판서判書가 있었다. 따라서 송강이 맡은 좌랑이라는 직위 자체는 대단치 않았다고 할 수 있다. 그러나 무엇보다도 관리에 대한 인사권을 행사하는 데 관여하게 됨으로써, 그 자신 나라 경영의 중요한 책무 가운데 하나를 수행하게 되었으며, 점차 정치 혹은 권력의 중심부에 발을 디디는 계기가 될 수 있었던 것으로 보인다. 이조의 좌랑과 정랑을 함께 일러 전랑銓郎이라 했는데, 전랑은 내외 관리를 천거·전형하는 데 가장 많은 권리를 가지고 있었으므로, 직위가 높지 않음에도 불구하고 이들의 의견이 크게 존중되었기 때문이다.

좌랑인 송강은 당시 판서의 자리에 있던 이탁李鐸에게 인재를 천거할 때 적극 공론만을 주장하였다. 그래서 서로 간에 반복되는 논쟁이 많았다. 그러나 그럴 때마다 이탁은 송강의 주장에 동의해 주었다.

하루는 이탁이 웃으면서 송강에게 말하기를, "인물을 전형할 때에는 마땅히 중론을 택해야 할 것이므로 내가 그대의 말을 좇네. 그러나 행여 다른 사람에게는 자신의 말을 꼭 다 들어주리라고 바라지는 말 일이야. 다른 사람 가운데에는 필시 감당해 내지 못할 이가 있을 테니까."라고 하였다. 그 후 홍담洪曇이 이조판서의 자리를 이었는데, 과연 송강의 말을 들어주지 않았다. 송강이 물러나와 사람들에게 말하기를, "이공의 아량은 따를 이가 없다."라고 하였다.

나아가, 같은 해 6월에는 명 나라 사신을 접대하는 임무를 맡은 사암 박순思菴 朴淳의 종사관이 되어, 의주義州에서 사신을 맞아 자신의 시 재주를 발휘하기도 한다.

당시 중국에서 사신이 오면 국경에서 그들을 맞이하여 한양으로 수행해 왔는데, 이 임무를 맡은 이를 원접사遠接使라고 했다. 박순은 당시 원접사였다. 원접사는 중국 사신과 시를 화답하고 그들의 물음에 답할 수 있는 능력을 가진 종사관과 함께 해야 했다. 따라서 종사관의 역할은 매우 중요했다. 이는 사신들의 시에 얼마나 빨리 답하는가, 그리고 그들의 물음에 막힘없이 답하는가를 가지고 조선의 문화를 가늠하는 나름의 기준으로 삼았던 시대였기 때문이다. 중국을 중심으로 한 당대 한문문명권 나라 간의 역학관계를 살필 수 있는 단면인 셈이다.

사실, 이처럼 나라 간에 시를 주고 받는 관습은 그 연원이 매우 깊다고 할 수 있다. 1세기 무렵에 편찬된 반고班固의 『한서漢書』 「예문지藝文志」에는 다음과 같은 기록이 있다.

> 옛날 제후나 경·대부들은 이웃 나라와 교류할 때, 속뜻은 숨기고 빗대어 하는 말[微言:시]로써 서로 느낌을 주고 받았다. 인사를 나눌 때에도 자신의 마음과 뜻을 시로써 내보였다. 그리하여 이때 대개 상대방이 현명한가 그렇지 못한가를 분별했으며, 상대국의 흥성과 쇠망을 가늠하기도 했다.

역대 중국 왕조와 우리 왕조 사이에서도 이런 관습이 지속되어 왔다. 한시는 동아시아 한문문명권 내 공통의 문학양식이었기에, 이를 수단으로 이와 같은 교류가 가능했던 것이다. 아울러 시를 주고 받는 과정에서 상대방의 수준을 헤아렸을 뿐 아니라 상대국의 흥성과 쇠망을 가늠하기도 했다는 사실로 미루어, 나라를 대표하여 나선 이들로서는 그만큼 심리적 부담도 컸으리라 생각된다.

시에 뛰어난 재주를 가진 송강은 이 일을 훌륭히 수행해 냈던 것으로 보인다. 훗날 이 시절을 회상하며 지은 다음과 같은 시에서 이를 넉넉히 헤아릴 수 있기 때문이다. 제목은 「옥천자가 고죽을 보내는 시의 운을 따서 짓다次玉川子送孤竹之韻」이며, 7언고시의 형식으로 되어 있다. 해당 대목만을 옮겨 보기로 하겠다.

외로운 신하 연군의 눈물 마르지 않았으니,	孤臣不盡鼎湖淚
무진戊辰년간의 일일랑 말하지 마소.	莫道戊辰年間事
함께 놀던 사람들 모두 다 제일류요,	同遊皆是第一流
나 역시 그 당시 가장 젊은 나이로,	我亦當時最少年
붓 휘둘러 백 장 종이 일시에 써 내니,	揮摹百紙一時盡
후세 사람들 신선의 필치라 이름했다네.	後人强名仙槎篇

위 시는 송강의 나이 45살(1580년·선조 13년)이던 해, 강원도 관찰사로 재직하면서 삼척三陟 죽서루竹西樓에서 쓴 것이다. 여기에 나오는 '무진년간의 일'이 바로 그의 나이 33살 때(1568년·선조 원년) 박순의 종사관이 되어 활약하던 일이다. 당시 송강은 원접사 일행들 가운데 가장 젊은 나이로서, '붓 휘둘러 백 장 종이 일시에 써내니, / 후세 사람들 신선의 필치라 이름했다네.'라고 할 만큼 탁월한 기량을 발휘했던 것으로 보인다.

이처럼 송강은 조정에서 자신의 입지와 능력을 새롭게 다져 나가면서, 대외적으로도 상당한 역할을 수행했던 것으로 보인다. 따라서 이런 점들로 미루어 보면, 송강이 벼슬길에 나온 이후 가장 활기에 넘치던 시절 가운데 한 때가 바로 이 무렵이 아닌가 생각한다. 사람은 자신의 능력을 인정받거나 중요한 일을 제대로 수행해 낼 때 보람을 느끼게 마련인데, 이 무렵의 송강이 바로 그런 상황에 놓여 있었던 것으로 보이기 때문이다.

34살 때인 1569년(선조 2년) 5월에는 홍문관 수찬, 교리, 지평에 제수된다. 그 즈음 홍섬洪暹, 홍담洪曇, 김개金鎧 등 조정의 요직을 차지하고 있던 문신들이 사림을 조정에서 내쫓으려 한다. 특히 김개 같은 이는 퇴계 이황이 물러나자 사림들에게, "퇴계가 이번 걸음에 얻은 바가 적지 않다. 잠깐 서울에 와서 일품관一品官의 직첩職牒을 손에 쥐고 고향으로 돌아가니, 이 어찌 만족하지 않을 것이랴."라고 하였다. 이런 발언은 사림의 세력이 점차 정계의 중심부로까지 진출해 오는 것에 대해, 기존 세력들이 위기의식을 느끼고 배척하려는 의도의 한 단면이라고 할 수 있다.

이런 사태에 임하여 그 역시 사림 출신의 한 사람이었던 송강은 임금 앞에 나아가 통렬히 논박한다. 송강의 「연보」에 기록된 그 내용의 일부를 옮겨보면 다음과 같다.

> 공이 대궐에 들어가 임금께 여쭈기를, "김개가 상감의 총명을 흐리게 하고, 화를 사림에게 전가하려 하오니, 현명하신 상감께서 살피시지 않으시면 아니 되겠습니다."라고 하였다. 상감이 소리를 높이며, "그대의 말이 과하도다. 김개가 어찌 여기에 이르리오." 하셨다. 공이 다시 말하기를, "꾸지람이 비록 벼락같이 두렵사오나, 신은 할 말을 다 하지 않을 수 없나이다."라고 하고, 계속해서 김개가 지난 날 기묘사화(1519)를 일으켰던 남곤南袞과 심정沈貞이 하던 일(조광조를 위시한 당시의 사림들을 모함하여 죽게 한 일)을 좇아 사림을 이유없이 헐뜯고 해치려는 정상을 낱낱이 진술하니, 김개는 분함을 이기지 못하고 눈물을 흘리며 나가버렸다.

의롭지 못하다고 생각하는 일에 대해서는, 어느 안전이든 할 말은 해야만 직성이 풀리는 송강의 강직한 성격이 그대로 드러난 예다. 이런 예는 송강이 벼슬살이를 하는 동안 비일비재하게 일어나거니와, 이로부터 몇 년 지나지 않아 전개되는 당쟁의 소용돌이 속에서 그가 어떤 태도를 취하게 될 것인지 능히 짐작할 수 있다. 이 일로 인해 결국 김개는 홍문관·사간원·사헌부 등 삼사의 탄핵을 입고, 당시 재직하고 있던 이조판서의 자리에서 물러난다.

이 일은 사실 김개가 당시 영의정이던 이준경李浚慶의 뜻을 받아, 장차 박순·박응남·기대승 등 연배가 앞선 이들은 물론 송강·율곡등까지를 포함한 사림계 인물 17인을 논죄하고, 그 여파를 퇴계에까지 미치려 한 것이었다. 퇴계도 이 일을 두고 고봉에게 보낸 편지에서, "우리 무리가 오늘날 실로 국사를 뜯어 고치고, 정치의 법을 변란시키며, 나이 많은 옛 사람들을 장차 쫓아내고, 이쪽 당만을 끌어들이려 한 일이 없는데, 저들이 터무니없는 말로 죄를 꾸미며, 지난 날 잘못된 일들을 끌어다 오늘의 일을 지탄하는 데 증거를 삼아, 우리를 반드시 그 물과 함정에다 밀어 넣고야 말려고 한다."라고 한 바 있다.

그런데, 이런 일이 있고 난 후에도 홍담 등의 세력이 사림을 꺼리는 것이 더욱 심했다. 송강은 걱정스러워 하며 이 문제를 율곡과 상의한다. 그는 율곡에게 "우리 사림 쪽에서 먼저 손을 쓸까 싶네. 가만히 앉아서 죽음만을 기다리는 것보다는 낫지 않겠는가."라고 했다. 그러자 율곡은 "그럴 수 없네. 저들이 욕심 많고 야비한 소인들은 아니고, 또 착한 이를 시기하는 뚜렷한 흔적도 아직 나타나지 않아, 상하 모두가 그 죄악을 알지 못하잖은가. 지금 급작스러이 공격을 한다면 사람들에게 미더움을 얻지 못하고 도리어 화근을 만들어 낼 터이니, 오늘의 형세로는 먼저 움직이는 것이 좋지 않은 일이네."라고 하였다.

온당치 않은 일에 어떤 주저함도 없이 나서는 다혈질의 송강과, 사태를 냉철하게 판단한 후 행동을 결정하는 율곡의 처신이 잘 드러나 있는 대화다. 송강은 율곡의 말을 따른다. 경우에 따라 처신이 다르기는 했지만, 송강이 중앙 정치무대에서 경륜을 펴 나가는 데 있어서 율곡과의 허심탄회한 대화나 유대는 이처럼 각별했던 것으로 보인다.

35살 때인 1570년(선조 3년) 2월, 송강은 교리校理의 자리에 오른다. 그러다 같은 해 4월에는 다시 예조정랑으로 직이 바뀌며, 곧이어 부친상을 당하여 시묘살이를 하게 된다.

탁월한 감수성의 젊은 시인

위대한 시인의 풍모는 하루 아침에 갖추어지는 것은 아닐 테지만, 송강의 경우는 젊은 시절에 이미 상당한 명성을 얻고 있었던 것으로 보인다. 앞에서 살핀 것처럼 33살의 나이에 원접사 박순의 종사관 역할을 훌륭히 해 낸다든지, 또 다음과 같은 30대 초반의 일화들을 살펴보면, 그의 타고난 감수성은 일찍부터 위대한 풍류운사로서의 면모를 굳건히 다져왔던 것으로 보인다.

31살 때인 1566년(명종 21년) 9월, 송강은 북관어사北關御史의 명을 받고 함경북도 지방을 살피러 가게 된다. 도중에 우연히 시조 한 수를 짓게 되는데, 그 내용이 명종의 죽음을 예언하고 있다 하여 오래도록 화제가 된다. 그 시조가 지어진 지 얼마 되지 않아 명종이 세상을 떴기 때문이다. 말하자면 하나의 가참(歌讖:노랫말 예언)이 되었던 것이다. 그러나 아쉽게도 작품은 현재 남아 전하지 않는다.

그런데 그로부터 20년에 가까운 세월이 지난 48살 때(1583년·선조 16년), 송강은 다시 함경도 관찰사가 되어 지방의 풍속을 두루 살피게 된다. 그가 길주吉州에 이르렀을 때, 한 늙은 기녀가 아직까지도 그 노래를 부르고 있었다. 너무도 뜻 밖이라 놀라면서도, 송강은 크게 감동한다. 이로 말미암아 느꺼워진 그는 술에 취해 다음과 같은 7언절구 한 수를 짓는다.

이십 년 전 이곳에서 읊었던 노래,	二十年前塞下曲
어느 해에 이렇듯 기방으로 떨어졌나.	何年落此妓林中
신하된 몸 홀로 남아 눈물만 흘리나니,	孤臣未死天涯淚
맑은 새벽바람 임의 능으로 불었으면.	欲向康陵灑曉風

다른 누구도 아닌 늙은 기녀의 입을 통해 흘러나오는 자신의 시조

를 들었을 때, 송강은 사실 이루 다 형언할 수 없는 심경에 사로잡혔을 것이다. 그리하여 그 동안의 세월을 단숨에 거슬러 올라가, 만감이 교차하는 순간을 맞았을 것이다. 더욱이 이 노래는 특별한 사연까지를 담고 있는 노래가 아닌가! 눈시울이 뜨거워지며 자신도 모르게 주루룩 눈물이 흐른다. 다시 술잔을 기울인다.

이미 오랜 세월이 지났지만, 명종 임금과는 각별한 사이였던 송강이다. 멀게는 유년 시절 궁중에서 함께 어울려 놀던 추억으로부터, 그가 벼슬길에 발을 내디디게 된 시점에서의 일들, 그리고 20년에 가까운 세월이 지난 그 때 이곳에서 읊었던 노래 등, 가슴을 저미는 사연들이 머릿속을 가득 채운다. 허무한 생각이 든다. 그래서 이제 다만 홀로 남아 있는 자신을 돌아보며, 간절한 애도의 정을 '맑은 새벽바람'에 담아 부친다.

이 시에는 오래 전에 지은 자신의 노래를 늙은 기녀를 통해 다시 듣게 된 송강의 심경과, 먼저 떠난 명종을 회상·애도하는 정이 잘 나타나 있다. 이런 일화들로 미루어 보면, 송강의 시조가 일찍부터 노래하는 이들 사이에서 널리 애호되고 가창되었음을 넉넉히 헤아릴 수 있다.

한편, 예의 북관어사의 임무를 수행하던 31살 때(1566년·명종 21년) 10월, 송강은 함흥咸興에 이르러 우연히 국화꽃을 대하고 다음과 같은 7언절구 한 수를 짓는다. 제목은 「함흥 객관에서 국화꽃을 마주하고서咸興客館對菊」다.

가을 다 간 변방에 기러기 슬피 우니,	秋盡關河候鴈哀
돌아가고픈 생각에 망향대에 올랐다오.	思歸且上望鄉臺
은근도 하여라 함흥에 핀 시월 국화,	慇懃十月咸山菊
중양절 위해 아니 피고 길손 위해 피었구려.	不爲重陽爲客開

10월 어느 날 변방에서 우연히 마주친 국화를 두고, '중양절 위해

아니 피고 길손 위해 피었구려.' 라고 노래한 송강의 재치와 감각이 돋보이는 시다. 그 재치와 감각 속에서, 철늦은 국화 몇 송이가 쓸쓸한 변방 여정에 훈훈한 생기를 불어 넣는다. 그리하여 나그네의 외로움을 한결 덜어주는 듯하다. 국화주를 마시는 중양절의 풍속이 배경으로 깔리면서, 문득 술 생각이 동하게 한다.

특히, 마지막 구 '길손 위해 피었구려.' 라는 표현 속에는, 송강의 현실에 대한 신념과 자부심이 담겨 있다. 외로운 변방 길손을 위해 피어난 그 '국화' 는 바로 자신의 고결한 절개와 의지를 상징하는 것이기도 할 터이기 때문이다. 따라서 이 시에는 송강 특유의 호기가 담담하게 배어 있다. 그 호기가 외롭게 변방을 돌고 있는 송강에게 큰 위안이 되었을 것은 당연하다.

그런데 그가 한양으로 돌아와 임금께 복명復命하러 대궐로 들어간 날, 당시 이조정랑이던 정지연鄭芝衍이 하루 업무를 끝내고 돌아가는 길에 송강과 마주쳤다. 그는 웃음으로 송강을 맞으며 대뜸 "불위중양위객개(不爲重陽爲客開:시의 마지막 구)가 오셨구려!" 라고 하였다. 이는 송강이 아직 한양으로 돌아오기도 전에, 그의 시가 이미 동료들 사이에 널리 퍼져 있었기 때문이다. 송강의 시인으로서의 명성이 일찍부터 매우 높았음을 알게 하는 일화다.

그런가 하면, 다음의 시는 송강이 33살(1568년 · 선조 원년)의 나이로 박순의 종사관이 되어 의주에 있을 때 지은 것인데, 후세 사람들에게까지 널리 칭송을 받은 빼어난 작품 가운데 하나다. 5언절구로 된「통군정統軍亭」이라는 시다.

내 바라노라, 저 강을 건너가,	我慾過江去
곧바로 송골산松鶻山에 올라가,	直登松鶻山
서으로 화표주華表柱의 학을 불러서,	西招華表鶴
구름 사이에서 더불어 노닐었으면.	相與戲雲間

강을 뛰어 넘어 한달음에 구름 덮힌 산 꼭대기까지 오르는 시원스러움과, 구름 속에서 학과 더불어 노닐고자 하는 활달한 기상이 돋보이는 작품이다. 30대 초반의 작품이라고 생각하기 어려울 만큼 선이 굵을 뿐 아니라, 현실 초탈의 분방한 정서가 넘쳐나기도 한다. '송골산'은 의주에 있는 산 이름이며, '화표주의 학'은 탈속脫俗의 경지와 영원성을 노래할 때 으레 등장하는 표현이다.

조선 중기를 대표하는 문인이자 학자 가운데 한 사람인 상촌 신흠(象村 申欽:1566~1628)은 그의 『청창연담晴窓軟談』에서, 이 시를 다음과 같이 평한 바 있다.

> 의주의 통군정은 세 나라의 경계에 임해 있는데, 자연경관이 기이하고 웅장하여, 천하에 그 짝을 구하기 어렵다. 옛부터 많은 시인들이 통군정을 노래했지만, 능히 그 기이하고 웅장한 기상을 형용한 사람은 없었다.
> 정송강 철은 젊었을 때 원접사의 종사관이 되었는데, 그 때 지은 절구 한 수에서 "내 바라노라, 저 강을 건너가, / 곧바로 송골산에 올라가, / 서으로 화표주의 학을 불러서, / 구름 사이에서 더불어 노닐었으면." 이라고 노래했다. 비록 대작大作은 아니지만, 시상이 절로 기발奇拔하여 후세에 전할 만하다. 그 후 많은 시인묵객들이 이곳에 와서 통군정을 노래했지만, 여기에 미친 이는 보지 못한다.

'통군정'의 기이하고 웅장한 기상을 제대로 살려 노래한 이는 오직 송강 뿐이라고 하면서, 그 '시상이 절로 기발하다.' 라는 평으로 작품의 성가를 압축하고 있다. 예의 시원스럽고 활달한 기상과 탈속의 분방한 정서가 돋보이는 점을 이렇게 평한 것이 아닌가 생각한다.

송강은 이후에도 「통군정」과 유사한 성향의 작품들을 적지 않게 짓는다. 그런 면에서 이같은 성향은 송강의 두드러진 개성 가운데 하나로 지적될 수 있는데, 그 개성의 기반이 이미 젊은 시절부터 단단하게 다져져 있었다고 할 수 있다.

  이상에서 살핀 몇 가지 일화와 작품들만을 보더라도, 송강의 탁월한 감수성과 시인으로서의 풍모는 일찍부터 그 싹이 싱싱하게 돋아났던 것으로 보인다. 물론 그의 시적인 자질과 능력은 특히 40대 이후에 그 빛을 유감없이 발휘한다. 그러나 이처럼 싱싱한 싹에서 자라났기에 마침내 탐스러운 꽃봉오리와 열매를 맺을 수 있었을 것이다. 마치 질 좋은 누룩으로 빚어 오래도록 숙성시킨 술이야말로 맛과 향과 빛깔에서 뛰어난 것처럼.

어버이의 죽음과 시묘살이

  사람은 누구나 한 번 태어나 죽는다. 그런데, 지극히 당연하다 싶은 이 말이 자신과 연고가 있는 사람의 죽음 앞에서는 또 전혀 다른 의미로 다가오기도 한다. 어버이의 죽음을 맞는 자식의 심정이 특히 그렇다고 할 수 있다. 그래서 아버지의 죽음을 일러 천붕지통天崩之痛, 즉 '하늘이 무너져 내리는 듯한 슬픔'이라고 일컫지 않는가. 어머니라고 해서 조금도 다를 리 없을 터다. 그것은 마치 보통명사처럼 되뇌이던 말이 어느 순간에 고유명사로 가슴에 날아와 박히는 그런 경험과도 흡사한 일이다.

  벼슬길에 나아가 한창 경륜을 펴던 송강은 35살 때인 1570년(선조 3년) 4월, 부친상을 당한다. 당시 부친 판관공의 나이는 78살이었으니 수壽를 누린 셈이지만, 어떻든 송강에게는 예의 '하늘이 무너져 내리는 듯한 슬픔'이었다. 특히 을사사화로 집안이 화를 입어 아버지의 유배지를 따라다니며 생활했던 그로서는, 그 비통함이 남달랐다고 할 수 있다. 그리하여 송강은 37살이 되는 1572년 6월까지 2년여에 걸쳐, 벼슬을 내놓고 경기도 고양군 신원新院에서 시묘살이를 한다.

시묘살이는 부모의 상을 당하여 봉분封墳한 다음, 그 서쪽에 초가를 짓고 상주가 3년 동안 살면서 무덤을 지키는 일이다. 이는 돌아가신 부모에 대한 가장 효성스러운 행위로 일컬어지고 있다. 우리나라에서는 고려말의 유학자 정몽주(鄭夢周:1337~1392)에 의해 시작되었다고 하며, 신주(神主)제도가 발달하면서 점차 그 풍습이나 행위가 의미를 상실하게 되었다고 한다.

당시의 직책이 예조정랑이기도 했지만, 이 때 송강은 모든 의례와 절차를 스승과 벗들에게 물어 예에 조금도 어긋남이 없게 함으로써, 주위의 큰 칭송을 받는다. 본시 송강 집안은 대대로 효성이 지극하기로 이름이 나 있었거니와, 송강 자신도 이 점에 있어서 특출했던 것으로 보인다. 거상(居喪)과 관련하여 그의 「연보」에 실려 있는 기록을 일부 옮겨보면 다음과 같다.

> 공의 성품이 지극히 효성스러워, 슬피 곡하고 우는 소리에 이웃 사람들이 감동되어 어떤 이는 밥을 먹지 못하기도 하였다. 젯상에 올리는 음식같은 것도 자신이 직접 가르고 반듯하게 하여, 부리는 노복에게 맡기지 않았다. 모든 예식 절차는 반드시 스승이나 벗들에게 질의하여 가장 옳은 것을 가려서 행하되, 전후의 상을 다 그렇게 하였다.

거상에 임한 송강의 태도와 정성이 잘 나타나 있다. 모든 의례와 절차를 예에 합당하게 행하려는 태도도 그렇지만, 이에 앞서 복받치는 슬픔을 억눌러 가며 손수 제사 음식을 차리고 살피는 정성이 더욱 지극하다.

사람이 상을 당했을 때의 처신 가운데 가장 중요한 것은 슬픈 기색이다. 그 때의 슬픔이야 누가 뭐라 하지 않아도 저절로 솟구치는 법이지만, 거상의 예에서도 이 점을 매우 중요하게 여겼다. 일찍이 공자도 "상을 당해서는 일을 매끄럽게 잘 처리해 나가는 것보다는, 차라리 슬퍼하는 기색을 드러내는 것이 낫다."라고 했다. 어떤 외면적 의례나 절차보다도 인간적 감정이나 마음가짐 자체가 더욱 중요하다는 말일 것이다. 그것이 바로 예의 본질에 가깝기 때문이다.

37살 때인 1572년(선조 5년) 7월, 송강은 시묘살이의 복服을 벗고 다시 벼슬길에 나아간다. 그러나 채 일년도 지나지 않은 1573년 4월에, 다시 어머니 죽산 안씨의 상을 당한다. 이 때 송강의 나이 38살로, 3년 사이에 부모 모두를 떠나 보내게 된 것이다. 송강에게는 실로 크나큰 슬픔이 계속된 시기였다.

송강은 모친상에 있어서도 예를 다하여, 그의 나이 40살 되던 1575년(선조 8년)까지 약 2년 동안, 역시 경기도 고양군 신원에서 시묘살이를 한다. 그의 지기 가운데 한 사람인 우계 성혼은 이렇듯 지극한 송강의 부모 거상을 두고 시를 지어 기리기도 했다.

부모 거상에 당시의 사람들이 이처럼 의례와 절차 문제를 지극히도 따지고, 거기에다 오랜 기간 시묘살이까지 했던 것을 이해하기란 쉽지 않다. 그러나 당시의 문화나 습속에서는 이 문제야말로 다른 무엇보다도 중요한 것으로 인식했다. 따라서 우리는 송강 당대의 사유와 문화적 배경을 고려한 차원에서 이를 이해할 필요가 있다.

송강 당대의 관혼상제는 주자학의 유입과 함께 보편화된 『주자가례朱子家禮』에 기초하고 있었는데, 거기에 우리 전래의 습속까지를 포함한 엄정한 격식이 있었고, 이러한 격식에 어긋나는 것을 사대부의 큰 수치로 여겼다. 특히 상례喪禮에 있어서는 어떤 경우보다도 엄격하게 따졌다. 격식을 제대로 갖추지 않는 것 자체가 어버이에 대한 불효요, 곧바로 죄로 여겼기 때문이다. 나아가 이 문제는 당대 사대부들이 목숨보다 중요하게 여긴 '예禮'와 직결되는 터였기 때문이다.

우리 전통사회에서 예의 개념은 대단히 넓고 깊은 의미를 지니고 있었다. 시대에 따라 다소 차이가 있겠지만, 예는 한 마디로 '국가의 통치이념이었고 종교였으며 문화의 본질'이기도 했다. 그리고 그 궁극의 가치는 인간의 심성을 올바로 다스리고 바로잡는 구체적 원리라는 데 있었다. 따라서 예는 일상생활에서 요구되는 모든 사유와 행동의 출발점이자 귀결점으로 작용했다고 할 수 있다. 그렇기에 당대 사대부들이 예를 목숨보다 소중하게 여겼을 것은 어쩌면 당연하다.

어버이의 상을 당했을 때 예를 극진히 하는 것은 결국 '효孝'에 직결되는 것이었다. 송강의 부모 거상을 두고 쏟아진 칭송 역시 이와 맥락을 같이한다. 그런 의미에서 좀더 깊이 있는 이해가 필요한 것이 또한 우리 전통사회에서의 '효' 관념이다.

송강은 훗날 관찰사의 신분으로 강원도 백성들에게 사람살이의 길을 제시하고 이에 따를 것을 권유한 시조「훈민가訓民歌」16수를 짓는다. 어버이의 은덕을 노래한 그 첫 수를 들면 다음과 같다.

> 아바님 날 나흐시고 어마님 날 기르시니,
> 두분 곳 아니시면 이몸이 사라시랴.
> 하늘가튼 가업슨 은덕을 어데다가 갑사오리.

하늘같은 어버이의 은덕을 생각하며 자식으로서 효성을 다해야 한다는 뜻을 담고 있다. 교훈적 의미를 지닌 평범한 내용이지만, 달리 이론을 제기할 수 없는 명백한 사실이기도 하다. 이 작품이 오늘날의 우리에게까지 공감을 주는 것은 다름아닌 인간의 보편적 심성과 정서에 바탕을 두고 있기 때문일 것이다.

그렇기에 송강은「관동별곡」에서 강릉 땅의 아름다운 풍속으로서 효를 드는 데 주저하지 않는다. 해당 대목만을 옮겨보면 다음과 같다.

> 강릉 대도호大都護 풍속이 됴흘시고.
> 절효정문節孝旌門이 골골이 버러시니,
> 비옥가봉比屋可封이 이제도 잇다 할다.

강릉 대도호부 풍속이 좋기도 하구나. 절개 · 효성을 표창하여 세운 문들이 고을마다 늘어서 있으니, 집집마다 심성 착한 이들이 많아, 태평성대를 오늘날에도 보겠구나.

'골골이 버러' 있는 '절효정문'을 기리면서 강릉 땅의 풍속을 칭송하고, '비옥가봉' 즉 태평성대를 볼 수 있겠다는 극찬으로까지 생각을 펴 나갔다. 송강 당대의 사고나 가치의식에 비추어 보면, 당연한 정서의 표출로 생각되기도 한다.

그런데 관점을 달리해 보면, '절효정문' — 효자비 · 열녀비는 대개 사회 공동체나 나라에서 세워준다는 점에서 제도권의 입김이 짙게 배어 있다. 따라서 그것은 도덕적 교화를 정치지배의 수단으로 삼고자 한 지배 이데올로기의 산물일 수도 있다. 참으로 못 먹고 못 사는 상황에서도 예사롭지 않은 고난을 무릅쓰고 부모를 봉양했기에 이를 기리기 위해 세운 비가 효자비일 것이며, 질병이나 전쟁 또는 부역 등으로 남편이 죽어 여인네 혼자 남게 된 상황에서 수절하며 살아갔기에 이를 기리고자 한 것이 열녀비일 수 있기 때문이다. 그런 면에서 보면, 전통사회의 효자비 · 열녀비는 계몽적 성향을 지닌 하나의 상징일 수도 있다고 할 것이다.

과거와 달리 사회 전반이 핵가족화된 오늘의 시점에서도, 효는 여전히 중요한 가치덕목의 하나로 인식되고 있다. 그러나 그 인식의 깊이와 영향력은 과거에 비할 바가 아니다. 이를 단순히 문화의 대세라고 이해하기보다는, 삶의 양식과 가치의식의 변화가 빚어낸 시대 풍조의 하나로 보는 것이 온당할 것이다. 나아가, 어버이에 대한 효는 아무리 정성을 다했다고 해도 후회가 남는 것이기에, 시대를 초월하는 인간의 숙명적 감정 가운데 하나일 시 분명하다.

송강은 예의 「훈민가」 16수 가운데 또 다른 한수에서, 어버이에 대한 이러한 감정을 다음과 같이 노래했다.

어버이 사라신 제 섬길 일란 다하여라.
디나간 후면 애닯다 어이하리.
평생애 곳텨 못할 일이 이뿐인가 하노라.

'평생에 곳텨 못할 일이 이뿐인가 하노라.' 에 담긴 뼈아픈 의미를 직접 겪어보지 않고서는 절감하기 어려울 테지만, 누구라도 능히 공감할 수 있는 바다. 우리 속담에 '살아있을 때 술 한 잔이 죽어서 석 잔보다 낫다.' 라는 말이 있다. 어버이가 살아 계실 때 섬기기를 다하라는 위 시조 초장의 다른 표현인 셈이다.

35살로부터 40살에 이르는 시기, 4년여에 걸쳐 정성껏 거상을 치른 송강은 다시 거친 파도가 일렁이는 사회 현실로 무거운 발걸음을 옮긴다. 이런저런 심경들로 그의 마음가짐 또한 예전과는 많이 달랐을 것이다. 그러나 그를 기다리고 있는 현실에서는 또다른 파란이 거세게 일고 있었다. 곧이어 휘몰아친 당쟁의 소용돌이가 바로 그것이다.

인생살이가 아무리 변화무쌍한 것이라지만, 송강으로서는 도무지 무슨 조화인지 바람 잘 날 없는 삶이다. 차츰 그 실상이 드러날 테지만, 송강의 기질적 특성이나 정서는 실로 다채로운 양상으로 발현된다. 그러면서도 때로 모순·대립으로까지 비칠 수 있을 만큼 편차가 심한 경우를 볼 수 있는데, 그 잠재적 요인의 일면을 이렇듯 곡절이 심한 장년기 삶의 궤적에서 찾을 수 있을 것이다.

4. 당쟁의 소용돌이와 굽이치는 행로

송강, 그 세차고 막힘 없는 물살

멀리서 보면 유유자적해 보이는 강도, 가까이 다가서서 보면 천변만화千變萬化의 흐름을 이루고 있는 것을 알 수 있다. 그 흐름을 좌우하는 것은 바로 강의 핏줄이라고 할 수 있는 물살이다.

크고 작은 바윗돌이나 물줄기를 가로막는 장애물을 만났을 때, 그 것을 감돌아 흐르는 물살이 있는가 하면, 온 몸으로 부딪혀 허물어뜨리는 물살도 있다. 또, 웅덩이를 만나 차분히 머무는 물살이 있는가 하면, 곧바로 빠져 나오는 물살도 있으며, 계곡을 거치면서 폭포를 이루는 물살도 있다. 이렇듯 물살의 성격은 다양하다. 사람의 처세가 그러하듯이.

송강은 결코 완만한 흐름을 유지하거나 고요히 흐르는 물살이 아니었다. 그래서 으레 만날 수 있는 웅덩이에도 진득하게 머물러 있지 않는 성격이었다. 스스로의 흐름이 옳고 마땅히 그러해야 한다고 믿는 한, 부서져 소리가 나더라도, 때로 낭떠러지를 만나 폭포를 이루더라도, 세차고 막힘없는 물살로 부딪혀 나갔다.

풍파의 일니던 배 어드러로 가닷말고.
구롬 머흘거든 처엄의 날 줄 엇디,
허술한 배 두신 분네는 모다 조심하쇼셔.

　풍파에 이리저리 흔들리던 배, 어디로 갔다는 말인가. 도무지 종적을 알 수가 없구나. 그러면 애초 구름 험하게 일어날 때 무엇하러 나왔던가. 그 때 나오지 않았던들 이 괴로움 당하겠는가. 그러니 더욱 강인하게 분투해 나아갈 수밖에. 이런 때 튼튼하지 못한 배를 가지신 분들이여, 모두 조심하소서!
　현실의 모진 풍파를 겪으면서 때로 마음의 중심을 어디에다 둘 지 몰라 흔들리는 자신과 주변 사람들에게, 강인한 의지로써 그 역경을 헤쳐 나갈 것을 다짐·기원하는 시조다. 마음의 중심을 의미하는 '배'의 이미지와 더불어, 송강의 꿋꿋한 현실 대응의지를 느낄 수 있는 작품이다.
　송강은 특히 직언直言을 잘 하였다. 모든 것을 자신의 의로운 기질과 신념에 따라 생각하고, 행동으로 옮겼다. 임금 앞에서도 분명한 태도로 임했으며, 조정의 대신들이나 동료들에게도 넌지시 뜻을 비치거나 돌려 말하지 않고, 대개 직설적으로 드러냈다. 그래서 송강은 심성이 맑고 강직하며 의기넘치는 인물로 칭송받기도 하지만, 성격이 편벽되고 화합하지 못하며 남을 잘 용납하지 않는다는 평을 듣기도 한다. 그와 절친한 벗이었던 율곡은 선조 임금께 상소하는 글에서, 송강의 품성을 다음과 같이 말한 적이 있다.

　　정철 같은 이는 심성이 충직하고 맑으며 의지가 굳고 절개가있어[忠淸剛介], 한결같은 마음이 나라만을 걱정하는 사람입니다. 비록 국량과 소견이 편벽되고 고집스러운 것이 병통이지만, 그 기개와 절의를 논한다면, 이는 실로 한 마리의 수리[鶚]에 비유할 수 있습니다.

선조 임금 또한 다른 자리에서, "정철은 내가 그 사람됨을 잘 모르기는 하나, 일찍이 승지承旨로 있을 때 그가 하는 바를 보니, 심성이 굳고 깨끗하며 나랏일에 충성을 다하는 이라. 또 내가 그 고집불통인 성격을 보고 사람들과 잘 화합하지 못할 것이라 하였더니, 과연 그러하도다. 그러나 만일 철을 보고 소인이라 하면, 이는 반드시 굴복하지 않으리라."라고 한 바 있다.

그렇기에 송강이 예조판서에 임명되었던 즈음, 조정의 언로言路와 요직을 장악한 동인세력이 율곡과 함께 그를 탄핵하는 글을 줄줄이 올리자, 선조는 송강의 인물 됨됨이를 다음과 같이 분명하게 평한다.

> 정철의 사람됨은 그 마음이 바르고 그 행실이 모가 나되, 오직 그 혀가 곧기 때문에 시속에 용납되지 못하고 사람들에게 미움을 받는 것일 따름이다. 그 직책을 맡아 몸이 닳도록 행하는 충직하고 맑고 절개있고 떳떳한 바[忠淸節義]는 초목도 그 이름을 알 것이다. 진실로 이른바 봉황의 대열에 드는 한 마리 수리[鵷班之一鶚]요, 전당 위의 사나운 범[殿上虎]이다.

송강이 시속에 용납되지 못하고 탄핵을 받게 된 근본적인 이유가 '오직 그 혀가 곧기 때문'이라고 한 말에서, 그의 품성과 처신을 능히 헤아릴 수 있다. 다른 누구도 아닌 임금의 말이라 더욱 의미심장하다. 게다가 '충직하고 맑고 절개있고 떳떳한 바는 초목도 그 이름을 알 것'이라든가, 그리하여 '봉황의 대열에 드는 한 마리 수리요, 전당 위의 사나운 범'이라는 평은, 어떤 충신에게도 쉽게 내리기 어려운 말이 아닐 수 없다. '한 마리의 수리'는 송강의 강직하고 맑은 기개와 절의를, 그리고 궁궐에서 임금에게 심하게 직간하는 것을 범에 비유하여 이르는 말인 '전당 위의 사나운 범—전상호'는 결코 구부러지지 않는 그의 곧은 혀를 그대로 드러내는 말일 터다.

이런 평들을 추스려 보면, 송강은 한 마디로 '원칙주의자' 였다고 할 수 있다. 따라서 그가 원칙에 따라 일을 처리하고자 할 때, 주변 여건이 맞아 떨어졌을 경우에는 그 뜻이 그런대로 잘 통했으나, 그렇지 않았을 경우에는 많은 고초를 겪게 되었다. 그럴 때에도 송강은 전혀 물러서는 법이 없었다. 원칙주의자들이 흔히 그렇듯, 그 역시 고집불통이었기 때문이다. 이런 고집불통에게서 흔히 느낄 수 있는 감정이 곧 편벽되고 남과 잘 화합하지 못한다는 점이다.

그런데다 송강은 도리에 어긋나는 행태를 보거나 그런 심성을 가지고 있다고 판단되는 인물에 대해서는, 그야말로 면전에서 가차없이 쏘아붙여야 직성이 풀리는 다혈질이기까지 했다.

그러니 이런 품성의 송강에게 적이 많을 것은 물론, 탄력적인 사고와 행동이 요구되는 정치 현실에서 원만한 벼슬살이가 보장될 턱이 없었다. 당쟁이 본격화되던 무렵, 당시 조정에서 의견 대립이 있었던 동인 쪽의 이발李潑과 이런저런 언쟁 끝에 급기야 그의 얼굴에 침을 뱉고야 만 사건이 그 단적인 예라 할 수 있다.

송강은 매사 자신의 견해를 분명히 하는 사람이었다. 이른바 앞 뒤 재지 않고 할 말은 하고 살아야 한다는 기개를 지닌 '신념의 사나이' 기도했던 것이다. 그가 벼슬살이를 하는 동안 내내 선조 임금에게 두터운 신임을 얻었던 것도, 따지고 보면 이처럼 꿋꿋하고 타협할 줄 모르는 기질이 임금을 감동케 하는 면이 있었기 때문일 것이다. 이런 신하의 보필을 받음으로써, 임금은 사리·사태를 분별하고 처리하는 데 믿음을 가질 수 있다.

송강의 나이 34살 때인 1569년(선조 2년) 초, 퇴계 이황이 휴가를 얻어 영남의 향리로 돌아가게 되었다. 여러 사람들이 한강에 나와 퇴계를 송별했다. 송강은 때마침 일이 있어서 뒤늦게 쫓아가니, 배를 띄워 이미 강물 위에 있었다. 그는 아쉬운 마음을 달래며 다음과 같은 5언 절구 한 수를 퇴계에게 지어 보낸다. 제목은 「도산의 퇴계 선생과 작별하며別退陶先生」이다.

뒤 쫓아 광나루에 당도해 보니,	追到廣陵上
신선 탄 배 이미 떠나 아득하구려.	仙舟已杳冥
가을 바람에 그리운 생각 온 강에 가득차서,	秋風滿江思
지는 해 바라보며 외로이 정자에 오르네.	斜日獨登亭

   이 5언절구는 후대의 여러 시화집詩話集에서도 '시에 조예가 깊은 자가 아니면 능히 내놓을 수 없는 작품'이라는 평과 함께 크게 칭송되었다. 특히 셋째 구 '가을 바람에 그리운 생각 온 강에 가득차서'와, 넷째 구 '지는 해 바라보며 외로이 정자에 오르네.'에서는, 작별의 아쉬운 정을 간곡하게 담아 내고 있다. 그 연연한 정이 어구들 사이에서 점점이 묻어나는 절창임을 실감케 한다.

   마음에 담아 두고 있던 이를 떠나 보내고 돌아서는 바로 그 순간에 느끼는 '가을 강바람'과, '노을이 물드는 하늘'을 배경으로 정자에 오르는 시인의 쓸쓸한 뒷모습이 눈에 잡힐듯 선하다. 그래서 읽는 이로 하여금 마치 자신이 그 시공 속에 놓여, 간절한 '그리움'과 '외로움'에 젖어드는 느낌을 갖게 한다. 퇴계는 곧 화답하여 시를 부채에 쓰고, 송강에게 감사의 말을 전한다.

   조정에서 함께 국사를 논하고 마음을 주고 받을 기회가 많지는 않았지만, 송강은 평소 퇴계를 존경하였다. 퇴계 또한 송강을 예사 벼슬아치로 보지는 않았다. 그래서인지 일찍이 퇴계는 송강을 가리켜 옛 간신諫臣, 즉 '임금의 잘못을 직언으로 간하는 신하'의 풍모가 있다고 호평한 바 있다. 군자의 품성은 군자가 알아보는 예에 비유될 수 있지 않을까 싶다.

   말할 필요도 없이 임금에게는 송강과 같은 신하가 절실히 필요하다. 그런 신하는 이른바 양약良藥과 같아서, 입에는 쓰지만 몸에는 좋기 때문이다. 따라서 훌륭한 임금은 이런 신하들을 잘 거느림으로써 나랏일을 제대로 돌본다. 시대가 바뀐 오늘날에도 이 점은 여전히 유효하지만, 그런 신하와 그런 임금이 있는가가 우선 문제일 것이다. 어느 시대고 송강처럼 '세차고 막힘없는 물살'과 이를 알아보는 위정자를 기대하는 것은, 우리네 평범한 백성들의 열망이기도 하다.

당쟁의 소용돌이 속에서

40살이던 1575년(선조 8년) 6월, 송강은 어머니 시묘살이의 복을 벗고 다시 벼슬길에 나아간다. 그리하여 내자시정內資寺正, 사인舍人으로부터, 홍문관 직제학直提學, 성균관 사성司成, 상의원정尙衣院正, 사간司諫 등의 벼슬을 두루 역임하게 된다.

그런데, 연이은 부모 거상을 마치고 송강이 다시 벼슬길에 나온 바로 그 무렵, 이른바 동서분당東西分黨에 따른 당쟁의 소용돌이가 본격화되기 시작한다. 그리하여 이후 송강의 벼슬살이는 당대 사회 변동 및 정치 현실의 역학관계와 맞물려 숱한 우여곡절을 겪게 된다. 다른 누구도 아닌 송강 자신이 서인의 영수격 인물로서, 현실의 풍파와 쟁론의 최전선에 서게 되는 것이다.

조선시대 당쟁을 보는 새로운 눈

조선왕조 사회·정치사에 엄청난 파문을 일으킨 당쟁은 그 전후 맥락이 상당히 길고 복잡하다. 따라서 송강 당대에 전개된 양상만을 간략히 짚고 넘어가는 것은 숲 속에서 나무 몇 그루만을 살피는 격이라고 할 수 있다. 그러나 그 발화점이 된 직접적인 요인은 흔히 1575년(선조 8년) 김효원(金孝元:1532~1590)과 심의겸(沈義謙:1535~1587)이 당시 이조 전랑吏曹銓郎의 자리를 두고 벌인 첨예한 대립에서 비롯된 것이라고 한다. 그러면 이 이조 전랑은 도대체 어떤 자리이기에 당쟁의 발화점이 되었는가?

이조의 전랑은 비록 그 지위는 낮았으나 당시의 인사권, 즉 관리들을 임명·해임하는 데 큰 권리를 가지고 있었던 까닭에, 비중만큼은 대단히 컸다. 때문에 그 자리에 나아가거나 물러나는 것은 이조의 맨 윗자리에 있는 판서判書라도 간여하지 못하였고, 반드시 물러나는 사람이 추천하도록 되어 있었다.

처음에 김효원이 문장으로 이름이 높아 그 자리에 천거되었는데, 이조 참의參議로 있던 심의겸이 그를 권세있는 사람들에게 아부하는 자라 하여 반대한 일이 있었다. 김효원은 마침내 전랑이 되었는데, 그가 그 자리를 물러날 즈음 심의겸의 아우 심충겸沈忠謙이 물망에 오르게 되었다. 그러자 이번에는 김효원이 이를 거절하여 두 사람 사이에 큰 불화가 생기게 되었다.

물론 이들의 주장에는 모두 그럴듯한 이유가 있었다. 그러나 실제적으로는 인사의 실권을 장악하려는 의도가 두 사람의 대립을 날카롭게 했던 것이다. 그리하여 이들 두 사람을 중심으로 조정의 사림士林이 둘로 갈라지고, 관리들은 물론 유생들까지도 어느 한 편에 속하여, 서로 대립하는 상황을 맞게 되었다. 김효원의 집이 서울 동쪽 낙산駱山 밑에 있었기에 그를 중심으로 한 일파를 동인이라 일컫게 되었고, 심의겸의 집은 서쪽 정릉방貞陵坊에 있었기에 그를 중심으로 한 일파를 서인이라 일컫게 되었다.

이렇게 동서로 나뉘어진 두 세력은 이후 해를 거듭하면서 정치 현실에서 제기되는 문제들을 두고 대립하는 양상을 띠게 된다. 그리고 이런 양상은 시대가 바뀌면서도 계속되어, 출신 배경이나 정치적 견해차 등으로 인해, 다시 동인 가운데서 남인南人과 북인北人으로, 또 서인 가운데서는 노론老論과 소론少論으로 각각 나뉘어져, 17세기 숙종 연간에는 이른바 4색의 양상을 띠게 된다. 결국 18세기 중·후반인 영조·정조 대에 이르러 탕평책蕩平策과 같은 정치적 배려가 행해짐으로써, 이들 세력 간의 대립이 크게 완화되고 조선왕조 정치사에 새로운 전환의 계기를 맞게 된다.

문제는, 이처럼 오랜 기간 조선왕조 사회·정치사에 큰 파문을 일으킨 일련의 사건을 이해하는 우리의 시각이다. 나아가 이 문제는 송강의 삶과 행적을 살펴 나가는 우리의 탐구 여정과도 긴밀한 연관을 맺고 있기에, 보다 신중하게 검토하지 않을 수 없다. 두루 아는 것처럼, 송강은 당대의 정치현실에 누구보다도 깊숙히 관련되어 있었고, 죽어서까지 그 자장권磁場圈에서 벗어나지 못하는 운명이었기에, 이 문제는 송강에 대한 역사적 평가와도 직결될 터다.

일반적으로 당쟁이라 불리우는 조선왕조 최대·최장의 정치적 사건에 대한 우리의 시각은 아직도 왜곡된 역사인식에 근거하거나, 이와 유사한 관점에 오염되어 있는 경우가 적지 않다. 이를 단순히 정권쟁탈을 위한 당파싸움 정도로 이해한다거나, 조선시대 정치운영 방식을 왜곡된 가치평가의 차원에서 설명·이해하는 등의 부정일변도 시각이 그것이다. 그리하여 심지어 우리 민족은 원래 이익에 따라 끼리끼리 무리짓기를 좋아한다거나, 서로 헐뜯고 싸우기를 좋아한다는 등의 가당치 않은 민족성론을 들먹이는 데까지 이르는 경우도 있다.

이러한 이해의 시각은 대부분 우리 민족에게 패배주의적 좌절감을 조장하면서 우리의 정치적 전통을 왜곡하고 잠재적 정치역량을 말살하려는 의도에서 비롯된 일제 식민주의 사학자들의 그릇된 역사인식의 결과라고 할 수 있다. 그런데 이와 같은 식민주의 사관에 의해 왜곡된 조선시대 정치사 인식이 불행하게도 광복 이후로도 크게 수정되지 못한 채 오랜 기간 통설로 받아들여졌다. 그래서 아직도 그 잔재가 남아 있는 것이라고 할 수 있다.

그러나, 근래 당쟁에 대한 우리의 시각은 점차 올바른 이해의 틀을 잡아가고 있다. 왕조시대 신하들 사이의 세력결집을 의미하는 붕당朋黨과, 이 붕당을 중심으로 한 정치 운영형태를 의미하는 붕당정치의 개념 위에서 보다 적극적이고 활발한 논의를 펴 나가고 있는 것이 그

것이다. 이러한 시각에서 보면, 당쟁이라 불리우는 일련의 역사적 사건은 조선왕조 중·후기에 걸쳐 전개된 '활발한 붕당정치의 실현과정'으로 이해될 수 있다. 또, 그런 의미에서 예의 김효원과 심의겸의 이조 전랑 자리를 둘러싼 대립과 동서분당은, 말 그대로 당쟁의 직접적인 요인에 해당하는 하나의 계기였을 따름이다. 당쟁의 전후 맥락을 온당하게 이해하기 위해서는, 조선왕조 사회 전반에 대한 거시적 안목이 전제될 필요가 있는 것이다.

당쟁의 뿌리는 조선왕조 창건 이후에 형성된 두 갈래의 정치세력에 있다. 이른바 '훈구·척신' 세력과 '사림' 세력이 그것이다. 훈구·척신 세력은 건국 이후 권력과 토지를 차지하여 중앙 정계에 확고한 기반을 구축한 사대부로서, 주로 개국공신과 개국 후의 공신 및 그 후예, 그리고 왕실을 중심으로 한 인척들이 중심을 이룬 집단을 말한다. 반면, 사림 세력은 이러한 혜택에서 제외된 지방의 중소지주 사대부로서, 자신의 처지에 만족하지 않고 중앙정계로의 진출을 꾀하며, 성리학性理學적 이념에 입각하여 새 왕조 창건의 명분을 철저히 시행할 것을 요구한 일군의 지식인 집단을 말한다.

사림은 15세기 말에서 16세기 초에 걸쳐 두각을 나타내기 시작했다. 그러나 중앙의 귀족화한 훈구·척신 세력과 정치적·사회적 입장이 다르고 이념이 상충됨에 따라, 정치적 대립과 사상적 갈등을 빚지 않을 수 없었다. 그 대립·갈등의 첨예한 형태로서 크게 네 차례의 사화(士禍:사림의 화)가 생겨났으니, 이는 한 마디로 사림 세력이 일정 궤도에 오르자 훈구·척신 세력의 정치적 대반격이 이루어진 결과라고 할 수 있다.

물론 이러한 정치적·사상적 대립과 갈등의 밑바닥에는, 당시의 사회 경제적인 변동이 긴밀히 관여하고 있기도 했다. 당시 농업과 상업 부문에서 활발하게 이루어진 경제력 향상과 이로 말미암은 경제변동의 급변 과정에서, 사회질서와 경제기반 문제를 둘러싸고 양 세력이 크게 마찰을 빚게 된 것이 그것이다. 즉, 당시 집권 위치에 있던 훈구·척신 세력은 권력을 남용하여 수탈·치부하는 경향이 강했는데, 지방의 중소지주 출신으로서 자신의 사회 경제적 기반마저도 위협받는 형세에 놓여 있던 사림들이 이를 비리로 신랄하게 비판하면서, 인간 심성의 올바른 도리를 탐구하고 행동규범을 통해 이를 실현하고자 한 성리학의 이념을 문화 혁신의 도구로 삼아 사회적 안정을 강조하고 나섬으로써, 그들로부터 대대적인 정치적 보복을 받게 된 것이다.

그러나 16세기 중엽에 이르자 토착적 기반과 성리학적 이념으로 무장한 사림 세력이 시대의 주역을 담당하게 되었고, 마침내 선조대에 이르러 집권 세력을 형성하게 되었다. 그런데 선조 8년(1575)에 이르자, 이번에는 이들 사림 내부에서 정론政論과 입지立地가 서로 다른 데 말미암은 분열이 생겨나게 되었다. 이른바 동서당론東西黨論이 일어난 것을 계기로 한 복수 정파政派의 형성과, 이로 말미암은 정치적 쟁론이 그것이다.

이들 사림 세력은 특히 구체제적 잔재 척결을 둘러싸고 내부에서 입장의 차이를 드러냈다. 전배前輩로 지칭되는 경력자 세력이 온건한 입장을 보이는 데 비해, 후배 사류들은 보다 강경한 입장에서 개혁을 주장하며 전배들을 비판하는 상황에까지 이르게 되는 것이다. 이와 같은 정치적 입장 및 시국관의 차이에 말미암은 대립은 결국 후배 사류들을 중심으로 한 동인세력과, 전배를 중심으로 한 서인세력의 분열을 초래했다. 송강의 경우는 전배에 속했다.

동서분당의 직접적인 원인으로 지적되어 온 김효원과 심의겸의 대립 이면에는 이와 같은 상황이 자리잡고 있었다. 아울러, 당시 동인은 대부분 퇴계 이황과 남명 조식의 문인들을 중심으로 구성되었으며, 서인은 율곡 이이·우계 성혼 등이 참여하고 있었던 까닭에, 이 시기 붕당들은 대개 학연學緣을 기반으로 세력을 유지하게 되었다. 그리하여 이후의 정치는 이와 같은 붕당을 정치세력의 기본 범주로 하여 운영되는 형태, 즉 붕당정치의 양상을 띠게 된다. 붕당정치의 두드러진 특징은 공론에 입각한 상호 견제와 비판이다.

선조 대에 성립된 이와 같은 붕당정치는, 그러나 이후 각 붕당 내부에서 연쇄적인 분열을 보인다. 또 어느 한 부류가 권력을 독점하여 다른 붕당과의 공존과 상호비판이라는 원리를 위협하는 초기적인 미숙성을 보이기도 한다. 그러다가 1623년의 인조반정仁祖反正을 계기로 이러한 미숙성은 극복된다. 그리하여 이후의 정치는 학파에 근거를 둔 정파로서, 조정 내에 상호 견제와 비판이 가능한 세력이 공존하면서 정치적 안정상태에 들어서게 된다.

그러나 이와 같은 성리학적 붕당정치의 구현을 본 조선왕조의 정치는, 다시 17세기 후반에 접어들면서 새로운 변동을 겪게 된다. 붕당 간의 공존의식이 무너지면서, 어느 정파든지 일당전제一黨專制의 성향을 강하게 띠면서 정치적 쟁론이 격렬해지는 양상을 보이게 되는 것이다. 그런 상황 속에서 종래의 붕당정치 질서에서는 정치권력으로의 접근이 철저히 배제되던 왕실 인척들의 비중이 다시 높아지고, 이들을 중심으로 한 벌열(閥閱:나라에 공로가 많고 벼슬 경력이 많은 사람 또는 그 집안)이 정치권력의 실체로서 이전의 붕당을 대신하는 추세로까지 이어졌다. 18세기 중·후반인 영조·정조 대에 강력한 왕권확립을 의도하면서 실시된 탕평책은 이러한 정치적 폐단을 극복하기 위한 하나의 수단이었다.

종래 당쟁이라 함은 조선왕조 중·후기나 조선시대 전체의 정치운영을 뜻하는 것이었다. 그러나 이런 인식은 타당하지 못하다. 이상에서 살펴보았듯, 조선시대의 정치는 그 시대적 변천에 따라 단계적으로 파악할 필요가 있다. 특히 송강이 생존·활동한 선조대 이후의 정치질서, 즉 사림세력이 중앙 정계를 장악한 이후의 정치질서는 기본적으로 붕당에 의해 운영되었던 것으로 이해해야 온당할 것이다. 요컨대, 붕당정치는 그 운영이 정치집단 간의 공존과 상호 비판의 원리에 충실하게 이루어진 정치로서, 우리의 중세적 정치운영의 한 전형을 이루었다고 평가할 수 있기 때문이다.

송강의 대응과 시련

김효원과 심의겸의 대립으로 인한 동서분당이 조정에 회오리를 몰고 온 즈음, 송강은 직제학을 거쳐 사간 벼슬에 있었다. 그는 김효원을 중심으로 한 동인세력이 당시 정승 자리에 있던 박순을 탄핵하려는 일 등을 매우 못마땅하게 여기고 있었다. 따라서 그들과 당연히 화합하지 못했다. 사실인즉, 동서 간의 불화가 생겨났을 때 마침 황해도 재령에서 종이 주인을 죽인 사건이 일어났는데, 그 판결을 두고서 동인 쪽에서 박순을 탄핵하려 한 것이었다.

이 일로 동서 간의 대립은 가속화한다. 율곡이 나서서 화합을 시도하지만, 그 기세는 전혀 누그러지지 않는다. 선조 임금은 율곡의 진언에 따라 김효원을 부령부사로, 심의겸을 개성유수로 내보냄으로써 사태를 일단 수습한다. 그러나 분분하던 의론이 잠시 진정되었을 뿐, 동서 간의 대립은 화합의 기미조차 보이지 않는다.

이 때 송강은 부제학의 자리에 있던 율곡의 처세가 분명하지 못하다고 생각했다. 그래서 율곡에게 '이대로 가만히 있을 것인가?'를 거듭 반문한다. 그러나 율곡은 '딱히 어찌할 수 없는 일'이라고 잘라 말한다. 그러자 송강은 탄식하며 다음과 같은 「율곡에게 보이다示栗谷」라는 5언절구를 지어 읊는다.

군자는 정승 자리를 사직하였고,	君子辭黃閣
소인은 이조 요직을 움켜쥐었네.	小人秉東銓
어진 이 물러나고 간사한 이 나아올 제,	賢邪進退際
부제학은 마음도 참 태평이구려.	副學心恬然

당시의 조정 상황과 송강의 심사를 거의 직설적으로 옮겨 놓고 있다. 그러나 율곡은 이를 듣고서 다만 미소만 지을 뿐이었다. 당시 조정의 화합을 위해 애쓰던 율곡으로서는, 송강의 편에 서서 쉽사리 움직일 수 없는 일이었다. 더욱이 타협이나 조화와는 거리가 먼 송강의 강직한 품성을 누구보다도 잘 알고 있던 율곡이었기에, 예견되는 심각한 분란을 그대로 방관할 수 없는 입장이었다.

율곡 또한 이처럼 송강과 의견이 엇갈리던 당시, "지금에 와서 내 말이 무겁게 보이지 않는 것은 계함(季涵:송강의 자)의 소견이 과중하기 때문이다. 계함은 맑은 이름이 세상에 높아, 그 동료들이 계함만을 믿고 나는 경시하는 것이다."라고 하면서, 조정이 서로 화합하지 못하는 이유의 일면을 송강과 직접 관련지워 지적하기도 했다.

마침내 송강은 동서 분당의 화합을 율곡에게 부탁하고 향리 창평으로 내려가기로 작정한다. 내려갈 즈음에 송강은 다시 율곡에게 김효원 등을 탄핵해야 할 것을 말한다. 그러나 율곡은 "저 사람들의 죄상이 나타나지 않는데 만일 깊이 탄핵을 한다면 큰 분란이 일어나 나라가 손상이 되리라."라고 하면서, 그럴 수 없음을 말한다. 그러자 송강은 또 다음과 같은 「율곡에게 이별하며 주다贈別栗谷」라는 7언절구를 지어 자신의 뜻을 보인다.

그대 뜻은 산 같아 종내 움직이지 않는데,	君意似山終不動
내 걸음은 물 같아 어느 때나 돌아오려나.	我行如水幾時廻
물 같고 산 같은 것 모두 다 운명인가,	如水似山皆是命
이리 생각 저리 생각 헤아리기 어렵구려.	白頭秋日思難裁

서로 간의 의견 차이에 말미암은 송강의 착잡한 심정이 잘 드러나 있다. 특히 '물 같고 산 같은 것 모두 다 운명인가.' 라는 대목에서는, 체념보다는 오히려 그럴 수밖에 없는지에 대한 심리적 갈등이 담담하

게 배어 있다. 그렇기에 마지막 구에서 도무지 어떻게 생각을 추스려야 할 지 모르겠다는 '이리 생각 저리 생각 헤아리기 어렵구려.' 라는 탄식의 말이 자연스럽게 나오는 게 아닌가 싶다.

당시 송강의 주장은 율곡에게 뿐만 아니라 우계 등 가까운 주변 인물들에게도 과격한 것으로 받아들여졌다. 그러나 송강으로서는 여기에서 더 이상 밀려서는 안 된다는 것을 본능적으로 느꼈기 때문에, 이런 주장을 한 게 아니었을까 생각한다. 그때까지만 해도 붕당 간의 알력이나 정치적 쟁론이 격렬하던 시점이 아니었기에, 그의 생각이 다소 무리한 주장으로 받아들여졌던 것도 당연하다. 그러나 훗날 동인들의 행동과 태도를 본다면, 이런 송강의 주장도 타당한 면이 없지 않다. 정치적 풍파에서 살아남기 위해서는 어차피 일찍부터 강력하게 대응할 필요가 있다는 생각이 옳다면, 송강은 그것을 미리 내다보고 조치를 취하려고 했던 것으로 볼 수 있기 때문이다.

한편, 선조는 송강의 낙향 소식을 접하고서, "내려가지 말라. 장차 크게 등용하리라." 하며 만류한다. 그러나 송강은 끝내 낙향을 택한다. 그러자 결국에는 율곡도 분당의 화합을 포기하고 향리 강릉으로 내려가 버린다.

이로 인해 송강은 40살이던 1575년(선조 8년) 10월 이후 42살 되던 1577년(선조 10년) 10월까지 약 2년간, 조정을 떠나 주로 창평에서 거주하게 된다. 물론 이 창평의 향리생활 중에도 송강은 선조로부터 계속해서 여러 관직을 제수받는다. 그러나 응하지 않는다.

그러다가 42살 때인 1577년 11월, 계림군에게 출가했던 막내 누님이 죽자, 고양군 신원에 와서 지낸다. 또 같은 달에 인성왕후(仁聖王后: 인조의 왕비)가 세상을 뜨자, 대궐에 들어가 상에 임한다. 이어 구봉 송익필을 만나 자신의 거취에 대해 상의하기도 한다.

43살 때인 1578년(선조 11년)에도 송강은 여러 벼슬을 제수받는다. 그러나 이 때에도 응하지 않는다. 그럴 무렵 율곡이 조정에 나온다.

송강은 다시금 율곡에게 동서 간의 화합을 부탁하지만, 율곡은 이전의 실패 경험 때문에 도리어 그 일을 송강에게 맡기고 곧바로 다시 낙향한다.

낙향에 임하여 율곡은 송강에게, "공이 만약 주장하는 의견을 화평하게 가진다면, 피차가 서로 의심이 풀리고 말을 만들어 일을 일으키는 자가 함부로 하지 못할 것이니, 나는 조화의 책임을 공에게 부탁하고 가네."라고 하였다. 같은 해 5월 송강은 통정대부 승정원 동부승지 겸 경연참찬관 춘추관 수찬관으로 승진된다. 두 번 사양했으나 윤허하지 않아 이에 벼슬에 나아간다.

그 즈음 동서 붕당의 대립적 기세는 점차 악화되어, 웬만한 벼슬에 있는 이 치고 어느 한 쪽에 속하지 않은 이가 드물었다. 그런데 동인에는 이발李潑을 주축으로 한 후진의 선비가 많았지만, 서인에는 송강 등 전배前輩 두어 사람 뿐이었다. 그런 와중에서도 송강은 "공이 이발과 화합하여 논의를 조화시켜 나가기만 한다면 사림이 거의 무사하리라."라는 율곡의 간곡한 권유에 감동하여, 드디어 이발과 교도交道를 맺고 대립을 진정시키려고 애쓴다.

그러나 그것도 잠시, 취중에 논쟁을 벌이다가 예의 이발의 얼굴에 침을 뱉는 사건이 발생한다. 이로 인해 교도가 끊어지는 것은 물론, 동서의 갈등은 거의 화합불능 상태에 이르게 된다.

훗날 다른 일로 송강을 변론한 중봉 조헌의 상소문에 따르면, 송강이 이발에게 침을 뱉은 일은 사실 이발의 방자한 태도 때문이었다고 한다. 한 예로서, 송강은 이발의 아버지 이길李洁과 홍문관 동료였는데, 이길은 항상 『근사록近思錄』을 송강에게 문의한 뒤에 비로소 가르치는 데 임했다고 한다. 그래서 따지고 보면 이들 부자가 송강에게 제자의 예를 갖추어야 할 것임에도 불구하고, 이발은 입신출세하게 되자 송강을 업수이 여기기 시작했다고 한다.

그리하여 심지어는 송강의 수염을 잡아 뽑는 어처구니 없는 일까지 있었다고 한다. 송강은 본래 두어 개의 긴 수염이 있었는데, 이발이 술에 취해 농을 하면서 그것을 뽑아버리는 일이 있었다는 것이다. 이 일을 두고 송강은 시를 짓기까지 했다고 하면서, 조헌은 그 시의 두 구를 들어 보이기도 했다.

송강의 문집에도 그 시가 전한다. 「차운하여 이발에게 주다次贈李潑」라는 7언절구가 그것이다. 이를 옮겨보면 다음과 같다.

푸른 버들 북인 무리 말굽소리 요란한데,	綠楊官北馬蹄驕
객의 방엔 사람 없어 고요와 짝을 하네.	客枕無人伴寂寥
두어 개의 긴 수염을 그대가 뽑아 가니,	數個長髥君拉去
노부의 풍채가 문득 쓸쓸하여라.	老夫風采便蕭條

조헌의 말이 아니더라도, 이 무렵 송강의 심사는 편치 않았던 것으로 보인다. 당시 조정은 활발한 붕당정치의 실현 과정에 놓여 있었다고는 하지만, 아무래도 동인세력이 수효에 있어서나 정치적 쟁론에 있어서 주도권을 장악하고 있었다고 할 수 있다.

위의 '푸른 버들 북인 무리 말굽소리 요란한데'에서 볼 수 있는 동인세력의 기세등등한 모습과, '객의 방엔 사람 없어 고요와 짝을 하네'에서 볼 수 있는 송강 주변 서인세력의 대조적인 모습에서 그것을 능히 짐작할 수 있다. 요컨대 '말굽소리'와 '고요'가 빚어내는 이미지가 그것을 대변한다.

여기서 '북인'이라는 표현은 동인 세력 내의 두 계열—북인과 남인에서의 북인을 말하는데, 이들 계열이 더욱 기세를 올리고 있었다. 어떻든 그 중심 인물 가운데 하나가 이발이었는데, 송강은 그 무리들을 무척이나 못마땅해 했다. 송강이 보기에 그들은 도리에 벗어난 일들이 많았기 때문이다. 그리하여 사사건건 의견 대립을 보이는 경우가 많았다. 그러나 송강 쪽이 분명 열세였던 것이 사실이어서, 낭패를 보는 경우가 적지 않았던 것으로 보인다.

이발이 송강의 수염을 잡아 뽑은 일도 이와 무관하지 않을 듯싶다. 송강의 입가에 번졌을 씁쓰레한 웃음을 '두어 개 긴 수염을 그대가 뽑아 가니, / 노부의 풍채가 문득 쓸쓸하여라.' 의 두 구에서 실감할 수 있다. 그의 평상시 품성에 비추어 볼 때, 그나마의 위세랄까 위풍을 건드려 낭패를 보게 한 일을 두고 오히려 점잖게 표현한 셈이다. 어떻든, 율곡의 간곡한 권유에 이발과 교도를 맺고 조정의 분란을 어떻게든 가라앉히고자 했던 송강이었지만, 이렇듯 결과는 상대의 얼굴에 침을 뱉는 일까지 벌어지고야 말았다.

43살 때인 1578년(선조 11년) 11월에는 사간원 대사간大司諫에 제수되나, 탄핵을 입고 직무가 바뀐다. 이 상황에 앞서 조정의 대신 몇 사람이 진도 군수 이수李銖에게 쌀을 뇌물로 받은 사건이 발생하여 옥사가 일어나는데, 그 처리에 대한 입장이 엇갈려 동인들의 공격을 받게 된 것이다. 이발을 위시한 동인 쪽에서는 관련자들을 크게 죄주어 마땅하다고 하는 반면, 송강만은 이수의 옥사가 원통한 일이라고 하였기 때문이다. 이어 12월에는 성균관 대사성大司成, 병조 참지參知에 제수되지만, 송강은 이수의 옥사 이후 계속 조정에 나아가지 않는다.

44살이 되는 1579년(선조 12년) 3월에는 사헌부에서 상소하여 송강과 김계휘金繼輝 등 서인세력을 사당邪黨이라고 비방한다. 5월에는 형조 참의參議에 제수된다. 율곡은 대사간을 사직하며 올린 상소에서 송강을 옹호했다가 동인세력으로부터 탄핵과 비난을 받는다. 조정과 재야의 신망이 두터웠던 율곡까지도 이같은 상황에 이르게 된 것을 보면, 당시 붕당 간의 대립과 갈등이 참으로 심각했음을 알 수 있다. 송강은 6월에 우부승지右副承旨, 8월에는 동부승지同副承旨에 제수되지만, 역시 나아가지 않는다.

그리하여 붕당의 소용돌이가 빚어낸 일련의 사건들을 지켜보던 송강은 마침내 정치현실에 깊은 환멸을 느끼고, 그 동안 머물러 있던 서울과 고양군 음죽을 떠나 다시 창평으로 낙향한다.

거듭되는 정치무대에의 진퇴

송강의 나이 45살 되던 1580년(선조 13년) 1월, 임금은 향리 창평에 물러나 있는 송강이 동인이 득세하고 있는 내직에는 뜻이 없음을 알고, 외직인 강원도 관찰사를 제수한다. 이수의 옥사 이후 벼슬길에 나오지 않고 있던 송강은 이에 이르러 비로소 명을 받든다. 「관동별곡」 첫머리에 이때의 심경이 잘 나타나 있다.

> 강호에 병이 깁퍼 죽림竹林의 누엇더니,
> 관동 팔백리에 방면方面을 맛디시니,
> 어와 성은聖恩이야 가디록 망극하다.

창평의 '죽림'에 묻혀 지내다가 '관동'의 '방면' 즉 관찰사를 제수 받은 심경을 '어와 성은이야 갈수록 망극하다.'라고 노래했다.

이처럼 명을 받든 데에는, 당시의 민풍民風을 살펴 경국제민의 뜻을 실천하는 일에 충실하고자 한 뜻도 있었겠지만, 특히 관동지방은 예로부터 유서깊은 역사의 자취와 명승지들이 많아, 송강 자신 평소의 관심사를 두루 살피고 명승지를 유람하면서 풍류인의 기질을 발휘하고자 하는 뜻도 없지 않았던 것으로 보인다.

실제로 그는 강원도 관찰사로 부임하여 백성들을 교화하고 서로가 화합하는 삶을 권유한 시조 「훈민가」 16수를 지었을 뿐 아니라, 내외 해금강과 관동8경을 두루 유람하면서 느낀 감회를 노래한 예의 「관동별곡」을 짓기도 했다. 또 삶의 새로운 국면에 접어들어 느낀 바가 많았던 만큼, 이 무렵에 지은 한시 역시 많았던 것은 물론이다.

내 행장 은밀히 영랑 화랑에 견주노니,	行裝竊比永郞仙
만 이천봉 꼭대기 푸른 바다 앞이로세.	萬二峯頭碧海前
천 그루 배꽃이라 눈처럼 어지러운데,	千樹梨花渾似雪
외로운 배 타고서 경포호로 내려가네.	孤舟又下鏡湖天

7언절구로 된 「영동잡영嶺東雜詠」이다. 금강산으로부터 양양 낙산을 거쳐 강릉 경포호수에 이르는 여정을 스케치하듯 경쾌하게 노래하고 있다. 금강산 '만 이천봉 꼭대기'에 서서 동해 '푸른 바다'의 장관과 활달한 기상을 느끼는가 싶더니, 양양 낙산에 이르러 '눈처럼 어지럽게 핀 배꽃'의 화사함을 즐기고, 다시 아래로 배를 타고 내려와 거울처럼 맑은 '경포호'에 이르는 여정이다.

이 유람의 여정은 옛날 국선國仙 즉 화랑들이 명산대천에 제사를 올리며 나라의 평안과 백성들의 풍요를 기원하던 선풍(仙風:국선들의 풍류)의 여정과 상통하는 것이기도 하다. 그래서 첫 구에서 '내 행장 은밀히 영랑 화랑에 견주노니'라고 한 것으로 보인다. 유람의 처지에서도 경국제민의 이념 내지 목민관으로서의 의지를 떠올리는 송강의 유가 사대부 정신을 살필 수 있는 예라 하겠다.

나아가, 송강은 관찰사 임무를 수행하면서 임금에게 상소를 올려, 강원도내 여러 폐단들을 시정·개혁해 줄 것을 강력히 청한다. 특히 백성들에게 명목없이 부과하고 정당치 못하게 거두어들이는 세금에 대해, 제도상의 폐단을 서둘러 개혁하지 않으면 백성들의 생존 자체가 위협받는 상황에 이른다는 사실을 충심으로 아뢴다. 그 상소문의 일부를 옮겨보면 다음과 같다.

신은 사명을 받든 후로 일찍 일어나고 밤이 들면 자면서, 근심과 피로로 감히 조금의 겨를도 없이 덕을 베풀고 백성의 병통을 구제하려고 생각합니다. 험한 비탈과 깊은 골짜기까지 이르지 않은 곳이 없으나, 오직 정신이란 한계가 있어서 눈과 귀가 미치지 못할 바가 있을까 두렵습니다.

그래서 관리를 선정하여 여러 고을로 파견하되, 주현州縣의 이해와 여리閭里의 생활형편이며, 부역의 번잡함과 간단함, 세입의 경중, 마을 홋수의 많고 적음, 논밭의 넓고 좁음 등을 모조리 캐묻고 여러 견해들을 모았습니다. 그리고 이를 다시 종류별로 고찰하고 종합적으로 강구하여, 명목이 없는 세금이며 정당치 못하게 거두어들이는 것들로서 무릇 사안에 따라 편의롭게 할 수 있는 것은, 바야흐로 일면 개혁하여 성상께서 백성을 생각하시는 마음에 조금이라도 보답하려 하옵니다.(중략)

백 리 안에는 인가가 보이지 않고, 혹 산골짜기에 다행히 인가가 있다고 해도 한 집이나 두 집이어서, 촌락을 이루지 못하는 형편입니다. 밭은 이랑을 계산하여 3만에 불과하고, 백성은 집 수를 헤아려서 2만에 불과합니다. 그러니 이름은 비록 한 도라고 하나, 집 수와 물자와 재력을 논한다면 겨우 함흥咸興 한 부府에 견줄 정도입니다.

아! 땅의 척박함이 그와 같고 백성의 쇠잔함이 이와 같은데, 전세田稅니 진상進上이니 공물貢物이니 방물方物이니 하는 것 외에, 호조와 병조에서 거두어가는 군량과 한 집안에 연대책임을 물어 징수하는 것 등, 살을 벗기고 뼈를 깎는 것이 날로 심하고 달로 혹독합니다. 그리하여 피와 살이 이미 말랐으되 징수하는 관리들의 독촉은 더욱 급하여, 닭이나 개도 편치 못할 정도로 가렴주구가 심한 것이 마치 사람의 중병이 완쾌되지도 않았는데 원기가 이미 다 빠져버린 것 같습니다.

상당히 긴 상소문 가운데 일부만을 옮겨 본 것인데도, 당시의 제도적 폐단과 관리들의 횡포를 바로잡고자 하는 마음, 또 백성들의 피폐한 생활을 걱정하는 마음이 구절 사이사이에 간곡하게 배어 있다. 선정을 열망하는 송강의 목민관으로서의 의지를 살필 수 있는 좋은 예라 할 것이다.

그런가 하면, 역시 상소를 올려 영월의 한 산자락에 오래도록 표석

標石도 없이 버려진 단종端宗의 묘를 수축하여 제사를 드리게 하기도 하고, 지방관을 독려하기 위해 「고을의 관리들을 깨우쳐 인도하는 글諭邑宰文」을 짓기도 한다. 그리하여 선정을 베풀어 강원도 내의 민풍을 크게 진작시킨다. 이렇듯, 이 시기 송강은 개인 생활은 물론 벼슬길에 있어서도 그의 생애에서 실로 뜻깊은 나날들을 보낸다.

46살 때인 이듬해 1581년(선조 14년) 2월에는, 관찰사의 외직에서 돌아와 내직의 참지에 제수된다. 이어 4월에는 대사성大司成에 제수된다. 그리고 6월에는 임금의 명을 받들어 정승 노수신盧守愼의 사직을 윤허하지 않는다는 내용의 비답(批答:신하의 상소에 임금이 내리는 답)을 짓게 된다. 그런데, 그 내용이 대신을 우대해야 하는 왕의 체모에 합당치 않고, 더욱이 논핵에 가깝다고 하여 사헌부의 탄핵을 받는다. 그러자 그를 꺼리는 무리들 또한 이에 가세하여 벌떼같이 일어난다.

율곡이 나서서 그를 두둔하지만, 동인세력의 집중 공격 대상인 심의겸과 교분이 두텁고 또 그와 결탁하여 사당私黨을 만든다는 등의 혐의를 씌워, 송강을 끝내 축출하려고 한다. 평소 그의 강직하고 맑은 심성과 타협을 모르는 기질을 익히 알고 있는 선조 임금의 비호조차도, 조정의 여러 언관言官들이 줄을 이어 탄핵의 말을 내는 데에는 한계에 부딪힌다.

그리하여 어떻게든 조정을 화합케 하려는 율곡의 노력도 아랑곳없이 동인의 공격이 높아지고 조정이 소란해지자, 송강은 또다시 창평으로 돌아가게 된다. 벼슬길에 나온 후 현실의 풍파에 시달려 물러나는 세 번째 낙향이다.

이후 송강은 그 해를 마칠 즈음까지 창평에서 지내게 된다. 마음이 편할 리 없다. 오로지 임금을 믿고 다시 때를 기다리는 수밖에 없다. 이와 같은 송강의 심사는 머나 먼 남녘 땅에서 임금을 그리워하는 정을 노래한 시편들에 잘 나타나 있다.

봉내산 님 겨신대 오경五更 틴 나믄 소래,
셩 넘어 구름 디나 슌풍의 들리나다.
강남의 나려옷 가면 그립거든 엇디리.

　새벽을 알리는 '오경'의 북소리가 귀에 아련하다. 임이 계시는 대궐에서 울려 퍼지는 그 북소리가 '셩 넘고 구름지나 순풍을 타고 전해져', 이곳 '강남'에까지 들리는 듯하다. 이곳에 내려오기만 하면 임 계시는 그곳이 그립기만 한 걸 어찌하겠는가.
　솔직한 자기고백이 애절함을 넘어서서 감동을 준다. 임을 그리워하는 정이 간절하면 천리 길도 바로 지척이요, 천리 밖에서도 북소리를 들을 수 있다. 시적 이미지 또한 맑고 선명하다. 임금을 연모하는 정과 벼슬길에 대한 미련이 '오경 틴 나믄 소래'·'슌풍'·'그립거든 엇디리'와 같은 표현 속에 잘 담겨 있다.
　한편, 율곡도 송강을 두둔한 일 등으로 당시 조정을 장악하고 있던 동인세력의 탄핵을 입는다. 그리하여 이 일을 계기로 그 자신 동서 간의 화합을 통해 바람직한 붕당정치를 실현하고자 했던 중립적 입장에서, 서인 쪽으로 마음을 돌린다. 그는 동인의 비판과 공격이 이미 맑은 의론으로서의 선을 넘어서고 있을 뿐 아니라, 그 공세가 오히려 비판의 대상이 되어야 할 비루한 무리들까지 가세하게 하는 결과를 가져와, 동인세력에 대한 비판·견제가 필요하다는 인식의 결과라고 할 수 있다.
　율곡의 이러한 인식 변화는 그가 추구한 이상적인 붕당정치의 실현을 포기하는 것이기는 했지만, 일종의 차선책으로서 붕당 간의 상호 비판체제를 인정하는 것이었다고 할 수 있다. 아울러 그가 서인 쪽에 가담하게 됨으로써, 그의 문하에서 수학한 이들도 자연 서인 쪽에 적극적으로 참여하는 계기를 만들어, 서인이 이제까지 지녀 온 학연상學緣上의 취약점을 극복하는 계기가 되기도 했다.

그러나 같은 해(46살·1581년·선조 14년) 12월에 이르자 임금은 특명을 내려 다시 송강을 전라도 관찰사로 임명한다. 선조의 송강에 대한 신임은 여전히 두터웠던 것이다. '어와 성은이야 가디록 망극하다.'라는 감격의 소리가 그의 입에서 새삼 나오지 않을 수 없었을 듯하다. 어명을 받들어 부임한 송강은 특히 도내의 세액과 부역의 실상을 조사·개혁하여 백성들에게 칭송을 받는다.

그 무렵 동인의 핵심 인물 가운데 한 사람인 이발과 친하게 지내는 중봉 조헌이 전라 도사都事로 있었다. 그는 이발에게서 송강을 훼방하는 말만을 들어온 터라, 송강같은 소인과는 함께 일할 수 없다고 하며 도사직을 버리고 돌아가려 했다. 송강이 "나를 소인으로 생각한다니, 그러면 같이 일을 해보고 확실히 소인임을 안 뒤에 가는 것도 늦지 않을 것 아니냐."라고 했지만, 끝내 도사직을 버리고 돌아갔다.

그러나 우계와 율곡의 중재로 다시 돌아와 송강 밑에서 일을 보게 되자, 조헌은 이내 송강의 인격과 공정한 업무처리에 감화되어 크게 탄복한다. 그리하여 송강에게 "하마터면 공같은 이를 잃어버릴 뻔하였다."라고 고백한다. 이 일로 인해 조헌은 이발을 찾아가 그의 생각이 잘못되었음을 따지지만, 이발은 끝내 그렇지 않다고 하여 마침내 서로의 사이가 벌어지게 되었다. 물론 송강과는 이후 절친한 사이가 되어 돈독한 교분을 쌓는다.

모름지기 사람은 직접 겪어보아야 그 됨됨이를 알게 되는 것은 예나 지금이나 큰 차이가 없을 것이다. 아울러 귀 얇게 남의 얘기만을 믿다가는 좋은 인연을 쌓을 기회를 놓치기 십상이다. 그런 점에서 조헌은 솔직·담백한 사람이다. 자신의 판단착오를 깨닫게 되었을 때 당사자에게 직접 찾아가 자신의 잘못을 고백하기란 생각보다 쉽지 않기 때문이다.

외직에 있으면서 송강은 임금을 그리워하는 시들을 많이 짓는다. 자신의 심정을 헤아려 주고 능력을 인정해 주는 군주에게 충성을 다

하지 않을 이유가 없었던 것이다. 더욱이 이는 마음에서 저절로 우러
나는 것이기에 순수하다. 그의 「청조루 달 아래서 짓다聽潮樓月下作」와
같은 7언절구를 보면, 이런 점들을 실감할 수 있다.

대장부 가슴 속을 한 자루 칼이 아네.	壯士襟期一釰知
청조루 위에 솟은 밝은 달 비쳐올 제.	聽潮樓上月明時
임의 은혜 갚지 못하면 돌아가지 않으련다.	不報君恩不返國
차라리 정위새 되어 남녘 땅을 에두를 망정.	寧爲精衛繞南陲

　밝은 달밤 누대에 올라 마치 임금의 얼굴인양 달을 바라보며, 맡은
바 임무를 다해 그 은덕을 갚을 것을 다짐하는 시다. 그 꿋꿋한 의지와
기상이 첫 구 '대장부 가슴 속을 한 자루 칼이 아네.'에 넘쳐난다. 그
리고 특히 마지막 구에서는, 나무와 돌을 물어다가 동해를 메웠다는
전설의 '정위새'에 스스로를 비겨, 임무 완수를 위해 어떤 노력도 아
끼지 않겠다는 비장한 결의를 드러내고 있다.

　송강의 임무 수행을 옆에서 지켜보았던 중봉 조헌은 훗날 임금에게
상소하는 글에서, "정철은 호남을 살필 적에 얼음 넣은 항아리처럼 스
스로 맑고 깨끗하게, 조금의 거짓도 없는 참된 마음으로 공무를 받들
었사오니, 그의 나라를 위하는 한결같은 생각은 청조루의 시에 잘 나
타나 있습니다."라고 한 바 있다. 임금의 신임을 두터이 입었던 만큼,
송강 자신 정성을 다해 경국제민의 뜻을 실천에 옮기고자 각고의 노
력을 기울였던 것이다.

　47살 때인 1582년(선조 15년) 9월, 송강은 임금의 특명으로 가선대부
행 승정원 도승지 겸 경연참찬관 춘추관 수찬관 상서원정 예문관 직
제학直提學에 오른다. 그리고 같은 해 12월에는 예조참판에 이어 함경
도 관찰사에 임명된다.

　송강은 함경도 임지로 떠나기 전, 당시 정치의 폐단을 진술하는 상

소를 올려 선조의 각별한 관심을 받는다. 소疏는 유실되어 기록이 없다. 선조는 상소에 답하는 글에서, "기특하도다 경의 말이여. 지금 경이 조정을 멀리 떠나기 때문에 이런 충성이 간절한 말을 하는구려. 내 마땅히 유념하리니, 가서 조심할지어다."라고 하였다. 선조가 '유념해야 할 충성이 간절한 말'이라고 한 것으로 미루어 보면, 상소의 내용은 대개 원칙과 사리에 입각한 정치로써 당시 조정의 분분한 의론을 진정시켜야 밝은 덕이 드러나는 세상이 오리라는 게 아니었을까 생각된다.

48살 때인 1583년(선조 16년) 2월에는 다시 내직으로 돌아와 예조참판에 임명되고, 3월에는 역시 임금의 특명으로 자헌대부 예조판서로 승진된다. 그의 승진은 이번에도 임금이 친히 간택한 것이다.

그러나 이내 탄핵을 입는다. 4월에 사헌부에서 글을 올려, "정철은 술을 즐겨 위신을 잃는 일이 있습니다. 저번의 발탁에도 오히려 사람들의 의론이 많았는데, 아직 반년도 되지 않아 갑자기 예조판서로 올리시니, 물정이 편안치 않습니다. 다시 벼슬을 고치시기를 청하나이다."라고 한 것이 그것이다. 그러나 임금은 끝내 이들의 건의를 윤허하지 않는다. 이 때 도승지였던 이해수李海壽도 논핵을 입는다. 그 또한 송강과 더불어 당시 요직을 장악하고 있던 동인세력의 미움을 받았기 때문이다.

송강은 같은 해 4월에 지돈령 부사知敦寧 府事, 6월에는 동지 성균관 사同知 成均館事에 이어 형조판서에 제수된다. 그리고 8월에는 선정전宣政殿에서 임금과 대면하여, 조정 안팎에서 그 덕망을 인정받는 율곡에게조차 "권한을 마음대로 행사하고 교만하며 나라를 그르치는 소인"이라고 비방하는 송응개宋應漑, 허봉許篈, 박근원朴謹元 등을 죄로 다스릴 것을 청하여 결국 뜻을 이룬다.

당시 율곡은 동서 붕당의 조화를 꾀하는 한편, 특히 북쪽 오랑캐의 난을 잘 다스려 임금의 신임이 어느 때보다도 두터웠던 때였다. 송강에 이어 성혼과 박순도 삼사三司가 모함한 것이라며 율곡을 변호한다. 그러나 줄을 이은 동인세력의 논핵에 율곡은 진퇴가 곤란해 끝내 직을 내놓는다. 송강은 다시 예조판서에 제수된다.

9월에는 송응개 등을 죄로 다스린 앞의 일로 인해 계속 간원諫院의 논핵을 입지만, 임금의 적극적인 비호를 받는다. 그럼에도 송강은 사직을 원하는 상소를 올리고, 임금은 "아무런 과실이 없다."면서 윤허하지 않는 일이 무려 네 차례나 거듭된다.

49살이 되는 1584년(선조 17년) 1월, 더없는 지기였던 율곡이 세상을 떠난다. 그와는 동갑나기로 일찍이 21살 때 교우의 도를 정한 이후, 30년에 가까운 세월을 함께했던 사이였다. 더욱이 당쟁의 소용돌이 속에서 동인들의 혹독한 비난의 대상이었던 이가 송강이고, 그런 송강을 변호하는 데 조금도 주저하지 않은 이가 율곡이었다.

그런 만큼 율곡의 죽음이 송강에게 가져다 준 비통은 비길 데 없이 컸다. 그와 고락苦樂을 함께하면서 이런저런 곡절이 없었던 것은 아니지만, 항상 힘이 되고 서로를 의지하며 지냈던 터다. 그렇기에 율곡을 잃은 송강의 심정은 이루다 형용할 수 없을 만큼 참담했다. 송강은 그를 곡하여 7언율시「율곡을 애도하며挽栗谷」3수를 짓는다.

역시 49살이던 1584년(선조 17년) 2월, 송강은 대사헌에 제수된다. 그러나 조정의 시비가 여전히 그치지 않아, 그는 당시 맡고 있던 예문제학藝文提學까지를 아울러 면직을 청한다. 그러나 임금은 전혀 잘못된 게 없다고 하며 윤허하지 않는다. 이어 찬집청 당상纂集廳 堂上으로 차출된다. 찬집청은 애초 율곡이 대제학일 때 설치를 건의하여 이루어진 것인데, 일의 판단 근거나 기준으로 삼을 만한 우리나라 역대 고사들을 수집·편찬하여 이를 책으로 엮어 냄으로써, 일대의 전고典故를 삼게 하려던 일을 수행하는 곳이었다. 그러나 후에 경비 곤란으로 작업이 정지되고 말아, 당시로서도 애석히 여기는 논의들이 많았다고 한다.

3월에는 다시 제문祭文을 지어 율곡을 제사한다. 이 제문에는 율곡의 품성과 행적 뿐만 아니라, 먼저 간 율곡에 대한 송강의 애닯은 심정, 각별했던 교분, 그리고 당시의 정치적 상황 등이 잘 함축되어 있다.
　이렇듯 율곡을 떠나 보낸 슬픔으로 마음을 가누기 어려운 시기를 나면서도, 같은 해 4월, 대사헌의 직위에 있던 송강은 사리에 어긋난 품행을 보인 언관들을 여전히 질타한다. 그리하여 그에게 되돌아오는 말들로 하여 다시 여러 차례 사면을 청하나, 선조는 그의 강직한 품성과 충정을 높이 평가하여 허락하지 않는다. "조정의 화합은 더 말할 필요가 없이 당연한 일이거니와, 신하된 자로서 임금 앞에서 일의 잘잘못을 서로 따지되, 돌아가서는 직무에 충실히 하여 주었으면 한다."라는 것이 선조의 당부였다.
　5월에는 할 말이 있으면 숨김 없이 하라는 왕의 뜻에 응하여, 율곡의 행실을 탄핵하며 조정의 분란을 일으킨 일로 죄를 입었던 송응개·허봉·박근원의 유배지를 조금 가까운 곳으로 옮기고, 조정에서 내쫓김을 당했던 사람들도 다시 수용할 것을 청한다. 그러나 임금은 생각이 달라 뜻을 이루지 못한다.
　8월에는 지의금부사 대사헌에 제수된다. 이 무렵 임금이 송강에게 총마驄馬를 특사하여 출입시에 타고 다니게 되니, 사람들이 그를 가리켜 총마어사驄馬御史라고 부르기도 한다. 12월에는 다시 특명으로 승진하여 숭정대부 의정부 우찬성 겸지 경연사에 제수된다. 선조 임금의 총애가 더할 나위 없이 두터운 시기였다.
　50살인 1585년(선조 18년) 3월에는 판돈령判敦領으로 직무가 바뀐다. 이 때 김우옹金宇顒, 정여립鄭汝立 등 동인세력에 속하는 인물들이 이이·성혼·박순과 연계지워 송강을 논핵하는 일이 잦아진다. 조정의 인사 문제와 관련하여 사리에 어긋난 일이 많았다는 것이 표면에 내세운 이유지만, 실제로는 조정의 실권을 장악하기 위한 붕당 간의 세력 다툼인 셈이다. 동인들로서는 당시 조정의 실세와 우위를 점하고 있었지만, 송강을 위시한 몇몇 사람들만 몰아낸다면 조정을 거의 평정하게 되는 국면에 이르기 때문이었다.

4월에는 김우옹, 이발 등이 또 다시 논핵해 마지 않는다. 송강은 임금께 간략한 상소를 올려 물러갈 것을 청한다. 그러나 선조는 인심이 험악하여 이러저러한 말들이 무성한 것이니 그럴 것 없다고 잘라 말한다. 이 때 의주 목사義州 牧使 서익徐益이 상소를 올려 이이·박순 등과 함께 송강을 변호하지만, 동인들의 거센 공박은 여전히 그치지 않는다.

8월에 이르러 송강은 동인들의 공박과 사간원 및 사헌부의 논핵을 입고 다시 조정에서 물러나게 된다. 조정 내부에 파당을 만들어 나라일을 그르치려는 무리들이 적지 않다는 동인들의 말에, 선조는 그 인물들을 낱낱이 고하라고 명하는바, 이로 인해 서인세력이 동인세력에 의해 대대적인 축출을 당하게 되는 것이다.

특히 당시 대사간의 직위에 있던 이발은 송강을 서인의 우두머리로 지칭하면서, 심의겸으로부터 연원하여 파당을 만들고 자신의 세력만을 조정에 심으려고 했던 문제의 인물이요, 박순·이이·성혼 등도 그와 뜻을 같이한 한 패임을 역설한다. 그리하여 그 동안 쌓아왔던 임금의 두터운 신임에도 불구하고, 마침내 송강은 그와 가까이 지내던 주변 인물들과 함께 벼슬에서 물러나는 것이다.

벼슬에서 물러난 송강은 처음에 경기도 고양을 중심으로 근기지방에서 생활근거를 마련하고자 한다. 그러나 가까이에서 계속 비방의 소리가 들려오자, 결국 창평으로 내려가고 만다. 그가 벼슬길에 나온 후 네 번째 낙향이다.

그와 평소 교분이 두터웠던 이희참李希參에게 보낸 이 무렵의 편지를 보면, 그가 창평으로 내려가기 직전의 생활상과 심정이 잘 나타나 있다. 조석의 끼니를 마련하기도 어려운 상황이기에 불가불 향리로 돌아가지 않을 수 없다는 말과 함께, 편지 말미에 궁벽하고 외진 곳에 기거하기에 찾아오는 이도 없고 해서 지었다고 하면서, 「고양 산기슭

집에서 읊어 경로에게 부치다高陽山齋有吟寄景魯」라는 7언절구 10수를 덧붙인다. '경로景魯'는 이희참의 자字다. 이 가운데 두 수만을 들어보면 다음과 같다.

낮에는 매미 밤으론 벌레와 짝을 삼노니,	晝伴寒蟬夜半蛩
깊은 골에 사람 적다 말일랑 마소.	莫言深谷少人蹤
중년 들어 교유마저 없애고 마니,	自從中歲交遊廢
무정無情을 배웠더니 게으름도 배우네.	旣學無情又學慵

산골 속 바람소리 한밤중에 우레소리 내는데,	峽裏風濤半夜雷
가을 나그네 베갯머리에 꿈이 자주 찾아드네.	旅遊秋枕夢頻回
나이 들어 번번이 가인佳人의 언약 잃었으니,	衰年每失佳人約
날 밝기를 기다릴 뿐 오리라 기다리지는 않네.	只待天明不待來

궁벽한 산골 생활의 단면을 통해, 적막하다 못해 쓸쓸하기까지 한 당시의 처지를 잘 드러내고 있다. 밤낮으로 들리는 건 오직 풀벌레 소리일 뿐, 오가는 이 없어 사람의 흔적조차 찾기 어렵다. 그래서 더욱 간절히 생각나는 것은 더불어 마음을 나누었던 벗들. 그러나 생각한들 아무런 소용이 없기에, 게으른듯 마음을 풀어놓으며 그저 덤덤하게 일상을 난다.

그래도 잊지 못할 것은 임에 대한 기대다. 이렇듯 외진 곳으로 물러나앉게 한 현실의 풍파는, 한밤중이면 우레소리가 되어 잠 못 이루게 한다. 그러한 사이사이 쓸쓸한 베갯머리에 꿈이 찾아와, 지난 날의 일들을 떠올리게 한다. 생각해 보면 임의 기대를 저버린 일들이 적지 않다. 다만 임의 생각이 다시 나에게로 미쳐, 노여움이 풀리시기를 바랄 따름이다. 아마도 언제가는 그렇게 되리라 믿기에, 담담한 심경으로 어두운 밤이 지나 새벽이 오기를 기다린다.

위 시들은 당시 송강의 마음에 맺혀 있던 생각들이 가장 절실하게 드러난 예라고 할 수 있다. 아울러, 그가 경국제민의 사회현실을 떠나 있었던 시간들이 그 동안 적지 않았지만, 이번 만큼은 다시 돌아오는 데 시간이 걸릴 것이라는 생각도 담고 있다. 그래서 두 번째 인용한 시의 마지막 구에서 '날 밝기를 기다릴 뿐 오리라 기다리진 않네.'라고 한 것이 아닌가 생각된다. 실제로 송강은 이때 조정에서 물러난 후 54살이 되는 1589년(선조 22년) 10월 초까지, 4년여 동안을 향리 창평을 근거지로 초야에 묻혀 지낸다.

송강의 나이 51살 때인 1586년 10월에 조헌이, 52살 때인 이듬해 3월에는 이귀가, 그 이듬해인 53살 때에는 다시 조헌이 상소하여, 이이·성혼·박순과 함께 송강을 복권시키고자 한다. 특히 조헌은 상소문에서 이이·성혼이 쌓은 학문의 방정方正함과 나라에 충성을 다하는 지극한 정성, 그리고 박순 및 송강의 맑은 이름과 곧은 절개가 혼탁한 세상에 널리 빛나고 있음을 간곡히 논했다. 여기에다 당시 나라를 그르치는 사람들의 정상을 자세히 따져 밝혔다. 그리하여 그 내용이 무려 만언萬言에 이르는 긴 글을 이루었다.

그러나 조정은 이미 동인세력이 거의 모든 실권을 장악하고 있던 처지라, 선조마저도 이들의 말을 가상히 여기나, 끝내 물리쳐 듣지 않는다. 이런 상황 속에서도 조헌은 계속 상소를 올려 송강 등을 변론한다. 일이 여기에 이르자 선조도 그를 더 이상 가상히 여기지 않고, '요망한 사람'이라고 꾸짖는다. 그리하여 마침내 조헌은 삼사의 탄핵을 입고 북쪽 황량한 땅으로 귀양살이를 가게 된다.

이러한 조헌의 모습에서 우리는 자신의 굳은 신념과 의지를 행동으로 옮기는 사대부 지식인의 한 전형을 본다. 스스로가 옳다고 믿는 바에 대해서는 어떤 상황에 봉착한다 하더라도 결코 굽히지 않는 불굴의 기개와 정신을 확인할 수 있기 때문이다. 어떻든 조헌이 귀양감으로써 이후에는 감히 송강을 위해 말하는 이가 없었다. 이로써 당시 동인세력의 기세를 가히 짐작할 수 있다.

　송강은 주로 창평에 머물면서 작품 창작에 몰두한다. 따라서 각도를 달리해 보면, 송강에게 있어 이 기간은 정치인으로서는 실의와 역경에 처했던 시기였지만, 문학인으로서는 실로 보람있는 시기였음에 틀림없다. 능히 짐작할 수 있는 것처럼, 송강이 오늘날까지 위대한 문학인으로 살아 숨쉬게 된 주옥같은 작품들을 대부분 이 시기에 쏟아내놓기 때문이다.

　이처럼 송강은 중앙 정치무대에 몸을 담은 이후 현직의 벼슬살이와 실각失脚으로 인한 낙향을 참으로 여러 차례 되풀이했다. 40살에서 50살에 이르는 10년 기간만 하더라도, 크게 네 차례나 출처出處를 반복했던 것이다. 그 이유는 당대의 미묘한 정치적 상황이 그를 이리저리 몰아붙인 면도 있었겠으나, 그보다는 오히려 현실의 풍파에 순응치 않는 그의 품성과 기질이 그처럼 자주 돋보이는 위치 혹은 시련의 늪으로 그를 몰고 갔던 것이 아닌가 생각한다.

송강이 지향한 출과 처

　사대부는 벼슬길에 나아가 관료로서의 삶을 살다가도, 하루 아침에 낙향하여 전원에 묻혀 지내기도 한다. 낙향의 이유는 사람마다 다를 수 있다. 그러나 나이가 들어 은퇴하는 경우나 지극히 개인적인 문제로 물러나는 경우 등을 제외하면, 당대 정치 현실과의 갈등에 말미암는 경우가 대부분이다. 물론, 그러다가 상황이 바뀌어 다시 벼슬길에 나아가기도 한다. 이처럼 진퇴를 되풀이하는 일은 유가 사대부 사회에서 드문 일이 아니다.

　그런데 송강의 경우는 그 진퇴 횟수가 특히 잦았다. 그만큼 정치 현실과의 갈등이 심했다는 말이기도 하다. 그러면서도 송강은 정치 현실에 대한 열망을 접어두지 않는다. 그래서 출사와 낙향을 되풀이하는 일 자체가 곧 그의 생애적 특징을 이룬다고 해도 지나친 말은 아니다. 유가 사대부의 이념이자 현실적인 목표가 바로 경국제민이라는 사실을 감안한다 하더라도, 그가 지향한 출처 혹은 현실관은 다소 특이한 바가 있다.

사대부 생활의 양면성

출사와 낙향은 모든 사대부들이 안고 있는 공통의 문제이자 관심사다. 벼슬길에 나아가는 일은 이른바 사대부로서의 자아를 실현하는 일이기에 그렇다 치더라도, 물러나 전원에 묻혀 생활하는 일 역시 중요한 의미와 가치를 부여했기 때문이다. 각박한 현실의 굴레에서 벗어나, 글을 읽고 이치를 탐구하며 자연을 벗삼아 심신을 수양하는 등의 유유자적한 삶을 추구하는 것이 그 단면이다. 사대부로서의 정신적 자세와 품위를 유지하면서, 자신이 처해 있는 삶에 또다른 의미와 가치를 부여하고 추구해 나가는 것이다.

문제는 그와 같은 삶을 가능케 한 제반 여건과 삶의 실상이다. 다시 말해, 벼슬길에서 물러나 있으면서도 그처럼 여유있는 삶을 누릴 수 있는 물질적·정신적 토대는 무엇이며, 또 그런 토대 위에서 이루어진 삶은 어떤 양상을 띠었는가 하는 점이다. 이 문제는 사대부의 기본 성격과 생활의 구체적 단면들을 살펴보는 데서 그 이해의 실마리를 찾을 수 있다.

조선조 사대부는 기본적으로 '중소지주 출신의 관인'이라고 할 수 있다. 지방에 어느 정도의 토지를 소유하여 경제적 기반을 구축한 지식인 계층이 독서를 통해 문학적 교양을 쌓아 관인으로 진출한 것이다. 따라서 그들은 당대의 정치 권력과 문화 교양을 함께 장악했던 문인이자, 학자요, 관료였다. 한 마디로, 당대 문인 지식층이며 관인 지배층이었다.

이들 사대부 계층은 향리에 있는 자신의 사유 토지를 생활 근거로, 나아가 벼슬하기도 하고, 물러나서는 그 속에 은거하기도 했다. 그리하여 중앙의 관료인 동시에 지방의 지주인 이들에게는 양면의 생활이 있었다. 국정에 참여하여 경국제민의 뜻을 펴는 관인으로서의 생활과, 지주와 소작인의 생산관계를 기반으로 향리에서 자연을 벗삼아 심신을 수양하는 처사로서의 생활이 그것이다.

그러나 이와 같은 사대부 생활의 양면성은 서로 대립되거나 이질적인 성격을 띠는 것이 아니라, 동전의 양면과도 같다. 일찍이 공자도 "나를 알아서 써주면 나아가 내 뜻을 실천하고, 버리면 물러나 깊이 숨는다.(用之卽行 舍之卽藏:『논어』· 술이편)"라고 했다. 사대부에게 있어서 관인으로서의 생활과 처사로서의 생활은 다만 정치적 여건이나 개인의 삶의 자세에 따라 구분되는 것일 뿐, 양자가 서로 모순을 일으키지 않고 공존하는 것이다.

사대부 생활의 양면성은 그들 문학에 있어서도 양면을 가지게 했다. 관인의 신분으로서는 주로 왕조사업을 전개하는 데 필요한 시문으로 이념을 제시하고 교화를 돕는 문학을 추구했다. 그리고 처사의 신분에 놓여 있을 때에는 주로 문학을 자기성찰에 필요한 도구로 삼아, 내면의 흥취와 정신을 노래하는 문학을 추구했다. 전자를 가리켜 관인 · 관료 · 관각문학이라 일컬으며, 후자를 가리켜 처사 · 강호 · 사림문학이라 일컫는다.

한편, 벼슬길에서 물러나 자연을 벗삼아 심신을 수양하는 그들의 향리생활은, 흔히 귀거래歸去來로 일컬어지며 조선조 사대부 사회에서 매우 의의있는 삶으로 평가되었다. 경국제민의 이념이자 이상을 실천하는 일에 못지 않은 의미와 가치를 지닌 것으로 칭송되며, 관료생활을 하는 사대부들에게 동경의 대상이 되었던 것이다.

그러면, 송강의 경우는 어떠했는가?

출사에의 강렬한 의지

청천 구름 밧긔 놉히 뜬 학이러니,
인간이 됴터냐 므사므라 나려온다.
댱지치 다 떠러지도록 나라갈 줄 모르난다.

저 푸른 하늘 구름 너머에서 높이 떠 노닐던 학이더니, 인간 세상이 좋더냐 무엇 때문에 내려오느냐. 그러더니 긴 깃이 다 떨어지도록 왜 날아갈 생각을 하지 않는단 말인가.

자신을 청천 구름 밖에서 노니는 고고한 학에 비유하는가 싶더니, 결국 인간 세상이 좋아 내려와서는 긴 깃이 다 떨어지도록 날아갈 줄 모른다고 노래하고 있다.

'학'은 신선의 세계를 연상케 하는 상징물로서, 현실초탈의 유유자적한 경지를 표방할 때 으레 등장하는 소재다. 그런데 송강은 그와 같은 '청천 구름 밖'의 세계에 마음을 두기보다는, 차라리 우여곡절을 겪을망정 '인간' 세계에서 '댱지치 다 떠러지도록' 머물겠노라고 한다. 그의 강렬한 현실 지향의식, 즉 출사에 대한 강렬한 의지를 엿볼 수 있는 단적인 예라 할 수 있다.

이 시조와 짝을 이루어 지은 것으로 보이는 다음의 연작시조 역시 이러한 지향의식이 강렬하게 배어 있는 예로 보인다.

댱지치 다 디게야 날애를 고텨드러,
청천 구름 속애 소소 떠 오른 말이,
싀원코 훤츨한 세계를 다시 보고 말와라.

긴 깃이 다 떨어져서도 날개를 다시 들어, 푸른 하늘 구름 속에 솟아 떠올라 하는 말이, 시원하고도 훤칠한 세계를 다시 보고 말리라.

송강은 이 시조에서도 또한 자신을 '학'에 비유하고 있다. 그런데 그 '학'은 원래 노니는 곳이 아닌 인간 세상에 내려와, 긴 깃이 다 떨어질 때까지 머물러 지낸다. 그러다가 '긴 깃이 다 떨어져' 날 수 있을 지조차 의문스러운 상황에 이를지라도, 날개를 다시 들어 '청천 구름 속'에 솟아 떠올라, 기어히 '씌원코 훤츨한 세계'를 다시 보고 말겠노 라고 노래한다.

여기에서 '청천 구름 속'이라든가 '씌원코 훤츨한 세계'는, 흔히 생각하듯 신선의 세계나 현실초탈의 경지를 의미한다기보다는, 송강이 지향하는 궁극의 가치, 즉 경국제민의 이상을 실현할 수 있는 공간이요 세계를 의미한다고 보아야 옳을 듯하다. 자신을 '학'의 심성을 가진 이로 자처하고 있기는 하지만, 그 '학'은 동시에 희로애락의 감정을 거부하지 않는 '인간과 함께하는 학'이기 때문이다.

그런 면에서 송강이 추구한 '씌원코 훤츨한 세계'는 유가 사대부로서의 정신적 높이를 표상한다고 할 수 있다. 특히 '날애를 고텨 드러··' 다시 보고 말와라'와 같은 표현에서, 그가 궁극적으로 지향하는 세계에 대한 강인한 의지와 신념을 살필 수 있다.

이런 지향의식을 가진 송강이기에, 현실을 떠나 존재하는 어떤 이상적 경지라 할지라도, 거기에 자신을 온전히 내맡기는 일을 탐탁하게 여기지 않는다. 다음과 같은 7언고시 「화표주華表柱」에서 이 점을 분명하게 확인할 수 있다.

화표주에 학이 언제 있었던고.	華表柱鶴何在
가을 비 어둑어둑 가을 풀 푸르고야.	秋雨冥冥秋草青
천 년만에 돌아와서 만 사람을 들썩이니,	千載一歸喧萬口
성곽이며 인민들 모두가 뜻을 두네.	城郭人民俱有情
학도 또한 무심할 수는 없었던지,	鶴亦不能無心否
오기도 지리한데 하물며 죽고 사는 일이야.	來旣支離況死生

듣자니 정령위丁令威가 화하여 학이 되고,	曾聞丁也化爲鶴
그 학이 다시 화해서 정령위가 되었다는데,	更見鶴復化爲丁
정령위 되고 학 되기 수고롭지 않았으리.	爲丁爲鶴無乃勞
한 번 가 선계仙界에서 끝마치느니만 못하리라.	不如一去終雲扃
천 년마다 한 번씩 돌아온다 할지라도,	設使千載每一歸
만 겁의 절반은 요양성遼陽城에 있으리니.	萬劫半在遼陽城
어찌 신선이 집을 못잊어,	安有眞仙不忘家
속세와 선계를 나눠 산다뇨.	平分人世與天庭
내 장차 요양 땅 저자거리의 술 받아다,	吾將沽酒遼陽市
실컷 취하고 황정경黃庭經은 아니 보리.	大醉不省黃庭經

   작품의 제목 '화표주華表柱'는 궁궐·성곽 등의 출입문에 세운 기둥, 또는 무덤 앞에 세우는 망주석望柱石 따위의 돌기둥을 말한다. '요양遼陽'은 '요동遼東'을 일컫는다.
   위 시는 '정령위丁令威'라는 인물에 얽힌 고사를 작품의 제재로 하여, 송강 자신이 추구하는 이념 및 가치의 세계를 여실히 형상화하고 있다. 따라서 위 시를 제대로 이해하기 위해서는 우선 다음과 같은 고사를 알아 둘 필요가 있다.
   중국 한漢 나라 요동 땅에 정령위라는 사람이 살았다. 그는 젊어서 고향을 떠나, 깊은 산에 들어가 신선의 도를 배웠다. 마침내 신선의 도를 깨치고 고향으로 돌아왔는데, 학으로 변신해 날아왔다. 요동 땅에 닿은 그는 성문의 화표주 위에 집을 짓고 살았다. 어느 날 소년 하나가 지나가다가 학을 보고는 활을 겨누어 쏘려고 하였다. 그러자 학은 하늘로 날아 올라 빙빙 돌더니, 소년에게 자신은 천 년만에 돌아온 정령위인데, 성곽은 예전과 같건만 사람들은 신선의 도를 배우지 않아 무덤만 가득하다는 말을 남기고는, 마침내 하늘 높이 날아가 버렸다. 이런 이야기로부터 생겨난 고사가 바로 '고고한 신선의 자태'를 의미하는 화표학귀華表鶴歸다.

　이와 같은 고사를 제재로, 송강은 '정령위'가 추구해 마지 않았고 그 내력을 알게 된 사람들 또한 '모두가 뜻을 둔' 신선의 경지에 대해, 개성적인 논평을 가한다. 그러면서 자신은 정령위와 같은 존재가 되는 데 뜻이 없음을 단호하게 표명한다. '천 년만에 돌아와서 만 사람을 들썩이니'·'학도 또한 무심할 수는 없었던지'·'정령위 되고 학 되기 수고롭지 않았으리'·'한 번 가 선계에서 끝마치느니만 못하리라' 등과 같은 구절에 나타나 있듯, '속세와 선계' 양쪽에 다리를 걸친 삶에 고개를 내저으며, 탐탁지 않은 눈초리를 보낸다.

　송강은 오히려, "화표학귀를 흔히들 고고한 신선의 자태로 기리고 선망의 눈길을 보내지만, 각도를 달리해 보면 어느 한 쪽도 온전하게 이루지 못한 반쪽의 삶이 아니겠는가?"라고 반문한다. 사대부 사회에서 상식이 되다시피한 생각에 메스를 가하여, 그 허실을 예리하게 파헤치고 있는 것이다. 참으로 놀라운 발상이 아닐 수 없다.

　그리하여 자신은 결코 그런 삶에 매력을 느낄 수 없으며, 차라리 지금 몸담고 있는 이 세계에서 즐거움을 찾아 누리겠노라고 말한다. 그러면서 뜻하는 바를 실현하는 데 충실하겠노라는 것으로 작품을 맺는다. '내 장차 요양 땅 저자거리의 술 받아다, / 실컷 취하고 황정경은 아니 보리.'가 그것이다. 그런 면에서 위 작품의 마지막 부분은 서두로부터 이끌어 온 생각을 압축하면서, 자신이 지향하는 삶의 태도를 단호하게 표방한 대목이다. 송강의 개성이 강렬하게 빛을 발하는 대목이기도 하다.

　이렇게 볼 때, 송강은 '철저한 현실주의자'라고 할 수 있다. 현실적 삶의 여건과 그 속에서 요구되는 유가 사대부로서의 가치 실현에 지극히 충실한 태도를 견지하고 있다는 점에서다. 이와 같은 송강의 현실관과 가치지향의 면모를 '상계上界의 진선眞仙이 되기보다는 차라리 인간 속에서의 부침浮沈을 원한다.'는 말로 함축할 수 있지 않을까 생각한다.

이상과 동경 사이의 갈등

그러면, 송강은 조선조 사대부들의 의식 속에 확고하게 자리잡고 있던 예의 이상과 동경 – '경국제민'과 '귀거래' 사이에서 아무런 갈등도 일으키지 않았는가? 다시 말해, 당대 사대부 일반이 추구한 양면의 생활태도와 가치의식 사이에서 어떤 갈등도 일으키지 않은 채 자유로울 수 있었는가?

결론부터 말한다면, 송강 역시 기본적으로는 사대부였기에, 이와 같은 갈등으로부터 자유로울 수는 없었다. 그 자발적 실현 여부를 떠나, 귀거래를 항상 염두에 두고 있었다. 5언절구로 된 다음과 같은 「송강을 바라보며望松江」에서, 그 의식의 단면을 분명하게 확인할 수 있다. 모두 2수로 되어 있는데, 그 첫 수만을 들어보기로 하겠다.

항상 바라기는 물고기 되어,	常願化爲魚
저 깊은 물 속에 잠겨 있었으면.	潛於深水底
가을이라 꿈에 그린 송강 물에서,	秋來夢澤間
이리저리 내키는대로 노닐었으면.	圉圉洋洋去

'저 깊은 물 속'으로 상징된 은둔 – 귀거래에 동경의 눈길을 보내고 있다. 그리하여 '물고기'가 되어 그 물 속에 '잠겨' 있거나, 자신의 향리 '꿈에 그린 송강 물'에서 세속의 번다한 일 훌훌 털어버리고 '내키는대로' 노닐고 싶다고 했다. 경국제민의 사회 현실에서 벗어나 유유자적한 삶을 동경하는 심사가 간결한 몇 마디 말 속에 자연스럽게 녹아 있다. 특히 '항상 바라기는' 이라는 첫 구절에는, 현재 자신이 놓여 있는 처지와 심경이 오롯이 담겨 있다.

그리하여 송강은 자신의 귀거래가 다만 동경에 머물 뿐 실천에 옮기기 어려운 상황이 계속될 때면, 더러 현실이 짓누르는 중압감·초조감에 귀거래를 그리는 정이 더욱 깊어지기도 했다. 이런 심경을 노래한 7

언율시 「객 가운데서 생각을 펴다客中述懷」를 옮겨보기로 하겠다.

내 장차 늙어가니 어느 때나 물러가나.	吾將耄矣幾時退
재주야 있건 없건 무슨 상관 있으리.	才與不才關不關
헐뜯거나 기리거나 마음대로 하라지.	毁譽任人心亦定
편안하고 위태로움 운명에 부쳤노라.	安危付命淚方乾
냇물 흐르는 계곡 속에 천지가 널찍하고,	霹溪峽裏乾坤大
만 줄기 대숲 가운데 일월이 한가하리니,	萬竹林中日月閒
어부랑 목동이랑 서로 너나하면서,	漁父牧童相爾汝
복건 쓰고 지팡이 짚고 오락가락하리라.	幅巾藜丈且盤桓

　세파에 시달리며 지내노라니 세월은 빨리도 흘러간다. 이제 한창의 나이는 아니라는 생각이 절로 새롭다. 어느 때나 이 고달픈 벼슬살이에서 벗어나 강호로 물러갈 수 있을는지. 아니, 나는 왜 지금이라도 당장 물러가지 못하는 것인지. 내 재주를 세상이 필요로 하기에 머물러 있는 것인지도 모른다. 또 명예가 얽혀 있고 물러날 절실한 명분이 서지 않아 머물러 있는 것인지도 모른다. 그러나 이제는 그런 것들에 개의치 않으리라. 모든 것을 운명에 맡기고, 이렇듯 고달픈 벼슬살이에서 벗어나 마음 편히 지내리라.
　그리하여 저 넓고 푸른 강호에 가서, 무심하게 흐르는 시냇물이며, 탁 트인 산야와 울창한 대숲 사이를 거닐겠노라. 무겁고 답답한 관복 벗어던지고, 어부랑 목동이랑 어울리면서, 복건에 지팡이 짚고 한가로이 노닐겠노라.
　벼슬살이를 하는 현실이 고달플 때나, 문득 '사람살이 한 평생이 이렇듯 각박해야만 하는가?' 라는 생각이 들 때면, 이처럼 송강 역시 자연을 벗삼아 노니는 유유자적한 생활을 꿈꾸었다. 물론 그 실현 여부는 쉽게 판가름나기 어려운 일임에 틀림없다. 각 구에 쓰인 서술어 대부분이 '의지·추측·희망'의 뜻을 담고 있는 것이 이를 잘 말해 준다. 이럴 때 송강의 심정은, 비유컨대 '길은 멀어도 마음만은'이 아니었을까 싶다.

나아가, 송강이라고 해서 이와 같은 귀거래의 심경을 평생 동안 오로지 '동경'하기만 한 것은 아니었던 것으로 보인다. 그 자신 항상 벼슬길에만 머물러 있었던 것도 아니고, 자의든 타의든 물러나 전원에 묻혀 지낸 적도 적지 않았다. 그렇기에 당대 사대부 의식 속에 '당위'에 가까운 관념으로 자리잡고 있던 귀거래를 완전히 외면하기란, 아무리 송강이라지만 불가능에 가까웠을 것이다. 어느 해 그가 고양군 신원新院에 머물러 지낼 때 지은 것으로 보이는 다음의 시조 두 편이 그 단적인 예다.

> 새원 원쥐되여 시비柴扉를 고텨 닷고,
> 유수청산流水青山을 벗사마 더뎟노라.
> 아해야 벽제碧蹄예 손이라커든 날 나가다 하고려.

> 새원 원쥐되여 되롱샷갓 메오이고,
> 세우사풍細雨斜風의 일간죽一竿竹 빗기 드러,
> 홍요화紅蓼花 백빈주저白蘋洲渚의 오명 가명 하노라.

새원新院의 원주院主가 되어 사립문을 다시 닫고, 이내 몸을 흐르는 물 푸른 산에 벗삼아 던졌노라. 아이야, 벽제에서 온 손님이라고 하거든, 날 나갔다고 하려무나.

신원의 원주가 되어 도롱이 샷갓 매어 쓰고, 가랑비에 비껴 부는 바람 맞으며 낚싯대 비스듬히 들고, 붉은 여뀌 흰 마름 꽃 핀 물가에 왔다 갔다 하노라.

사립문을 닫아 걸고 '유수청산을 벗사마' 고요한 흥에 젖어 지내는 생활, '일간죽'을 어깨에 매고 형형색색 어우러진 풀꽃 사이에서 노니는 전원의 한가로운 생활을 노래하고 있다. 현실의 자장권 밖에서 누리는 사대부의 흥취가 담담하게 배어 있는 작품들이다.

그러나, 귀거래의 정서를 노래한 이와 같은 시편은 송강의 수많은 작품들 가운데 다만 서 너 편에 이를 뿐, 극히 드물다. 따라서 이는 앞서 살핀 「송강을 바라보며望松江」에서의 '항상 바라기는'이라는 말을 순전히 구두선으로만 되뇌이지 않았다는 사실을 확인하는 정도일 뿐, 송강이 궁극적으로 지향한 세계와 다른 예외적 경우로 보는 것이 온당할 것이다.

그렇다면, 경국제민의 사회 현실에 누구보다도 강력한 열망과 의지를 가진 송강이기에 '철저한 현실주의자'로 일컬어 무리가 없을 그가, 이처럼 귀거래에 동경의 눈길을 보내게 된 까닭은 무엇인가?

이는 사람살이의 개연성 측면에서 이해해야 온당하지 않을까 생각한다. '현실'에 제아무리 강한 열망과 의지를 지녔다 할지라도, 벼슬살이의 고달픈 일상에서 벗어나고 싶은 생각이야 사대부의 인지상정人之常情일 터기 때문이다. 그리고 이런 심사는 당대 정치 현실이 각박하고 모질수록 더욱 간절했을 것이기 때문이다. 따라서 평소 송강이 지향한 가치의식에 비추어 볼 때, 경국제민과 귀거래 사이에 더러 심리적 갈등이 일어나기도 했을 것은 짐작하기 어렵지 않다.

명예·이욕 매인 곳엔 시비도 많아,	名利場中足是非
온갖 걱정 쌓인 속에 귀밑머리 성글었네.	百憂叢裏鬢毛稀
무소띠를 칡띠로 바꾼들 어떠리,	何妨犀帶更韋帶
붉은 옷을 흰 옷과 바꾸고 싶네.	欲把朱衣換白衣
새봄을 맞으니 회포 더욱 아득하고,	節序逢春懷杳杳
새벽 창 밝아오니 달빛 희미하여라.	簾櫳到曉月依依
인간사 어느 일이 뜻에 맞으리,	人間何事可人意

풀 푸른 강남땅에 갈 지 못 갈 지.　　　草綠江南歸未歸

「오음이 보여준 시의 운을 따서짓다次梧陰示韻」라는 7언율시 2수 가운데 한 수다. '오음'은 평소 그와 교분이 두터웠던 윤두수(尹斗壽:1533~1601)의 호다.

벼슬살이란 본시 '명예·이욕'을 다투는 일이 많기에, 그만큼 '시비'도 잦고 '걱정'도 많다. 그래서 이런저런 일들로 속절없이 늙는 자신이 안타깝다. 꼭 이런 생활만을 해야 하는 것은 아닐 텐데 말이다. 차라리 벼슬아치가 띠고 입는 '무소띠'와 '붉은 옷'을, 세속의 명예와 이욕에서 자유로운 '칡띠'와 '흰 옷'으로 바꾸고 싶다.

만물이 다시 시작되는 '새봄'이 돌아와도, 마음은 더욱 답답하고 아득하기만 하다. 달을 벗삼아 이런저런 시름으로 밤을 지샌다. 생각에 가닥이 잡힐 듯도 하다. 그러나 그런 생각마저 '새벽 창'이 밝아오면서 다시 희미해진다. 시름겨운 하루가 또 시작되나 보다. 그래, '인간사 어느 일'이 뜻에 맞겠는가. 생각이야 간절하지만, 내 어느 때나 저 봄풀 돋아오는 '강남땅'에 갈 수 있으려는지…….

이 시에는 마음 한 구석에서는 귀거래를 동경하면서도, 벼슬살이하는 자신의 처지를 어쩔 수 없이 긍정하는 송강의 심사가 잘 나타나 있다. 그래서 두 갈래 가치의식 사이에서 빚어지는 갈등이 고뇌에 찬 심경과 함께 형상화되어 있다. 얽혀 있는 생각들 사이에서 송강의 괴로운 탄식의 소리가 흘러나오는 듯하다.

송강이 지향한 출처관의 특징

그렇지만 송강은 이와 같은 갈등에 빈번히 사로잡히거나, 그리하여 자신이 지향하는 현실관을 바꾸는 데까지 이르지는 않는다. 이런 성향 역시 그가 평생을 두고 걸어간 길에서 잠시 비껴나 있을 때 남긴 흔적에 지나지 않는다고 할 수 있다. 그는 우여곡절이 많은 벼슬살이에서 출사와 낙향을 여러 차례 되풀이하기는 하지만, 어느 경우에 처하든 자신이 지향한 가치의식에 충실한 태도를 지속적으로 견지한다.

세상과 등지자고 돌아온 게 아니라,	歸來不必世相違
우연히 도연명처럼 어제 잘못 깨달았네.	偶似陶公悟昨非
국화꽃 따다가 술 빚어 잠시 취하면서,	采采黃菊聊取醉
갈건 비껴 쓰고 남으로 온 기러기 소리높여 읊노라.	倒巾高詠鴈南歸

「돌아오다歸來」라는 7언절구다. 그가 강호에 돌아온 것은 '세상과 등지자고' 그런 것이 아니라, '우연히 어제 잘못을 깨달았기' 때문이다. 그래서 '술 빚어 잠시 취하면서', '남으로 온 기러기를 소리높여' 노래한다. 그리 오래지 않아 시절이 바뀌면, '남녘—창평'으로 날아 온 '기러기—송강'은 다시 '북녘—한양'으로 날아갈 것이다. 경국제민의 사회 현실을 향한 송강의 의지가 잘 형상화되어 있는 작품이다.

그래서 송강은 자신이 때로 부러운 눈길을 보낸 귀거래의 삶을 기린 작품에서조차도, 끝내 스스로를 그 곳에 잠시 머물거나 지나는 '길손'으로 자처한다. 향리 담양 창평에 낙향하여 지낼 무렵에 지은 것으로 보이는 그의 「성산별곡」이야말로, 이러한 지향의식을 대표하는 예라 할 것이다.

엇던 디날 손이 성산에 머물면서,
서하당 식영정 주인아 내 말 듯소.
인생 세간에 조혼 일 하건마는,
엇디 한 강산을 가디록 나이 여겨,
적막 산중에 들고 아니 나시는고.

어떤 지나갈 손이 성산에 머물면서, 서하당 식영정 주인이시어 내 말 좀 들어보시겠소. 인간 세상에 좋은 일 많건마는, 왜 그다지도 자연을 사랑하는 정이 깊어, 고요한 산중에 묻혀 지내면서 벼슬길에 나올 생각을 하지 않으시는가?

이렇게 시작되는 「성산별곡」은 '서하당 식영정 주인'으로 표상된 귀거래의 한 양상을 제시하면서, '지나갈 손'을 자처하는 자신은 거기에 잠시 머물러 쉬면서 때를 기다리는 사대부로 그리고 있다. 그리하여 뒤이어 계절에 따라 풍치를 달리하는 '서하당 식영정 주인'의 은둔 생활을 퍽이나 의미있게 기리기는 하지만, 그 자신이 정작으로 바라는 삶은 아니라는 것 또한 분명하게 드러낸다. 다음과 같은 작품의 마지막 대목에서 이를 분명하게 확인할 수 있다.

> 인심이 낯갓타야 보도록 새롭거늘,
> 세사世事는 구름이라 머흐도 머흘시고.
> 엇그제 비즌 술이 어도록 니건나니,
> 잡거니 밀거니 슬카장 거후로니,
> 마음의 매친 시름 져그나 하리나다.
> 거믄고 시울언저 풍입송風入松 이야고야.
> 손인동 주인인동 다 니저바려셰라.
> 장공長空의 떳난 학이 이 골의 진선眞仙이라.
> 요대월하瑤臺月下의 행혀 아니 만나신가.
> 손이셔 주인다려 닐오대 그대 긘가 하노라.

세상 인심이 시시때때로 변하는 사람의 얼굴과도 같아 볼수록 새롭기에, 세상사 모든 것들이 마치 구름처럼 험하기도 험하구나. 그러니 답답한 마음 풀 데가 달리 어디 있겠는가. 엇그제 빚어 놓은 술이 어지간히 익었을 터. 잡거니 권하거니 술잔 실컷 기울이니, 마음에 맺힌 시름 다소나마 후련하다. 거문고에 줄을 얹어 풍입송을 타노라니, 누가 손님이고 누가 주인인지 모두 잊어버렸도다. 저 푸르고 넓은 하늘에 떠 있는 학이 이 골의 진선眞仙일지니, 이 멋진 누대 달빛 아래서 행여 만나볼 수 있을는지. 손님이 주인에게 이르기를 그대가 바로 진선인가 하노라.

'지나갈 손'으로 자처하는 송강이 '서하당 식영정 주인'의 삶에 동경의 눈길을 보내는 것은 바로 '낯같은 인심'·'구름같은 세상사' 때문이다. 그래서 그처럼 변화무쌍하고 험한 현실로부터 잠시나마 벗어나고자 '술잔'을 기울인다. 얼건히 취기가 오르자, 그제서야 비로소 마음에 맺힌 '시름'이 다소나마 풀리는 듯하다. 그리하여 '누가 손님이고 누가 주인인지' 잊어버리고 서로 동화된 상태에 이르기도 한다. 그러나 그와 같은 상태는 말 그대로 '잠시 시름을 달래는' 것일 뿐, 자신이 곧 '진선'이 되기를 원하는 것은 아니다. 그래서 마지막 구에서 송강은 '진선'의 경지를 '서하당 식영정 주인'에게 돌리고, 자신은 '지나갈 손'임을 거듭 되뇌인다.

이처럼 송강은 귀거래에 동경의 눈길을 보내기는 하지만, 그리하여 때로 '손인동 주인인동 다 니저바리는' 상태에서 고달픈 현실의 '시름'을 잠시나마 달래기도 하지만, 그것을 끝내 실행으로 옮기지는 않는다. 그는 오히려 강호에 머물러 있다가도,「관동별곡」의 서두에 잘 나타나 있듯 임금이 부르면 '망극한 성은'을 외치면서 달려나간다. 이런 면모는 대자연에 동화된 삶을 동경하면서도 이를 명분으로 삼을 수밖에 없는 조선조 사대부 정신 세계의 단면을 여실히 보여 준다.

율곡은 「동호문답東湖問答」이라는 글에서, 유가 사대부가 추구하는 경국제민의 이념에 대해 다음과 같이 말한 바 있다.

객이 말하기를, "선비가 이 세상에 태어나 경국제민으로써 뜻을 삼지 않는 이가 없으니, 뜻과 하는 일이 동일해야 하거늘, 어떤 이는 벼슬길에

나아가 그 뜻을 실천[兼善]하고, 또 어떤 이는 물러나 그 뜻을 스스로 지킴[自守]은 무슨 까닭인가?'

주인이 말하기를, "선비의 '겸선'은 진실로 그 원하는 바이거늘, 물러나 '자수'하는 것이 어찌 그 본심이겠는가. 때의 만남과 못 만남이 있을 따름이다."

위의 '선비의 겸선은 진실로 그 원하는 바이거늘, 물러나 자수하는 것이 어찌 그 본심이겠는가. 때의 만남과 못 만남이 있을 따름이다.'라는 말로부터, 유가 사대부가 지향하는 현실인식 태도를 참으로 분명하게 살필 수 있다. 또 그런 면에서 경국제민의 상징적 실체인 임금은 그와 같은 이념을 실천하는 현실의 정점에 존재하기에, 임금에 대한 충정은 곧 유가 사대부로서의 이념을 표상하는 것이기도 하다 할 것이다.

송강이 지향한 출처 혹은 현실관은 다소 특이한 바가 있다. 그러나 따지고 보면 이와 같은 사대부 일반의 지향의식에서 크게 벗어나 있지 않다. 다만 '때의 만남과 못 만남이 있을 따름' 임에도 불구하고, 송강은 '물러나 그 뜻을 스스로 지키는' 쪽보다는, '벼슬길에 나아가 그 뜻을 실천하는' 쪽에 강렬한 열망을 지니고 있었던 것이다. 다음의 시조야말로 송강이 지향한 출처 혹은 현실관을 고스란히 대변하는 예가 아닐까 생각한다.

강호의 기약 두고 십년을 분주하니,
그 모르는 백구더른 더듸온다 하것마는,
성은이 지중하기로 갑고 가려 하노라.

물러나, 자연을 벗삼아 유유자적한 삶을 누리리라 스스로 다짐했건만, 경국제민의 일들로 이리저리 바쁘게 움직이다 보니, 벌써 십년이

홀쩍 지나가 버렸다. 그런데 지금의 내 심정이나 처지를 모르는 저 강호의 갈매기들은, 왜 바로 오지 않느냐고, 왜 이처럼 물러나는 것이 더디냐고 야단들이다. 누군들 그렇게 하고 싶지 않아서 안 가는 줄 아는가. 내 본디 강호의 한가하고 맑은 정취를 마다해서가 아니다. 성은이 이처럼 지중하거늘, 어찌 나 자신만을 위해 훌훌 떠나간다는 말인가. 그 지중한 성은을 조금이라도 갚고 가려 하기에, 지금 당장은 못 가는 것일 따름이다.

'기약을 둔 강호'와 '지중한 성은', 즉 귀거래와 벼슬살이 양쪽을 놓고 볼 때, 무게 중심이 분명 벼슬살이 쪽에 가 있다. 그러나 '더듸온다 하것마는'·'갑고 가려 하노라'와 같은 표현에서, 다만 시기가 문제일 뿐 귀거래를 당연한 것으로 여기는 심사와, 이를 실천에 옮기지 못하고 있는 데서 오는 심리적 중압감을 또한 느낄 수 있다. 그래서 송강은 자신의 귀거래가 늦는 이유 혹은 귀거래하지 못하는 처지를 '지중한 성은'을 내세워 스스로 위안하고 있는 것이다.

따라서 귀거래란 스스로가 결단을 내리기 전에는 결코 이루어질 수 없는 것이고 보면, 송강은 귀거래를 '하지 못하는' 것이 아니라, '하지 않는' 것이 아닐까 생각한다. 설령 그럴 수 있는 여건이 마련된다고 해도 말이다. 이와 같은 송강의 지향의식은 결국 마음 한 구석에서 동경은 하면서도 이를 명분으로 삼을 수밖에 없는 조선조 사대부의 정신세계와 맞닿아 있다고 하겠으며, 율곡이 말한 '본심'을 철저하게 고수하는 입장에 서 있다고 하겠다.

그럼에도 불구하고 송강이 지향한 출처 혹은 현실관이 예사 사대부들과 차이가 나는 점이 있다면, 경국제민의 이념을 그야말로 '철저하게' 고수하는 입장을 취했다는 바로 그 점일 것이다. 귀거래를 통해 영위하는 삶 역시 나름의 고상한 의미와 가치를 부여한 조선조 사대부 사회에서, 본심은 경국제민에 가 있으면서도 입으로는 구두선처럼 귀거래를 외치는 예사 사대부들과는 다른 것이다. 그는 강태공에 견줄 수 있는 그와 같은 허명虛名의 세계를 지향하지 않는다. 이른바 사회 현실에 대한 강렬한 열망을 바탕으로, 명실상부名實相符한 유가 사대부의 길을 걸어가고자 한 것이다.

경국제민은 유학의 이념이면서 이를 추구하는 사대부의 생활신조요 현실적인 목표이기도 하다. 따라서 유가 사대부들에게 있어서 경국제민의 사회 현실에서 완전히 벗어난다는 것은 참으로 어려운 일이다. 그것은 곧 현실도피―은둔을 의미하는 것이기에 그들의 이념과 어긋날 뿐 아니라, 심지어 유가 사대부로서의 존재 자체를 스스로가 부정하는 것이기도 하다. 그런 의미에서 그들이 현실에서 벗어나 있는 경우를 말할 때, '현실도피라기보다는 현실이탈'이라고 하는 것이 온당할 것이다. 송강이 지향한 출처관이 바로 이를 대변한다고 하겠다.

현실주의자로서의 이념과 서정성

송강을 위시한 조선조 사대부들은 '자연'에 유별난 관심을 기울였다. 이런 경향은 향리에 묻혀 지내는 경우에 더욱 두드러졌지만, 벼슬길에 나아가 있을 때에도 크게 다르지 않았다. 그리하여 그들은 자연에 대한 감정을 다양하게 꽃피웠다. 특히 조선조 시 문학에 불어닥친 자연예찬의 풍조는 이른바 '강호가도江湖歌道'라는 문학사조를 이룰 만큼 풍부한 바가 있다.

그런 만큼 조선조 사대부의 삶에서 자연을 떼어 놓고 생각하는 일은, 마치 이 없이 잇몸으로만 음식을 씹어 맛보는 것에 비유할 수 있다. 그들의 삶은 특히 자연과의 관련 속에서 모색되고 더욱 풍성해졌기 때문이다. 그 구체적 단면이자 특징은 요컨대 그들이 추구한 '사대부적 풍류'에서 여실히 드러난다.

사대부적 풍류와 자연

　조선조 사대부들의 풍류는 으레 자연과 더불은 것이었다. 산 좋고 물 맑은 곳에 거주 공간을 마련하고, 넉넉하고 조화로운 자연을 노래하면서 그 심성을 닮고자 한 것이 그것이다. 그래서 조선조 사대부의 귀감이라 할 수 있는 퇴계 이황은 '자연을 완상하는 것—상자연賞自然' 자체를 풍류로 삼았다. 흔히 생각할 수 있는 풍류와는 다른 양상을 띠고 있다. 그러나 이것이 조선조 사대부들이 추구한 풍류의 보편적 실상이라고 할 수 있다.

　조선조 사대부들이 이처럼 진지하게 자연을 완상하고 노래한 데에는 성리학이라는 그들의 철학적 사유가 긴밀히 관여하고 있었다. 성리학은 한 마디로 인간 심성의 올바른 도리를 탐구하고 이를 일상의 행동규범을 통해 실천하고자 하는 철학이다. 그래서 성리학을 도학道學이라고도 부른다. 그런데, 도학은 본시 사악한 기운이 없는 인간의 순수한 심성을 탐구하는 학문이고, 이렇듯 순수한 심성을 그대로 지니고 있는 것은 오직 자연 뿐이라고 생각했기 때문에, 그들의 풍류 역시 어떤 식으로든 자연을 매개하여 이루어진 것으로 보인다. '산수를 완상함으로써 심성을 도야할 수 있다.'·'자연을 완상하는 일은 선비의 풍류다.'와 같은 말이 그것을 대변한다.

　유명한 퇴계의 「도산십이곡陶山十二曲」은 이와 같은 조선조 사대부적 풍류가 고스란히 녹아 있는 대표적인 예다. 이해를 돕는 차원에서 두 수만을 인용하고, 이어 두 작품의 풀이라 할 수 있는 「도산잡영기陶山雜詠記」의 일부를 옮겨보기로 하겠다.

　　　천운대天雲臺 도라들어 완락재玩樂齋 소쇄蕭洒한데,
　　　만권생애萬卷生涯로 낙사樂事이 무궁하여라.
　　　이 중에 왕래풍류往來風流를 닐어 무슴할고.

춘풍에 화만산花滿山하고 추야秋夜에 월만대月滿臺라.
사시가흥四時佳興이 사람과 한 가지라.
하물며 어약연비魚躍鳶飛 운영천광雲影天光이야 어늬 그지 잇슬고.

　돌에 앉아 샘물을 구경하기도 하고, 대에 올라 구름을 바라보며, 여울에서 노니는 고기를 구경하고, 배에서 갈매기와 친하면서 마음대로 시름없이 노닐며, 좋은 경치를 만나면 흥취가 절로 일어 한껏 즐긴다. 그러다가 집으로 돌아오면, 고요한 방안에 쌓인 책이 가득하다. 책상을 마주하여 잠자코 앉아 삼가 마음을 다잡고 이치를 궁구할 때, 간간이 마음에 얻는 것이 있으면 흐뭇하여 밥 먹기도 잊어버린다. (중략)
　또 봄에는 산새가 즐거이 서로 울고, 여름에는 초목이 우거져 무성하며, 가을에는 바람과 서리가 차겁고, 겨울에는 눈과 달이 서로 엉기어 빛난다. 네 계절의 경치가 이처럼 서로 다르니, 흥취 또한 끝이 없다. 그래서 너무 춥거나 너무 덥거나, 큰 바람이 불거나 큰 비가 올 때가 아니면, 어느 날이나 어느 때 나가지 않는 날이 없고, 나갈 때나 돌아올 때나 이와 같다.

　앞 쪽에 인용한 두 수의 시조에는, 더없이 맑고 깨끗한 자연 속에서 유유자적한 삶을 누리는 사대부의 생활이 잘드러나 있다. 그리고 「도산잡영기」에는 그런 생활의 단면들이 구체적으로 드러나 있다. 이와 같은 생활의 단면들이야말로 두 시조에서 말하는 '왕래풍류'·'사시가흥'의 실상이자, 자연완상을 통해 이루어지는 사대부적 풍류의 실상이라고 할 수 있다.
　특히, 두 번째 인용한 시조 '춘풍에 화만산花滿山하고…'에서는, 이와 같은 상자연의 풍류가 지향하는 궁극의 세계가 노래되고 있다. '봄바람에 꽃이 온 산에 가득하고, 가을밤에 달이 누대에 가득하다.'에서 정연整然한 자연의 순환을 노래한 것이나, '소리개는 날아 하늘에 오르고 고기는 연못에서 뛰며, 하늘빛과 구름 그림자가 물에 어린다.'에서 활발活潑한 자연의 조화를 노래한 것, 그리고 이러한 자연의 이법을 깨달은 데서 오는 감동을 '네 계절의 아름다운 흥취가 사람과 한 가지라.'·'어찌 끝이 있을고.'라고 노래한 것이 그 구체적 단면이다. '자연의 거짓 없는 자태·있는 그대로의 드러남'을 깨닫고 느끼면서, 그와 같은 자연의 이법과 심성에 스스로 동화하고자 한다. 이른바 물아일체物我一體의 흥취를 통해 심성과 정서를 순화하고자 하는 것이다.

이렇듯, 조선조 사대부들에게 있어서 자연은 특히 정신 세계와 밀접한 연관을 맺는 차원에서 인식되어 왔다. 자연은 본래 질서화된 것도 조화로운 것도 아니다. 대상 그 자체일 뿐이다. 그런데 퇴계의 경우에서 보듯, 조선조 유가 사대부들은 그것을 질서화되고 조화로운 것으로 인식하였다. 자연을 객관적·실재적 현상 세계로서보다는, 주관적·이상적 이념 세계로 인식한 경향이 짙은 것이다.

따라서 이러한 인식 태도로부터 자연의 사물이나 현상에 도덕적 의미나 가치가 부여될 것은 당연하고, 그렇게 됨으로써 '본래 그러한' 자연의 질서와는 다른 인간의 질서가 자연에 창조된다. 그들에게 있어서 자연은 '인간과 더불어' 존재하는 것이다. 바로 여기에 유가 사대부 자연관의 특징이 있다.

한편, 유가 사대부들이 경국제민의 사회 현실에서 벗어나 자연에 드는 경우는 대부분 현실과의 갈등 때문이다. 그리하여 그들은 자연과 더불어 생활하면서 사회 현실에서 빚어진 갈등과 긴장을 치유했다. 나아가 자연의 사물·현상에 내재된 이법이나 속성 역시 인간사와 결부시켜 이해하고 의미를 부여했다. 따라서 조선조 유가 사대부들에게 있어서의 자연은 '현실에 대한 보상심리나 정신적 소유의 즐거움'을 추구하는 대상물에 가깝다고 할 수 있다.

이러한 성향은 문학에도 그대로 반영되어, 대상과 자아가 혼연일체된 상태, 즉 물아일체가 시의 이상적인 경지라고 생각하게 되었다. 그리고 이런 생각은 조선조 시문학의 지배적인 미의식이기도 했다. 그런 의미에서 조선조 시문학에 있어서 서정성이 문제가 될 때, '적어도 시인이 자연을 경험하는 태도, 자연을 포착하는 양식을 논하는 것이 가장 핵심적'이라는 말은 시사하는 바 크다고 할 수 있다.

그러면, 송강의 자연완상과 사대부적 풍류는 어떤 양상을 띠었는가? 그것은 위에서 살핀 조선조 사대부들의 일반적 성향과 크게 다른 것이었는가?

이 문제는 송강의 생애와 문학을 이해하는 관건의 하나라는 점에서 주목을 요한다. 그의 자연완상과 사대부적 풍류는 조선조 사대부 일반의 성향을 공유하고 있으면서도, 실로 다채롭고 특징적인 양상을 띠고 있기 때문이다.

이념과 흥취의 조화

송강은 「수월정기水月亭記」라는 글에서, 낙향의 처지에서 자연과 더불어 생활하는 사대부가 그 자연으로부터 추구하는 의미를 다음 두 가지로 요약한 바 있다. 해당 부분만을 옮겨보기로 하겠다.

> 사대부로서 벼슬길에 나아가 자신의 능력을 발휘할 기회를 얻지 못할 때, 그 자리를 버리고 시골로 돌아가 거처하는 사람이 반드시 이름높은 산이나 아름다운 물 가에 자리를 잡고, 못 가의 누정이나 동산에서 낙을 찾는 데는 두 가지 의미가 있다. 그 하나는 자연의 맑고도 고요한 흥에 젖는 즐거움[淸閑寂寞之娛]을 추구하고자 하는 것이요, 다른 하나는 시국을 근심하고 임금을 그리는 정[憂時戀闕之情]을 펴기 위해서다.

'수월정'은 전라남도 광양光陽의 섬진강 상류에 위치한 정자다. 이 글은 송강의 나이 46살이던 해(1581·선조 14년) 가을에 지은 것이다. 이 무렵 송강은 정승 노수신의 사직을 윤허하지 않는다는 비답의 내용이 문제가 되어, 사헌부의 탄핵과 동인들의 공격을 받고 대사성의 자리에서 물러나 향리 창평에 내려와 지내고 있었다.

위의 「수월정기」에서 송강이 말하는 두 가지 의미는 곧 '자연의 맑고도 고요한 흥에 젖는 즐거움'과 '시국을 근심하고 임금을 그리는 정'이다. 한편으로 자연의 사물·현상들이 빚어내는 정취를 느끼면서 내면에 이는 담담한 흥을 즐긴다는 것이요, 다른 한편으로 경국제민의 사회 현실을 근심하면서 그 정점에 있는 임금을 그리워하는 정을 펴 낸다는 것이다.

중요한 것은, 송강은 얼핏 보기에 성격이 다른 듯이 보이는 이 두 가지 의미를 따로 나누어 추구한 것이 아니라, 동시에 아우르는 차원에서 추구했다는 사실이다. 달리 말하면, '경국제민의 이념과 처사적 흥취의 조화'를 꾀했다고 할 수 있다. 송강의 자연완상과 사대부적 풍류의 특징은 바로 여기에서 찾을 수 있다.

7언절구로 된 「양벽정漾碧亭」을 옮겨 보기로 하겠다.

달 밝고 별이 총총 술조차 깨는데,	滿天星月酒初醒
양벽정엔 붉은 단풍 샛노란 국화.	赤葉黃花漾碧亭
분명도 하여라 꿈 속에 뵌 우리 님,	夢裏分明宣政殿
관 쓰시고 팔장 끼시고 다감한 말씀.	玉旒高拱語丁寧

'붉은 단풍 샛노란 국화'가 어우러진 계절의 풍치에 취하고, 덩달아 기울인 몇 잔 술에 취해 잠시 '양벽정'에 누웠나 보다. 얼핏 눈을 붙인 사이, 꿈결인듯 그리던 임을 만난다. '관 쓰시고 팔장 끼신' 당당한 풍채. 임은 나를 보시더니 '다감한 말씀'을 건넨다. 나를 떠나 어찌 지내는지, 머지 않아 내 곁으로 와 정담을 나누자는 등의 말씀. 느꺼운 마음에 눈을 뜨니, 하늘에는 달빛 가득하고 별빛도 밝다. 문득 술이 깨인다. 참으로 '분명도 하여라', 꿈 속에서 뵌 '우리 님'의 모습. 마

치 저 밝게 빛나는 달빛 · 별빛과도 같이 눈에 생생하여라.

　가을 정자에 어린 맑고 고요한 정취를 노래하면서도, 이를 배경으로 헤어져 있는 임을 그리는 정을 또한 간절하게 담아 내고 있다. 임을 그리는 정이 그처럼 간절하기에, 꿈으로나마 상봉하는 것일 터다. 그리하여 꿈을 깨고 난 후에는 그 그리운 정이 가을의 정취와 더불어 더욱 애잔하게 남는 것이리라. 요컨대 이 시는 앞의 「수월정기」에서 말한 두 가지의 의미가 오롯이 담겨 있는 예라 하겠으며, 송강이 지향하는 바 '경국제민의 이념과 처사적 흥취의 조화'를 확인할 수 있는 단적인 예라 할 것이다.

　송강이 지은 작품 가운데에는 이와 같은 성향을 지닌 예들이 허다하다. 한시는 물론이요, 우리말 시가 가운데서도 어렵지 않게 찾을 수 있기 때문이다. 따라서 이러한 성향은 송강이 추구한 삶과 사대부적 풍류의 단면을 여실히 드러내는 것이면서, 그의 다양한 작품들을 관류하는 시적 정서의 하나로 일컬을 수 있다.

　처사적 삶의 단면을 노래한 다음의 시조에서도 이 점을 실감할 수 있다.

　　쓴 나물 데온 물이 고기도곤 맛이 이셰.
　　초옥草屋 좁은 줄이 그 더욱 내 분이라.
　　다만당 님그린 탓으로 시름계워 하노라.

　쓴 푸성귀 나물에 따끈하게 덥힌 물일망정 고기보다 맛이 있구나. 초가집 좁은 것이 더욱 내 분수에 맞는구나. 다만 한 가지 마음에 맺혀 있나니, 임 그리워하는 탓으로 시름겨워 하노라.

　스스로 분수를 지키면서 청빈한 생활을 하는 그 자체는 아무런 문제가 없으나, 임금을 그리워하는 정은 견디기 어려울만큼 시름겹다는 내용이다. 경국제민의 사회 현실에서 벗어나 있는 처지의 삶을 담담한듯 애달프게 노래한 작품으로서, 송강이 지향하는 의미와 정서의 단면들이 두루 투영되어 있는 예라 할 것이다.

그런데, 여기서 예사롭게 보아 넘기기 어려운 사실은, 처사로서의 흥취를 노래한 듯이 보이는 이같은 작품들에 거의 예외없이 '연군의 정서'가 강렬하게 표방되고 있다는 점이다. 그래서 「수월정기」에서 말하는 '자연의 맑고도 고요한 흥에 젖는 즐거움'과 '시국을 근심하고 임금을 그리는 정'을 놓고 볼 때, 정서의 중심이 실상 후자 쪽에 놓여 있음을 능히 헤아릴 수 있다. 현실의 자장권에서 벗어나 있는 삶을 노래하면서도, 송강의 내밀한 심사는 여전히 그 '현실'로부터 멀리 벗어나 있지 않은 것이다.

그렇기에 송강은 전원에 묻혀 지내는 자신의 처지를 탐탁하게 여기지 않는다. 뿐만 아니라, 임금과 떨어져 있는 사이 덧없이 흐르는 세월을 안타까워 한다. 계절의 변화에 민감한 반응을 보이면서 예의 '연군의 정'을 노래한 다음의 시조들이야말로 이와 같은 심사를 잘 드러내고 있다.

나올 적 언제러니 추풍의 낙엽 나데.
어름 눈 다 녹고 봄 곳치 픠도록애,
님다히 긔별을 모르니 그를 셜워 하노라.

머귀닙 디거야 알와다 가을힌 줄을.
세우청강細雨淸江이 서느럽다 밤긔운이야.
천 리의 님 니별하고 잠못드러 하노라.

사랑하는 임 이별하고 떠나온 지 언제던가. 어느덧 가을바람에 우수수 낙엽이 지더이다. 그 시절 또 지나, 얼음 눈 다 녹고 봄꽃 다시 피어나건만, 임 계신 땅 소식을 모르니 그것을 서러워 하노라.

오동잎 떨어지매, 그제서야 알았노라 가을인 줄을. 가랑비 내리는 강 가에 서노라니, 서느럽게 전해 오는구나 밤 기운이여. 천 리 머나먼 곳에 임 이별하고, 이 한밤 그리움에 잠 못 들어 하노라.

인용한 두 편의 시조에서, 송강이 말하고자 하는 바는 모두 종장에 집약되어 있다. '임 계신 땅 소식'을 몰라 '서러워' 한다는 것과, '임과의 이별'이 가져다 준 고독감과 그리움으로 '잠 못 들어' 한다는 것이 그것이다. 초장·중장은 그 간절한 '연군의 정'을 노래하기 위해, 이를 부추기는 자연의 형상들을 특유의 섬세한 감각으로 포착·형상화한 것이다.

이렇듯 강호에 물러나 있어도 송강의 마음은 항상 '임'에게 가 있다. 자연의 사물이나 현상에 깃든 그윽한 정취도, 처사로서 누리는 담담한 생활도, '임'이 부재하는 상황에서는 어딘지 온전치 않게 느껴진다. 또, 계절이 바뀌고 이별의 간격이 벌어질수록 안타깝고 초조한 심경도 그 깊이를 나날이 더해 간다. 그래서인지 '연군의 정'을 노래하는 그의 심사는 때로 비장하기조차 하다.

'연군의 정'을 노래하는 것은, 따지고 보면 유가 사대부의 당연한 도리이기도 하다. '때의 만남과 못 만남'이 있을 뿐, 그들의 '본심'은 항상 경국제민에 가 있기 때문이다. 따라서 '연군'이라는 정서 자체만을 놓고 본다면, 이는 유가 사대부 사회에서 두루 통용되는 보편적 윤리의식의 발로에 지나지 않는다고 할 수 있다. 이러한 정서는 왕권 중심의 사회 체제가 유지되는 시기에 있어서 대부분 비슷한 성격을 띠고 나타나기 때문이다.

그런데, 송강의 경우는 그 '연군의 정'이 유별나게 깊고 간절했다는 사실이다. 그는 '임'이 존재하는 '현실'에 누구보다도 강렬한 의지와 열망을 가진 사대부였다. 그래서 자신이 지향하는 정서나 가치 역시 그 '임-현실'과의 관계 속에서 모색하고, 강호자연에 묻혀 지낼 때에도 이를 '철저하게' 추구해 나갔다. 그에게 있어서 '연군'은 이름하여 체질화된 사고와 정서의 발로였던 것이다.

송강의 '체질화된 사고와 정서' 의 단면은, 예컨대 다음과 같은 예를 통해서도 극명하게 드러난다.

가을바람 건듯 불어 마른 대나무 시름한데,	秋風乍起愁枯竹
산마루에 달 돋으니 어져 미인이로세.	嶺月初生是美人
나도 모르게 달을 향해 두 번 절하나니,	不覺依然成再拜
외로운 신하 이 밤에 백발이 새로워라.	孤臣此夜白髮新

「달밤에 짓다 月夜作」라는 7언절구다.

산마루에 갓 돋은 '달—미인' 을 보고 '나도 모르게 두 번 절하는 외로운 신하' 의 모습에서, 우리는 송강이 유가적 이념에 얼마나 철저한 사대부였는가를 넉넉히 짐작할 수 있다. 유가 사대부로서의 사고와 정서가 체질화되어 있지 않고서는, 이처럼 '나도 모르게 두 번 절하는' 모습을 쉽게 보여주기 어려울 터이기 때문이다. 따라서, 유가 사대부 사회에서 두루 통용되는 '연군의 정서' 가 송강 문학을 관류하는 개성 가운데 하나라고 한다면, 그 이유는 바로 이와 같은 '철저함' 에서 찾아야 할 것이다.

이처럼 송강은 자연과 더불어 사는 생활 속에서도 유가 사대부로서의 이념과 가치의식에 충실했다. 그래서인지, 그의 작품들 가운데에는 자연의 경물에서 느끼는 흥취를 사대부적 이념과 가치의식에 결부시켜 노래한 경우가 허다하다. 이른바 '경국제민의 이념과 처사적 흥취의 조화' 를 꾀했다고 할 것이다. 아울러, 이와 같은 성향을 띤 작품들은 '처사적 흥취' 보다는 '경국제민의 이념' 쪽에 정서의 중심이 놓여 있는 경우가 많다. '연군의 정' 을 간절하게 노래한 그의 수많은 시편들이야말로 이를 대변한다고 하겠다.

한편, 「수월정기」에서 표방한 송강의 '자연의 맑고도 고요한 흥에 젖는 즐거움'과 '시국을 근심하고 임금을 그리는 정'은, 비단 낙향의 처지에서 추구하는 시적 정서에 국한되지 않는 것으로 보인다. 송강은 이를 낙향의 처지에 놓인 사대부가 자연으로부터 추구하는 의미라고 했지만, 실제로는 출사와 낙향의 처지에 상관없이 일관되게 추구한 것으로 보이기 때문이다.

송강이 출사—관인의 처지에서 자연을 완상하고 그 풍류의 흥취를 노래한 대표적 작품으로 「관동별곡」을 들 수 있다. 널리 알려진 것처럼, 「관동별곡」은 송강의 나이 45살 되던 해(1580·선조 13년) 1월 강원도 관찰사에 제수되어, 그 해 3월 내외해금강과 관동8경을 두루 유람하면서 느낀 감회를 활달·호방하게 노래한 가사다.

「관동별곡」을 지을 무렵, 송강은 이른바 진도 군수 이수(李銖)의 뇌물 사건을 둘러싼 옥사 처리 문제로 동인들의 탄핵을 입고, 1년 남짓 낙향해 있다가 다시 벼슬길에 나온 처지였다. 선조로부터 여전히 두터운 신임을 받고 있었을 뿐 아니라, 생활 역시 비교적 안정된 처지에 놓여 있던 시기였다. 그래서인지 「관동별곡」에는 일상적 삶의 현실에서 제기되는 갈등이나 고뇌가 배제되어 있다. 작품 전반이 자연의 경물을 대하는 풍류운사의 멋과 여유, 조화로운 세계관으로 일관되어 있는 것이다.

그런 면에서 보면, 「관동별곡」은 낙향의 처지에서 자연의 경물과 사대부의 삶을 노래한 송강의 여타 작품들과는 그 성격이 상당히 다르다고 할 수 있다. 비관적이기보다는 낙관적이며, 침울·애절한 정서보다는 활달·호방한 정서가 중심을 이루는 것이 그 단면일 터다. 그러나 산수유상의 감회를 노래하는 과정에서 예의 '이념과 흥취의 조화'를 꾀한다는 점은 다르지 않다. 차이가 나는 것은 다만 그 정서의 내밀한 실상과 형상화 방식이다.

원통圓通골 가는 길로 사자봉을 차자가니,
그 앏폐 너러바회 화룡소火龍沼 되어셰라.
천 년 노룡老龍이 구븨구븨 서려이셔,
주야의 흘녀 내여 창해滄海예 니어시니,
풍운風雲을 언제 어더 삼일우三日雨를 디련난다.
음애陰崖예 이온 풀을 다 살와 내여사라.

   원통골 가는 길로 사자봉을 찾아 가니, 그 앞의 넓은 바위 화룡소가 되었구나. 천 년 묵은 늙은 용이 굽이굽이 서린 듯한 그 물줄기가 밤낮으로 흘러 내려 푸른 바다에 이어졌으니, 어느 때나 바람과 구름의 조화를 얻어 사흘 동안 비 내리려는가. 흡족한 비 쏟아져서 가물어 시든 음지의 풀까지도 다 살려 내려무나.
   금강산의 아름다운 경물을 노래하면서도, 이처럼 송강은 그 경물이 자아내는 흥취를 인간사와 결부시켜 의미화한다. '풍운을 언제 어더 삼일우를 디련난다'·'음애에 이온 풀을 다 살와 내여사라'에 담겨 있는 애민의식—선정의 의지가 그것을 잘 말해 준다.
   그러나, 선정의 뜻을 담고 있는 위의 표현들은 생경한 이념 그대로를 드러낸다거나, 지배계층의 의지를 구호처럼 전달하지 않는다. 송강은 '화룡소'에서 흘러 내려 동해로까지 이어지는 계곡의 물줄기에서 구불구불한 형상의 '늙은 용'을 떠올리더니, 이로부터 연상작용을 일으켜 '바람과 구름→사흘 간의 비→음지에 시든 풀→만물 소생'으로 시상을 전개해 나간다. 그 풍부한 정감이 깃든 비유와 이미지의 자연스러운 연계가 실로 돋보인다고 하겠다.
   이렇듯 송강은 현실적 이념에 충실한 태도를 보이면서도, 전달하고자 하는 의미를 비유적·연상적 이미지를 통해 시적으로 형상화한다. 그가 말하고자 하는 의미가 풍부한 정감과 더불어 은근한 느낌으로 전해져 오는 것은, 바로 이와 같은 정서 형상화 방식과 표현 효과 때문이라고 할 수 있다. 「관동별곡」이 산수유상의 흥취만이 아니라 당대 사회 현실에서 요구되는 이념이나 가치를 노래한 작품이면서도 뛰어난 문학성을 지닌 것으로 평가되는 이유의 일단을 여기에서 찾을 수 있을 것이다.

송강이 지향하는 정서는 훨씬 더 내밀하고 복합적이다. 그는 이른바 충군애민이라는 '보편적 이념'을, 산수유상을 통해 느끼는 '개성적 흥취'와 조화시켜 형상화하는 데 의지를 집중시킨다. 따라서 그 시적 형상화의 의지 속에는, 그가 추구하는 가치와 정서를 둘이면서 하나이게끔 하려는 의도가 담겨 있다. 결국 이러한 의도를 실현하는 것이 바로 송강이 표방하는 유가 사대부적 풍류라고 할 수 있다. 다음과 같은 대목은 그 대표적인 예다.

> 송근松根을 볘여 누어 풋잠을 얼풋 드니,
> 꿈애 한 사람이 날다려 닐온 말이,
> 그대를 내 모르랴 상계上界예 진선眞仙이라.
> 황정경黃庭經 일자一字를 엇디 그릇 닐거 두고,
> 인간人間의 내려와서 우리를 딸오난다.
> 겨근덧 가디마오 이 술 한잔 머거 보오.
> 북두성北斗星 기우려 창해수滄海水 부어 내여,
> 저 먹고 날 머겨날 서 너 잔 거후로니,
> 화풍和風이 습습習習하야 양액兩腋을 추혀 드니,
> 구만 리 장공애 져기면 날리로다.
> 이 술 가져다가 사해四海예 고로 난화,
> 억만창생億萬蒼生을 다 취케 맹근 후의,
> 그제야 고텨 맛나 또 한 잔 하쟛고야.

솔뿌리를 베고 누워 풋잠을 얼핏 드니, 꿈 속에 한 사람이 나에게 이르는 말이, 그대를 내 모르랴 저 하늘의 신선이라. 황정경 한 글자를 어찌하여 잘못 읽어, 인간 세상에 내려와서 우리를 따르는가. 잠깐 동안 가지 마오, 이 술 한 잔 먹어 보오. 북두칠성을 국자 삼아 바닷물을 길러 올려, 저 먹고 나도 먹어 서너 잔 기울이니, 조화로운 바람 서서히 일어 양쪽 겨드랑이 치켜 드니, 구만 리 먼 하늘을 하마면 날겠도다. 이 술 가져다가 천하에 고루 나누어, 억만 백성들을 다 취하게 만든 후에, 그제야 다시 만나 또 한 잔 하자꾸나.

'술'을 매개하여 현실초탈의 경지를 활달·호방한 기개로 노래한 대목이다. 그 풍부한 상상력을 바탕으로 시상을 전개해 나간 솜씨는 누구도 흉내내기 어려운 송강만의 독창적 면모임에 틀림없다. 「관동별곡」전체를 통해 송강의 시적 정서가 가장 고양된 부분이 아닌가 생각한다.

그런데, '조화로운 바람'을 타고 '구만 리 장공'을 날아오를 것 같은 '우화등선(羽化登仙)'의 경지를 노래하면서도, 송강의 시선은 결국 자신이 몸 담고 있는 현실로 돌아온다. 그리하여, 그 좋은 흥취를 가져다 준 '술'을 혼자만 누릴 것이 아니라, '사해에 고로 난화, 억만창생을 다 취케' 하고 싶다는 선정의 의지를 노래하는 것이다.

그의 의지가 이러하기에, 송강은 '상계예 진선'이었음을 자처하기는 하지만, 결국 '인간의 내려와서' 그 세계를 '따를—동경할' 따름이다. 그에게 있어서의 현실은 어떤 경우에도 부정할 수 없는 존재의 뿌리이기 때문이다. 따라서 신선의 세계를 방불케 하는 풍류의 흥취와 현실초탈의 경지를 노래하면서도, 그는 결코 유가 사대부로서 견지해야 할 이념이나 가치의식에서 벗어나지 않는다. 그와 같은 심정적 상황에서도 그는 충군애민의 정서를 표방하는 독특한 정황을 설정하고, 이를 시적으로 형상화한다.

바로 여기에 송강이 지향하는 풍류의 특성이 있다. 그 자신 확고하게 유가적 이념을 실천하고 있다는 자부심이 전제된 풍류라야 온전한 것으로 여기는 것이다. 다음과 같은 「관동별곡」의 마지막 부분은 이러한 가치의식이 집약된 사대부적 풍류의 한 표상이라고 할 것이다.

>나도 잠을 깨여 바다할 구버 보니,
>기픠를 모르거니 가인들 엇디 알리.
>명월明月이 천산만락千山萬落의 아니 비쵠 데 업다.

나도 잠을 깨어 바다를 굽어 보니, 깊이를 모르거든 끝인들 어찌알리. 명월이 온 산과 고을에 아니 비추는 데 없다.

'망양정'에서 바라 본 밤바다의 정경이 고즈넉한 이미지와 더불어 눈에 선하게 잡혀 있다. 취흥이 돋아 '풋잠을 얼풋 든' 후에 깨어나 바라보는 밤바다와, 그 바다 위에서 자애롭게 빛나는 달, 그리고 달빛에 젖는 시인의 정감이 화면 가득히 넘쳐 흐르며 여운을 자아낸다. 담담한 문인화 한 폭을 연상하게 한다.

현실초탈의 경지를 노닐다가도 이처럼 '잠을 깨여' 현실로 돌아오는 송강의 모습에서, 우리는 유가 사대부 의식에 투철한 관인의 한 표본을 본다. 깊이도 끝도 알 수 없는 '바다', 그리고 온 산과 고을을 비추는 '명월'이 임금의 밝은 덕과 교화를 은유하고 있다는 사실에서 이와 같은 관인의 이미지를 더욱 강렬하게 느낄 수 있다. 그리하여 감미로운 바람과 교교한 달빛에 젖어들면서, 송강은 아마도 이 모든 것들이 '망극한 성은'에서 비롯되었다는 사실을 새삼 떠올리지 않았을까 생각된다.

이렇게 볼 때, 송강은 전원에 묻혀 지내는 처사의 처지에서건, 벼슬길에 나아가 맡은바 임무를 수행하는 관인의 처지에서건, 경국제민의 이념을 염두에 두고서 이를 실천하는 데 정성을 기울였다. 그것이 곧 그가 생각하는 사대부의 삶이요, 스스로를 속이지 않는 일이라고 여겼기 때문이다. 그를 '철저한 현실주의자' 혹은 '유가적 이념과 가치의식에 투철한 사대부'로 일컬을 수 있는 것은, 바로 이와 같은 정신자세와 생활태도에 근거를 두고 있다고 할 수 있다.

자연을 완상하고 그 풍류의 흥취를 노래한 송강의 작품들 가운데에는, 오히려 이를 계기로 일상에서 추구하는 유가 사대부적 이념이나 가치를 더욱 간곡히 드러내는 예들이 많다. 그러면서도 대부분 시적 형상성이 뛰어나다. 이런 면모가 바로 송강의 작품들이 예사 사대부 작품들과 구별되는 점일 것이며, 그가 위대한 문인으로 일컬어지는 이유일 것이다.

이상에서 보듯, 송강은 어버이의 거상을 마친 후 다시 벼슬길에 나아가 참으로 순탄치 않은 행로를 걸어갔다. 당시 본격화된 당쟁의 소용돌이 속에서 그 자신 한 줄기의 흐름을 이끌어갔는가 하면, 붕당 간의 알력과 역학관계에 따라 정치무대에의 진퇴를 거듭했으며, 그런 사이 사이 자신의 삶을 탁월한 문학적 감수성으로 노래하면서 자연을 벗삼아 풍류의 흥취에 잠기기도 했다.

그러나 어느 처지에 놓여 있든, 송강은 경국제민의 이념을 실천하고 스스로 의미있는 삶을 추구해 나가는데 적극적이었다. 그의 다혈질적인 기질과 강직한 품성이 고난의 길을 자초하기도 했지만, 매사 분명한 태도로써 삶의 현실이 빚어내는 대립이나 갈등을 헤쳐나가고자 했다. 그리하여 관인으로서의 삶과 처사로서의 삶 양면에서, 유가 사대부로서의 정신자세와 생활태도를 투철하게 견지해 나갔다. 그런 면에서 송강은 신념에 찬 원칙주의자요 현실주의자라고 할 수 있다.

40대가 시작되는 시기로부터 50대 초반에 이르는 송강의 삶은 이렇듯 끊이지 않는 긴장 속에서도 여유를 잃지 않는 것이 특징이다. 이 점은 현실의 풍파가 빚어내는 대조·양립된 국면들을, 자신이 지향한 사대부적 가치의식을 통해 조화·통일된 국면으로 평정시켜 나간 데서 두드러진다.

5. 시인 · 풍류가로서의 전성시대

송강, 그 만물을 머금은 물속

굵은 빗줄기가 쏟아져 내린 후의 강물은 한 동안 거칠고 흐리지만, 다시 맑은 하늘을 배경으로 따사로운 햇살이 비치면, 평상의 수면과 투명한 빛깔을 되찾는다. 그리고 계절의 변화에 따라 정취를 달리하는 온갖 물상과 주변 풍경들을 그 속에 담으며 즐거워 한다.

그래서 강은 또 강물은 변화에 민감하다. 살짝 스치는 바람에도 일렁이는 수면은 예민한 감성의 소유자와도 흡사하다. 그리하여 강 가장자리로 늘어선 나무들이 수면에 그늘을 드리우면, 강은 느꺼운 여름날에도 졸음에서 깨어나 바람과 이야기한다. '우리네 삶은 바람인가, 그늘인가? 또 아니면 저렇듯 바람과 그늘에 민감해 하는 수면인가?' 라고 말하면서.

그런데, 수면 아래로 조금만 내려가 보면, 이와는 또다른 세계가 은근하게 펼쳐진다. 예의 변화에 민감한 형상들은 잘 드러나지 않지만, 감각과 시선을 모으고 차분히 살피지 않으면 감지하기 어려운 형상들이 우리를 깊은 생각에 사로잡히게 한다. 따뜻하거나 차가운 정도, 부드럽고 거친 느낌, 또 그 속에서 자라는 수초들의 모양 같은 것들이 그

것이다.

  더 깊이 내려갈수록 그 감지하기 어려운 형상들은 생각의 깊이를 더하게 할 터다. 그것은 마치 속이 깊은 항아리에서 울려 나오는 소리의 밀도에 견줄 수 있다. 깊은 우물에서 길러 올려진 물일수록 그 느낌이나 맛에 담담한 깊이가 있듯이. 우리네 삶의 우물에서 길러 올려진 물도 이와 다르지 않을 것이다.

해 질 무렵이면 강바람 일어나서,	日夕江風起
물결 일렁이며 저절로 부딪치네.	波濤自擊撞
산에 사는 늙은이 잠이 갓 깨어,	山翁睡初罷
물끄러미 빈 창에 기대어 있네.	忽忽倚虛窓

  5언절구로 된 송강의 「강가의 정자江亭」다.
  산 너머로 해가 지면서 산산한 바람이 인다. 강물결이 일렁이며 서로 부딪친다. 느지막히 낮잠에 들었던 산 늙은이, 그 소리에 자리에서 부시시 일어난다. 창 가로 다가간다. 창에 기대어, 아직 잠이 덜 깬 몽롱한 시선으로 강물을 바라본다.
  전원생활의 흥취를 담담하게 노래한 시다. 화려한 물상이 등장하지도, 눈에 띌 만한 상황이 전개되지도 않는다. 다만 경물의 순간적 변화가 깃든 일상의 단면을 묘사하면서, 어느 저녁 나절 한 순간의 정경을 감각적 이미지로 형상화하고 있다. 그 정경 속에는 예민한 움직임이 있는가 하면 느긋한 여유가 있고, 생기가 있는가 하면 아늑함이 있다. 그리하여 정경 그 자체가 스스로 말하게 하고 있다. 애써 기운 흔적이 없다. 자연의 질서에 동화된 조화로운 생활, 그 담담한 흥취가 행간 너머에서 여운처럼 번져 온다. 시상의 전개가 물 흐르듯 자연스럽고, 시어 또한 맑고 신선하다.
  세차고 막힘없는 물살로 흐르던 송강이 잠시 거친 숨을 몰아쉬더니, 이렇듯 담담한 흥취를 담은 물살로 흐른다. 강 주변에 늘어선 나무들은 예의 아늑한 그늘을 드리운다. 당쟁이라는 거친 빗줄기 속에서 그 비를 온몸으로 맞으며 진퇴를 거듭했던 송강은, 현실의 풍파에서 벗어나 있을 때면 대부분 향리 창평에 깃을 드리웠다. 그에게 있어 창평은 어머니의 품과도 같은 휴식처요, 지나온 삶을 돌이켜 보고 다시금 에너지를 충전하는 회생의 공간이기도 했다.

거기에는 애초 자신의 학문과 문학이 움트고 자랐던 토양이 있었으며, 무엇보다도 풍류를 아는 벗들과 자신의 깊은 사유의 세계를 열어 갈 수 있는 시간들이 있었다. 이런 시간과 공간 속에서 한시며 시조며 가사 장르 등을 통해 인구에 회자된 절창들을 쏟아 내 놓은 것은 따라서 우연이 아니다.

송강의 문학은 특히 창평에 깃을 드리우고 지내던 시절에 더욱 비옥해지고 마침내 화려한 꽃을 피웠다. 그것은 요컨대 자신의 타고난 재질과 감성의 발로이기도 했겠지만, 유가 사대부로서의 삶과 행로를 거듭 생각하게 한 당대의 시대 상황 또한 긴밀히 관여했으리라 생각한다.

돌아갈 생각 물이 동으로 가듯 하더니,	歸思滔滔萬折東
푸른 시내 산골짜기 대숲 속에 앉았네.	蒼溪峽裏竹林中
빈 뜨락 하룻밤 오동잎에 듣는 빗소리,	空階一夜梧桐雨
내일 아침 거울 보면 옛 모습 아니리라.	携鏡明朝減舊容

송강의 「금성 동헌에 걸린 시의 운을 따서 짓다次錦城東軒韻」라는 7언절구다.

거친 세파에서 벗어나 해가 솟는 동쪽으로, 내가 뿌리 내리고 자란 고향으로 돌아가고 싶은 생각 간절했는데, 이제야 푸른 시내 산골짜기 대숲 속에 앉아 있네. 그러나 정작 이처럼 향리에 묻혀 빈 뜨락 오동잎에 듣는 빗소리를 듣노라니, 허전하고 외로운 마음 달랠 길이 아득하다. 속절없이 흐르는 세월 속에 수심만 깊어간다. 하여, 내일 아침 거울 보면 옛 모습 아니리라.

향리에 묻혀 지내는 심경을 담담한듯 서글프게 노래하고 있다. 평소 마음 한 켠에서는 유유자적한 향리생활을 동경하고 있었으면서도, 정작 '산골짜기 대숲 속'에 들어앉아 있자니, 미묘한 감정에 휩싸인다. 여의치 않은 시대 상황으로 물러나 있기에 그런 것일까? 그래서 처량한 생각이 샘솟는 것일까? 송강의 문학은 이렇듯 자신이 처해 있는 상황에 대한 갈등의 표출이자, 그 예술적 승화인 경우가 적지 않다. 그 미묘한 감정 상태가 주옥같은 작품들을 낳게 한 원동력의 하나로 작용했는지도 모를 일이다.

송강만큼 예민한 감각과 풍부한 상상력을 지닌 이도 드물다. 그 감각은 스치는 바람에도 민감하게 반응하는 강의 수면과도 같다. 그런가 하면, 그의 풍부한 상상력과 사유의 깊이는 속이 깊은 항아리에서 울려 나오는 소리의 밀도와도 같다. 그래서 수면 밑에서 자라는 수초들에 비유될 수 있는 그의 시편들은 특히 갖가지 맛을 느끼게 한다. 깊은 울림을 준다.

위대한 시인의 생애에는 그럴 만한 기질적 특성과 남다른 감성이 애초 주어져 있는지도 모른다. 송강의 물속은 아무래도 다정다감하다고 해야 할 듯한데, 그래서인지 그에게서는 따뜻한 인간미가 풍긴다. 이러저러한 인간적 결점에도 불구하고, 그의 강렬한 개성이 모든 것을 감싸안으며 용해시키기 때문이 아닐까 싶다.

창평의 향리생활과 식영정 4선

송강은 크게 네 차례에 걸쳐 향리 창평으로 낙향한다. 앞에서 살핀 것처럼, 당대 정치 현실의 풍파와 붕당 간의 역학관계로 말미암아, 경국제민의 사회 현실에서 벗어나 처사로서의 삶을 살아가는 것이다. 그 네 차례의 낙향 기간을 정리해 보면 다음과 같다.

· 1차 : 40살~42살(1575년 · 선조 8년 10월~1577년 · 선조 10년 10월)
· 2차 : 44살(1579년 · 선조 12년 8월~12월)
· 3차 : 46살(1581년 · 선조 14년 6월~12월)
· 4차 : 50살~54살(1585년 · 선조 18년 8월~1589년 · 선조 22년 10월)

창평의 향리생활 기간은 송강에게 매우 뜻깊은 의미를 갖는다. 고양 신원에서 어버이 시묘살이를 한 기간을 제외하면, 네 차례의 낙향 모두 그가 벼슬길에 나아간 후 비로소 긴장된 삶의 테두리에서 벗어나 정서적으로 여유있는 시간을 갖기 때문이다. 그래서 정치적으로는 실의와 역경에 처했던 시기였을망정, 문학적으로는 실로 보람있는 시기였다고 할 수 있다. 그가 남긴 작품들 가운데 이 시기에 지어진 작품들이 많은 것도 이 때문이다.

송강의 향리생활은 주로 글을 읽고 사색하거나 시를 짓는 한편, 성산 부근에 자리잡고 있는 정자와 원림(園林:동산과 숲의 자연상태를 조경으로 삼으면서 적절한 위치에 집과 정자를 배치한 일종의 정원)을 출입하며, 거기에 모여든 당대의 쟁쟁한 문인·학자들과 담소를 나누거나 시를 주고 받으며 풍류를 즐기는 것으로 이어졌다. 성산은 곧 그의 향리생활의 중심무대였던 것이다.

성산의 우리말 이름은 '별뫼'다. 지금의 담양군 남면 지곡리(속칭 지실마을)에 있는 산 이름이자 마을 이름으로, 창평읍에서 동남쪽으로 20리 안팎에 위치한 장원봉壯元峯 남쪽 기슭을 일컫는다. 이 산기슭에는 송강 당대의 사대부 문화와 문학의 산실 역할을 했던 이름난 정자와 원림들이 많다. 환벽당環碧堂·소쇄원瀟灑園·식영정息影亭·서하당棲霞堂

등이 그 대표적인 예다. 그리고 여기에서 서북쪽으로 20리 전후의 거리에 송강정松江亭·면앙정俛仰亭이 있다.

이들 정자와 원림은 조선 중기 문학사에 눈부신 업적들을 남긴 이름난 문인들의 주요 활동무대이기도 했다. 이들 문인 집단을 총칭하여 '호남시단'이라고 부를 수 있다. 앞서 송강의 수학·교유관계를 살피는 자리에서 언급했던 면앙정 송순·석천 임억령·사촌 김윤제·하서 김인후·고봉 기대승·송천 양응정·사암 박순·서하 김성원·고죽 최경창·구봉 송익필·옥봉 백광훈·제봉 고경명·백호 임제 등이 당대 시단의 대표적 인물들이다.

송강은 성산 주변의 정자와 원림들 가운데서도 특히 식영정과 서하당을 자주 찾았다. 이 두 곳은 거의 나란히 붙어 있는데, 모두 그와 동문수학한 서하 김성원과 관계가 깊다. 식영정은 서하가 자신의 스승이자 장인인 석천 임억령을 위해 지어 드린 곳이고, 서하당은 바로 김성원이 사는 거처기 때문이다. 송강과 서하가 둘도 없는 지기라는 사실은 새삼 거론할 필요가 없을 것이다. 게다가 식영정에 머물렀던 석천 역시 송강의 스승이기도 했던 점을 생각하면, 그가 이 두 곳을 특히 자주 찾았을 것은 당연한 일이기도 하다.

당대 사람들은 이들 세 사람과 제봉 고경명을 식영정 4선四仙이라 일컬었다. 물론 나이는 서로 상당한 차이가 있었다. 송강을 기준으로 할 때, 제봉은 다만 3년 위의 동년배였던 셈이지만, 서하와는 동문수학한 지기 사이기는 해도 11살의 차이가 있었으며, 스승 석천과는 무려 40살의 차이가 났다. 그러나 옛부터 '군자는 글로써 벗을 모은다君子以文會友'고 했다. 이른바 지식인들의 교유는 글로써 더욱 다정해짐을 뜻하는 이 말은 식영정 4선에게 꼭 어울리는 말이 아닌가 싶다. 이들 네 사람은 나이에 상관하지 않고 서로 시문으로써 두터운 교분을 쌓았기 때문이다.

실제로 가장 나이가 많은 석천조차도 그의 「식영정기息影亭記」에서 서하를 '나의 벗' 이라고 하였다. 또, 서하와 제봉과 송강은 선후배 사이라기보다는, 막역한 벗으로 어울려 지냈다. 시적 교유란 이처럼 시인들 간에 마음으로 통하는 만남이라 하겠는데, 그들 사이에 주고 받은 시들이 바로 증거인 셈이다. 그리하여 이런 만남들이 범위가 넓어지고 일정 지역을 중심으로 집단화할 때, 이른바 시단이라는 것이 형성될 것은 당연하다. 예의 '호남시단' 도 이런 과정을 통해 형성·발전되었다고 할 수 있다.

한편, 식영정 4선을 위시한 당대 문인들의 시적 교유는 대부분 한시를 통해 이루어졌다. 한문을 문장언어의 전범典範으로 사용하던 시대였던 데다, 그들의 교유 자체가 기본적으로 한문학적 소양을 바탕으로 한 것이었기에, 한시가 그들 사이의 공유분모를 이루었을 것은 당연하다. 더욱이 이들 네 사람은 모두 한시 방면에서 쟁쟁한 명성을 얻고 있던 인물들이었기에, 새삼스러운 말이 필요 없을 정도라고 할 수 있다.

물론 호남시단으로 말하면 다른 어느 지역의 시단보다도 국문시가가 활발하게 창작되고, 우리 문학사에 뚜렷한 성과를 남겼다. 요컨대 이 시기 시조·가사문학을 대표하는 작품들이 이들 호남시단의 인물들에 의해 창작된 것이 그것을 잘 말해 준다. 그러나 이들의 국문시가는 대개 개인적 차원에서 이루어진 것이지, 시적 교유의 차원에서 이루어진 것이라고 하기는 어렵다.

한시는 흔히 한문의 백미라고 한다. 한자는 각 글자가 독립된 형태와 의미를 가지고 있으므로 강한 상징성과 함축성을 띠는데, 한문 문장—그 가운데서도 특히 한시는 이러한 속성을 바탕으로 간결하면서도 풍부한 의미를 지닐 수 있기 때문일 것이다. 나아가 한시는 본래 중국 전통 시가문학의 양식이지만, 우리나라·일본 등 한문을 사용한 나라들에서도 이 양식을 채용해 각기 고유의 생활감정과 정서를 노래했다는 점에서, 범동아시아적 문학 양식이라고 할 수 있다.

송강 당대를 위시한 중세 문인들의 시적 교유는, 한시 가운데서도 특히 차운시次韻詩에서 두드러진다. 옛날 사람들은 자신의 생각이나 느낌을 시—한시로 지어 주고 받는 일이 많았다. 이 때 상대방의 시에 사용된 것과 똑같은 운자韻字를 사용하여 거기에 답하는 시를 짓는 일을 화답和答 또는 화창和唱이라고 하며, 그렇게 해서 지어진 시를 일러 차운시라고 한다.

여기에서 '운'이란, 한 음절의 초성을 성聲이라고 할 때, 그 나머지 부분에 해당하는 중·종성을 일컫는 말이다. 가령, '東(동)'에서 'ㄷ'이 성, 이를 제외한 'ㅇ'이 곧 운에 해당한다고 할 수 있다. 한시에 있어서 운은 같은 종류의 중·종성을 일정한 위치에서 규칙적으로 실현함으로써, 성이 지닌 음의 고저·장단과 서로 조화를 이루는 가운데 음악성과 미적 효과를 추구하는 경우에 널리 활용되었다. 이를 압운押韻한다고 말한다.

석천과 송강이 식영정 주변의 아름다운 풍광을 두고 화창한 여러 편의 차운시 가운데 한 수인 「환벽당 용소環碧龍湫」라는 제목의 작품을 옮겨보기로 하겠다.

맑은 소 반지러운 모래톱에 물결 이는데,	澄湫平沙浪
날아갈 듯 솟은 정자 바라보니 배이런 듯.	飛閣望如船
밝은 달빛 사이로 피리 소리 들리니,	明月吹長笛
물 아래 잠긴 용 잠 못 들어 하노라.	潛蛟不得眠
맑은 소 굽어보는 높다란 정자,	危亭俯凝湛
올라보니 배 위에 오른 듯하네.	一上似登船
영물이야 꼭 있는 것도 아니련마는,	未必有神物
벌벌 떨려 밤이면 잠 못 이루네.	肅然無夜眠

먼저 인용한 작품이 석천이 지은 것이고, 뒤의 작품이 송강이 지은 것이다. 두 작품 모두 5언절구로 이루어져 있다.

절구는 둘째 구와 마지막 넷째 구에 압운을 한다. 위 작품들은 차운 시이기에 당연히 운이 같다. 원문을 보면 금방 확인이 될 터나, 번역된 경우를 통해서도 이를 어렵지 않게 짐작할 수 있다. 두 작품의 둘째·넷째 구에 공통적으로 쓰인 '배[船:선]'와 '잠[眠:면]'에 해당하는 한자가 곧 그것일 터다.

위 두 작품은 같은 운을 쓰고 있기에, 소재 면에서 다소 유사한 점은 있다. 그러나 그 시적 이미지의 세계는 상당히 다르다. 석천의 시는 환벽당과 용소를 먼 거리에서 바라보면서, 그 주변을 에워싸고 있는 달밤의 정경과 신선의 세계를 방불케 하는 정취를 노래하고 있다. 반면, 송강의 시는 환벽당에 올라 아래로 용소를 굽어보면서, 사물을 직접 응시하면서 얻은 상념과 지극히 현실적인 감정을 노래하고 있다. 따라서 석천의 시가 대상의 '관조'를 통해 그 정서를 형상화한 것이라면, 송강의 시는 직접적인 '체험'을 통해 이를 형상화한 것이라고 할 수 있다.

이처럼 차운시의 묘미는 상대방이 운으로 사용한 글자와 똑같은 글자를 써서 자신의 생각이나 느낌을 전달함으로써, 일종의 시적 유대감을 공유하는 데 있다. 차운시를 지을 때면, 문인들은 좀더 새롭고 감탄할 만한 시상을 찾아낸 다음, 거기에다 정해진 운자를 넣어 재치있게 표현해 내려고 했다. 그러면서도 서로의 구와 구 사이에는 반드시 어떤 연관성을 갖도록 자연스럽게 써야 했다. 시에 일가견이 있는 문인들은 이처럼 정해 놓은 운자를 가지고서도 크게 힘들이지 않고 훌륭히 시를 지어냈는데, 그럴 때에는 보통 때 시를 지을 때보다 한층 더 기뻐했다고 한다. 아마도 일정한 제약이 전제된 상황에서도 스스로 뛰어난 재치와 능력을 발휘한 데 대한 만족감이 아니었을까 싶다. 인용한 송강의 차운시에서도 이와 같은 점들을 확인할 수 있을 것이다.

한편, 석천을 위시한 식영정 4선들은 특히 '식영정'을 시의 제목으로 삼아 주변의 아름다운 풍광 20곳을 가려 읊었다. 연작의 형식을 취해 각기 20수씩 읊은 5언절구 「식영정제영息影亭題詠」이 바로 그것이다. 앞에서 살핀 석천과 송강의 「환벽용추」가 그 한 예다. 아마도 세 사람 모두의 스승인 석천이 제일 먼저 운을 내어 20수를 완성하고, 여기에 화답하는 형식으로 서하·제봉·송강 등이 각기 20수씩을 지었던 것으로 보인다. 이들 식영정 4선의 「식영정제영」은 요컨대 당대 사대부 문인들의 시적 교유를 대변하는 실례이자, 시작詩作 활동의 한 표본이라는 점에 중요한 의의가 있다고 할 것이다.

송강의 경우는 그의 『송강집』에 「식영정잡영」이라는 제목으로 10수, 그리고 「식영정잡영차운」이라는 제목으로 10수가 전한다. 더욱이 이 20수의 시들은 송강의 문학 세계, 특히 한시의 세계를 살필 수 있는 적절한 거점의 하나면서, 가사 「성산별곡」과 시조 등 국문시가의 단면을 이해하는 데에도 도움되는 바 적지 않다. 그 표현 언어가 다를 뿐, 시상의 전개나 정서 면에서 공분모가 적지 않기 때문이다. 그래서 이 20수의 한시들은 특히 「성산별곡」의 모태가 되었다는 점에서 주목을 받기도 한다. 한시 원문의 묘미를 감상할 수 없는 한계가 있기는 해도, 그 구체적인 몇 예를 통해 한시와 우리말 시가를 대비해 보는 일은 자못 흥미로운 일임에 틀림없다.

뿌연 안개 풀밭에서 소를 먹이더니,	飯牛烟草中
석양 햇살 가득 안고 피리를 부네.	弄笛斜陽裏
곡조야 거칠어 매끄럽지 않건마는,	野調不成腔
손가락에 어울려 저절로 맑은 소리.	淸音自應指

청강녹초변淸江綠草邊의 쇼머기는 아해들이,
석양의 어위계워 단적短笛을 빗기 부니,

믈아래 잠긴 뇽이 잠 깨야 니러날 듯,
내끼예 나온 학이 제 기슬 더뎌두고 반공半空의 소소 뜰 듯.

　예의 식영정을 제목으로 한 연작 20수의 차운시 가운데 한 수인 「들판 목동의 피리소리平郊牧笛」와 「성산별곡」의 한 대목이다.
　두 경우 모두 청정하고 한가로운 전원 풍경을 묘사하면서, 자연과 더불어 사는 이의 심성과 흥취를 넌지시 드러내고 있다. 한 폭의 그림을 연상케 하는 아늑한 정경이다. 옛부터 '시는 소리 있는 그림이요, 그림은 소리 없는 시'라고 하였는데, 경물 묘사를 통해 환기되는 이미지와 정경이 그런 아늑한 분위기를 자아낸다.
　그러나 이와 같은 풍경은 실제로 존재한다기보다는 마음 속에서 상상적으로 꾸며진 것이라고 할 수 있다. 뿌옇게 안개가 낀 너른 풀밭에서 소를 먹이는 아이들, 붉게 물든 석양 노을 속에 앉아 흥에 겨워 피리를 부는 아이들, 손끝에서 묻어나는 해맑은 피리소리, 그 울려 퍼지는 피리소리에 물 아래 잠긴 용이 잠 깨어 일어날 듯하고, 안개 물결 헤치고 나온 학이 둥지를 버리고 하늘로 둥실 솟아오를 듯하다는 것 등이 그것이다. 자신의 내면에 일어나는 흥취로부터 이런 정경 혹은 분위기를 연상할 수 있다는 것이다.
　이처럼 마음 속에서 꾸며진 정경들이 기본 구도를 이루고 있기는 해도, 인용한 예들은 각기 개성적인 면모 또한 지니고 있다. 한시의 경우, '곡조야 거칠어 매끄럽지 않건마는, / 손가락에 어울려 저절로 맑은 소리.'가 환기하는 청신한 이미지가 자칫 정물로 그칠 수 있는 정경에 생기를 불어 넣고 있다. 「성산별곡」의 경우는 개개의 정경들이 목동의 피리소리와 유기적으로 연계되면서 마치 지상으로부터 하늘로 비상하는 듯한 이미지, 그 분방한 사유의 세계를 펼쳐 놓고 있다.
　역시 식영정 차운시 가운데 한 수인 「끊어진 다리로 돌아가는 중斷橋歸僧」과 「성산별곡」의 한 대목, 그리고 같은 제재로 이루어진 시조를 차례로 들어보기로 하겠다.

까마귀 어둑어둑 숲 속으로 모여들고,　　　　翳翳林鴉集
산골짜기 햇볕 아득아득 저물어 가네.　　　　亭亭峽日曛
구절장九節杖 짚고서 돌아가는 중,　　　　　　歸僧九節杖
아스라히 일만 봉 구름을 띠고 가네.　　　　　遙帶萬山雲

앞 여흘 가리 어러 독목교獨木橋 빗겻는대,
막대 멘 늘근 즁이 어내 뎔로 간닷 말고.
산옹山翁의 이 부귀를 남다려 헌사 마오.
경요굴瓊瑤窟 은세계隱世界를 차자리 이실셰라.

믈 아래 그림재 디니 다리 우해 즁이 간다.
뎌 즁아 게 잇거라 너 가는대 무러보쟈.
막대로 흰 구름 가르치고 도라 아니 보고 가노매라.

　　세 경우 역시 작품의 전반적 시상이 비슷하다. 한시의 '구절장 짚고서 돌아가는 중, / 아스라히 일만 봉 구름을 띠고 가네.', 「성산별곡」의 '막대 멘 늘근 즁이 어내 뎔로 간닷 말고.', 시조의 '막대로 흰 구름 가르치고 도라 아니 보고 가노매라.' 등의 경우가 특히 그렇다. 그러면서도 이들 작품에서 표출하고자 한 탈속脫俗의 세계와 그 이미지는 참으로 다채롭다.
　　한시의 경우, 해 저물녁 숲 속 둥지로 깃을 드리우는 까마귀의 생태와 '아스라히 일만 봉 구름을 띠고' 절로 돌아가는 산승의 이미지 연계가 돋보인다. 또 「성산별곡」의 경우는, 외나무다리를 건너는 '늙은 즁'의 처소를 다만 '어느 절로 돌아가는가'라고만 말한 뒤, 자연에 묻혀 유유자적한 삶을 누리는 자신─'산옹山翁'의 별천지 세계를 누가 알까 두렵다고 한 표현의 유기성이 돋보인다. 그리고 시조의 경우는, 그 행로를 소리쳐 묻는 화자와 이에 무언의 행동만을 내보이는 중의 대조가, 간결한 구도 속에서 문답식 표현의 묘미와 함께 잔잔한 여운을 남기고 있는 점이 돋보인다.

이렇게 볼 때, 동일한 제재와 경관을 두고서도 이처럼 다채롭게 노래할 수 있는 송강의 역량은 분명 남다른 면모 가운데 하나임에 틀림없다. 아마도 그의 다감한 기질과 탁월한 시적 감수성이 장르 간의 이질성이나 형식적 틀을 뛰어 넘어 자유자재한 모습으로 드러난 결과가 아닐까 생각한다.

송강의 창평 향리생활을 살필 수 있는 작품들은 매우 많다. 그 가운데서도 특히 식영정 4선과 관련된 차운시들에는, 송강의 시적 교유와 분방한 사유의 세계를 살필 수 있는 면면들이 풍부하다. 창평을 배경으로 한 송강의 성장기 행적이나 낙향생활은 그의 문학수업과 창작활동에 결정적 영향을 미쳤다는 점에서 큰 의미를 갖는다고 하겠다.

시름과 풍류의 벗, 술과의 인연

송강의 일생에서 술을 빼 놓는다면 참으로 허전한 느낌이 든다. 그가 달리 무슨 낙으로 살았을까 싶은 생각이 들 정도다. 우리가 그렇게 느낄 정도니, 송강 자신은 말할 필요조차 없을 것이다.

그만큼 송강과 술과의 인연은 각별하다. 그의 술에 대한 애정과 집착, 지나친 음주에 대한 자중과 고심, 술이 어우러진 풍류와 사유의 세계는 실로 남다른 바가 있다. 특히 도도한 취흥과 함께 전개되는 송강의 술을 제재로 한 작품들은 그의 타고난 기질과 개성, 그의 파란만장한 삶을 축소해 놓은 듯한 느낌을 준다.

술에 대한 애정과 탐닉

일뎡 백 년 산들 그 아니 초초草草한가.
초초한 부생浮生애 므사 일 하랴 하야,
내 자바 권하는 잔을 덜 먹으려 하는다.

한결같이 백 년을 산들 그 아니 수고롭고 고된 일 아니겠는가. 그런 뜬구름같은 인생에 애써 무슨 다른 일을 하려고, 잔 잡아 권하는 술을 덜 먹으려 하는가. 험난한 세상살이, 이처럼 술로써 온갖 시름 잊고 지내는 것도 평생의 즐거움이려니.

권하는 술을 할 일이 많다고 물리치는 객을 향해 노래한 듯도 하고, 술이 술꾼에게 건네는 말 같기도 하며, 술을 즐기는 자신을 위로하며 이를 굳이 물리치지 않겠다는 노래인 듯도 한 송강의 시조다. 세상살이에 시달린 마음을 달래는 데에는 술보다 더 좋은 게 있을 성싶지 않다. 그의 술에 대한 애정이 잘 나타나 있다.

술을 제재로 한 송강의 문학 작품은 수십 편에 이른다. 한시는 물론, 국문 시가 가운데서도 술과 관련된 노래들이 상당한 비중을 차지한다. 게다가 술을 제재로 한 그의 작품들은 대부분 문학성이 뛰어나다. 인구에 회자된 다음의 시조를 보기로 하겠다.

재 너머 셩권롱成勸農 집의 술 닉닷 말 어제 듯고,
누은 쇼 발로 박차 언치 노하 지즐 타고,
아해야 네 권롱 겨시냐 뎡좌슈鄭座首 왓다 하여라.

고개 너머 성권농 집의 술이 익었다는 말을 어제 들었다. 말만 들어도 술 향기가 코 끝에 진동한다. 누워 있는 소를 발로 걷어 차 일으켜 세우고는, 안장도 얹지 않고 깔개만을 깔고 눌러 탄다. 신바람이 난다. 산 넘고 내 건너는 것은 순식간이다. 마음은 이미 성권농 집에 가 있다. 그리하여 앞으로 한참 후에나 벌어질 일인데도, 그의 절실한 심리는 벌써 성권농 집 아이에게 '뎡좌슈 왓다 하여라.'로써 자신의 도착을 알리고 있다.

송강의 호방한 기질과 술을 좋아하는 품성을 유감없이 느낄 수 있는 작품이다. '술이 익었다'는 말을 듣는 순간부터 고개 너머 성권농 집에 도착하기까지의 과정이, 바로 눈 앞에서 전개되고 있는 듯한 생동감을 불러 일으킨다. 술에 대한 절실한 심리가 모든 과정을 함축적으로 그리고 있으며, 이 함축적 표현으로부터 박진감 넘치는 상황 전개가 이루어지고 있다.

이 작품이 인구에 회자된 이유는 무엇보다도 이와 같은 생동적 묘사·함축적 표현에 깃든 상황 전개의 박진감 때문일 것이다. 아울러 술을 좋아하는 자신의 품성을 솔직하게 드러내고 있는 데서, 그 꾸밈없는 모습에 동조하는 감정, 나아가 소탈한 인간미를 느낄 수 있기 때문일 것이다.

술을 제재로 한 송강의 사고와 표현은 실로 다채롭고 발랄하다. 그리고 그 내용은 반드시 술을 좋아하거나 도도한 취흥의 세계를 경험해 본 사람이라야 이해가 가는 것도 아니다. 일단 생각의 방향을 술에 맞추고서, 이와 연관된 감수성의 세계를 두루 펴 내는 것이다. 넉넉한 시인의 자질을 갖추지 않고서는 이렇게 노래하기 어려울 것이다.

그렇기에 송강은 스스로를 '광생狂生'으로까지 자처한다. 자타가 공인하는 술꾼이라는 사실과, 그것을 굳이 감추지 않겠다는 솔직함이 그 밑바닥에 깔려 있다.

> 유령劉伶은 언제 사람고 진晉 적의 고사高士로다.
> 계함季涵은 긔 뉘러니 당대의 광생狂生이라.
> 두어라 고사 광생은 무러 무삼하리.

죽림칠현竹林七賢 가운데 한 사람이며 「주덕송酒德頌」을 지어 "오직 술 마시는 것으로 일을 삼노니, 그 나머지 일이야 어찌 알리오."라고 노래한 '유령'을 '고사—고상한 선비'로 치켜 올리더니, 이와 대비하듯 술을 좋아하는 자신을 지금 시대의 '광생'으로 솔직하게 자처했다. 그리고는 아무렴 어떻겠는가, '고사'니 '광생'이니 따지는 것 자체가 무어 그리 대수로운 일이겠느냐고 했다.

　이 시조에서 송강은 이념이나 격식의 테두리에 갇혀 있지 않은 자신을 넌지시 드러내고 있다. 술을 다른 무엇보다도 좋아하고 거기에 일가견이 있는 바에야, 이념이니 격식이니를 따지는 것 자체가 사실 마땅치 않다. 그래서 일정 궤도에 오른 술꾼에게는 '고상함'도 '허랑방탕함'도 별다른 의미를 지니기 어려울 터 아니겠느냐고 반문하면서, 그런 것에 개의치 않는 분방함을 드러내고 있는 것이다.

　그리하여 마침내 송강은 술과 자신 사이의 동류의식이랄까 동질감 같은 것을 느끼는 데까지 이르렀음을 스스럼없이 고백한다. 다음과 같은 「옥천자가 고죽을 보내는 시의 운을 따서 짓다次玉川子送孤竹之韻」라는 7언고시의 한 대목에서 이를 실감할 수 있다.

내 오늘 술에게 묻노니,	今日我問酒
술과 나는 누가 손이요 누가 주인인가.	酒與我誰賓主
술이란 온갖 맛 중의 제일이요,	酒爲百味之最長
나는 범인 중의 인걸인 것을.	我是凡民之俊秀

　단순히 술을 좋아하고 즐기는 단계를 넘어서서 일정 경지에 다다르면, 이처럼 '누가 손이고 누가 주인인지' 분간하기 어려운 상태에까지 이르게 되는 듯싶다. 그만큼 술을 사랑하는 정이 깊고 간절하다는 뜻이기도 할 것이다. 그 뗄래야 뗄 수 없는 애정과 인연의 깊이로부터, '술이란 온갖 맛 중의 제일—나는 범인 중의 인걸'이라는 일종의 동

류의식 내지 동질감이 생겨나는 것이 아닌가 싶다.

술 마시는 곡절과 세상의 평

그러면, 송강은 왜 이렇듯 술에 탐닉했을까?

물론 술이라는 것이 딱이 이유가 있어서 마시는 것만은 아닐 터다. 그러나 단순히 즐기는 정도가 아니라 '탐닉'의 정도에 이르렀다면, 나름대로 긴한 사연이 있을 법도 하다.

송강은 「술을 경계하는 글戒酒文」에서, 자신이 술을 즐기는 이유를 다음과 같이 말한 적이 있다.

> 내가 술을 즐기는 이유가 넷 있으니, 불평이 하나요, 흥취가 둘이요, 빈객을 대접하는 것이 셋이요, 남이 권하는 것을 거절하기 어려운 것이 그 넷이다.

위 네 가지 이유 가운데, 송강의 품성이나 기질로 보아 어느 것 하나 접어두기 어려운 것이 사실이다. 나아가 술마시는 이유를 이렇게 몇 갈래로 나누어 들어보인 것이 생각만큼 대단한 의미를 지닌 것일 성싶지도 않다. 술꾼의 자기주장이 어디 여기에서 그치겠는가. 실제로는 '그저 좋아서' 마시는 경우가 훨씬 더 많지 않을까 싶다.

문제는, 그 마시는 '정도'에 있다. 그리고 통상적인 '정도'에서 벗어났을 때 생겨나는 여러 폐단에 있다.

송강이 당쟁의 소용돌이 속에서 중앙 정치무대에의 진퇴를 거듭할 무렵, 그를 못마땅해 하는 동인세력들은 곧잘 그가 술을 지나치게 좋아한다거나, 취해 불평을 늘어놓는 일이 적지 않다는 등의 말을 내세워 논핵의 재료로 삼는다. 이유야 어떻든 송강의 음주는 분명한 흠으로 지적되고 있었던 것이다. 평생의 지기이자 그와 정치적 노선을 같이한 율곡조차도 그의 음주벽을 안타까워 하며, "공은 조심하여 술을 끊으라."는 충고를 서슴지 않는다.

 그런데도 당시 송강에 대한 신임이 두터웠던 선조는 오히려 그를 비호하는 말을 하기도 한다. "정철이 술을 마신다는 것은 나도 익히 잘 알고, 그 역시도 스스로 말한다. 그가 술을 마시는 것은 대개 심회를 풀 길이 없기 때문이니, 애석한 일이기는 해도 미워할 것은 없다."라고 한 것이 그것이다.

 그렇다면, 이처럼 임금까지도 비호하는 말을 내게 한바, 송강이 술로 달래거나 풀고자 한 그 '심회'는 대개 어떤 것이었는가?

 우선 생각할 수 있는 것은, 당대 정치 현실과의 갈등에 말미암은 답답한 심경 때문이다. 다혈질인 그가 자신의 올곧은 신념과 강인한 의지, 그리고 무엇보다도 직언을 잘하여 생겨난 문제들로 골머리를 앓는 경우가 잦았을 것은 당연하다. 그런데 이를 달리 해소할 길이 없을 때 술을 찾게 되는 것 또한 당연하지 않을까 하는 것이다. 그가 평소 즐겨마지 않는 술을 통해서라도 스스로를 위안하고 마음을 가라앉히는 계기를 마련했을 터기 때문이다. 이른바 '술 권하는 사회'를 연상케 하는 그런 심리 상태라 할 것이다.

 그런데, 이런 계기들이 송강의 음주를 충동질하기도 했겠지만, 보다 뿌리깊게는 그가 겪어 온 삶의 과정이 다소 지나치다 싶은 음주로까지 이끈 게 아닐까 생각한다. 그와 절친한 사이였던 조헌의 다음과 같은 지적은 그 단면을 적실하게 드러내고 있는 것으로 보인다.

  정철이 술을 좋아하는 것을 병통으로 여기는 사람들은 그의 심사를 모르고 하는 말입니다. 정철은 일찍이 그의 맏형이 사화에 얽혀 매를 맞아 죽었고, 매부인 계림군은 머리를 깎고 도피했으나 오히려 잡혀 죽었으니, 그가 술에 의탁함은 실로 완적阮籍의 꾀에서 나온 것입니다.

 조헌의 상소문 가운데 일부다. 즉, 1585년(선조 18년)에 당시 동인세력의 대대적인 서인 축출로 창평에 낙향하여 지내던 송강을 복권復權시키고자, 송강의 맑은 이름과 강직한 충절을 내세워 변론을 펴 나간 상소문 가운데 일부다.

  이 글에서 조헌은 송강이 술을 마실 수밖에 없는 이유를, 그가 유년 시절에 겪은 을사사화 때문이라고 변호한다. 송강 자신이 아버지를 따라 유배지 생활을 전전했던 것은 물론, 크게 부러울 게 없었던 집안이 하루 아침에 풍비박산이 난 그 일을 결코 잊지 못하는 것이 당연하지 않겠느냐는 것이다. 그러면서 이를 '완적의 꾀'에 비겨, 송강이 그럴 수밖에 없는 이유의 일단을 설득력있게 대변하고 있다. '완적'은 술을 마심으로써 고단한 몸과 어지러운 세상사를 잊으려고 했던 죽림칠현의 한 사람이다.

  그런 면에서 보면, 선조 역시 이런 사실을 염두에 두고서 '대개심회를 풀 길이 없기 때문'이라고 비호했던 것으로 보인다. 송강의 강직한 품성도 품성이지만, 거기에는 나름의 깊은 사연이 있다는 사실을 헤아린 결과다. 그래서 '애석한 일이기는 해도 미워할 것은 없다.'라고 함축해 말한 것이 아닌가 생각한다. 물론, 그만큼 송강을 총애하기 때문에 이처럼 감싸준 것이고 보면, 송강으로서는 황공하기 짝이 없는 말이기도 하다. 송강이 평생을 두고 선조를 받들고 간절히 사모하게 된 데에는, 이런 은총을 쉽게 잊을 수 없기 때문이기도 했을 것이다.

술에 대한 자중과 부심

  그러나 이렇게 되면 송강인들 자신의 음주벽에 대해 고심하지 않을 리 만무하다. 술로 시름을 달래고자 한 반면, 술로 인해 시름이 생기기도 했기 때문이다. 그래서 송강은 지나친 음주로 이런저런 말을 듣게 되고 스스로도 과하다 싶은 생각을 하게 되면서, 술을 자중하는 문제로 심각하게 고민하고 여러 다짐을 한다.

벼슬살이에 분주하던 어느해에 지은 7언절구「새해에비나이다新年祝」5수 가운데 첫째 수를 옮겨보기로 하겠다.

새해에 비나이다, 새해에 비나이다.　　　新年祝新年祝
비옵는바 새해에는 술을 적게 마시고,　　所祝新年少酒杯
심경心經이랑 근사록近思錄을 다 읽어서,　讀盡心經近思錄
임금께서 성현을 친히 보았다 하시도록.　許君親見聖賢來

새해에 빌어 마지 않는바 첫 번째가 바로 '술을 적게 마시고, 선현의 글을 독파하여, 임금께 칭송받는 어진 신하가 되는 것'이라고 했다. 이런 소망의 이면에서, 그의 술에 대한 집착과 고심이 실로 대단했음을 헤아릴 수 있다. 오죽했으면 이처럼 새해 벽두부터 자신의 음주벽을 경계하면서 새삼스런 다짐의 말을 펴 냈겠는가? '술꾼'의 괴로운 심사가 행간에 가득 배어 있다.

술에 얽힌 복잡다단한 송강의 심사는 역시「술을 경계하는 글戒酒文」에 잘 나타나 있다. 그 일부를 옮겨보면 다음과 같다.

> 내가 벼슬을 쉬고 물러나 있으면서 다섯 번이나 성은을 입었으므로, 금년 봄에는 부득이 병든 몸을 이끌고 부르심에 나아가 상소하여 물러갈 것을 청하였다. 뜻이 강호에 있으면 마땅히 문을 닫고 출입을 끊으며, 말과 행동을 삼가해야 할 것이다. 그런데 동정이 일정치 않고, 언어에 실수가 있으며, 천 가지 만 가지 망령된 일들이 다 술로 인해 나오게 된다.
> 바야흐로 취하였을 때는 기탄없이 맘대로 행하다가, 술이 깨고 나면 미혹되어 깨닫지 못하게 된다. 남이 혹 말을 하면 처음에는 믿지 않다가, 그것이 사실임을 알게 되면 부끄러워서 죽고만 싶다. 오늘도 이와 같고 내일도 이와 같아, 잘못과 뉘우침이 산과 같이 쌓이되 고칠 때가 없다. 그러니 친한 이는 애처롭게 생각하고 소원한 이는 침을 뱉게 되어, 천명

을 더럽히고 인륜을 문란시켜 밝은 가르침에 저버림을 받게 된 것이 적지 않다.

송강의 나이 42살이던 1577년(선조 10년)에 쓴 글이다. 동서붕당의 소용돌이로 40살이던 1575년(선조 8년) 10월 이후 낙향하여 주로 담양 창평에 거주하다가, 고양 신원으로 올라와 지낼 무렵이다.

자신의 지나친 음주 습관과 술에 미혹되어 저지른 '망령된 일들'을 고백조로 진술하고 있다. 그래서 마치 지난 날의 잘못을 통절히 뉘우치며 쓴 반성문이라는 느낌을 갖게 한다. 송강이 술을 자중하는 문제로 그만큼 심각한 고민과 갈등을 겪었다는 사실을 여실히 보여주고 있다 할 것이다.

그러면, 이와 같은 마음가짐으로부터 송강의 음주벽에 대한 갈등이나 고뇌가 해결의 실마리를 찾게 되었는가? 가령, '차라리 타고난 기질에 충실하는 것—술을 가까이 할 수밖에 없는 처지를 그대로 받아들이는 것'으로써 마침내 문제 해결의 실마리를 찾고 마음의 평화를 얻었는가?

능히 짐작할 수 있는 것처럼, 이 문제는 마음먹은대로 풀려 나가거나, 별다른 마찰 없이 해결되기 어려운 성격을 띠고 있다. 여러 폐단으로 인해 술을 자제해야 하는 것이 당연하지만, 그게 생각처럼 수월하지 않은 것이 현실이기 때문이다. 따라서, 아무리 호방한 품성을 지닌 송강이라할지라도 이와 같은 '당위'와 '현실' 사이의 갈등에서 선뜻 벗어나기 어려웠다. 그런만큼 송강은 끊임없이 고뇌를 되풀이했던 것으로 보인다.

7언고시로 된 「아직 술을 끊지 못하다未斷酒」와 「이미 술을 끊다已斷酒」에서 이런 사실을 분명하게 확인할 수 있다.

묻노라 그대는 왜 술을 끊지 못하는가. 　　　　　問君何以未斷酒

변방의 가을 하늘 서릿달이 괴롭다네.	楚國秋天霜月苦
갈대밭에 물이 줄자 기러기 외로이 날고	蘆洲水落雁影孤
천리라 서울은 가로 막혀 갈 수 없네.	千里秦城隔湘浦
미인을 그리어도 만나 볼 수 없나니,	佳人相憶不相見
온 숲의 비바람에 홀로 앉아 무얼하리.	風雨千林獨閉戶

묻노라 그대는 왜 이미 술을 끊었는가.	問君何以已斷酒
술 가운데 묘리가 있다지만 나는 모르겠네.	酒中有妙吾不知
병진년에 시작하여 신사년에 이르도록,	自丙辰年至辛巳
아침으로 저녁으로 술잔을 들었지만,	朝朝暮暮金屈巵
이제껏 마음의 성城 깨뜨리지 못했으니,	至今未下心中城
술 가운데 묘리가 있다지만 나는 몰라라.	酒中有妙吾不知

먼저, 위쪽에 인용한 「아직 술을 끊지 못하다未斷酒」에서, 송강은 자신이 술을 끊지 못하는 이유가 험난한 사회 현실의 풍파에 있음을 탄식한다. '변방의 가을 하늘 서릿달이 괴롭다.' 고 한 데서 보듯, 현실의 자장권에서 밀려나 낙향생활을 하는 처지가 괴롭기 때문이며, '물이 줄어든 갈대밭' 위를 나는 '외로운 기러기' 신세이기에, 밀려드는 고독감을 떨칠 수 없어서다.

나아가, 마음은 항상 '미인-임금' 곁에 가 있건만, '천리 길이 가로막혀 만나볼 수 없기에', 짓는 것은 한숨이요 쌓이는 건 그리움이다. '비바람' 때문인지 시름에 겨워서인지, '온 숲' 마저 산란하게 일렁인다. 그러니, 그 숲 속에 '홀로 앉아' 쌓이는 시름을 달리 어떻게 달래겠는가. 하는 수 없이 술잔을 기울일 수밖에.

막힌 것은 뚫어야 하고 맺힌 것은 풀어야 할 텐데, 그 마땅한 방법을 찾지 못할 때에는 갑갑한 마음에 시름만 쌓일 건 당연하다. 그래서 온당치 않은 줄 알면서도, 송강은 이런저런 번민과 고통에서 벗어나는 수단으로 술을 찾는다. '술을 끊어야 한다'는 사실을 당연한 것으로 받아들이면서도, '아직 끊지 못하는' 현실을 스스로 탄식하며 안타까워 하는 것이다.

그러나, 문제가 문제인 만큼 송강은 어느 순간 결단을 내리지 않을 수 없는 상황에 이르기도 한다. 아래쪽에 인용한 「이미 술을 끊다己斷酒」가 바로 그것이다.

이 시에서 송강은 '이미' 술을 끊었음을 선언한다. 그런데 그 이유라는 것이 '술 가운데 묘리가 있다지만 나는 몰라서, 이제껏 마음의 성城을 깨뜨리지 못했기 때문'이라는 것이다. 일반적인 예상과는 상당히 다른발언이 아닐 수 없다. 역시 시대의 '술꾼'은 생각의 깊이나 폭이 이처럼 범상치 않은가 싶다.

술을 마시면 마음에 맺힌 응어리나 답답하게 쌓인 문제의 실마리가 술술 풀릴 것으로 기대했다. 또 무엇인가를 고집하거나 집착하는 데서 벗어나 스스로 마음의 벽을 허물 수 있으리라 기대했다. 술 가운데 '묘리'가 있다고들 하는 것은 바로 이를 두고 하는 말일 터다.

그런데 '병진년(1556년·21살)에 시작하여 신사년(1581년·46살)에 이르도록' 그 오랜 세월 동안 술을 마셔 보았건만, 이제껏 그 견고한 '마음의 성'을 깨뜨리지 못했다. 오히려 거기에 시름을 덧보탬으로써 그 '마음의 성'을 더욱 견고하게 만들었는지도 모른다. 그러니 이제 술을 마셔야 할 궁극의 이유를 찾을 수 없고, 따라서 '이미 술을 끊었다'는 것이다.

이처럼 송강은 술로 인해 많은 고충을 겪는다. 그는 「이미 술을 끊다己斷酒」와 같은 시를 짓기도 하지만, 이후 완전히 술을 끊은 것도 아니고, 술에서 나름의 '묘리' 또한 찾지 못한 것도 아닐 터다. 중요한 것은, 술로써 시름을 해결할 수 없었고, 오히려 술로 인해 또다른 시름이 생겨났다는 사실이다. 위의 시편들은 그런 즈음에 처해 있던 송강의 심경을 읊은 것으로서, 역시 술 때문에 고뇌하는 모습이 잘 드러나 있다.

그리하여 송강은 좀더 나이를 먹게 되면서, 마침내 자신이 술을 끊을 수 없음을 담담하게 인정하고, 자신의 음주에 대해 다소 여유있는 태도를 취한다.

술이 어우러진 풍류의 세계

한편, 송강에게 있어서 술이 이처럼 시름을 달래는 벗이기만 했던 것은 아니다. 그로 말하면 시대의 '술꾼'이기에 앞서, 어느 누구에게도 뒤지지 않는 '풍류운사風流韻士'가 아니겠는가! 자고로 풍류에는 술이 빠질 수 없는 일이고 보면, 송강의 경우에는 두말할 필요가 없을 것이다.

술이 어우러진 송강의 산뜻한 풍류의 한 장면을 보기로 하겠다.

남산 뫼 어드메만 고학사高學士 초당 지어,
곳 두고 달 두고 바회 두고 물 둔난이,
술조차 둔난 양하야 날을 오라 하거니.

남산 어디 쯤에 고학사가 초당을 지어, 꽃 두고 달 두고 바위 두고 연못 두더니, 술조차 두는 듯하고서 나를 오라 하옵네.

'고학사'는 송강의 절친한 벗이자 풍류객인 고경명인 듯하다. 그가 남산 어디 쯤엔가 초당을 지어, 꽃과 달과 바위와 연못이 어우러진 아름다운 정원으로 송강을 초대한 듯하다. 그 위치를 '남산 뫼 어드메만'이라고 표현한 데서 은근함을 느낄 수 있다. 또 경쾌한 리듬감을 자아내며 나열되는 '꽃·달·바위·연못'은 이른바 화조월석(花朝月夕:꽃 피는 아침과 달 뜨는 저녁)의 풍류를 자연스럽게 연상시킨다. 필요한 경물이 필요한 만큼만 있는 정결한 풍경이다.

그러나 이와 같은 풍류에 정겨움과 흥을 불어넣는 것은 역시 종장의 '술조차 둔난 양하야'다. 정결한 초당 풍경에 활기를 불어 넣으면서 풍류를 완성시키는 것이 바로 '술'이기 때문이다. 그리하여 마치 그림 속의 정물로 존재하던 초·중장의 풍경이 비로소 종장에 이르러 실물화하면서 살아 움직이는 듯하다. 송강의 호방한 풍류 기질이 이처럼 정겹고 활기가 도는 분위기를, 그 탁월한 시적 형상을 창출해 낸 것이다. 이렇듯 술은 화룡점정畵龍點睛하듯 송강의 풍류를 완성시킨다. 그에게 있어서 술은 요컨대 풍류의 소중한 벗이기도 한 것이다.

송강을 위시한 사대부들의 풍류에도 으레 노래가 따랐는데, 한시와 국문시가가 그 중심을 이루었을 것으로 생각된다. 그런 면에서 술이 어우러진 풍류에 시가 따르는 것은 특정 시대에 국한되지 않는 보편적 문화현상의 한 가지라고 할 것이다. 송나라 시인 소동파(蘇東坡:1036~1101)는 일찍이 술의 별호別號를 일러, "응당 시를 낚는 낚시라 부를 것이요, 또한 근심을 쓸어내는 빗자루라 불러야 할 터."라고 했다. 고려시대의 이규보(李奎報:1168~1241) 또한 "술이 없으면 시도 묘미가 없고, 시가 없으면 술맛도 시들하다."라고 했다. 모두 술과 시의 끈끈한 유대를 재치있게 표현한 말들이다.

호탕하고 재기넘치는 풍류운사의 기질을 지닌 송강은 이 방면에서도 탁월한 모습을 보여준다. 그는 '술을 마셔 흥이 나면 시를 짓고, 시 짓는 즐거움을 위해 술을 마시는' 일종의 순환리듬이 몸에 배어 있었던 것으로 보인다. 비근한 예로, 송강의 종사관이 되어 함께 일한 적이 있는 상촌 신흠(象村 申欽:1566~1628)은 그가 지은 송강의 「전傳」에서 다음과 같은 체험을 옮겨 놓고 있다.

> 때로는 반쯤 취하여 잔을 들고 입으로 읊으며 손으로 써서 장시長詩와 단가短歌를 서로 섞어 짓는데, 감칠맛나는 말이 사람을 휘감아 인간사를 함께 잊어버리고 상쾌하게 서로 대면할 때면, 무릎이 저절로 앞으로 나아가게 되는 것을 깨닫지 못하게 된다. 내가 사람을 본 일이 많으나, 일찍이 이런 풍채와 운치는 보지 못하였다.

주선酒仙이자 시선詩仙의 경지에 이른 송강을 상상할 수 있는 일화다. 아울러 이같은 '풍채와 운치'로부터, 즉흥성이 뛰어나면서도 감탄할 만한 격조를 갖춘 송강의 시작詩作에 매료된 상촌의 모습을 넉넉히 상상할 수 있다. '감칠맛나는 말'이 자아내는 분위기와 함께 '무릎이 저절로 앞으로 나아가게 되는 것을 깨닫지 못하게 된다.'라고 했으니, 더 이상의 찬사가 오히려 번거롭지 않을까 싶다.

술이 어우러진 송강의 풍류는 활달·호방하게 펼쳐지는 것만은 아니다. 그와 술과의 인연이 그렇듯이, 때로는 처절하기조차 한 경우가 적지 않기 때문이다. 술노래의 대명사라 할 수 있는 「장진주사將進酒辭」야말로 이를 대변하는 예라 할 수 있다.

> 한 잔 먹새 그려 또 한 잔 먹새 그려.
> 곳 것거 산算 노코 무진무진 먹새 그려.
> 이 몸 주근 후면,
> 지게 우해 거적 더퍼 주리혀 매여 가나,
> 뉴소보댱流蘇寶帳의 만인이 우러네나.
> 어욱새 속새 덥가나모 백양 수페 가기곳 가면,
> 누른 해 흰 달 가는 비 굴근 눈 쇼쇼리 바람불 제,
> 뉘 한 잔 먹쟈할고.
> 하믈며 무덤 우해 잰나비 파람 불 제야,
> 뉘우친들 엇디리.

생각해 보면 허무한 인생이러니, 한 잔 또 한 잔, 꽃가지 꺾어 셈해 가며 끝없이 마셔보자꾸나. 누구도 피할 수 없는 죽음의 운명이기에, 이렇듯 살아 숨쉬고 있을 때 술잔 기울이면서, 그 허무감에서 벗어나는 것도 좋은 일 아니겠는가. 지게 위에 거적 덮어 졸라 매 지고 가는

미천한 사람이든, 화려한 상여에 만인이 울며 떠나 보내는 고귀한 사람이든, 모두가 죽으면 그뿐, 한 가지인 것을. 하여, 억새·속새·떡갈나무·백양나무 우거진 숲 무덤 속에 누워 있으면, 누른 해·흰 달·가는 비·굵은 눈·쌀쌀한 바람 부는 그 적막한 때, 누가 찾아와 한 잔 먹자고 하겠는가. 하물며 무덤 위에 원숭이 휘파람 부는 더없이 애달프고 서글픈 그 때 가서야, 못다 누린 이 이승에서의 삶을 뉘우쳐 본들 무엇하겠는가.

이 시는 누구도 피할 수 없는 죽음의 문제를 내세우면서, 인생의 허무와 비애를 술로 풀어 달래고자 한 노래다. 인간의 의지만으로는 극복할 수 없는 죽음의 운명 앞에서, 어느 누구도 태연자약할 수 없다. 그렇기에 중요한 것은 '살아 있는 오늘' 임을 역설적으로 강조한다. 술을 마심으로써 그러한 애환에서 벗어날 수 있다는 데서는 다소 향락적인 분위기를 풍기지만, 이는 오히려 오늘의 삶을 철저하게 향유함으로써 유한한 인생의 의미를 찾는 것일 수도 있다. 따라서 저자거리의 소박한 권주가와는 그 풍격이 전혀 다르다.

이 노래에는 삶에 대한 깊은 성찰과 회한이 있고, 자연의 이법에 순응·귀의하는 달관이 있다. 특히 '누른 해 흰 달 가는 비 굴근 눈 쇼쇼리 바람불 제, 뉘 한 잔 먹쟈고.' 와 같은 구절은, 그 유려한 표현과 오감을 자극하는 이미지를 통해, 세월의 무상함과 인생의 유한함을 참으로 실감나게 형상화하고 있다. 그렇기에 유한한 인생의 의미를 자각한 시인은 살아있는 오늘 술을 마시며 '죽음이 주는 절망감을 담담하게 반추' 하고 있는 것이다. 그런 면에서 이 노래는 죽음의 비극성과 허무의식에 대한 반작용으로, '삶에 대한 강한 긍정과 애착'을 역설적으로 드러내고 있다 할 것이다.

이처럼 「장진주사」는 술에 대한 송강의 심사를 집약해 놓은 느낌을 준다. 유한한 인생을 즐길 줄 아는 담담한 흥취가 있는가 하면, 삶을 반추하면서 느끼는 처연한 정서가 만인의 심금을 울리기도 한다. 한 마디로 술과 노래와 풍류가 한데 어우러져 깊은 사유의 세계를 열어 놓는 데 이 작품의 매력이 있다고 하겠다.

오늘날 「장진주사」에 대한 평은 다양하다. 그것이 문학 작품의 속성이기도 할 터다. 그래서 더러 퇴폐·향락적인 분위기니 비애의 정서를 강조하는 예를 보기도 한다. 그러나 이 노래가 어찌 이런 면만을 지니고 있겠는가. 이 노래는 인생이 허무다하든가 무상하다는 느낌을 전하고는 있지만, 술이 어우러진 담담한 풍류의 흥취를 통해, 우리를 슬픔의 바다에서 건져내어 살며시 어루만져 준다. 그것이 비록 새로운 슬픔으로 안내하는 것이라 할지라도…….

그런 면에서 「장진주사」야말로 술노래의 대명사면서, 서글픈 아름다움을 지닌 송강의 걸작임에 분명하다고 할 것이다.

술과 맺은 인연의 깊이

이상에서 보듯, 술에 얽힌 송강의 심사는 실로 다양하고 이채롭다. 술과의 인연이 각별했던 만큼 거기에 탐닉하기도 하고, 자중으로 고심하기도 하며, 특유의 기질과 풍류로써 어울리기도 하는 등 숱한 우여곡절을 거친다. 그리하여 술을 벗삼아 겹겹이 쌓인 시름을 달래기도 하고, 멋진 서정의 세계를 펼쳐보이기도 한다.

생애 어느 한 시기에 그치고 만 인연이 아니었기에, 송강은 술과 연관된 자신의 삶을 되돌아보는 계기를 맞을 때마다, 예사롭지 않은 감회를 적잖게 시로써 남겼다. 그리하여 '술의 광생'으로 자처하기를 주저하지 않은 송강이지만, 늘그막에 이르러서는 착잡한 심경에 잠기기도 한다. 7언율시로 된 「서산에서 생각나는대로 짓다西山漫成」야말로 이런 심경이 오롯이 드러나 있는 예라 할 수 있다.

밝은 시절엔 정승감이라 자부했는데,	明時自許調元手
늙으막엔 숯이나 파는 늙은이로세.	晚歲還爲賣炭翁

진퇴는 때가 있어 운명인 줄 알건만,	進退有時知有命
시비는 일정치 않아 무궁도 하구나.	是非無適定無窮
깊은 병에 삼년 묵은 쑥을 갖지 못하고,	膏肓未備三年艾
떠돌이 생활이라 집칸 마련도 어렵구나.	飄泊難營十畝宮
오직 늙어가며 잘하는 일 있다면,	惟是老來能事在
백 잔 술 기울이며 온갖 근심 비우는 일.	百杯傾盡百憂空

한창 좋은 시절에는 '일인지하 만인지상一人之下 萬人之上'의 정승감을 자부하기도 했다. 그러나 나이 든 지금 '숯 파는 늙은이' 신세 정도가 아닌가 싶다. 나아가고 물러남에는 때가 있어 모든 게 운명이려니 생각하지만, 벼슬살이에는 왜 그다지도 시비가 끊이지 않는 것인지. 이제 남은 건 병든 몸과 의지할 곳 없는 처지, 깊은 병을 고칠 약도 의지할 집칸마저도 없는 떠돌이 신세. 이렇듯 늘그막에 오직 잘하는 일이 있다면, '백 잔 술 기울이며 온갖 근심 비우는' 일.

자신의 불우한 처지를 서글픈듯 착잡하게 읊조리고 있다. 아직도 마음은 경국제민의 포부를 펼치는 데 가 있어서, 외롭게 물러나 있는 지금의 처지를 쉽게 받아들이기 어렵다. 그러나 달리 뾰족한 수가 보이지도 않는다. 그래서 '모든 게 운명이려니' 라는 생각도 해보지만, 시비가 끊이지 않는 현실이 못내 안타깝기만 하다.

그렇다면 이제 자신에게 남아 있는 건 무엇인가? 마음이 편하지도, 몸이 건강하지도, 살림살이마저도 여의치 않다. 오로지 한 길만을 향해 달려왔으니, 어느 결에 그런 일들에 대비했겠는가. 그래서 더욱 착잡한 생각이 든다. 다만 나이든 지금까지 여전한 것이 있다면, 술잔 기울이며 시름을 달래는 일이다. 이것이 자신에게 남아 있는 모든 것임을 새삼 절감한다. 어딘지 허전하고 쓸쓸하다.

송강에게 있어서 술은 괴로울 때든 즐거울 때든 항상 없어서는 안 될 존재였다. 송강의 술에 대한 탐닉은 상상을 초월할 만큼 대단하다.

하기야 못다 마신 술 때문에 죽기도 억울하다고 할 정도였으니, 송강은 술과 더불어 살고, 술과 더불어 삶을 마감했다고 해도 지나친 말은 아닐 것이다. 도대체 어느 정도까지 마셔야 그의 소원이 풀어질 수 있을지 궁금하기조차 하다.

쉰 술 걸러 내여 맵도록 먹어보새.
쓴 나물 데워 내여 달도록 씹어보새.
굽격지 보요 박은 잣딩이 무되도록 다녀보새.

맛이 시어진 술 걸러 내어 맵도록 먹어보세. 쓴 나물 데워 내어 달도록 씹어보세. 굽달린 나막신 바닥에 총총이 박은 쇠붙이가 닳아 무디어지도록 다녀보세.

코가 매울 때까지 술을 마셔보자거나, 단맛이 느껴질 때까지 쓴 나물을 씹어보자거나, 바닥에 박은 쇠붙이가 닳아 무디어질 때까지 나막신을 신고 다녀보자는 것은, 끝이 있으면서도 없다는 사실을 넌지시 드러내고 있다. 한 마디로, 술의 참맛을 느껴가면서 삶을 마감하는 날까지 실컷 마셔보자는 뜻이다. 이른바 송강의 '소원성취'는 그제서야 비로소 실현될 수 있을 터이다.

실제로 송강은 이미 병이 위중한 상태였음에도 불구하고, 삶을 마감하는 즈음까지도 술로 위안을 삼았다. 송강의 나이 58살이던 생애 마지막 해(1593년), 그는 억울하게 무함을 입고 강화도로 물러나 있었다. 그런데 그가 마지막으로 지은 작품으로 보이는 「섣달 초6일 밤에 앉아서臘月初六日夜坐」라는 7언율시에서조차도, 그는 "눈 쌓인 궁촌에서 화로 끼고 마신다오."라고 노래했다. 그렇게 하면서 만 갈래로 얽힌 시름을 달래었다. 요컨대 그와 술과의 인연은 이처럼 평생을 두고 끈덕지고도 깊은 골을 이루었던 것이다.

빼어난 시문학에 깃든 정서와 미학

송강은 다양한 성향의 작품을 창작한 문호文豪지만, 그 종류를 따져 보면 한시·시조·가사로 대표되는 당대 시문학 장르에 집중되어 있다. 그래서 '송강문학' 하면 곧바로 시문학을 떠올리게 되며, 어느 누구도 그를 '시인'으로 일컫는데 주저하지 않는다. 우리 문학사를 화려하게 빛낸 80여 수의 시조와 4편의 가사, 그리고 우리말 시가에 못지않은 성가를 지닌 700여 수의 한시가 그것을 잘 말해 준다.

그렇다고 해서 송강이 오로지 시만을 지었던 것은 아니다. 산문에 해당하는 글 역시 적잖게 지었기 때문이다. 문제는 그가 지은 산문의 성격, 즉 문학성에 있다. 이 점에 있어서 그의 산문들은 이른바 시에 버금가는 작품으로 일컫기 어려운 예들이 대부분이다. 책문策文·상소문上疏文 등 공무와 관련된 글들과, 편지·제문 등 실용적 성격을 지닌 글들, 그리고 십 수 편의 일기·기문記文 등이 그가 지은 산문의 전부이기 때문이다.

따라서 송강문학을 대변하는 것은 역시 시문학이다. 바로 이 시문학에 그의 모든 문학적 역량과 성과가 무르녹아 있음을 새삼 확인할 수 있기 때문이다. 당대에 활동한 작가들이 대부분 시와 산문 양쪽에 걸쳐 작품활동을 한 사실을 감안해 보면, 이 점은 송강이라는 문호의 특징적 일면이기도 하다.

송강의 시문학 작품들은 다양한 측면에서 접근이 가능하다. 지금까지 살펴온 것처럼 그의 생애적 사실과 연관지어 논의할 수도 있고, '출처관'·'자연'·'술' 등의 예에서처럼 주제적 사실에 바탕을 두고 그 성격과 특징을 논의할 수도 있을 것이다. 그러나 어느 경우든 그가 지은 작품들을 속속들이 거론하는 것은 불가능에 가까운 일이고 보면, 그의 문학 세계를 총체적으로 살필 수 있는 틀을 마련하는 것이 바람직할 터다.

송강의 작품 세계를 다만 생애적 사실과 연관지어 살피거나 몇몇 주제에 국한하여 살피고 만다면, 그 위대한 시인으로서의 풍모와 개성을 온전히 드러냈다고 하기 어렵다. 그런 면에서 송강문학이 송강문학일 수 있는 특징을 추출해 내는 작업은, 어렵기는 해도 기대에 부응하는 바람직한 틀 가운데 하나일 것이다. 작품 전반을 관류하는 송강문학의 속성소들을 따져 나감으로써, 그가 일구어 낸 특유의 시 세계를 밝히 드러낼 수 있기 때문이다.

송강은 자신의 생각이나 느낌을 언어로써 형상화하는 데 남다른 감각과 자질을 가진 인물이다. 작품에 동원된 소재나 표현언어부터가 범상한듯 범상치 않은 경우가 대부분이다. 또한 개개의 작품들이 빚어내는 다양한 이미지의 세계는, 풍부한 미감과 정감을 자아내면서 그의 시적 풍모와 개성을 참으로 돋보이는 위치로 끌어올리는 것으로 보인다. 따라서 송강의 시편들이 우리를 감동케 하는 요인은 바로 이와 같은 정서적 특질과 미학의 실상을 구명함으로써 밝히 드러날 것이다.

이런 점들을 염두에 두면서, 이제 송강의 경험·의도·개성 등이 여실히 형상화되어 있는 작품들을 중심으로, 그의 시 세계가 지닌 특징들을 차례로 살펴보기로 하겠다.

사람·사물을 대하는 눈과 비범한 감성

송강의 작품들을 두루 읽으면서 느끼는 감정으로서, 다른 것에 우선하여 '생생한 현실감'과 '인간적 체취'를 들 수 있지 않을까 생각한다. 일상의 생활현실에 관심의 뿌리를 두고서, 자신이 살아가면서 겪고 느끼는 일들—그 소박한 형상들을 시화詩化하는 경우가 두드러져 보이기 때문이다.

청산의 부휜 빗발 그 엇디 날 소기난.

되롱 갓망 누역아 너난 엇디 날 소기난.
엇그제 비단옷 버스니 덜믈 거시 업서라.

　청산에 내리는 뿌연 빗발, 이제 내 벗이련마는, 그 어찌 나를 속이느뇨. 도롱이에 삿갓을 쓴 시골 사람들아, 나 역시 평복으로 초야에 묻혀 지내거늘, 너는 어찌 나를 속이느뇨. 모두들 나를 보고 외면을 하네. 곰곰이 생각해 보니 그럴 수밖에. 바로 엇그제 비단옷(관복)을 벗은 몸, 아직도 벼슬아치 냄새가 남아 있으니, 청산에도 시골 사람들에게도 쉽게 용납되어 물들 것이 없구나.
　이 시조는 송강이 벼슬에서 물러나 낙향해 있던 어느 해에 지은 것으로 보인다. 고단한 벼슬살이에서 벗어나 마음에 그리던 전원생활을 시작한 처지고 보니, '청산'도 '되롱 갓망 누역'들도 반겨 맞아줄 듯싶다. 아니, 내 자신 그들이 반갑기만 하다. 그런데 이런 생각과는 달리 그들에게 쉽게 동화되지 못하는 자신을 발견한다. 왜 그럴까를 곰곰이 생각해 본다. 내 자신 아직도 벼슬아치 냄새와 벼슬길에 대한 미련이 남아 있기 때문이라는 사실을 이내 깨달으며, 이를 담담히 받아들인다.
　아무리 현실지향적 성향을 가진 송강이라 할지라도, 그 역시 마음한 구석에서는 늘 귀거래를 동경하고 있었던 터다. 그러나 송강은 이렇듯 '청산'·'되롱 갓망 누역'에 쉽게 동화되지 못하는 자신을 솔직하게 고백했다.
　바로 이 솔직함이 감동을 준다. 솔직하기에 단순·질박한 느낌을 주며, 단순·질박하기에 신선한 느낌을 주는 것이다. 거기에다 현재 자신이 처해 있는 상황을 일상의 형상들을 통해 노래하고 있는 점 또한 이런 느낌을 갖게 하는 데 긴밀히 작용하고 있다. '청산의 부휜 빗발'이라든가 '되롱 갓망 누역'이 풍기는 시각적 이미지와 생생한 현실감이 바로 그것이다.

송강의 문학은 이처럼 생활의 구체적 단면을 문제삼아 이를 풍부한 현실감각으로 형상화하는 데 두드러진 특징의 일면이 있다. 달리 말하면, 생활의 실제와 관련된 소재들을 적극적으로 끌어들여, 이를 평이하면서도 감각적인 언어로써 시화하고 있다는 사실이다. 이런 작품들에서 인간적 체취 혹은 인간적 계기가 물씬 풍기는 것도, 따지고 보면 그 정서의 뿌리를 생활의 실제에 두고 있기 때문이라고 할 수 있다. '엇그제 비단옷 버슨' 몸이기에 '청산' 에도 '되롱 갓망 누역' 들에게도 쉽게 동화되지 못하는 자신을 솔직하게 고백하고 있는 위 시조가 그 한 예다.

그런데 좀더 넓게 생각해 보면, 이와 같은 특징은 사람·사물을 대하는 송강의 눈과 특유의 감성에 말미암는다고 할 수 있다. 다음과 같은 작품에서 이런 사실을 보다 분명하게 확인할 수 있다.

> 새원 원쥐 되여 녈손님 디내옵내,
> 가거니 오거니 인사人事도 하도할샤.
> 안자셔 보노라 하니 슈고로와 하노라.

신원新院의 원주院主가 되어 지나가는 손님들을 맞으며 지낸다. 간다거니 온다거니, 사람들 많기도 하구나. 앉아서 인사하러 오가는 이들을 대하다 보니, 나 때문에 참으로 수고가 많구나.

최진원은 이 작품에 대해, "시적 세련미가 없다. 무심코 혼자서 지껄이는 말 같기도 하다. 특히 초장은 (자신을 제3자로 놓고 말하는 형식이 되어) 통사에 어긋나 있다. 그렇지만 '슈고로와 하노라' 의 한 마디에서, 행인의 인사를 미안히 여기는 인정이 저절로 우러나오고, 그 마음의 꾸밈새 없음이 흐뭇하기만 하다. 맨머리에 삼베옷을 걸친 원주가 허리를 꾸벅거리며 절을 받고 있는 모습이 '안자셔 보노라' 에서 텁텁하게 떠오른다. 이것이 이 작품의 박(樸:질박한 아름다움)이다. 박은 어찌 태고의 무시간성 속에서만 꾸며지리오. 주고 받는 말 한 마디, 그 속에 실존하기도 한다."라고 한 바 있다. 멋진 평설이다.

　이 작품 역시 일상사의 단면을 제재로 하여, 지극히 평이한 언어로 노래하고 있다. 그러면서도 거기에는 따스한 인간미가 짙게 배어 있다. 그 '따스함'은 바로 사람을 대하는 송강의 시선에서 우러나온 것이다. 이러한 시선에 담긴 뜻을 텁텁하게 전하고 있는 말이 곧 '안자셔 보노라 하니 슈고로와 하노라.' 다.

　추상적 관념이나 상징의 말을 전혀 동원하지 않고서도 이처럼 사람 살이의 문제를 시적으로 형상화하기란 쉽지 않다. 자신에게 인사하기 위해 오가는 행인들의 모습과 이를 미안히 여기는 심사를 다만 사생寫生하듯 일상어에 가까운 표현으로 옮겨 놓았을 따름인데, 거기에서 훈훈한 정감이며 질박한 아름다움이 우러나온다. 이것이 이 작품의 미학이요, 위대한 시인의 자질이 빛나는 실례라고 할 수 있다.

　이처럼 생활 주변에서 벌어지는 일들을 소재로 하여 자신의 생각이나 느낌을 꾸밈없이 그려내고 있는 데서, 우리는 문학이 살아가는 이야기며, 이를 언어로써 형상화한 예술임을 새삼 절감한다. 아울러 이와 같은 형상화 과정에서 일상에서 두루 쓰이는 말들이 풍부한 정감을 자아내는 미적 언어로 탈바꿈하는 현장을 목격하게 된다. 송강으로 말하면 이 방면에 탁월한 감성을 지닌 대가다.

　　쇠나기 한 줄기미 년닙페 솟다로개,
　　물 무든 흔젹은 전혀 몰라 보리로다.
　　내 마음 뎌 가타야 덜믈 줄을 모르고져.

　소나기 한 줄기가 연잎에 쏟건마는, 물 묻은 흔적은 전혀 몰라 보겠노라. 내 마음 저 연잎 같아서 물들 줄을 몰랐으면.
　퍼붓는 소나기에도 조금도 젖지 않는 연잎의 생태에 견주어, 자신의 마음─인격도 그처럼 외부 대상과의 접촉에 물들지 않는 순결을 유지하고 싶다는 노래다. 일종의 자기다짐이면서도 강직·결백에 대한 자부심이 은근히 배어 있다. 그러나 '연잎'이라는 소재와 그 생태가 일상 주변에서 어렵지 않게 경험할 수 있는 것이기에, 그 자부심이 지나치다는 느낌을 주지는 않는다.

송강의 탁월한 감성은 특히 연꽃이 아닌 '연잎'의 생태를 예의 주시하여, 거기에 시적 이미지와 형상을 부여한 데 있다. 그리고 그 이미지와 형상이 참으로 맑고 신선하다는 사실이다. 이 시조가 산뜻하고도 깔끔한 느낌이 드는 것은 바로 이 때문이다.

나아가 시상이 굵고 단순한 선을 그리며 전개되기에 즉흥적으로 노래한 듯이 보이지만, 자세히 살펴보면 그 굵고 단순한 선은 여러 생각의 굽이를 거쳐 나온 '세련된 단순성'을 띠고 있음을 느낄 수 있다. 물론 착상 자체는 즉흥적일 터다. 이를 일러 대가의 풍모라고 할 수 있지 않을까 싶다. 되뇌일수록 간결하면서도 깊은 맛이 우러나는 작품이라 하겠다.

즉흥적 착상을 시화하는 능력은 사실 송강의 전매특허 가운데 하나라고 할 수 있다. 이 점은 시조만이 아니라 한시를 통해서도 두루 확인된다. 「객관에서 성중임을 이별하며客舘別成重任」라는 5언절구를 옮겨 보기로 하겠다.

새벽 빛 희끄무레 밝아오나니,	曙色依依至
이별의 술잔 줄줄이 기울이네.	離觴衮衮傾
내 마음 사위는 저 촛불 같아서,	我心如短燭
꺼질 무렵 다시금 밝아진다오.	垂死更分明

이별의 아쉬움을 달래노라 술잔을 기울이다 보니, 어느덧 희끄무레 새벽이 밝아온다. 이제 정녕 안타까운 이별의 시간이 다가왔나 보다.

멈칫하던 술잔이 다시 빈번히 오간다. 온 밤을 새우노라, 또 술기운에 취해, 촛불이 사위듯 정신조차 몽롱하다. 하지만 오늘 이후 그대와 헤어져 있다 해도, 마음만은 항상 그대 곁에 있으리라. 그대를 향한 나의 우정은 '꺼질 무렵 다시금 밝아지는' 저 촛불 같아서, 잊혀질 즈음이면 문득 뭉클한 그리움으로 다시 살아나리니…….

스러질 듯 다시 밝아지는 촛불의 양태를 즉흥적으로 포착하여, 안타까운 이별의 심사와 우정을 전하고 있다. 우정이 담긴 이별의 인사말로 이보다 더 멋지고 정감어린 표현은 찾아보기 어렵지 않을까 싶다. 가물거리는 촛불을 배경으로 '희끄무레 밝아오는 새벽 빛'과 '줄줄이 오가는 술잔'을 대비한 점 역시 탁월하다. 사물의 순간적 변화와 그 형상을 포착하여 이미지화한 송강의 감성에 실로 놀라움을 금치 않을 수 없다.

일찍이 장유(張維:1587~1638)는 『송강집』「후서後序」에서 송강시가의 즉흥성을 다음과 같이 말한 적이 있다.

> 시를 지을 때면, 일찍이 마음을 괴롭히거나 연마도 하지 않고 대부분 즉흥적으로 지은 것이 많았다. 그런데도 때때로 뛰어나고 상쾌하여 날아 움직이는 듯했으니, 말 밖의 운치와 뜻 밖의 정취가 있었다. 그리하여 시를 말하는 이들이 다 보배로 여겨, 반드시 세상에 전할 만한 것이라고 하였다.

송강의 시는 즉흥적으로 지어진 것이 많다고 했다. 그럼에도 불구하고 '말 밖의 운치와 뜻 밖의 정취'가 배어 있다고 했다. 앞의 「객관에서 성중임을 이별하며」에 깃들어 있는 안타까운 이별의 정과 담담하게 우러나는 우정이 그 한 예가 아닐까 생각한다.

이처럼 송강의 작품들은 범상한듯 범상치 않은 특성을 띠고 있는 예들이 적지 않다. 대개 일상을 살아가며 겪는 일들을 소재로 삼거나,

생활 주변의 사물·현상들에 시선을 두는 일 등은 범상한 것임에 틀림없다. 그러나 거기에 송강의 개성적인 정서와 언어감각이 작용하면서, 전혀 범상치 않은 시적 이미지와 형상이 창출된다. 그의 사람·사물을 대하는 눈과 비범한 감성이 빚어낸 결과다. 송강의 작품에 배어 있는 생생한 현실감과 인간적 체취, 또 장유가 말한 '말 밖의 운치와 뜻 밖의 정취' 등은 그 시적 이미지와 형상성에 깃든 미학의 단면이라 하겠다.

감각적 표현과 이미지의 청신성

송강의 작품들은 대부분 강렬한 인상을 준다. 바로 눈 앞에서 한 폭의 그림을 보는 듯하거나, 잔잔한 여운을 느끼게 하는 것이 그 단면이다.

그 요인은 여러 측면에서 설명 가능하겠지만, 보다 직접적으로는 표현 언어가 빚어내는 감각적 이미지와 청신한 형상이 우리의 감성을 자극하기 때문이라고 할 수 있다. 널리 알려진 「산사에서 밤에 읊다山寺夜吟」라는 5언절구를 옮겨 보기로 하겠다.

우수수 떨어지는 나뭇잎 소리.	蕭蕭落木聲
성글은 빗방울로 잘못 알고서,	錯認爲踈雨
중에게 밖에 나가 보라 했더니,	呼僧出門看
시냇가 남쪽 가지에 달 걸렸네요.	月掛溪南樹

비가 오지 않아도 바람은 빗소리를 낸다. 고즈넉한 늦가을 산사, 우수수 떨어져 구르는 나뭇잎 소리가 마치 성글은 빗방울인양 소리를 낸다. 중을 시켜 정녕 빗방울이 듣는 것인지 알아보게 한다. 그런데 밖을 둘러보고 들어와 아뢰는 중의 말, '웬걸요! 시냇가 남쪽 가지에 달 걸렸네요.' 그랬구나! 그렇다면 교교한 달빛 바라며 시냇가로 서늘

한 바람이나 맞으러 갈까?

바람에 떨어지는 나뭇잎 소리를 빗소리로 착각했다는 것이나, 사람을 시켜 무슨 소린지 알아보도록 한 발상 등이 얼핏 보아 송나라 구양수歐陽修의 「추풍부秋風賦」를 연상케 하는 면이 있다. 그러나 그와는 또 다른 감각적 이미지와 아기자기한 맛이 풍긴다. 특히 마지막 구 '시냇가 남쪽 가지에 달 걸렸네요.'에 담긴 정황의 함축성은 실로 청신하고 정감어린 분위기를 자아낸다. 한 폭의 그림이 연상되기도 하고, 잔잔한 여운이 남기도 하는 작품이다.

이와 같은 특징, 즉 감각적 표현과 이미지의 청신성은 송강만이 일구어 낸 독특한 서정의 세계는 아니다. 그러나, 그렇다고 해서 예사롭게 경험할 수 있는 예도 아니다. 일생을 통해 시를 지은 사람이라 할지라도, 이른바 빼어난 문학성을 지닌 작품을 지어 내는 예는 그리 흔하지 않기 때문이다. 송강의 탁월한 문학적 감수성과 개성은 요컨대 이와 같은 감각적 표현과 이미지의 청신성을 실로 다양한 미적·정서적 형상들을 통해 펼쳐 나갔다는 데 있다.

그 대표적인 몇 예를 통해 송강의 문학적 감수성과 개성의 실상을 좀더 자세히 살펴보기로 하겠다.

궁궐 너머 남쪽이라 수목이 울창한데,	掖垣南畔樹蒼蒼
꿈속 혼은 저 멀리 옥당으로 올라가네.	魂夢迢迢上玉堂
두견새 울음소리 산 대나무 쪼개는데,	杜宇一聲山竹裂
외로운 신하 백발이 이 밤에 길어지네.	孤臣白髮此時長

「밤에 저절로 두견새 소리를 듣다夜坐聞鵑」라는 7언절구다.

하마 잊지 못하는 임의 곁을 떠나, 이곳 남쪽 수목이 울창한 두메에 깃을 드리우고 있다. 그러나 꿈 속에서도 혼은 멀리 임 계신 곳으로 날아가, 예전에 모시고 받들던 그 자리—옥당에 오른다. 바로 그 순간,

피를 토하듯 두견새 울음소리가 밤의 적막을 가른다. 그 울음소리에 산 대나무가 '쫙' 소리를 내며 쪼개진다. 비로소 몽롱한 의식에서 깨어나, 눈 앞의 현실을 실감한다. 임을 여읜 외로운 신하, 이 밤에 백발이 길어지는 것을 새삼 느낀다.

　벼슬길에서 물러나 창평에 낙향해 있던 어느 해에 지은 작품으로 보인다. 처절하리만큼 애틋한 연군의 정 속에, 청신하면서도 감각적인 이미지가 넘쳐 흐른다. 그 감각적 이미지로부터 밤의 적막을 가르는 두견새 소리를 들을 수 있고, 그 울음소리와 더불어 '쫙' 소리를 내며 쪼개지는 대나무를 눈으로 볼 수 있을 듯하다. 시상이 참으로 기발하고 선명하다.

　이 시에서 송강이 말하고자 하는 바는 분명하다. 애틋한 연군의 정 속에 담긴 벼슬길에 대한 미련이다. 그래서 이 시의 마지막 대목에서 울려나오는 탄식 — '이렇듯 속절없이 백발만 길어가건만, 임은 어느 때나 나를 다시 부르시려는지……' 와 같은 탄식을 들을 수 있다. 그러나 이와 같은 주제적 사실은 첫째·둘째 구의 정황 제시에 이은 '두견새 울음소리 산 대나무 쪼개는데' 의 셋째 구가 없다면, 그 시적 형상성이나 감동은 반감되었을 것이다. 이 시는 바로 이 셋째 구가 지닌 감각적 이미지로 인해, 그 처절의 미학이 생생하게 전해져 온다 할 것이다.

　이처럼 묘사 대상의 감각적 이미지를 통해 주제적 사실을 형상화하는 특징은 다음과 같은 작품에서도 잘 드러난다. 우계 성혼과의 일화가 함께 전하는 「가을날에 짓다秋日作」라는 5언절구다.

산마을 밤비에 대숲은 울고,	山雨夜鳴竹
가을이라 풀벌레 소리 침상에 기어드네.	草虫秋近床
흘러가는 저 세월 어찌 멈추나,	流年那可駐
속절없이 백발만 길어나누나.	白髮不禁長

싸늘한 가을, 산마을에 내리는 밤비에 대숲이 운다. 고즈넉한 밤, 댓잎에 빗방울이 듣더니 처량한 소리를 낸다. 이에 화답이라도 하듯, 고요한 빗소리 사이로 가을을 재촉하는 풀벌레 소리가 침상에 다가온다. 모든 것이 이울어 가는 계절이다. '산마을 밤비'와 '풀벌레 소리'는 이우는 계절에 가속을 붙이는 듯하다. 흐르는 세월, 누군들 붙들어 맬 수 있겠는가. 하여, 뒤에 남는 건 시간의 잔재들 뿐. 이렇듯 '속절없이 백발만' 길어지는 것을.

어둡고 처량한 계절의 이미지를 통해, 무상하게 흐르는 세월과 삶의 황혼을 애잔하게 노래한 작품이다. 마음 밖 사물로부터 촉발된 감정과 삶에 대한 인식이 호응하면서, 깊은 정감의 세계를 열어준다. 특히 첫 구와 둘째 구에 형상화된 가을밤의 이미지는 매우 감각적이다. 조금 떨어져 대숲에서 들려오는 '빗소리', 좀더 가까이에서 들리는 '풀벌레 소리'가 밤의 적막을 깨뜨리기보다는 오히려 적막감을 자아낸다. 역시 청신한 표현의 묘를 얻고 있다. 그리하여 이같은 감각적 이미지들 속에서, 물끄러미 어둠을 응시하는 송강의 시선과, 입술 사이에서 가늘게 터져 나오는 탄식을 느낄 수 있다.

김만중(金萬重:1637~1692)은 그의 『서포만필西浦漫筆』에서, 이 시와 관련하여 다음과 같은 일화와 평을 싣고 있다.

정송강은 호탕한 기질에 술을 마시면 가끔 실수를 저질렀다. 문간공 성혼 선생이 그 점을 힐난했으나, 송강은 이에 대해서는 대꾸하지도 않고, 다만 "산마을 밤비에 대숲은 울고, / 가을이라 풀벌레 소리 침상에 기어드네."라는 시구를 그 자리에서 읊더니만, "이것도 어디 흠 잡을 데가 있소?"라고 했다. 그러자 문간공은 웃으면서, "그 다음 구 '흘러가는 저 세월 어찌 멈추나.'는 역시 좋은 점을 모르겠소."라고 했다.

지금에야 살펴보니, 이 구는 자못 어울리지 않는다. 문간공의 평은 지극히 정밀하고 확실했다.

셋째 구 '흘러가는 저 세월 어찌 멈추나'에 대해 좋은 점을 모르겠다는 성혼의 평이나, 작품의 전반적 맥락에 비추어 자못 어울리지 않는다는 김만중의 평은 무엇을 두고 그런 것일까?

두 사람의 평을 염두에 두고 보면, 작품의 첫째 구와 둘째 구는 예리하게 포착한 계절 감각을 바탕으로 자연의 섭리를 노래한 것이다. 그런 면에서 보면, 넷째 구 '속절없이 백발만 길어나누나.' 역시 세월의 변화가 가져온 자연의 섭리인 셈이다. 그런데 예의 셋째 구는 이런 자연의 섭리를 거스르는 인위적 의지가 강렬하게 개입되면서, 전반적으로 맑은 심상에 티가 섞이는 느낌을 준다. 성혼과 김만중은 아마도 작품의 전반적 분위기에 금이 가게 하는 이 점을 두고 그런 평을 한 것이 아닌가 생각한다.

한편, 송강문학의 특성 가운데 하나로 일컬을 수 있는 이와 같은 감각적 표현과 이미지의 청신성은 그의 가사 작품을 통해서도 다양한 실례를 거론할 수 있다. 번거로움을 피하기 위해 '불정대'에 올라 12폭포의 경관을 형용하고 있는 「관동별곡」의 한 대목만을 들어보기로 하겠다.

> 마하연摩訶衍 묘길상妙吉詳 안문雁門재 너머 디여,
> 외나모 써근 다리 불정대佛頂臺 올라하니,
> 천심절벽千尋絶壁을 반공半空애 셰여 두고,
> 은하수 한 구배를 촌촌이 버혀 내여,
> 실가티 플텨이셔 뵈가티 거러시니,
> 도경圖經 열 두 구배 내 보매는 여러히라.

마하연 묘길상과 안문재를 넘어 가서, 외나무 썩은 다리 지나 불정대에 올라 보니, 천 길이나 높은 절벽을 공중에다 반쯤 세워 두고, 은하수 한 구비를 마디마디 베어 내어, 실같이 풀리어서 베같이 걸리어 있으니, 산수山水 그림책의 열 두 구비가 내 보기엔 그 이상이도다.

이미지가 매우 선명하다. 이런 이미지의 선명성은 일차적으로 이미지를 환기하는 대상물들의 색채감에서 비롯되는 것이기도 하지만, 묘사 대상에 대한 적절한 비유가 동원됨으로써 하나의 구체적 형상이 창조된 데서 비롯된 것이기도 하다.

그것은 특히 한 폭의 산수화를 연상케 하는 '천심절벽을 반공애 셰여 두고, / 은하수 한 구배를 촌촌이 버혀 내여, / 실가티 플텨이셔 뵈가티 거러시니'의 사실적寫實的이면서도 곡진한 표현의 묘에서 두드러진다. 말하자면 이와 같은 경관 형용을 통해 연상의 공간을 열어줌으로써, 12폭포의 장관을 실감할 수 있게 하는 것이다. 그리하여 '실제보다 더 즐겁게 우리 눈 앞에 떠올리도록 말의 색깔로 옷입혀진 어떤 생생한 느낌'이 들게 한다. 송강의 분방한 사고와 절제된 감성의 단면을 살필 수 있는 예라 하겠다.

홍만종(洪萬宗:1643~1725)은 그의 『순오지旬五志』에서 「관동별곡」을 평하여, "사물을 형상해 낸 묘한 솜씨라든지 말을 만드는 기발한 재주라든지, 실로 악보 가운데 절창이다."라고 격찬한 바 있다. 이같은 평은 비단 「관동별곡」에만 국한될 성질의 것이 아니라, 송강문학 일반에 두루 적용될 수 있는 것이 아닐까 생각한다. 이 점은 앞의 '사람·사물을 대하는 눈과 비범한 감성'이 돋보이는 예들을 통해서도 능히 입증되는 바지만, 이상에서 살핀 '감각적 표현과 이미지의 청신성'이 두드러진 예들을 통해 더욱 분명하게 확인된다 할 것이다.

시적 이미지와 형상을 보다 생생하게 그려내려면, 우선 대상의 특징을 속속들이 파악하고, 동시에 구체적이고 개성적인 감각을 거기에 직관적으로 결합하지 않으면 안된다. 문학을 문학일 수 있게 하는 언어성과 미의식은 바로 이와 같은 시적 이미지와 형상을 창출하는 관건이라 할 수 있다. 송강은 이 점에 있어서 남다른 문학적 감수성과 개성을 지니고 있었기에, 두고두고 위대한 시인으로 일컬어지는 것이 아닐까 생각한다. 송강의 작품들이 표현 언어의 장벽과 문화의 격차에도 불구하고 오늘날 우리까지를 사로잡는 점 역시, 이와 같은 특유의 시적 이미지와 형상성에 그 주된 요인이 있다고 하겠다.

여성적 정조와 심회의 긴절성

송강의 문학적 감수성과 개성은 흔히 활달·호방한 정서로 대변된다. 그러나 이와 상반되는 성향이라 할 수 있는 섬세·애절한 정서 역시 그의 문학적 감수성과 개성을 대변할 수 있는 특징으로 일컬어 손색이 없다. 전자를 남성적 호방함이라고 한다면, 후자는 여성적 정밀함이라고 할 수 있을 것이다. 그만큼 송강의 정서는 다감하고도 풍부한 면이 있다.

> 내 한낫 산깁젹삼 빨고 다시 빨아,
> 되나된 벼태 말뢰고 다료이 다려,
> 나난 듯 날란 엇게예 거러 두고 보쇼셔.

내 한낱 산깁적삼. 빨고 다시 빨아, 뜨거운 햇볕에 말리고 또 말리고, 다리고 또 다려서 드리나니, 나는 듯 날씬한 어깨에 걸어 두고 보소서. 저의 온 정성과 사모의 정을 임에게 바치나이다.

언어로 그린 한 편의 미인도다. 기실 어떤 미인도보다도 빼어나다. 결 고운 '산깁젹삼'을 '나난 듯 날란 엇게'에 걸친 여인, 그 우아한 곡선이 흐르는 미인을 눈 앞에 떠올리지 못하거나, 그녀를 다만 임금으로만 생각한다면, 이 시를 읽을 자격이 없는 사람이다.

'산깁젹삼'은 생명주실로 짠 비단 적삼이다. 그것을 온 정성을 다해 빨고 말리고 다려서 임에게 바치노니, 아리따운 임의 어깨에 걸어두고 보시라는 노래다. 이렇듯 간절한 정이 깃든 산깁적삼이 사모하는 여인의 날씬한 어깨에 걸쳐진 것을 상상만 해도 황홀하다. 더욱이 그

산깁젹삼이 자기 자신인 바에야.

　자신을 '산깁젹삼'에 비유한 것 자체가 송강의 독특하고 강렬한 개성을 그대로 드러낸다. 이를 소재로 등장시킨 것만으로도 예사 시인과의 대비를 어렵게 하지 않는가. 토속적 제재가 불러 일으키는 참신한 이미지와 더불어 인간적 계기의 토양, 즉 '인간풍정人間風情'의 다사로움이 점점이 묻어나는 절창이다.

　특히, 이 시조의 종장 '나난 듯 날란 엇게에 거러 두고 보쇼셔.'라는 표현은 누구도 쉽게 흉내내기 어려운 송강만의 탁월한 감성의 발로다. 미인을 형용하는 '나난 듯 날란 엇게'야말로 한 순간 숨을 멈추게 하는 절묘한 표현이다. 우리말 일상어에 청신한 미감이 깃들면서, 그 일상어가 차원 높은 예술어로 탈바꿈하고 있다. 하늘로부터 부여받은 자질이 저절로 흘러 나오지 않고서는 이와 같은 표현과 형상을 창출해 내기 어려울 것이다. 이로써 '시인은 언어의 마술사'라는 말을 실감할 수 있지 않을까 싶다.

　사실 송강의 섬세·애절한 정서는 어느 경우보다도 '연군'을 노래한 작품들에 오롯이 녹아 있다. 시조·가사·한시 등 송강문학 전반에 걸쳐 나타나는 두드러진 정서가 바로 '연군'이기도 하다.

　주지하는 것처럼 송강은 벼슬길에 있든 그렇지 않든 임금과 헤어져 있는 상황에 놓일 때면, 거의 예외 없이 임금과의 이별을 안타까워하고 그 그리운 정을 노래했다. 그래서 송강문학에서 '연군'의 문제를 접어두고 무엇인가를 논한다는 것은 지극히 어려운 일임에 틀림없다. 그만큼 큰 비중을 차지하는 것이 바로 '연군'이다.

　따지고 보면, '연군'은 유가 사대부라면 으레 표방하는 정서다. 자신이 살아가는 사회, 그 체제의 정점에 서 있는 임금을 받들고 그리워하는 마음은 신하된 자의 당연한 감정이자 도리일 터이기 때문이다.

　그런데, 송강의 경우는 그와 같은 정서가 매우 독특한 양상을 띤다. 특히 '외로운 신하'의 처지에서 멀리 '궁궐'에 계시는 '님'을 그리워하는 정은 무엇에도 견주기 어려울 만큼 섬세·애절하다. 송강은 이를 주로 사랑하는 지아비를 이별한 여인의 심경에 가탁하여 표출했는데, 그러한 정서를 형상화하는 매개물로서는 달·연지·바느질 등 지극히 여성적인 분위기와 정감을 자아내는 물상들을 두루 등장시키고 있다.

몇 예를 들어보기로 하겠다.

  내 마음 버혀 내여 뎌 달을 맹글고져,
  구만 리 장천의 번드시 걸려이셔,
  고온 님 계신 곳에 가 비최여나 보리라.

임 그리는 정을 노래한 시조다. 그 사무친 그리움이 스스로 '달' 이 되어 '고온 님 계신 곳에 가 비최여나 보리라.' 라고 했다. 그러면서 그런 자신― '달' 을 임이 쳐다보기를 바라는 마음, 헤아려 주기를 바라는 마음 또한 은연중 깃들어 있다. '달' 이 여성을 상징하는 사물이고 보면, 이 시조에서 형상화하고자 한 '연군' 의 정이 '달' 의 이미지와 정감으로 인해 더욱 섬세·애절한 느낌으로 전해 온다.

  내 양자 남만 못한 줄 나도 잠간 알건마는,
  연지도 바려 잇고 분때도 아니 미내,
  이러코 괴실가 뜻은 전혀 아니 먹노라.

내 얼굴 남만 못한 줄 나도 모르는 바 아니다. 그렇기에 연지도 찍고 분도 새로 발라, 어떻게든 임이 어여삐 보시게끔 단장을 해야 할는지도 모른다. 그러나 난 그렇게는 하지 않는다. 물론, 이러고서도 임이 나를 사랑하실 거라는 생각은 아예 하지도 않는다.

버림받은 여인의 처지를 빌어 스스로를 돌이켜보면서도, 끝내 자신의 강직·결백함만은 지키겠다는 의지를 노래하고 있다. 타협을 모르는 송강의 기질이 잘 나타나 있는 작품이다. 이 시조 역시 여성적 이미지와 정감이 작품 전반을 지배하고 있다.

이처럼 '님'을 노래하는 송강의 목소리는 지극히 섬세하고 애절한 분위기를 풍기기에, 남성 작가의 것이라고 믿기 어려울 정도다. 특히 그의 대표작이라 할 수 있는 가사 「사미인곡」과 「속미인곡」에서는, 아예 여성 화자를 표면에 내세워 그 애틋한 정감의 세계를 형상화하고 있다.

이 몸 삼기실 제 님을 조차 삼기시니,
한생 연분이며 하늘 모를 일이런가.
나 하나 졈어 잇고 님하나 날 괴시니,
이 마음 이 사랑 견줄 데 노여 업다.
평생에 원하요대 한데 녜자 하얏더니,
늙거야 므사 일로 외오 두고 그리난고.

이 몸 생겨날 때 임을 따라 생겨났으니, 한 평생의 연분이며 하늘이 모르실 일이겠는가. 나는 오로지 임 하나를 위해 곱게 젊어 있고, 임은 오로지 나 하나를 사랑하시나니, 이 마음과 임의 사랑은 그 어느 것에도 견줄 데가 전혀 없다. 평생에 원하기를 서로 헤어져 살지 말자 하였건만, 늙어서야 무슨 일로 외로이 떨어져 있으면서 이처럼 그리워하는지……

「사미인곡」의 첫 대목이다. 자신을 임과 이별한 여인에 비유하여, 임 그리는 정을 애절하게 노래하고 있다. 작품 구절 구절에 배어 있는 어조로부터 행동·심성에 이르기까지, 섬세한 여성적 분위기가 물씬 풍긴다. 특히 '평생에 원하요대 한데 녜자 하얏더니'라는 표현은 그 말결이 참으로 곱고 절실하다.

「사미인곡」은 이처럼 천생연분으로 여겼던 임과 생이별한 안타깝고 서글픈 신세를 토로하는 것으로부터 시작하여, 계절이 바뀜에 따라 새롭게 밀려드는 그리움을 노래하면서 임에게 드리고 싶은 정성을 차례로 늘어놓은 다음, 마침내 임에 대한 변치 않는 마음과 간절한 소망을 노래하는 것으로 마무리된다. '여성적 정조와 심회의 긴절성'이 두드러진 대목만을 좀더 들어보기로 하겠다.

> 꼿 디고 새 닙나니 녹음이 깔렷는데,
> 나위羅幃 적막하고 수막繡幕이 뷔여잇다.
> 부용芙蓉을 거더노코 공작孔雀을 둘러두니,
> 갓득 시름한데 날은 엇디 기돗던고.
> 원앙금鴛鴦錦 버혀 노코 오색선五色線 플텨 내여,
> 금자헤 견화이셔 님의 옷 지어내니,
> 수품手品은 카니와 제도制度도 가잘시고.
> 산호수珊瑚樹 지게 우헤 백옥함白玉函 다마두고,
> 님의게 보내오려 님겨신데 바라보니,
> 산인가 구름인가 머흐도 머흘시고.
> 천 리 만 리 길흘 뉘라셔 차자갈고.
> 니거든 여러 두고 날인가 반기실가.

꽃이 다 떨어지고 새 잎이 돋아나자 녹음이 짙게 깔린다. 그런데, 임이 계시지 않는 빈 방, 곱고 아름다운 비단 휘장과 수놓은 장막만 드리워 있을 뿐, 적막으로 가득하다. 연꽃 장막을 걷어 놓고 공작 병풍을 둘러 두니, 가뜩이나 시름겨운데 하루 해는 왜 그리도 길고 또 지루한지. 원앙을 수놓은 이불 꺼내 놓고 오색 실을 풀어 내어, 금으로 된 자로 치수를 재어 임의 옷 지어 놓고 보니, 솜씨는 말할 것도 없거니와 그 치수와 모양도 더할 나위 없이 갖춰졌구나. 그 옷을 백옥함에 담아

산호수로 만든 지게 위에 얹어, 임에게 보내 드리고자 임 계신 곳을 바라보니, 산 첩첩이 쌓이고 구름 자욱히 가리어, 험하고도 아득하구나. 그렇듯 천만 리 머나 먼 길을 누구라서 찾아 갈 것인가. 또 그렇게 해서 가게 되면, 임은 정작 그 백옥함을 열어 보시고 날 보신 듯이 반기실까.

여름날의 정경과 심사를 노래한 대목이다. 쌓이는 시름과 고통을 달래가며 긴긴 여름날 빈 방을 홀로 지키고 앉아 바느질하여, 임에게 비단옷을 곱게 지어 드리고자 하는 더없이 정성스러운 마음이 배어 있다. 임이 부재하는 현실, 견디기 어려운 적막감을 배경으로, 우아한 여인의 자태와 은은한 향취를 느낄 수 있다. 섬세·애절한 정서가 어느 대목보다도 탁월하게 형상화되어 있다.

그런가 하면, 임을 이별한 두 여인의 대화 형식으로 전개되는 「속미인곡」은 임의 소식을 애타게 기다리며 그리워하는 심경을 자신의 소박한 생활상과 함께 잘 드러내고 있는 작품이다. 그래서 「사미인곡」에 비해 훨씬 간결하면서도 애절한 느낌을 준다.

모첨茅簷 찬 자리의 밤등만 도라오니,
반벽청등半壁靑燈은 눌 위하야 발갓는고.
오르며 나리며 헤뜨며 바자니니,
져근덧 역진力盡하야 풋잠을 잠간 드니,
정성이 지극하야 꿈의 님을 보니,
옥가튼 얼굴이 반이나마 늘거셰라.
마음의 머근 말슴 슬카장 삷쟈하니,
눈물이 바라나니 말슴인들 어이하며,
정을 못다하야 목이조차 메여하니,
오뎐된 계성鷄聲의 잠은 엇디 깨돗던고.

임에게서 소식이 오는지 나가 기다리다 초가집 추운 방에 밤중되어 돌아오니, 바람벽 중간에 외로이 타고 있는 등잔불은 누굴 위해 밝혀 놓았는지. 올라갔다 내려갔다 쏘다니며 헤맸더니, 어느덧 기진하여 풋잠을 잠깐 든다. 정성이 지극했던 탓인지 꿈에나마 그리운 임을 만나본다. 옥같은 임의 얼굴도 그 사이 반이나 늙으셨다. 반가워 마음 속에 담고 있는 말들을 실컷 드리려고 했는데, 눈물이 왈칵 쏟아지면서 목조차 메인다. 그러한 사이 어느덧 새벽이 되었는지, 경망한 닭울음 소리에 그나마의 잠도 깨버린다. 꿈결의 임마저 사라져 버린다.

현실이 암담하고 절망적인 만큼, 임을 만나볼 수 있는 기회란 오직 꿈 속 뿐이다. 그런데 정작 그처럼 그리던 임을 만나게 되었을 때, 도무지 무슨 말이 나올 성싶지 않다. 가슴 속에 쌓아둔 말들이 너무도 많다보면, 오히려 아무런 말도 하지 못하는 격일 터다. 그렇지만 이런 심경 자체가 바로 진실을 대변하는 것일 수도 있기에, 허탈감 속에서도 자신의 뜻 만큼은 분명하게 전달되고 있다. 임을 향한 여인의 애틋한 심사가 행간에 가득 배어 있다.

> 어와 허사로다 이 님이 어데 간고.
> 결의 니러 안자 창을 열고 바라보니,
> 어엿븐 그림재 날조찰 뿐이로다.
> 찰라리 싀어디여 낙월落月이나 되어이셔,
> 님 겨신 창 밧긔 번드시 비최리라.
> 각시님 달이야 카니와 구즌비나 되쇼셔.

아! 잠을 깨고 보니 모든 것이 허사로구나. 보이던 임은 어디로 가시었는고. 잠결에 일어나 창문을 열고 바라보니, 다만 산등성이 너머로 지는 달빛 비쳐들고, 가엾은 그림자만 나를 좇을 뿐이로다. 차라리 이내 몸 죽어서 저 지는 달이라도 되었으면. 그리하여 임 계신 곳 창 밖에 가서 환하게 비추고 싶구나. 각시님, 달일랑 그만두고 궂은비나 되소서!

「속미인곡」의 마지막 대목이다. 작품 전체를 통해 임 그리는 정이 절정에 달한 부분이다. 아무런 희망조차 가질 수 없는 현실에서 무엇인가를 기다리기보다는, 차라리 기우는 달이라도 되어 그리던 임을 뵈옵고, 임께서도 그런 나의 심경을 헤아려 주셨으면 하는 마음 간절하다고 했다. 그리고 작품의 마지막 구에서는 지금까지 말을 해 온 '각시'의 상대쪽 여인의 입을 통해, 그보다는 오히려 궂은비가 되어 임의 창을 두드리며 더욱 애절하게 연모의 정을 전해보는 것이 어떻겠느냐고 했다. 이로써 작품 전반을 통해 형상화하고자 한 '연군'의 정이 더욱 애절한 느낌으로 전해져 온다. 자신을 '달'로 표상한 점이나 시상의 전개 면에서, 앞에서 살핀 「내 마음 버혀 내여 뎌 달을 맹글고져~」라는 시조와 너무도 흡사하다.

이렇듯 「사미인곡」과 「속미인곡」은 여성 화자를 작품의 표면에 등장시켜, 형상화하고자 하는 바 '연군'의 정을 섬세·애절한 이미지와 정감으로 노래하고 있다. 그래서 훨씬 더 간곡한 느낌을 준다. 이러한 점 역시 송강의 독특한 문학적 감수성과 개성을 실감할 수 있는 예가 아닐까 생각한다.

'연군'의 정을 노래한 송강의 작품들이 만고의 절창으로 일컬어지면서 후대에까지 널리 애창된 이유를 짐작하기는 그리 어렵지 않다. 그것은 요컨대 '님'으로 표상된 임금을 사모하는 정이, 단순히 연군의 차원에 머물지 않고 인간의 보편적 사랑—그 '애절한 연가'로까지 확대될 수 있기 때문이다. 더욱이 '님'을 노래하는 송강의 목소리는 지극히 섬세하고 애절한 여성적 분위기를 풍기기에, 그만큼 정서적 호소력이 짙다.

그런 면에서 '지극히 여성적인 것이 우리를 감동케 한다.'라는 말을 빌리지 않더라도, 송강은 다른 누구보다도 이 말의 의미와 깊이를 터득하고 그것을 작품으로 실현한 작가였다고 할 수 있다.

토속적 제재와 풍토성의 형상화

위대한 작가의 작품이란 여러 층위의 의미를 내포하고 있겠지만, 우선은 많은 사람들에게 공감을 불러 일으킨다는 의미로 이해될 수 있을 것이다. 그리고 이 문제를 다시 모국어 문학으로 좁혀 생각해 보면, 민족 고유의 정서를 일깨우는 자연환경이라든가 역사적 전통 그리고 문화의 세부와 관련된 형상들, 즉 '토속적 제재와 풍토성'에 뿌리를 두지 않고서는 그 보편적 공감의 세계를 열어 나가기 어려울 것으로 생각한다.

송강의 작품들이 '절창'으로 일컬어지며 많은 사람들에게 공감되어 온 이유의 한 가지 역시, 이와 같은 '토속적 제재와 풍토성'을 형상화하고 있는 데서 찾을 수 있을 것이다. 다음과 같은 「관동별곡」의 한 대목이 그 단적인 예라 할 수 있다.

> 사양현산斜陽峴山의 척촉躑躅을 므니발와,
> 우개지륜羽蓋芝輪이 경포鏡浦로 나려가니,
> 십리빙환十里氷紈을 다리고 고텨 다려,
> 장송長松 울흔 소개 슬카장 펴뎌시니,
> 믈결도 자도잘샤 모래를 혜리로다.

저녁볕이 어린 현산의 철쭉꽃을 이어 밟으면서, 신선을 태운 수레가 경포로 내려 가니, 십리나 펼쳐진 흰 깁(비단)을 다리고 또 다시 다려, 우줄우줄 우거진 소나무숲을 울타리 삼아 싫토록 펼쳐졌으니, 물결도 잔잔하기도 하구나 모래를 헤아리겠도다.

활짝 핀 철쭉꽃과 바다에 맞닿아 있는 흰 모래밭, 그리고 그 바닷가를 따라 늘어 서 있는 소나무숲의 정경들로 하여, 매우 선명한 색조의 대비감과 조화감을 동시에 느낄 수 있다. 그런데 끝없이 펼쳐진 '경포'의 백사장과 소나무숲을 하필이면 '십리빙환을 다리고 고텨 다려, / 쟝송 울흔 소개 슬카장 펴뎌시니'라고 형용했다. 그리하여 전래 습속의 다리미질과 햇볕에 희게 바래기 위해 펼쳐 놓은 베를 연상케 한다. 우리의 전통적인 생활감각을 전혀 색다른 차원에서 형상화하고 있는 것이다. 그 감각적 이미지는 특히 '다리고 고텨 다려'·'슬카장 펴뎌시니'라는 우리말 표현에서 두드러진다.

이처럼 우리의 풍토성을 이미지 환기의 매개물로 활용하여 참신한 미감을 창출하고 있는 점 역시, 예사 사대부들 작품에서는 찾아보기 어려운 송강의 개성적 면모라고 할 수 있다. 「관동별곡」이 절창이 될 수 있었던 이유도 바로 이와 같은 풍토성이 반영된 이미지와 시적 형상성에 그 일단이 있다고 할 것이다.

그리하여 이 대목에 곧바로 이어지는 「관동별곡」의 다음과 같은 대목은, 단순히 자연완상의 흥취에 머물지 않는 그 이상의 감격과 향토적 정서까지를 분출하고 있다고 할 수 있다.

> 고주해람孤舟解纜하야 정자 우해 올라가니,
> 강문교江門橋 너믄 겨태 대양大洋이 거긔로다.
> 종용從容한댜 이 기상 활원闊遠한댜 뎌 경계,
> 이도곤 가잔 데 또 어듸 잇단 말고.
> 홍장고사紅粧古事를 헌사타 하리로다.

외로운 배 닻줄을 풀어 정자 위에 올라가니, 강문교 넘은 곁에 대양이 거기로다. 조용도 한 이 기상 넓고도 먼 저 경계, 이보다 더 잘 갖추어진 풍광이 또 어디 있다는 말인가. 홍장의 떠들썩한 고사를 그럴 만하다고 하겠도다.

강문교·동해 바다·경포호수를 발치에 둔 정자에서 느끼는 감회를 간결하면서도 함축적으로 그려내고 있다. '강문교 너믄 겨태 대양이 거긔로다.'로부터 탁 트인 동해 바다의 정경을 느낄 수 있으며, '종용한댜 이 기상 활원한댜 져 경계'로부터 정신의 상쾌함을 느낄 수 있다. 그리하여 이러한 정서적 충일 상태에서 '이도곤 가잔 데 또 어듸 잇단말고.'의 감격이 분출되는 것은 매우 자연스러운 일이며, 그 감격의 연장선상에서 '헌사한 홍장고사'를 떠올리는 것 또한 당연한 흥취의 귀결이라고 할 수 있다. 구체적인 물상들과 아련한 풍류 고사가 어우러지면서 역시 향토적인 정서를 물씬 자아내는 대목이다.

그런 면에서 송강의 「관동별곡」은 우리의 역사적·문화적 전통의 단면을 곡진하게 형상화하고 있다는 점에서도 예사롭지 않은 작품이다. 이같은 사실을 더욱 분명하게 입증할 수 있는 예로서, 다음과 같은 관동8경이 시작되는 대목과 그 유람의 막바지에 해당하는 대목에서 노래되는 신라 화랑에 대한 회고를 들 수 있다.

금란굴金幱窟 도라 드러 총석정叢石亭 올라하니,
백옥루白玉樓 남은 기동 다만 네히 셔잇고야.
공수工倕의 성녕인가 귀부鬼斧로 다다믄가,
구태야 육면六面은 므어슬 샹샹톳던고.
고성高城을란 뎌만 두고 삼일포三日浦를 차자가니,
단서丹書는 완연하되 사선四仙은 어데가니.
예 사흘 머믄 후의 어데가 또 머믄고.
선유담仙遊潭 영랑호永郎湖 거긔나 가 잇는가.
청간정淸澗亭 만경대萬景臺 몃 고데 안돗던고.

유하주流霞酒 가득 부어 달다려 무른 말이,
영웅은 어데가며 사선四仙은 긔 뉘러니.
아매나 맛나 보아 녯 긔별 뭇쟈하니,

선산仙山 동해예 갈 길히 머도 멀샤.

금란굴 돌아 들어 총석정에 올라가니, 하늘이 낸 솜씨인가 귀신들려 다듬었는가, 구태여 여섯 면은 무엇을 상징하는고. 고성일랑 저만치 두고 삼일포를 찾아가니, 붉게 새긴 글씨 완연한데 네 화랑은 어디로 갔는가. 예서 사흘 머문 후에 어디 가서 또 머물었는가. 선유담 영랑호 거기나 가 있는가. 청간정 만경대 몇 군데서나 앉았던고.
신선의 술 가득 부어 달더러 묻는 말이, 영웅은 어디 가고 네 화랑은 그 누구던가. 아무나 만나 보아 옛 소식 묻자 하니, 신선의 산 동해에 갈 길이 멀고도 멀구나.
관동8경의 명승지들을 두루 돌아보면서 주로 화랑의 옛 일들을 떠올리고는, 그윽한 감회와 상념에 젖어든 심사를 노래하고 있다. 화랑과 관련된 유서깊은 유적들에 시선이 머무는가 하면, 그들의 행적과 유풍들을 아련하게 더듬으며 역사와 전통의 의미를 새삼 되새기고 있는 것이다.
특히, 위의 '금란굴·총석정·삼일포·단서·사선·선유담·영랑호' 등이 환기하는 이미지는 당대 국선國仙으로 불리어진 신라 화랑들에 대한 회고다. 애초 화랑들은 명산대천名山大川에 제祭를 올리는 우리 고유의 토속신앙— '선풍仙風' 을 주재하던 사제집단司祭集團이기도 했다. 위의 '금란굴·총석정·삼일포·선유담·영랑호' 등은 이른바 선풍의 성지聖地로서, 거기에는 그곳이 성지임을 상징하는 사물이나 형상들이 있다. 송강의 시적 감수성은 바로 여기에 초점이 맞추어져 있는 것이다.
좀더 구체적으로 살펴보면, '선풍' 의 토속신앙적 의례에 대한 송강의 관심은 '단서는 완연하되 사선은 어데가니. / 예 사흘 머믄 후의 어데가 또 머믄고. / 선유담 영랑호 거기나 가 잇는가. / 청간정 만경대 몃 고데 안돗던고.' 와 같은 구절들을 통해 이를 간절히 회고하는 것으로 드러나 있다. 나아가 그 간절한 회고의 정은 특히 '선풍—화랑'의 이미지를 환기시키는 명사 어휘들을 앞세운 다음, '어데가니'·'어데가 또 머믈고'·'거긔나 가 잇는가'·'몃 고데 안돗던고' 등의 서술적 표현 어휘들을 통해 연상의 공간을 지속적으로 환기하는 데서 두드러진다.

그러나 송강은 그것을 의식적으로 '전달'하려고 하지는 않는다. 이는 시인 자신이 논리적으로 사유한 결과라기보다는 억누를 수 없는 감성의 발로, 즉 시인의 체질화된 감각에 말미암은 것일 수 있기 때문이다. 그는 그와 같은 화랑의 유적과 유풍을 감각적으로 느끼고 있으며, 그 느낌 속에서 그림자처럼 스쳐 지나가는 화랑의 '풍류'를 그린다. 그리고 거기에 잠시 사로잡힌다.

그래서 여러 말이나 수사를 동원하지 않고 간결하게 표현함으로써 연상적 이미지를 창출하고, 그것을 '간절한 회고의 정'으로 노래하는 가운데 스스로의 감정을 절제한다. 번잡한 말이나 화려한 수사는 그 순간 시인이 체험하고 있는 온전한 정감을 개념적 설명의 차원으로 떨어뜨리고 말 것이기 때문이다. 따라서 송강은 그것을 굳이 '전달'하려고 하지 않음으로써, 역설적으로 공감의 세계를 열어 놓는다고 할 수 있다.

그러면, 이렇듯 송강이 역사의 저편으로 사라져버린 신라 때의 네 화랑을 간절히 회고하는 이유는 무엇일까? 다음과 같은 『고려사』 「세가世家」의 기록은 그 이해의 실마리를 제공해 줄 수 있는 것으로 보인다.

> 예전에 신라에서는 선풍仙風이 크게 행해졌는데, 이로 말미암아 용천(龍天:국가와 왕실)이 환열(歡悅:즐거워하고 기뻐함)하고 민물(民物:백성과 생업)이 안녕(安寧:평안하고 풍성함)하였다. 이런 까닭에 역대의 왕들이 선풍을 숭상하는 것이 오래되었다.

위의 기록을 통해 '선풍'이 추구하는 궁극의 목적이 '용천환열龍天歡悅'과 '민물안녕民物安寧'에 있음을 알 수 있다.

따라서 송강이 화랑의 '풍류도風流道'를 간절한 회고의 정으로 노래한 이면에는, 그가 추구하는 경국제민의 이념과의 공분모를 상기할 수 있기 때문이 아닌가 생각한다. 특히, 인용한 '영웅은 어데가며 사션은 그 뉘러니. / 아매나 맛나 보아 녯 긔별 뭇쟈하니'에서의 '긔별'이 의미하는 바가 과거 선풍의례의 내용과 관련된 사실을 내포하고 있는 것으로 이해할 때, 이 점은 더욱 분명해진다.

그리하여 송강은 이어지는 구절을 통해 '선산 동해예 갈 길히 머도 멀샤'라고 함으로써, 자신이 추구하는 의미 즉 '갈 길'로 표상된 경국제민의 의미를 거듭 되새기는 것으로 보인다. 요컨대 신라 '사선'에 대한 송강의 간절한 회고의 정은, 단순히 개인적 차원의 풍류로서가 아니라, 유가 사대부로서의 이념과 자기실현의 한 방식의 차원에서 노래되고 있는 것이다.

이처럼 송강의 작품들 가운데에는 우리 고유의 생활감각과 역사·문화적 요소들에 관련된 형상, 즉 토속적 제재와 풍토성에 뿌리를 두고서 이를 형상화한 예들이 적지 않다. 그것은 우발적인 사유의 결과도 아니며, 당대 사대부들의 작품에서 쉽게 찾아볼 수 있는 면모도 아니다. 이름하여 위대한 시인의 감각이자 개성의 발로라고 할 수 있다. 그 제재 선택의 시각과 시적 형상화 감각은 누구도 쉽게 흉내내기 어려운 독창성을 띠고 있기 때문이다.

송강의 작품들이 많은 사람들에게 공감을 불러 일으키며 향유되어 온 이유 가운데 하나가 바로 여기에 있는 것이 아닌가 생각한다. 이른바 '토속적 제재와 풍토성'에 뿌리를 두지 않고서는, 언어 공동체이자 문화 공동체인 민족 구성원들 사이에서 그처럼 널리 정서적 공감의 세계를 열어 나가기 어려울 터이기 때문이다. 그런 면에서 송강의 작품들에는 '민족적' 성향 또한 짙게 배어 있다고 하겠는데, 이같은 면에서 송강을 위대한 '민족시인'으로 일컬을 수도 있지 않을까 생각한다.

몰입과 초탈의 변증법

모든 아름다움은 율동감에 그 근원을 두고 있다. 그렇기에 아름다움을 대변하는 장르로서의 예술은 표현 양식에 상관없이 저마다 독특한 리듬을 내포하고 있다. 음악과 시는 물론이요, 그림·조각·글씨 등에 있어서도, 우리가 그것을 아름답게 느끼는 이유는 바로 이들 양식에 내포된 특유의 리듬을 감지하기 때문일 것이다.

송강의 작품들에는 우리의 감성을 일깨우는 특유의 리듬이 배어 있다. '나는 듯 드는 양이 주인과 어떠한고'(「성산별곡」)라든가, '두견새 울음소리 산 대나무 쪼개는데'(「밤에 저절로 두견새 소리를 듣다(夜坐聞鵑)」), 또 '누은 쇼 발로 박차 언치 노하 지즐 타고'와 같은 시조의 한 구절 등에서 그 리듬의 단면을 실감할 수 있다. 때로는 담담한듯 신선하고, 때로는 처연한듯 격정적이며, 또 때로는 유연한듯 박진감 넘치는 리듬이 그것이다.

공자는 "문체의 아름다움이 결여된 표현은 오래 보존되지 못한다. 言之不文 行之而遠"라고 했다. 또 소동파는 "자연스러운 사고와 언어의 흐름으로부터 자유분방하고도 풍부한 매력이 솟아난다. 文理自然 姿態橫生"라고 한 적이 있다. 모두 훌륭한 작품의 생명력을 지적한 발언들이다. 이런 발언들에 유의해 보면, 송강의 작품들은 대부분 언어가 막힘없이 자연스럽고 아름다우며, 언어를 통해 전하고자 하는 뜻이 분방하면서도 간절하다. 그리하여 이와 같은 표현 언어의 긴절성과 의미의 곡진성으로부터 풍부한 시적 형상력이 솟아난다고 할 수 있다.

이렇게 볼 때, 송강문학의 생명력은 무엇보다도 예민하고 풍부한 감성으로부터 우러나오는 호소력과, 그것을 정서적으로 형상화하는 데 관여하는 언어의 참신성에 있다고 할 수 있다. 그래서인지 그의 작품들은 대개 대상을 관조함으로써 얻게 되는 정감보다는, 직관적 인식을 통해 얻게 되는 정감이 두드러진다. 그래서 이성을 압도하는 감성적 시편들이 작품의 큰 줄기를 이룬다. 나아가 그의 작품들은 자신의 직접적인 경험에서 우러나온 생각이나 느낌을 노래하는 경우가 대부분이다. 그래서 더욱 절실한 느낌을 준다.

특기할 만한 사실은, 송강의 작품들에는 얼핏 보기에 한 시인에게서 동시에 나타나기 어려운 이질적 특성들이 특유의 분방한 사고와 정서를 통해 표출되고 있다는 점이다. 일상사적 관심과 탈속의 정서가 공존하는가 하면, 경국제민의 이념과 처사적 흥취가 조화롭게 표출되기도 하고, 활달하고 호방한 품성의 이면에 지극히 섬세하고 애절한 여성적 정조가 넘쳐나기도 하는 것이 그 두드러진 단면들이다. 거기에 전통적으로 이어져 내려온 우리 고유의 토속적 제재와 풍토성에 입각한 정서에 뿌리를 두고 있는 경우 또한 적지 않다.

요컨대 이와 같은 특성들이 송강문학의 개성이자 미학의 실상이 아닌가 생각한다. 그리고 이런 특성들을 두루 일컬어 '몰입과 초탈의 변증법'이라고 할 수 있지 않을까 생각한다. 시적으로 형상화하고자 하는 대상에, 한 편으로는 무한한 상념과 함께 깊숙히 빠져드는가 하면, 다른 한 편으로는 시원스럽게 벗어나는 양면이 공존하면서, 양쪽 모두에서 탁월한 개성과 서정의 세계를 열어놓고 있기 때문이다. 대개 '연군의 정'을 형상화한 작품들이 몰입의 측면을 대변하고 있다면, '풍류의 흥취'를 형상화한 작품들은 초탈의 측면을 대변하고 있다 할 것이다.

그렇기에 송강은 그가 생존·활동하던 당대의 문학 양식들을 두루 활용하여 작품 창작에 임했다. 그리하여 우리에게 다채롭고도 풍부한 정서와 함께 보편적 공감의 세계를 열어 놓았다. 한 두 마디로 간추려 말하기는 어렵지만, 이는 매사 적극적인 품성과 다정다감한 기질이 그를 이처럼 위대한 시인으로 우뚝서게 한 것이라고 하겠다.

6. 파란만장의 조정, 우여곡절의 송강

송강, 그 파란곡절을 헤쳐나가는 물길

한 줄기로 곧게만 흐르는 강은 세상에 없다. 원하든 원하지 않든 굽이쳐 휘돌고 솟구치다 떨어지기도 하는 것이 강으로서는 자연스러운 형상이다. 그 물길이 이루는 형상은 인공이 가미되지 않은 산길처럼 우여곡절이 심하다. 그것은 마치 우리네 인생역정과도 같다.

한밤중에 말도 없이 유유히 앉았자니,	不語悠悠坐五更
어느 곳 시냇물 소리 빗소리에 섞여오네.	雨聲何處雜溪聲
창 앞 늙은 말은 주려도 기운차고,	窓前老驥饑猶橫
구름 속 차가운 달은 어둡다 다시 밝네.	雲裏寒蟾暗更明
친구 의리 박해진 것 늙어서야 알게 되니,	白首始知交道薄
홍진의 벼슬길은 정이 이미 없어라.	紅塵已覺宦情輕
이 즈음 한 가지 일 접어두기 어려우니,	年來一事抛難去
호숫가 갈매기와 옛 맹세 있었거든.	湖外沙鷗有舊盟

「밤의 회포夜懷」라는 송강의 7언율시 2수 가운데 1수다. 고요한 밤

에 홀로 앉아, 각박한 세태와 시절을 탄식하며 몸과 마음을 편히 맡길 곳을 담담하게 그리워하고 있다.

이런저런 시비와 이해가 엇갈려 바람잘 날 없는 현실이 '시냇물 소리에 섞여 들리는 빗소리'에 잘 드러나 있다. 그렇지만 그런 세태에 쉽게 굴복하거나, 자신의 안위만을 돌보며 의미없는 벼슬살이를 하지는 않으리라 다짐한다. '창 앞 늙은 말은 주려도 기운차고, / 구름 속 차가운 달은 어둡다 다시 밝네.'에서 그것을 실감할 수 있다. 어차피 우여곡절이야 겪을 테지만, 어둡다 다시 밝아지는 달처럼, 탁한 세태 걷히면 밝은 시절을 기약할 수 있으리니.

그렇지만 친구의 의리마저 저버리는 세상에서 달리 누구를 믿고 의지하며 이 거친 세파를 뚫고 나가야 할 지 암담하다. 그래서 나 자신의 마음 속에서 '홍진의 벼슬길'은 정이 이미 없어졌다. 따지고 보면 내 의지대로 할 수 있는 일이라는 게 과연 얼마나 되겠는가. 그러니 저 강호의 '갈매기와 맺은 옛 맹세'를 지켜, 이제 고달픈 몸과 마음을 편히 쉴 수 있는 곳으로 물러나는 것이 좋을는지도 모른다. 이제 그런 생각이 들기도 한다.

그 동안 크고 작은 파란을 일으키며 여러 굽이들을 거쳐온 송강은 다시 생애 마지막 4년에 해당하는 시기에 이르러 큰 변화를 겪는다. 오랫 동안 창평에 낙향하여 지내다가 '정여립鄭汝立 모반사건'으로 빚어진 기축옥사(己丑獄事:1589)를 계기로 중앙 정계에 화려하게 재등장한 이후, 임진왜란이 한창이던 1593년 58살의 나이로 죽음을 맞기까지의 기간이다.

이 기간은 그의 전 생애를 통해 본다면 그리 길지 않지만, 마치 그간의 파란곡절을 압축해 놓은 듯한 양상을 띤다. 그만큼 부침浮沈이 심한 삶의 궤적을 그리고 있는 것이다. 오랜 세월 같은 길을 걸으며 뜻을 함께 했던 이가 유명을 달리해 안타까워 하기도 하고, 무엇으로도 대신할 수 없는 자신의 사랑하는 가족을 잃는가 하면, 거듭 생겨난 정치적 소용돌이의 한복판에 서서 영욕榮辱이 교차하는 삶을 사는 것이 그 것이다.

그럼에도 불구하고 송강은 지금까지의 삶이 그래왔듯 이러저러한 파란곡절을 타고난 기질에 충실하여 헤쳐나간다. 특히 그가 세상을 떠나기 바로 전 해에 일어난 임진왜란은 우리 민족사에 엄청난 시련을 가져오거니와, 송강의 삶에도 적지 않은 변화를 초래한다.

모두가 운명이라거나 시대 탓으로만 돌리기 어려운 생애 마지막 시기를 헤쳐나가면서, 송강은 남은 정열을 불태워 내우외환內憂外患에 처한 나라에 그 나름의 충정을 다한다.

강도江都라 캄캄한 밤중 비바람치고,	江都風雨夜厭厭
눈에 가득 창과 방패 길손 행로 막혀 있네.	滿目干戈客滯淹
한없는 이별의 시름에 한없는 눈물,	無限別愁無限淚
바닷마을 어디메에 술집이 있다더냐.	海村何處有靑帘

「중양절 전날 밤에 강화도 객사에 있으며重陽前夜在江都旅寓」라는 7언절구다. 임진왜란이 한창이던 무렵, 시절을 근심하고 나라의 장래를 걱정하는 송강의 충정이 애절하게 담겨 있다.

전란으로 위기에 처한 나라 상황이 첫 구 '강도江都라 캄캄한 밤중 비바람치고'에 잘 은유되어 있다. 임무를 받들고 남쪽을 살피러 가는 길손—송강의 행로도 '창과 방패'로 뒤범벅이 된 난리 속에 막혀 있다. 쌓이는 시름에 눈물만 하염없이 흐른다. 하여, 답답하고 안타까운 마음 달랠 길 없어 술을 찾는다. 오늘은 본시 국화술을 담궈 마시는 중양절 전날 밤이기도 하다.

한편, 이 시기에도 송강의 곧은 기질과 정치적 신념은 이전과 크게 다를 바 없었다. 그렇지만 나이가 들어서일까? 날카로운 모서리나 세찬 기세로 밀어붙이는 힘은 전보다 많이 무디어지고 약해진 느낌을 준다. 또 그래서인지 이 시기에 지어진 작품들은 비교적 차분하고 담담한 맛을 풍기는 경우가 많다.

안정과 여유를 찾아야 할 나이건만, 생애 마지막 4년은 송강에게 참으로 버거운 희로애락의 굽이들을 겪게 한다. 영욕과 희비가 엇갈리면서 그 자신 살아생전의 한 평생을 되돌아보게 하는가 하면, 죽어서까지 사람들의 입에 오르내리게 되는 일들로 긴장이 끊이지 않는다. 그래서 이 기간은 위대한 시인으로서의 송강보다는, 정치가로서의 송강을 살필 수 있는 계기를 가져다 주기도 한다.

화려한 재등장과 기축옥사

송강의 나이 54살이던 1589년(선조 22년)은 간지干支로 따지면 기축己丑년이다. 바로 이 기축년에 송강에게는 매우 큰 의미를 지니는 일들이 꼬리에 꼬리를 물고 일어난다.

향리 창평에 내려가 처사로서의 삶을 살아가고 있던 송강은 이 해 7월, 중앙 정치무대에서 그와 교분이 두터웠던 사암 박순의 부음訃音을 듣는다. 그 때 사암의 나이는 67살이었다. 크고 작은 비바람이 그칠 날 없는 정치무대에서 그 동안 자신을 알아주고 아늑한 그늘이 되어왔던 사암이었기에, 그의 죽음은 송강에게 큰 슬픔이 아닐 수 없었다. 송강은 시를 지어 사암의 죽음에 곡한다.

그런데 같은 해 8월이 되자 더욱 기막힌 일이 벌어진다. 자신의 맏아들 기명起溟이 죽은 것이다. 송강은 17살에 결혼하여 20살에 맏딸을 낳고, 이어 24살에 이 맏아들을 낳았다. 그러니 이 때 맏아들의 나이는 겨우 31살이었다. 아무리 운명이라지만 너무도 가혹한 운명이다.

어느 자식이라고 해서 크게 다를 바 없겠지만, 우리 전통사회에서 맏아들의 죽음은 참으로 충격적인 일이다. 맏아들은 자신의 대를 잇는 상징적 존재일 뿐 아니라, 자신이 이 세상을 하직했을 때 상喪을 치러주고 제祭를 올려줄 존재다. 그래서 장남을 달리 일컬어 '맏상주'라고 하지 않는가. 자신의 상제喪祭를 도맡아 치르어야 할 터에 오히려 앞서 갔으니, 기가 막혀 달리 무슨 말이 필요할 까닭조차 없는 것이다.

송강의 경우는 여기에 한 술 더 떠서, 자신의 맏아들을 위해 3년의 복을 입는다. 내막인즉, 그가 형제의 서열로 마지막인 넷째였으나, 위의 형들이 다 대를 이을 아들이 없어 자신이 대를 전하게 되었으므로, 자신의 맏아들이 자연 종손宗孫의 서열에 놓이게 되었다. 그리하여 이로 인해 아비라도 종손에 대한 예로서 3년의 복을 입게 된 것이다. 그러나 물론 시묘살이와 같은 거상 의례는 이 경우 행하지 않았다. 어떻든 어버이로서 자식을 잃는 일은 애간장이 다 녹아버리는 고통이다. 더욱이 장성한 자식일 경우 그 고통을 이루 다 형용할 수 없을 것이다.

이렇듯 사랑하는 이들의 죽음을 연이어 맞으면서 참담한 슬픔과 고통의 나날들을 보내던 송강에게, 역시 같은 해인 1589년(선조 22년) 10월이 시작되면서 뜻밖에도 엄청난 소식이 들려온다. 황해도 관찰사 한준韓準의 비밀 장계狀啓에 의해 이른바 '정여립 모반사건'이 적발되는 것이다.

그 비밀 장계는 관찰사 한준을 필두로 안악安岳 군수 이축李軸·재령載寧 군수 박충간朴忠侃·신천信川 군수 한응인韓應寅이 연명하여 역적의 변을 고한 것이다. 거기에 씌어진 대강의 내용은 전주全州에 사는 전에 홍문관 수찬 벼슬을 했던 정여립이 모반의 괴수란 것으로서, 한강의 결빙기를 이용하여 황해도와 호남에서 동시에 서울로 들어가 대장 신립申砬과 병조판서를 살해하고 병권을 장악하기로 했다는 것인데, 그와 일당이었던 안악 사람 조구趙球의 밀고로 알게 되었다는 것이다.

아들의 장사를 위해 창평으로부터 경기 고양에 올라와 있던 송강은, 변을 듣고 그 내막을 알아본 다음 대궐에 들어가 임금께 사건의 전

말을 기록한 계를 올린다. 당시 낙향하여 지내다 올라와 있던 송강의 처지가 마땅치 않았던 만큼 주위의 만류가 없지 않았지만, 송강은 "역적이 군부君父를 모해하려는 이 때 소위 중신重臣이 가까이 궐문 밖에 있으면서 변이 있음을 보고도 들어가지 않으면 신하된 의리에 옳은 일이랴?"하며 단호히 대궐행을 결행한 것이다. 그런 송강을 두고 선조는 충절忠節로서 가상히 여긴다.

임금은 한준 등의 장계를 접한 즉시 의금부義禁府에 명하여 황해도와 호남 일대에 걸쳐 있는 그의 일당을 체포하도록 명한다. 송강의 「연보」에 기록된 내용에 따르면, 자신의 아들 및 몇몇 주변 인물들과 도망하던 정여립은 그를 체포하러 온 관군에게 에워싸이자, 마침내 칼자루를 땅에 꽂고 스스로 칼에 엎드려 목을 찌르니, 그 소리가 마치 소가 우는 소리 같았다고 한다.

임금은 정여립 등 모반자들의 시체를 저자거리에서 찢게 하고, 백관들에게 명하여 차례로 서서 보게 한다. 과거 왕조시대에 있어서 역적 행위는 특히나 엄중한 처벌이 이루어졌던 것은 주지의 사실이다. 나아가, 이 정여립 모반사건에는 수많은 동인의 고관들이 연루되어 있어 엄청난 옥사가 일어나게 되는데, 이를 일러 흔히 '기축옥사'라고 한다.

옥사 초반, 당시 정승의 자리에 있던 이산해李山海·정언신鄭彦信, 언론을 장악하고 있던 이발李潑·백유양白惟讓 등 동인의 핵심 인물들은 이를 무함으로 보고 오히려 정여립을 두둔한다. 역적의 변을 고한 일이 기실 율곡 문인들의 의도적 소행이며, 무엇보다도 정여립이 역적질을 할 위인이 아니라는 것이었다. 그러나 체포된 일당을 국문하게 되면서 모반의 구체적 내용들이 밝혀지자, 그들은 치명적인 위기에 봉착하게 된다. 특히 정여립과 친분 관계가 두터웠던 인물들은 지위 고하를 막론하고 옥사에 연루되어 화를 입는다.

11월 8일에 이르러, 선조 임금은 드디어 특명으로 송강을 의정부 우의정右議政에 임명한다. 50살이던 1585년(선조 18년) 8월 조정에서 물러난 이후 4년 여만에 다시 화려하게 중앙 정계에 복귀한 셈이다. 송강은 상소하여 사면을 청하지만 윤허하지 않아 직에 나아가게 되고, 겸하여 옥사를 다스리는 위관委官의 책임을 맡는다. 이 즈음 송강의 몸은 사실 이런 저런 병들로 건강하지 못한 상태이기도 했다.

이 때 우계 성혼이 파주에 있었는데, 송강에게 편지를 보내 벼슬에 나올 것을 권유하면서, "변이 벼슬아치 사이에서 생겼으니 장차 화가 만연될 염려를 면치 못할 것이오. 만일 다른 사람으로 하여금 이 옥사를 주관하여 다스리게 한다면, 공정한 마음으로 혐의된 일을 처리하지 못할 것이 분명하오. 나라 일이 심히 중대한데 어찌 자신의 걱정거리만을 돌아보리오."라고 하였다. 우계로서는 사태의 심각성을 능히 알아차릴 수 있었기에, 송강의 공정한 심성을 믿고 가급적 화가 크게 번지지 않도록 하자면 그가 일을 맡아야 한다는 것을 정중히 권고한 것이었다.

그러나 옥사의 결과는 그 동안 송강과 반목해 왔던 정언신·정언지·이발·이길·백유양·홍종록 등 수많은 동인의 고관들이 화옥을 당하지 않을 수 없게 된다. 송강은 임금의 뜻을 거듭 거슬러가며 계를 올려 이들의 죄를 가볍게 하고자 애쓴다. 또한 그 때 이조참판의 부름을 받고도 벼슬에 나오지 않는 우계에게 편지를 보내, 그와 함께 사태를 수습할 것을 간곡히 권유한다. 그 내용을 잠시 옮겨보면 다음과 같다.

형이 불가불 벼슬에 나와야 할 이유가 세 가지가 있소. 연소한 무리들의 논의가 날로 격심하여 내 힘만으로는 막아낼 수 없는 것이 하나요, 옥사에 붙잡혀 온 중[僧] 의연義衍과 정약鄭約 등 네 사람의 입에서 허다한 벼슬아치들이 연루된 것이, 저번 정여립의 조카 정집鄭緝에 의해 여러 사람들이 연루된 것과 같아서 이들이 장차 다 죽게 되었는데, 내 힘이 매우

고단하여 임금을 움직이기가 어려운 것이 둘이요, 셋째는 내 병세가 재발하여 수일 후면 장차 물러나겠는데, 그 후에 이 일을 맡겨 이 무리들의 죽음을 구해낼 사람이 없는 것이오. 이러한 때 한결같이 물러나 있으면서 벼슬에 나오지 않는 것이 옳은 일이겠소?

송강이 우의정의 부름을 받았을 때 사면을 청하자 우계가 송강에게 권고했던 것처럼, 송강 역시 우계를 믿고 사태 수습을 위해 벼슬길에 나올 것을 권고한 것이다. 그러나 우계는 끝내 벼슬에 나오지 않으며, 송강 또한 엄중한 형벌을 고집하는 임금의 뜻을 자주 거슬러 마침내 위관의 직에서 해임되고 만다.

이어 유성룡이 위관을 맡는데, 이발의 노모와 어린 아들이 신문을 받다가 죽게 되는 사건이 일어난다. 사실이 이러한데도 그들의 생명을 구하지 못하였다고 하여 엉뚱하게도 송강이 동인들의 큰 원망을 받는다. 훗날 임진왜란이 일어나 평안도 정주定州에 있을 때 송강은 유성룡에게 이르기를, "이발의 노모와 어린 아들을 어찌하여 죽였는가?" 하니, 유성룡은 "그럼 영공令公은 구할 수 있었겠는가?"라고 하였다고 한다. 그러자 이 말을 들은 송강은 "어찌 차마 구하지 않는단 말인가?"라고 하였다고 한다.

55살 때인 1590년(선조 23년) 2월 초에, 송강은 좌의정左議政으로 승진한다. 조정은 정여립 모반사건에 얽힌 문제들로 여전히 바람 잘 날이 없다. 같은 달 중순 무렵에 이르러 임금은 정여립·김우옹·이발·백유양 등을 천거한 죄로 영중추부사領中樞府事 노수신盧守愼에게 죄를 주도록 명한다. 그러나 송강은 우의정 심수경沈守慶과 함께 명을 중지할 것을 청한다. 그가 천거한 자들이 모두 역적의 무리이기는 해도, 우선 노수신이 사람을 알아보는 데 밝지 못하고, 또 그로 말하면 4대에 걸쳐 조정을 섬겨온 신하로서, 지금 늙고 병이 심하여 목숨이 위태로운 지경에 처해 있으니, 관용을 베푸시라는 것이었다. 그러나 선조는 그 죄를 면할 수 없다고 잘라 말한다.

　같은 해 3월, 송강은 다시 위관의 일을 맡는다. 임금은 정여립의 무리들과 교분이 친밀하여 그들이 죽은 뒤에 눈물을 흘리고 소식素食을 하였다는 전라도사全羅都事 조대중曺大中에게도 죄를 주도록 명한다. 그리고 그의 처첩과 자제들까지 다 잡아오게 하여 엄중히 국문할 것을 명한다. 송강은 다시 계를 올려 그의 처첩들까지 연좌시켜 역모에 가담한 이들과 다름 없는 형벌을 가하는 것은 너무도 가혹하기에 관용을 베풀 것을 청한다. 이에 선조는 여인들만은 제외시키도록 윤허한다.

　역모 사건과 관련하여 그 무리들과 평소 교분이 두터웠거나 협조한 이들은 물론, 우호적인 태도나 위문한 이들까지도 모두 휩쓸어 연루시켜 엄벌에 처하고자 하는 상황 속에서, 옥사를 맡은 송강은 어떻게든 그 칼날이 미치는 범위를 줄이고자 애쓴다. 그리하여 자주 선조의 뜻을 거스르는 데까지 이르기도 하지만, 선조에게 다시 두터운 신임을 얻게 된 그로서는 어떻든 희생을 줄여야 한다는 생각에, 각고의 노력을 기울였던 것으로 보인다.

　같은 해 7월에 이르러, 임금은 송강에게 수충익모輸忠翼謨 광국추충光國推忠 분의협책奮義協策 평난공신平難功臣을 책하고, 인성 부원군寅城府院君에 봉한다. 이러한 책봉은 그간 송강이 이룩한 공로를 크게 인정하여 행해진 것이라고 할 수 있다. 감당하기 어려운 일이라 하며 사면을 청하는 송강에게, 선조는 그 책봉의 이유를 크게 두 가지로 말한다.

　먼저, 왕실의 계통이 명나라 태조실록에 조선 태조가 고려의 권신 이인임李仁任의 아들로 되어 있었던바, 그 잘못을 여러 번 건의했으나, 자신의 재위 17년(1584년)에 이르러서야 송강이 가르쳐 준 데 힘입어 비로소 시정되었다는 사실을 든다. 다음으로는, 근래에 일어난 역모 사건이 송강의 주관으로 평정되었다는 사실을 든다. 송강을 책봉하는 위의 긴 이름도 이런 내용을 골자로 한 것이다. 그리하여 선조는 "앞에서는 충성을 다하였고 뒤에서는 노고가 많았으니, 스스로 떳떳한 일이므로 공연히 고집하지 말고 속히 새로운 명에 응하라."고 한다.

그러나 8월에 이르러서도 역모사건과 관련된 옥사는 여전히 계속된다. 이미 파직을 시키고 귀양을 보냈던 정언신을 다시 잡아다 국문하고 좀더 엄중한 벌을 내리도록 하는가 하면, 남명 조식(南溟 曺植:1501~1572)의 문하로서 영남 일대에서 효우孝友하고 절개가 있는 이로 일컬어지기도 했던 최영경崔永慶을 새롭게 연루시켜, 결국 옥중에서 병으로 죽게 한다. 특히 최영경의 경우는 그가 평소 동인의 핵심 인물들과 친분이 두터웠으며, 애초 역모가 발각되었을 때 정여립의 아들 옥남玉男이 주모자를 길삼봉吉三峯이라고 하였는바, 그 길삼봉이 다름 아닌 최영경이라는 주변의 여러 말들에 의해 붙잡아다 국문을 하게 된 것이었다.

송강은 그를 구하라는 우계의 당부도 있고 하여, 임금께 계를 올려 최영경의 일은 역모에 관련된 단서가 없고 또 효우로써 영남 일대에서 이름이 있는 이라 하며 석방을 청한다. 그 역시 역모와 관련이 있다는 심증을 가진 선조는 내키지 않았지만 일단 그를 석방한다. 그러나 최영경은 9월에 이르러 다시 투옥된다. 사간원과 사헌부에서 재차 국문할 것과 귀양보낼 것을 건의했기 때문이다. 송강은 이를 다시 바로잡으려 했으나, 마침 그가 옥중에서 병으로 죽었으므로 그렇게 하지 못하였다.

이런 일들이 진행되면서 김우옹金宇顒·정개청鄭介淸·유몽정柳夢井·이황종李黃鍾·윤기신尹起莘·신식申湜·한백겸韓百謙·김빙金憑 등도 역모의 주범들과 교분이 있었다는 문제로 죽거나 귀양을 간다. 결국 이런 국면에 접어들면서 역모와 관련된 사태는 서서히 수습의 단계에 이르게 된다.

당시 조정에 엄청난 파문을 몰고 온 이같은 정여립 모반사건에 대해서는 조작이라는 설과 사실이라는 양 설이 제기되고 있지만, 어느 쪽이든 의문이 가는 점들이 많아 쉽사리 판단을 내리기 어렵다. 그러나 이로 인해 벌어진 기축옥사를 주로 송강이 위관이 되어 조사·처리하면서, 어떻든 동인의 주요 인물들이 거의 제거되었던 것은 사실이다. 이발을 비롯하여 이 일로 숙청된 인사가 1,000여 명에 이르렀기 때문이다.

기축옥사에 연루되어 화를 입은 동인의 명사들이 실제 역모와 관계가 있었는지는 의문의 여지가 많다. 아마도 대다수가 역모와는 관계가 멀다고 보아야 온당할 것이다. 물론, 동인 내부에서 선조의 왕권에 불만을 가진 극단론자들이 있었던 것은 사실인 듯하다. 그리고 앞에서 살펴본 바와 같이 1581년(선조 14년) 율곡의 가세로 힘을 얻은 서인세력이 한 때 집권세력의 위치를 차지하기는 했지만, 1583년(선조 17년) 율곡의 죽음과 함께 다시 동인세력에게 넘겨주었던 상황 속에서, 서인의 일각에서 이를 세력 만회의 기회로 이용하고자 한 혐의도 없지 않다.

어쨌든 기축옥사의 장본인인 정여립은 동인세력의 정치권력에 실로 큰 타격을 주었다. 나아가 호남지역 사류士類들이 이 옥사에 많이 연좌되어 전라도 전체가 반역의 땅이라는 낙인이 찍히게 됨으로써, 이후 호남출신 인사의 관계官界 진출을 어렵게 만들었다. 게다가 이 일을 계기로 호남지역 사류들 간에는 후대에까지 서로 반목·대립하는 등 여러 가지 좋지 않은 문제를 남기게 되었다.

그런가 하면, 이 사건을 계기로 동인세력이 남인과 북인의 두 갈래로 나뉘어지는 결과를 가져온다. 특히 이 점을 염두에 둘 때, 당시 선조 왕권에 불만을 가진 사건 연루자들의 입장 문제를 좀더 깊이있게 이해할 필요가 있다.

선조 왕권에 대한 불만은, 요컨대 선조가 사림들이 뜻하는 원래의 붕당정치 이념과 원리에 충실하기보다는, 이를 원용하여 붕당을 교체시키면서 왕의 권위를 과시하고자 한 통치방식에 있다. 사건에 연루된 자들이 한결같이 '시국의 일을 하지 못하겠다.'·'이 사람은 백성들의 어버이로서의 도량이 없다.'·'임금의 혼미한 정신이 날로 심해진다.'는 등의 말을 서슴치 않았던 것이 그것을 잘 말해 준다.

그러나 당대 사대부들의 이념인 성리학에서는 '충직한 신하는 두 임금을 섬기지 않는다.'라는 충신불사이군忠臣不事二君의 명분론이 완강한 힘을 발휘하던 때다. 그래서 당시 왕권에 불만이 있던 사건 연루자들은 이같은 장벽에 부딪혀 군주의 태도가 다시 바른 궤도로 접어들게 하는 데 노력을 경주할 따름이었지, 다른 적극적인 방법을 취할 도리가 없었다. 바야흐로 그런 즈음에 이와 같은 사건이 일어났다. 그리하여 대립하는 정파로부터 역이용이 구상될 수 있을 만큼 적극적인 방법의 선택에까지 근접해 있었던 것이다.

또한 사건의 연루자들 대부분이 당시 여러 학파들 가운데 성리학의 색채가 가장 엷었던 남명 조식(南溟 曺植:1501~1572)이나 화담 서경덕(花潭 徐敬德:1489~1546) 계열의 문인이라는 사실도 주목할 일이다. 성리학적 명분론에 완전히 얽매이지 않는 두 학파의 성향이 그와 같은 적극적인 입장을 가능하게 한 것이 아닌가 생각할 수 있기 때문이다. 사실 이 사건에 즈음하여 동인이라도 성리학의 정통적 입장을 취하는 퇴계 이황 계열은 그 모반을 사실로써 인정하여 남인으로 갈리어 나오게 되었다. 따라서 이는 같은 동인이라도 학문적·사상적 입장의 차이로 더 이상 정치적 입장을 같이 할 수 없게 된 결과라고 할 것이다.

정여립 모반사건으로 인해 벌어진 기축옥사는 이처럼 퇴계, 율곡, 남명·화담으로 대변되는 세 갈래 학파 간의 정치적 분립을 가져온다. 그리고 사건 처리 과정에서 제기된 문제들로 상호 극단적인 대립이 유발되어, 붕당정치의 운용에 커다란 위협을 가져오게 된다. 특히 이 사건의 기본적 성격이 '모반'의 혐의라는 사실은 정파로서의 붕당을 활용해야 할 군주의 입장에도 큰 제약을 가져와, 붕당정치 원리 자체가 크게 위협을 받는 국면에 놓이게 된다.

이 사건의 연루자들 대부분이 동인인 관계로 일단 송강이 주축이 된 서인 측이 그 처리를 주관했다. 그러나 사건 처리 과정에서 최영경의 경우처럼 확실한 증거가 드러나기 전에 옥에서 죽는 자가 생긴 것이 구실이 되어, 이후 서인은 특히 북인의 공격을 받아 조정에서 물러나게 되고, 사건은 마침내 3년 여만에 정여립 한 사람에게 역모의 죄가 지워지는 것으로 마무리된다. 그리하여 이후의 정국은 다시 정치권력의 핵심에 남인과 북인의 양 세력이 나란히 포진하는 형세로 정돈되는 것이다.

송강이 기축옥사와 관련하여 다양한 평을 받는 것은 사실이다. 특히 옥사 처리 과정을 둘러 싼 시시비비는 당대는 물론 후대에도 줄기차게 제기되었다. 그래서 사건이 일어난 이후 어느 계열의 붕당이 정권을 잡느냐에 따라, 송강은 죽은 후에도 관작이 삭탈되었다가 복권되는 일이 여러 차례 되풀이된다.

오늘날 정치인으로서의 송강을 평할 때에도 이 문제는 여전히 논란거리가 되고 있다. 진실이야 분명 존재할 터지만, 그것을 잘 알 수 없는 우리로서는 이상과 같은 사건 경위와 마무리 과정에서 드러난 사실들을 근거로, 각자의 판단에 맡길 수밖에 없다. 그것은 역사를 보는 우리의 시각 차이를 드러내는 것이기도 할 것이며, 한 개인에 대한 이해의 태도를 반영하는 것이기에, 신중을 기하지 않을 수 없다고 하겠다.

정승의 자리에서 귀양살이로

붕당간의 갈등과 반목이 극심한 세태의 흐름 속에서 정여립 모반사건을 계기로 다시 중앙 정계에 화려하게 복귀한 송강의 영화는 그러나 그리 오래 지속되지 못한다.

송강의 나이 56살인 1591년(선조 24년) 2월, 당시 우의정으로 임명된 유성룡이 좌의정인 송강을 찾아와 임금께 세자 책봉을 건의하자고 한다. 송강은 영의정 이산해와 의논해 함께 추진하자고 한다. 그러나 이산해는 이런 저런 구실을 대어 의논의 자리를 피한다. 당시 조정의 공론은 공빈恭嬪 김씨 소생의 광해군光海君으로 의견이 모아졌다. 이산해는 밖으로는 조정의 공론에 따르는 척하나, 선조의 의중이 다른 왕자에게 있다는 것을 간파하고 다른 데 마음을 쏟고 있었다.

마침내 이 문제로 세 정승이 여러 관료들과 함께 임금을 대면하는 자리가 마련되었다. 그러나 정작 아무도 입을 열려고 하지 않았다. 대개 다른 왕자를 염두에 두고 있는 선조의 의중을 알고 있었는지, 섣불리 나서기를 주저했다. 성미가 급한 송강이 나섰을 것은 불을 보듯 빤한 일이다. 선조는 아무런 대답을 하지 않았으며, 이산해·유성룡 역시 입을 다문 채 아무 말도 하지 않았다. 부제학 이성중李誠中과 대사헌 이해수李海壽가 나서서, 이는 좌의정의 생각만이 아니라 여럿이 함께 의논한 조정의 공론임을 진언한다. 그러자 임금은 진노하여 두 사람을 지방으로 좌천하라는 엄명을 내린다.

일이 이렇게 되자, 송강은 물러나 사직서를 올린다. 사직서가 세 번째 이르렀을 때, 임금은 드디어 이를 수락하고 송강의 체임을 허락한다. 그런데 사태는 여기에서 끝나지 않았다. 예의 광해군을 세자로 책봉할 것을 건의한 것이 빌미가 되어, 송강은 그 동안 은밀하게 일을 꾸며 온 이산해의 모해로 선조의 큰 노여움을 산다.

당시 선조에게는 10명의 아들이 있었으나, 왕비 박씨 소생은 하나도 없고, 모두 빈嬪에게서 낳은 왕자들이었다. 선조는 여러 왕자들 가운데 특히 인빈仁嬪 김씨 소생의 신성군信城君을 총애하였다. 그런데 이산해가 계략을 꾸며 송강이 신성군 모자를 죽이려 한다는 말을 만들었고, 이를 의도적으로 임금의 귀에까지 들어가게 한 것이었다. 선조는 '설마 그럴 리가 있겠는가?' 하면서도 크게 노여워한다.

같은 해 3월에는 유생儒生 안덕인安德仁 등이 상소하여 송강에게 죄 줄 것을 청한다. 그리하여 마침내 송강은 용산촌사龍山村舍로 물러나 명을 기다린다. 윤 3월에 이르자, '평소 주색酒色에 빠져 생활이 문란하고, 당을 꾸며 경박한 무리를 모았으며, 조정의 인사를 마음대로 휘둘렀다.' 는 혐의로, 송강은 사헌부와 사간원 양사의 논핵을 입고 드디어 파직된다.

6월에는 다시 양사가 계를 올려 송강의 귀양을 청한다. 그로 인해 처음에는 명천明川으로 정배되었다가, 곧이어 진주晉州로 옮기라는 명이 내린다. 양사의 계가 계속되면서 윤근수尹根壽·윤두수尹斗壽·홍성민洪聖民·이해수李海壽·장운익張雲翼 등 송강과 교분이 두터웠던 이들도 아울러 죄를 입고 멀리 귀양간다. 그밖에도 많은 사람들이 송강으로 인해 관작을 삭탈당하거나 귀양간다. 다시 서인 계열의 인사들이 조정에서 대거 밀려나는 것이다.

송강은 진주로 옮기라는 명을 받은 지 사흘만에 그의 근거지에서 가깝다는 이유로 다시 북녘의 험한 땅 강계江界로 옮기라는 명이 내린다. 게다가 거처 주위에 가시울타리까지 쳐지는 위리圍籬의 혹독한 귀양살이를 하게 된다. 낙향해 있다가 다시 조정에 발을 디딘 지 채 2년도 되지 않아, 또 이런 엄청난 사태를 맞는 것이다. 화려하게 재등장한 정승의 자리에서 이렇듯 하루 아침에 북쪽 황량한 땅의 유배 생활로 나앉는 송강의 처지는 실로 기구하다 할 것이다.

이 즈음의 착잡한 심경을 노래한 5언절구 「청원의 가시울타리 속에서淸源棘裏」를 옮겨 보면 다음과 같다.

세상에 살면서도 세상을 모르고,	居世不知世
하늘을 이고도 하늘 보기 어렵네.	戴天難見天
내 마음 아는 건 오직 백발이런가,	知心惟白髮
나를 따라 또 한 해를 지나는구나.	隨我又經年

'청원'은 강계의 다른 이름이다. 이곳에 귀양 와 살게 된 송강의 처지와 심경이 참으로 생생하게 드러나 있다. 현실권 밖으로 내동댕이쳐진 엄연한 현실 앞에서, 송강은 다만 백발을 어루만지며 탄식한다. 꿈이라고 하기엔 너무도 가혹하기에, 차라리 지금의 처지를 받아들이고 마는 편이 나을 지 모른다. 그래서 마음이 더욱 착잡하다.

이처럼 송강이 하루 아침에 황량한 변방으로 물러 나앉게 된 것은 결국 붕당 간의 힘겨루기가 가져온 참담한 패배의 결과라고 할 수 있다. 그리고 그 저변에는 이를 기회로 삼으려는 반대 세력의 정치적 의도가 복합적으로 깔려 있었다고 할 수 있다.

우선, 기축옥사가 마무리되면서 다시 서서히 집권의 기반을 구축해 가는 동인세력으로서는, 세자책봉 사건을 빌미로 그들이 원수로 생각하는 송강을 어떻게든 조정에서 축출하고자 했을 것이다. 또, 그의 주변 인물들까지도 이 기회에 아예 조정이나 해당 직위에서 내몰아 죄로 다스림으로써, 자신들의 세력을 보다 확고히 구축하고자 한 의도도 내포되어 있었다고 할 수 있다.

문제는, 그동안 우여곡절이 있었기는 해도 그렇듯 송강을 신임했던 선조의 태도다. 그야말로 자신의 오른팔이나 다름없이 여기다가, 갑자기 간흉으로 일컬으며 참으로 냉담한 처리를 지시하기 때문이다. 나아가 같은 해 7월에 이르자 선조는 "간신 정철에게 무함을 입어 배척된 사람이 있으면 모두 벼슬을 주어 등용케 하라."는 명을 내리기까지 한다. 그 재등용 대상이 대부분 동인에 속하는 인물들일 것임은 짐작하기 어렵지 않다.

아마도 선조로서는 왕권의 위엄을 다시 새롭게 확립하는 데 있어서, 실상이야 어떻든 송강의 세자책봉 건의와 관련된 문제가 비위에 거슬렸을 지 모른다. 아울러 재차 세력을 다져가는 동인들의 존재로 인해, 이제 더이상 서인의 존재가 자신에게 유리한 입장을 가져다주지 못할 것으로 생각했기 때문이었는 지도 모른다.

그러나 이듬해인 임진년(1592년)에 왜구가 쳐들어 와 전란이 일어나자, 선조는 송강을 다시 부른다. 이 때 선조는 다시 새삼스럽게 그를 '충직하고 맑으며 큰 절개를 지닌 이[忠淸大節]'라고 일컫는다. 자신으로 상징되는 나라가 위기에 처하자, 다시 송강의 존재가 절실히 필요했기 때문이 아니었던가 싶다.

어떻든 달빛까지도 차가운 머나 먼 북녘 땅으로 유배된 송강의 심정은 착잡하기 이를 데 없었다. 그러나 눈 앞에서 전개되는 엄연한 현실을 부정할 수는 없다. 사실 송강으로 말하면, 그가 지금까지 추구해 온 삶의 방식이나 현실관에 비추어 이를 부정할 위인도 아니다. 그로서는 어찌할 수 없는 현실이라면, 이를 담담하게 받아들이는 편이 오히려 사대부의 의연한 처신일 터다.

그가 강계로 옮겨가는 날, 그를 수행하던 홍인간洪仁佩이란 이가 송강을 곧 죽이라는 명이 내릴 것이 두려워 잠을 이루지 못하였다. 그러나 송강은 아침까지 잠을 자되 평상시와 다름이 없었다. 그러자 홍인간이 "공은 어찌하여 이같이 흔들리지 않으십니까?"하고 물었다. 이런 물음에 송강은 "예로부터 정승 벼슬을 한 이 치고 귀양을 갔다가 마침내 살아서 돌아온 이가 어디 있었던가? 내 마음이 이미 정하여졌으므로 도리어 편하네."라고 하였다고 한다. 송강의 의연한 태도가 잘 나타나 있는 일화다.

또, 그가 유배생활을 시작하고 해가 바뀐 이듬해(57살 · 1592), 그와 교분이 두터웠던 이희참에게 보낸 편지를 보면, 당시 송강의 생활상과 마음가짐이 잘 나타나 있다. 그 일부를 옮겨보면 다음과 같다.

전부터 귀양살이를 하는 사람의 호구책은 오로지 관가에 의뢰하게 되는 것이 회재 이언적(晦齋 李彦迪:1491~1553) 때부터 이루어진 선례입니다. 그런데, 지금 여기는 법령이 지극히 엄하고 또 신관의 낯이 생소해서 인지, 한 그릇 밥과 한 그릇 국도 다 스스로 마련해야 합니다. 또한 풍토가 심히 나쁘고 물·불도 서로 도와주지 않으니, 그 사이의 간난과 고초는 이루 형언할 수 없습니다. 그러나 속담에 '산 입에 거미줄 치는 일은 없다.'라고 하였으니, 이 말만 믿고 안심할 따름이오.

　이런 이야기는 그만두기로 하고, 이곳 역시 나를 감시하고 모함하는 사람이 있어, 헛된 말을 지어내서 서울로 들여보냅니다. 요사이는 또 구봉(龜峯:송익필의 호)이 멀지 않은 곳에 와 있다 하니, 장차 무슨 재앙을 불러 올 말을 지어낼는지 모르겠소. 그러나 모든 것이 이미 다 정해진 상황이니, 다만 마음 편히 지내는 것이 좋을 뿐, 달리 어찌하리오.

　끼니조차 마련하기 힘든 유배지 생활의 간난과 고초가 잘 나타나 있다. 게다가 자신을 끝끝내 헐뜯으려는 감시와 모함이 그치지 않아, 심기까지 편치 않다.

　그런데 송강은 이같은 자신의 처지를 시절 탓으로 돌릴지언정, 임금을 원망하지는 않는다. 어떤 상황에 처해 있든, 그는 여전히 연군의 정을 노래하는 시편들을 많이 짓는다. 유배의 몸이기에 그 정이 더욱 애닯고 간절할 따름이다.

변방이라 외기러기 달과 함께 날아오니,　　　　邊城獨鴈月俱來
임 그리는 눈물 말라 소리 더욱 서럽구나.　　　淚盡懷君響更哀
하늘 밖 임 계신 곳 아득히 바라나니,　　　　　天外建章長入望
이후로 이 늙은이 대臺에 아니 오르리.　　　　老夫從此不登臺

　「밤에 앉아 기러기 소리를 듣다夜坐聞雁」라는 7언절구다.

　'외기러기 달과 함께 날아오는 하늘 밖 변방'에서 '임'을 그리는 늙은 신하의 애처러운 충정이 구절 구절 가득 담겨 있다. 자신의 분신인 그 '외기러기'는 이제 '눈물조차 말라' 소리 더욱 서럽다. 누대에 올라 '임 계신 곳' 아득히 바라보지만, 쓸쓸한 풍경들만이 서럽고 안타까운 심사를 돋울 뿐이다. 그러니 이후로 다시는 누대에 오르지 않으리라 다짐한다. 차라리 눈 감고 이 길고 고통스러운 밤을 견디어 나가는 것이 나을지 모르리라 생각한다. 이런 송강의 모습에서 역시 충군보국忠君補國의 정신에 투철한 유가 사대부의 한 표본을 볼 수 있다.

아무리 그렇다 하더라도, 혹독하고 냉엄한 유배생활은 송강에게 비애감을 불러 일으키기에 충분하다. 그리하여 때로 참담한 기분이 들 것은 당연하다. 그 동안 조정에서 한 두 번 물러난 것도 아니건만, 사실 이번처럼 황당하게 내쳐진 경우는 없었다. 더욱이 다른 어느 때보다도 높은 지위에 있었고, 환갑을 바라보는 나이도 이젠 예전과는 다르다. 그렇기에 가시울타리까지 쳐지는 혹독한 상황도 상황이지만, 이 때 송강의 심리적 충격과 그 여파는 어떤 경우와도 비교하기 어려울 만큼 컸다고 할 수 있다.

한창 때 그대와 옥당에 번들 때,	壯歲從公直玉堂
대모 자리 은 촛대 흥도 길었지.	玳筵銀燭興偏長
지금은 하늘 가에서 술을 들다니,	如今共把天涯酒
아득하여라 세상사, 머리만 세어.	時事茫茫鬢髮蒼

역시 강계 유배시절에 지은 것으로 보이는 「약포의 운을 따서 짓다次藥圃韻」라는 7언절구다. '약포'는 이해수의 호다.

'대모 자리 은 촛대'로 상징되는 지난 날을 회상하면서, '하늘 가에서' 술잔을 기울이는 지금의 처지를 탄식하고 있다. 당시 이해수 역시 유배의 처지에 놓여 있었을 터고 보면, 자리를 함께 하지 못할 뿐, 서로가 '하늘 가'에서 술잔을 기울이고 있는 셈이다. 화려했던 시절과 지금의 처지, 생각해 보면 모든 일들이 아련하기만 하다. 귀밑머리 희어진 몸만이 지금의 처지가 분명한 현실임을 일깨운다. 그래서 더욱 씁쓰레한 비애감이 여운처럼 번진다.

거기에다 이제 나이 든 몸에 병까지 깊어, 나날이 시름만 늘어간다. 보통 때의 상황으로도 힘겨울 터인데, 유배의 처지이고 보니 더욱 힘이 든다. 마음도 몸도 지치고 피곤하다.

적소에서 집을 그리니 청산은 멀고,	家懷湘楚靑山遠
안위安危에 몸이 매여 백발만 길어가네.	身繫安危白髮長
밤새도록 시름겨워 매양 잠 못 이루고,	每到五更愁未睡
서창에 기우는 차가운 달을 누워서 보네.	臥看寒月下西廊

「병 중에 회포를 쓰다病中書懷」라는 7언절구다.

생각을 다잡아도 이런저런 수심을 떨치기 어렵다. 그럴수록 길어지는 건 백발 뿐, 집으로 돌아갈 기약은 멀기만 하다. 그렇게 매양 밤을 지새운다. 새벽녘 서쪽으로 기우는 '차가운 달'을 본다. 마치 내 신세가 저렇지 않은가 싶다. 냉혹한 현실, 답답하고 쓸쓸하다.

그러나 이처럼 엄청난 편차의 희비 쌍곡선을 그리는 삶을 살면서도, 송강은 나름대로 최선을 다하는 삶의 자세를 보인다. 그는 유배생활에 차츰 적응하면서, 의미있는 일을 계획하고 실천에 옮긴다. 시간이 지나면서 비애감이나 탄식도 서서히 사그러든다.

산 넘고 바다 건너 소식 없지만,	領海無消息
풍진 속 세상에는 시비 있겠지.	風塵有是非
길이 한 평생 나그네로 지내고자,	一生長作客
만사를 모른 채 홀로 문을 걸었네.	萬事獨關扉

5언으로 된 「절구絶句」라는 제목의 시다.

마음 한 구석에는 여전히 '소식'・'시비'에 대한 미련이 남아 있다. 그러나 '만사를 모른 채 나그네로 지내고자 문을 닫아 걸었다.'는 말에서, 새롭게 가다듬은 의지를 확인할 수 있다. 물론 그것은 사회 현실과의 완전한 단절을 의미하기보다는, 체념어린 독백처럼 느껴진다. 그래서 마치 '미련을 두면 무엇하나. 세상사 접어두고 지내야지.' 라고 되뇌이며 스스로를 다독이는 말처럼 들린다. 그럼에도 현실에 눈길을 돌리지 않으려는 의지만큼은 분명하게 드러나 있다.

그리하여 송강은 마음을 비운듯, 이후 유배생활 대부분을 오히려 『주자서朱子書』·『대학大學』·『근사록近思錄』등을 외우며, 의심이 나거나 모르는 대목이 있으면 울타리 기둥을 깎아 거기에 써두고, 때때로 살피며 사색하는 담담한 생활을 했다고 한다.

수암 권상하(遂菴 權尙夏:1641~1721)가 송강의 후손 정존(鄭洊:1659~1724)의 『가장서家藏書』에 쓴 다음과 같은 「발문」을 통해, 당시 생활의 단면을 구체적으로 확인할 수 있다. 그 일부를 옮겨보면 다음과 같다.

> 장원(長源:정존의 자)이 하루는 황강黃江으로 나를 찾아와 품에서 몇 권의 책을 내 놓으며 말하기를, "이는 선조 송강 선생께서 강계에 계실 때 읽으시던 것으로, 책 안에 먹으로 점을 찍은 것이 다 선생께서 친히 하신 것이다."라고 하였다.
>
> 내가 손을 씻고 받들어 보니, 『대학大學』·『가례家禮』같은 것에는 정문正文에서부터 소주小註에 이르기까지 모두 구결을 찍었고, 필적이 정밀하고 자세하여 단 한 구절도 소홀히 넘긴 것이 없었다. 또, 책 머리 공백에는 많은 표식을 하였는데, 글자 역시 단정하고 방심한 것이 없었다. 『주자서朱子書』·『절요節要』같은 것에는 아래에 그 읽은 횟수를 기록했는데, 권마다 각각 70회씩이었고, 끝에는 신묘년(1591) 윤 3월 20일 이후 읽기 시작하여 11월 2일에 마쳤다고 쓰여 있었다.
>
> 나는 그 책들을 다 보기도 전에 저절로 무릎을 꿇고 공경해 이르기를, "선생이야말로 학문에 부지런하셨도다."라고 하였다.

대개 학문을 하는 사람이란 나이가 들면 기질이 게을러지고, 지위가 높으면 의지가 태만해지며, 환란을 당하거나 궁색한 처지에 놓이게 되면 생각이 미칠 여지가 없는 것이 통례다. 그러나 송강은 이 때 이미 나이가 늙고, 지위가 지극히 높았으며, 유배의 옹색한 처지에 놓여 있었는데도, 오히려 이처럼 흔들리지 않고 학문에 독실하였다. 그의 범상치 않은 의지와 생활태도를 확인할 수 있는 좋은 예일 듯하다. 송강의 또다른 일면을 살필 수 있다.

임진왜란과 마지막 충정

송강의 나이 57살 때인 1592년(선조 25년) 4월 14일, 우리 민족사에 엄청난 파문을 몰고 온 임진왜란壬辰倭亂이 일어난다. 수많은 병력의 왜구들이 부산포釜山浦에 침입하면서 시작된 이 전란으로, 당시 우리 강토는 불과 몇 달만에 대부분을 점령당하고, 백성들은 전란의 처참한 상황에 직면하게 된다.

조선왕조가 임진왜란을 당하여 전쟁 초기에 이를 감당하기 어려울 정도로 국력이 쇄약해져 있었던 것은 비단 왜란이 일어난 선조대에만 그 원인이 있는 것은 아니다. 멀게는 연산조 이후 명종대에 걸쳐 전개된 훈구·사림 세력 간의 피비린내나는 정치적 쟁론과 사화에 그 원인이 있다. 그리고 가깝게는 사림 세력이 득세한 선조 즉위 이후 격화된 당쟁에 그 원인이 있다. 요컨대 이런 일들로 지배층이 분열됨으로써, 정치의 정상적인 운영이 어려운 지경에 처해 있었던 데 그 주요 원인이 있는 것이다.

아울러 군사적으로도, 조선 초기에 설치된 국방체제가 붕괴되어 중종대 이후 외부의 침략에 대비하기 위해 새롭게 비변사備邊司를 설치했으나, 이 또한 정상적인 기능을 발휘하지 못하고 있었다. 그래서 일찍이 율곡 같은 이는 선견지명을 발휘하여, 남쪽의 왜구와 북쪽의 오랑캐 침입에 대처하기 위해서는 십만의 군사를 길러 확보하고 있어야 한다는 '십만양병설十萬養兵說'을 주장하기도 했다. 그러나 국가 재정이 허약하여 뜻을 이루지 못하고, 사회는 점점 해이해지고 근본적인 국가 방책이 확립되지 못한 실정에 놓여 있었던 것이다.

이러할 즈음, 일본에서는 새로운 형세가 전개되고 있었다. 15세기 후반 이후 서양의 세력이 점차 동양으로 뻗쳐오는 이른바 '서세동점西勢東漸'의 국면을 맞아, 일본에는 유럽 상인들이 들어와 신흥 상업도시가 발달하고, 이에 따라 봉건적인 지배체제가 위협을 받기 시작했다.

바로 이 무렵에 등장한 도요토미 히데요시[豊臣秀吉]라는 인물은, 이런 혼란기를 수습하고 실권을 장악하면서 전국을 통일하게 된다. 그는 다시 봉건적인 지배권을 강화하는 데 온 힘을 기울이면서, 오랜 기간의 싸움에서 얻은 제후들의 강력한 무력을 해외로 방출시킴으로써, 국내의 통일과 안전을 도모하고 신흥세력을 억제하기 위해 대륙침략의 망상에 빠지게 된다. 그리하여 그는 대마도주對馬島主를 시켜 조선에 여러 차례 수호修好를 청하고, 자국에 통신사通信使를 파견해 줄 것을 요청해 온다.

이와 같은 일들이 전개되는 사이사이 조선은 대개 일본의 침략 조짐을 알아차리기는 했다. 그러나 그들에게 통신사를 파견할 것인지 그렇지 않을 것인지 논란을 거듭하다 겨우 파견하기로 결정을 짓게 되었을 무렵, 예의 정여립 모반사건(1589년·선조 22년)이 일어난다. 그러자 모든 것이 이에 집중되어 통신사 파견이 보류된다. 결국 통신사는 1590년(선조 23년) 3월에 이르러 파견되는데, 널리 알려진 바와 같이 이들 일행이 일본에 다녀와서 보고하는 내용이 전혀 상반되어, 황당한 일이 벌어진다.

서인 쪽의 인물인 황윤길黃允吉이 강력한 침략의 징후를 말하는데 비해, 동인 쪽의 인물인 김성일金誠一은 전혀 그렇지 않다는 것이었다.

조정은 결국 김성일의 의견으로 기울게 되어, 그 동안 각 도에 명하여 성을 쌓는 등 방비를 서두르던 것마저 중지하게 된다. 그리하여 뒤늦게야 일본의 침략계획을 알아차리고 전열을 정비하려고 했으나, 이미 때는 늦었고 백성들의 원망만 높아져 갔다. 당시 전라좌수사全羅左水使 이순신李舜臣만이 전쟁 준비를 갖추고 적의 침입에 대비하고 있었던 것은 우리 모두 잘 아는 바다.

임진왜란은 특히 우리 민족의 역사와 문화를 무참하게 파괴시켰다. 그 구체적 내용이나 범위는 우리의 상상을 초월할만큼 어마어마하다. 무엇보다도 엄청난 인명 피해를 가져왔으며, 당대인의 삶 자체를 완전히 황폐화시켰다. 게다가 이 때 불 타 없어진 유구한 전통의 문화재들만 하더라도, 그 수를 헤아리기 어려울만큼 많다. 눈으로 확인할 수 없는 정신문화도 소중하지만, 유구한 역사와 전통이란 우리가 눈으로 직접 확인할 수 있는 구체적 유물·유적들이 있음으로 해서 더욱 빛나고 그 가치를 실감할 수 있다.

그런 면에서 당시의 조선왕조와 조정은 우리 민족사에 큰 죄인으로 남아 있다. 역사에서 가정은 성립되지 않는다고 한다. 그래서 돌이켜 본들 소용없는 일이지만, 그 때 정치에 종사하던 이들이 자신의 입지와 관련된 명분名分보다는 대의大義에 조금만 더 충실했던들, 오늘날까지 남아 있는 그 죄의 무게를 크게 덜 수 있었을 것이다. 요컨대 임진왜란을 전후한 당시 조선의 상황은, 우리에게 바람직한 민족사를 이어 나가는 데 있어서 위정자의 식견과 수준이 새삼 중요하다는 사실을 일깨운다.

한편, 부산에 침입한 왜구들이 빠르게 북상하여 서울로 육박해 옴에 따라, 귀양을 간 사람들이 거의 다 석방된다. 그러나 어찌된 셈인지 송강만은 풀려나지 못하고 있었다. 전쟁이 시작된 지 한 달이 채 되지 않은 5월 초에 서울이 함락되고, 임금의 행차가 개성開城에 머물게 되었다. 이 때 사헌부와 사간원에서 이산해·유성룡을 탄핵한다. 이산해는 왕실과 서로 결탁하여 나라 정사를 어지럽혔고, 유성룡은 왜구와 화친을 주장하여 나라를 그르쳤다는 죄를 논한 것이다. 선조는 양사의 논핵을 모두 윤허한다.

이어 선조는 피난지 개성에서 군민들의 간곡한 건의에 따라 송강을 사면하고 부른다. 충신의 이름은 나라가 위기에 처했을 때 그 빛을 발하게 되는 법이다. 선조가 그를 다시 새삼스럽게 '충청대절忠淸大節'이라 일컫게 된 것은 앞에서 언급한 바와 같다.

송강은 유배지 강계에서 꿈에 다음과 같은 두 구를 지었는데, 그 이튿날 방면되었다고 한다. 5언절구 형식을 취한 「꿈 속에서 짓다夢中作」라는 시다.

밝은 시대라 버려진 직신直臣 거두시니,	昭代收遺直
대궐 뜰에 새벽 목탁 소리 울리도다.	天墀曉鐸鳴

여전히 선조를 받들며 '밝은 시대'라 일컫고 있거니와, '대궐 뜰에 울리는 새벽 목탁 소리'에서 사면을 받아 다시 현실의 자장권으로 나아갈 것을 예견한 느낌이 드는 시다.

임금의 부름을 받은 송강은 곧바로 길을 재촉한다. 난리가 몰려와 나라가 온통 어지러운 형국인데도, 유배의 처지에서 홀로 사립문 닫고 있던 심정이야 오죽했겠는가. 다음과 같은 「영유현에 이르러到永柔縣」라는 7언절구에 당시의 심정이 잘 나타나 있다.

배꽃 피는 시절인데 비는 내려 부슬부슬,	梨花時節雨霏霏
천지가 난리인데 홀로 사립 닫았네라.	滿目干戈獨掩扉
머나먼 변방에서 임 계신 곳 그리워,	迢遞塞天愁玉輦
늙은 신하 눈물에 날마다 옷이 젖네.	老臣危涕日沾衣

5월, 배꽃이 한창 필 무렵, 부슬부슬 비가 내려 수심에 젖는다. 그러나 이는 애상에 젖어 읊조리는 늦봄의 탄식이 아니다. 꽃잎이 비에 젖어 어지럽게 떨어지듯, 천지가 온통 난리로 어지럽다. 그런데도 유배 온 처지인지라 하릴없이 홀로 사립을 닫고 있자니, 답답한 마음이 갈래갈래 찢어질 것만 같아서다. 임금께서는 이 난리에 어떠신지, 별다른 탈은 없으신지, 머나먼 변방에서 다만 임에 대한 걱정으로 날마다 옷깃을 적실 뿐이다.

  이 시는 아마도 선조 임금이 머물러 있는 곳으로 걸음을 재촉하는 도중, 영유현에 이르러 그 즈음의 심정을 읊은 것이 아닌가 생각된다. 안타깝고 답답한 처지에서 시절을 근심하고 임금의 안위를 걱정하는 충정이 고스란히 드러나 있다. 그래서 '어서 가서 뵙고 모셔야 할 텐데……'라는 송강의 독백이 여운처럼 전해져 온다. 특히, 늦은 봄 비에 젖는 배꽃의 이미지를 들어 국난 상황과 자신의 처지와 임금에 대한 걱정으로 시상을 전개해 간 솜씨는 실로 일품이라 하지 않을 수 없다. 그런 면에서 이 시는 애국충정을 노래한 예사 시들과는 그 격이 분명 한 단계 높다고 할 것이다.

  개성도 위태롭자 임금은 평양平壤으로 옮긴다. 평양에 이르러서야 송강은 임금을 모시게 된다. 그러던 어느 날, 송강은 돌연 곽란(癨亂:갑자기 토하고 설사가 나며 고통이 심한 급성 위장병)을 일으켜 급히 딴 처소로 옮겨가기도 한다. 그와 정치적 노선을 달리했던 홍여순洪汝諄이 병환이 심하다며 마침 청심환淸心丸이 있으니 들라 권했지만, 송강은 웃으면서 이를 거절했다고 한다. 사람을 쉽게 용납하지 않는 그의 성격이 여실히 드러난 예다. 사실 이 때 송강의 몸은 그 동안 앓고 있던 이런저런 병들로 건강이 썩 좋지 않았다.

  6월, 평양을 떠나 박천博川에 이르렀는데, 거기에서 평양마저 함락되었다는 소식을 듣는다. 선조는 명나라의 원병을 기다리는 한편, 강을 건너 요遼로 옮겨가려는 계획을 세우기도 한다. 또, 사태가 사태이니만큼 세자에게 명하여 조정을 분리시키고, 사방의 의병을 불러 모아 평양을 수복하도록 독려한다.

그리하여 새로 임명된 영의정 최흥원崔興源과 우의정 유홍兪泓 등 많은 대신들이, 선조의 명에 따라 종묘 사직의 신주를 받들고 세자 광해군光海君을 따라 강계로 간다. 그러나 송강은 홀로 임금을 모시고 가산嘉山으로 간다. 그들 일행이 그곳에 이르렀을 때에는 밤이 깊어 오경이었는데, 비가 몹시 내려 옷이 흠뻑 젖었다. 선조의 행차는 가산에서 다시 의주義州에까지 이르게 된다. 이 때 임금을 수행한 관원은 겨우 수십 인이었다고 한다.

7월, 송강은 충청[湖西]·전라[湖南] 양호兩湖를 체찰體察하라는 명을 받는다. 체찰이란, 조선조 때 지방에 군사의 난이 있을 때 임금을 대신하여 그 지방에 나아가 일반 군무를 총괄하여 살피는 일을 말한다. 그리고 이 임무를 맡은 체찰사는 임시 벼슬로서, 재상이 겸임했다. 그러나 대신들이 송강을 조정에 머물게 할 것을 청하여 윤허를 얻는다.

사실, 양호를 체찰하는 임무는 일단 모시고 있는 임금의 곁을 떠나는 것이어서, 당시로서는 우대하는 일이 아니었던 셈이다. 그러나 9월에 이르러서는 다시 양호의 체찰사로 임명되어 남쪽으로 내려가게 된다. 그 무렵 양호는 특히 의병들의 활약에 힘입어 대부분 왜구의 침략으로부터 보존되고 있었다.

임금은 의주의 행궁동헌行宮東軒에서 송강을 친히 전송하며, "경은 잘 갈지어다. 성공하면 국가의 다행한 일이라."라고 하였다. 이에 송강은 "엎드려 원하옵건대, 강을 건넌다는(요나라로 옮겨감을 의미함) 말씀을 입밖에 내지 마실 뿐 아니라, 역시 마음에서도 영영 단념하셔야 할 것입니다."라고 하였다. 선조가 윤두수를 돌아보며 "이 말이 어떠한가?" 하니, 윤두수 역시 "만일 한 번 강을 건너신다면 국토를 수복할 희망의 길이 끊어질 것입니다."라고 하였다. 다시 선조는 "경은 잘 갈지어다. 국가의 회복은 오로지 경에게 달려 있다. 그리고 종사관이며 군관은 경이 임의로 하라. 다만 이곳은 사람이 없으므로 발송하지 못한다."라고 하였다. 이에 송강은 "신같이 용렬한 이가 감당하지 못할까 두렵습니다."라고 하였다. 당시 조정의 급박한 사정과 송강이 맡은 임무의 중요성을 짐작게 하는 대목이다.

송강은 의주에 있는 인산역麟山驛을 지나다가, 다음과 같은 「인산역을 지나면서 읊다過麟山驛有吟」라는 7언절구를 짓는다.

여보소 청강淸江의 일일랑 묻지를 마소.	佳人莫問淸江事
청강의 일 말하자면 눈물이 절로 흐르네.	欲說淸江淚自潛
밤중에 임 그리는 천리의 꿈이	中夜戀君千里夢
만 겹의 산을 넘어 북으로 돌아오리.	北歸應度萬重山

'청강'은 이제신李濟臣의 호다. 그는 강계 부사로 있으면서 오랑캐가 쳐들어 왔을 때 패전한 책임으로 인산역으로 유배되어, 그곳에서 죽었다. 그는 죽음에 임하여 '군사 내어 미처 이기지도 못하고 이 몸이 먼저 죽네出師未捷身先死.'라는 시구를 읊었다고 한다.

이런 청강의 일을 떠올리면서 송강은 우국충정과 연군의 정을 다시금 되새긴다. 그러면서 앞으로 전개될 험난한 임무 수행에 굳은 의지를 보인다. 그 의지의 단면이 '밤중에 임 그리는 천리의 꿈이 / 만 겹의 산을 넘어 북으로 돌아오리.'에 잘 담겨 있다.

양호를 체찰하라는 명을 받고 임무 수행에 접어들 즈음, 송강은 그와 교분이 두터운 중봉 조헌이 의병을 일으켰다는 소식을 듣고, 그에게 다음과 같은 편지를 보낸다.

안 죽고 살아 돌아와서 오늘날 이런 일을 보게 됨에, 조복朝服으로 눈물을 닦아 마르니 피가 나오는구려. 공이 의병을 일으켰다는 소식을 듣고 바람을 향하여 흠모·탄식할 뿐, 어느 곳에 계시며 또 전투 상황이 어떠한지도 아직 알지 못하오. 나는 명을 받들고 장차 먼저 귀도(貴道:충청도)로 가서, 무릇 군사상의 기밀에 속하는 크고 작은 일들을 급히 대면하여 상의하려는 생각이 간절한데, 어떻게 하면 좋을는지요. 모름지기 잘 헤아리셔서 알려주시면 다행이겠소.

서울을 비롯한 여러 고을이 다 적의 소굴이 되었는데, 우리 병력은 적고 약해 적을 소탕할 기약이 없으니, 이 일을 어찌 하오리까. 그대의 도에 병화兵禍를 받은 곳이 몇 고을이고, 완전한 곳은 몇 군데나 되며, 청주에 있는 적의 성쇠盛衰가 어떠한지도 아울러 알려주시오.

조헌의 의병 소식을 반가워하면서, 그와 어서 만나 상의할 것을 기대하는 송강의 조바심에 가까운 심정이 잘 나타나 있다. 아울러 전란의 상황조차 제대로 파악할 수 없는 처지에서, 자신의 임무 수행에 충실하려는 송강의 안타까운 심정 또한 잘 나타나 있다. 기동력을 기대할 수 없었던 당시의 처지를 감안할 때, 왜구의 동태는 물론 우리 쪽의 피해나 군사적 대응상황을 파악하는 일조차 쉽지 않았던 것이다.

그러나 이런 기대도 아랑곳없이, 송강은 마침내 조헌이 금산錦山에서 항전하다 죽었다는 소식을 듣는다. 사실 그가 조헌에게 편지를 보낸 것은 8월 21일이었는데, 조헌은 그의 편지를 받기도 전인 8월 18일에 이미 전사하였다. 편지를 보낼 당시 송강은 그 사실을 미처 전해 듣지 못하고 있었던 것이다.

그는 통분의 눈물을 흘리면서 제문을 지어 곡한다. 조헌과는 아주 일찍부터 교분을 쌓은 사이는 아니었지만, 뜻이 통하는 막역한 친구 가운데 한 사람임에는 틀림 없었다. 더욱이 왜구의 침입으로 그를 잃었으니, 송강의 원통하고 분한 마음을 능히 짐작할 수 있다.

송강은 양호를 체찰하면서, 소疏를 올려 당시의 대체적 정황을 보고하고 대비책을 제시한다. 전란으로 황폐해진 조국의 산하와 민생은 한탄할 지경에 이르렀지만, 다행히 의병이 벌떼처럼 일어나 공격은 몰라도 방어에는 남음이 있기에, 임금께서는 정주定州로 옮겼다가 명나라 군사를 기다려 평양을 수복하는 한편, 세자는 양호로 내려와 친히 대중을 이끌고 북쪽 서울을 향해 진격하는 수미首尾 압박의 공세를 펴는 것이 바람직하지 않은가 하는 것이었다.

그러나 당시 임금과 조정으로서는 쉽게 움직일 형편이 아니었다. 그리하여 결국 명나라로부터 원병이 도착하고, 재정비된 관군과 휴정休靜이 이끄는 의승병 등의 활약에 힘입어, 평양을 회복하고 전세를 만회하기에 이른다.

전란의 회오리는 해가 바뀌어도 계속된다. 이곳 저곳에서의 국란수습 노력에도 불구하고, 전란은 쉽게 끝이 날 기미가 보이지 않는다. 송강은 58살이 되는 자신의 생애 마지막 해인 1593년(선조 26년)를 맞으면서, 간절한 염원을 담은「새해에 비나이다(新年祝)」라는 7언절구 5수를 짓는다. 그 첫째 수와 둘째 수를 옮겨보면 다음과 같다.

새해에 비나이다, 새해에 비나이다.	新年祝新年祝
비옵는바 새해에는 개 같은 왜적들 싹 쓸어내고,	所祝新年掃犬羊
탈 없이 임의 수레 북방에서 돌아오시어,	坐使鑾輿廻塞上
하늘의 해 거듭 빛나는 것을 우러러 보게 하소서.	仰瞻黃道日重光
새해에 비나이다, 새해에 비나이다.	新年祝新年祝
비옵는바 새해에는 우리 조정 맑아져서,	所祝新年朝著淸
동서니 남북이니 편당 모두 없애버리고,	痛掃東西南北說
일심으로 화합해서 태평성대 이루게 하소서.	一心寅協做昇平

당시 나라 전체를 통해 가장 절박한 문제 두 가지를 내세워, 하루 속히 안정을 되찾고 다시 화평한 세상이 오기를 기원하고 있다. 왜구격퇴와 당쟁종식이야말로 이와 같은 염원을 이룰 수 있는 관건임은 두

말할 필요가 없을 것이다.

그런데 이런 염원도 아랑곳없이, 역시 58살이던 1593년 1월, 송강은 체찰의 임무를 소홀히한다는 무함을 받고, 임금의 명에 따라 북쪽 조정으로 돌아온다. 그러나 그런 무함을 한 이들이 오히려 사헌부·사간원의 탄핵을 받음으로써 별다른 혐의는 입지 않는다.

이어 같은 해 5월에는 사은사謝恩使로 명나라 서울에 가게 된다. 출발에 임하여 송강은 글을 올려, 백성을 보호하되 굶주림을 구휼하며, 도읍을 수복하고 중국의 문물제도를 따르는 일 등을 논한다. 그리고 가는 도중에 다시 글을 올려, 명의 원병이 왜구와 화친하여 군사를 철수시키려는 일을 막아야 한다고 역설한다.

'국가의 회복은 오로지 경에게 달려 있다.'라는 임금의 당부와 함께 양호를 체찰하는 임무를 부여받았건만, 국난수습의 임무를 다하지 못한 상태에서 사신이 되어 나라를 떠난 송강의 심정은 못내 안타깝기만 했다. 나라의 형편을 생각할 때 걱정되는 일이 한 두 가지가 아니다. 그는 이 때의 심정을 다음과 같이 노래한다.

나라를 떠났으나 마음은 자꾸 달려가고,	去國魂頻逝
시운을 슬퍼하니 귀밑머리 다 희었네.	傷時鬢已秋
남녘으로 일천 리 그리운 산하,	終南一千里
돌아가는 이내 꿈 어느 때나 멈추려나.	歸夢幾時休

「나라를 떠나다去國」라는 5언절구다. 전란의 소용돌이에 싸여 있는 조국을 걱정하는 마음이 절절이 배어 있다. 또다른 임무를 부여받고 떠난 길이지만, 마음은 자나 깨나 위기에 처한 조국의 현실로 달려간다. 그래서 어서 빨리 이 임무를 마치고 돌아가, 시국을 수습하는 데 다시 각고의 노력을 기울여야겠다는 생각 뿐이다. 우국충정의 한결같은 뜻이 담겨 있는 작품이다.

그러나 송강은 같은 해 11월이 되어서야 명나라에서 돌아온다. 그런데 그가 돌아온 직후 명나라 조정에서 왜구가 이미 다 물러갔다 하여 군사를 출동할 뜻이 없게 되자, 그런 거짓 보고가 송강의 일행으로부터 나온 것이라 하여 사헌부·사간원으로부터 논박을 당한다.

엉뚱한 무함을 입은 송강은 임금께 상소를 올려 사면을 청하고, 강화江華 송정촌松亭村으로 물러난다. 전란의 위기 속에서도 여전히 진정되지 않고 있던 붕당 간의 갈등으로 또다시 논핵을 입게 된 것이다. 그가 이희참에게 보낸 다음과 같은 편지에 이 즈음의 상황과 심경이 잘 드러나 있다.

　　내가 북경北京에 있을 때 황달을 앓아 거의 위태롭기까지 했소. 서울에 돌아와서 상감께 결과를 보고한 지 며칠이 지나, 적이 물러갔다는 말이 우리 일행이 명나라 조정에 말한 것이라 하여, 상감께서는 진노하시고, 여러 사람의 논의가 자못 흉흉하여, 조석 간에 장차 죄의 그물에 빠지게 되었으니, 천명이라 어찌하리오. 털끝만큼도 없는 사실이며, 꿈에도 생각하지 못한 일인데 이런 낭패를 당하니, 나의 액운이라 마땅히 달게 받을 뿐이오.

논박을 받은 저간의 말들은 '털끝만큼도 없는 사실이며, 꿈에도 생각하지 못한 일'이라는 말에서, 당시의 흉흉한 논의들이 말 그대로 '죄의 그물'로 옭아매려는 무함이었음을 짐작하게 한다. 송강의 인격과 양심을 믿는 한에서는 억울하기 짝이 없는 일이라고 할 수 있다. 고생은 고생대로 하고, 죄는 죄대로 받게 되었으니 말이다.

그러나 송강은 그것을 '천명이라 어찌하리오.'·'액운이라 마땅히 달게 받을 뿐이오.'라는 체념으로 감수한다. 다른 때도 마찬가지였지만, 그로서는 형세가 마땅치 않은 상황에서 담담히 물러날 뿐, 때가 되면 그 진실이 자연히 밝혀질 것으로 기대했는 지 모른다.

이후 송강은 더 이상 조정에 나아가지 못한다. 곧이어 죽음을 맞기 때문이다. 따라서 기축옥사로 다시 조정에 들어와 또 한 차례 우여곡절을 겪는 삶을 살다가, 마침내 임진왜란을 맞아 동분서주 활동한 것이 그로서는 나라에 마지막 충정을 바친 것이었다.

7. 쓸쓸한 최후와 사후의 시비

송강, 그 노을진 저녁 풍경

근원으로부터 시작하여 파란만장한 여정을 달려온 강도, 노을과 함께 땅거미가 밀려드는 해질녘이면 쉰다. 잔잔한 흐름을 이루면서 마치 멈추어 선 듯한 자태로 노을 속에 자리한다. 그 풍경은 쓸쓸하다기보다는 차라리 장엄하다. 긴 여행 끝, 행로를 마감하는 저녁, 우리가 노을진 강 앞에서 느끼는 고요하고 다사로운 정감은 이미 언어를 초월해 있다. 그 강의 정경은 가슴이라는 우리의 광대무변한 화폭 속에 수채화보다도 더 선명한 영상으로 남기 때문이다.

송강에 드리운 저녁 풍경 역시 고즈넉하다. 생각해 보면 쉰 여덟 해를 줄곧 달려왔으니, 이제 지칠 법도 한 일이다. 고달픈 물줄기 여기저기에 흠집이 나고, 그래서 밤이 되면 소리 없이 앓는다. 늙고 지친 몸에 병까지 들어, 이제 쉬었으면 싶은 마음 간절하다.

늙은 말 같은 몸이라 길 가기에 지쳤으니,	身如老馬倦征途
이곳에 대장간 차려 숨어 살거나.	此地還思隱鍛爐
삼만이라 육천 날 며칠이나 남았느뇨.	三萬六千餘幾日

동녘 집 탁주나 불러 마시자꾸나.　　　　　　　　　東家濁酒可長呼

　송강의 「산양객사山陽客舍」라는 7언절구다. '산양'은 지금의 전라도 화순和順이다.

　자신을 길 가기에 지친 '늙은 말'로 비유하면서, 생각을 돌려 '산양' 땅에 풀무쟁이로 숨어 살까 싶다고 했다. 남아 있는 나날도 많지 않으리라. 하여, 무엇이 이 고달픈 삶에 위안을 주겠는가. 그러니 인근 주막에 막걸리나 불러 마시며 시름을 달랠 수밖에 없다고 했다. 풍진에 허덕인 삶의 뒤안길에서, 세상살이에 늙고 지친 몸을 탄식하는 신음소리가 나지막히 들리는 듯하다.

　인생의 황혼은 아무래도 적막하다. 자신의 주위에 사람이 있고 없고는 다른 문제다. '모든 사람은 결국 혼자다.'라는 말을 실감할 수 있기 때문인지도 모른다. 그런 생각은 인생의 어느 시기에도 느낄 수 있는 것이지만, 황혼녘에 이르러야 비로소 뼛속 깊이 스며드는 말이기 때문인지도 모른다. 우리가 살아가면서 일정한 나이에 이르러서야 진정으로 실감하는 일이 있듯이.

　　창 앞에 가득히 철쭉꽃 붉고,　　　　　　　　　　滿窓紅躑躅
　　물가라 푸른 물결 영롱하구나.　　　　　　　　　臨水碧玲瓏
　　모든 것 스러지는 쇠잔한 인생,　　　　　　　　　萬事殘生裏
　　노을 속에 외로운 배같은 신세.　　　　　　　　　孤舟落照中

　5언절구 「평호당을 제목으로 해서題平湖堂」 2수 가운데 1수다.

　계절은 어김없이 찾아와 붉은 철쭉꽃으로 창 앞을 가득 메운다. 물결 또한 변함없이 푸르고 영롱한 빛을 띤다. 그러나 이내 삶은 모든 것이 사위어가는 황혼, 다시 돌이킬 수 없는 시간의 자취들만 눈에 가물거린다. 노을 속에 떠 있는 외로운 배 신세임을 절감한다.

의구한 자연과 유한한 인생을 대조하면서, 누구도 뿌리칠 수 없는 인생길 황혼 녘의 비애를 애잔하게 읊조리고 있다. 싸늘히 식은 두 줄기 눈물이 송강의 볼을 타고 흐를 듯하다. 눈을 들어 멀리 하늘 끝을 바라노라니, 탄식이 절로 나온다. 고독감이 밀려온다. 숙명이라는 말을 되새기게 한다.

그래서 송강은 자신의 주변으로부터 하나 둘 이별을 준비한다. 딱이 무슨 까닭이 있어서든 그렇지 않든, 때로는 자신이 원하든 원하지 않든, 정리하고 작별을 고해야 할 때가 오게 마련이므로……. 하기야 이런 이별은 언제라고 정해져 있는 것도 아니다.

마지막 길이라 높던 자취 거두어,	末路收高躅
송림 속에 조그만 집을 두었네.	松林掩小軒
이별이 다다르니 술이나 드세,	臨岐一杯酒
그남은 모든 일 말조차 싫은 걸.	萬事欲無言

만년에 지은 것으로 보이는 5언으로 된 「절구 9수絶句九首」가운데 한 수다. 어느 이별의 자리를 배경으로 쓸쓸하고 착잡한 심경을 읊고 있다. 구절 사이 사이에 고독감과 체념이 배어 있다. '마지막 길'과 '송림 속 조그만 집'이 환기하는 분위기에서, 또 '술이나 드세'와 '말조차 싫은 걸'에 담긴 내면 심사에서 그것을 실감할 수 있다. 자세한 곡절이야 굳이 따지지 않아도 그만일 듯하다.

송강은 무함을 입고 다시 조정에서 물러난 지 불과 한 달만에 이 세상을 하직한다. 마침내 죽음에 다다랐을 때, 그의 심사가 어떠했는지 자세히 알 수는 없다. 그러나, 아마도 마지막 순간까지 마음이 편치 않았을 듯하다. 그의 일생이 등나무 줄기처럼 복잡다단했던 만큼, 또 사이사이 등꽃처럼 화려한 꽃들을 피워냈던 만큼, 정리할 시간이 충분히 주어졌더라면 싶은 생각이 든다.

인생에서 가장 확실한 것이 있다면 우리 모두 죽는다는 사실이며, 가장 불확실한 것은 그 시기가 언제냐는 사실이다. 우리의 삶은 바로 그 사이에 놓여 있다. 그래서 우리는 살아가면서도 죽음을 의식한다. 다만 그런 생각에 늘상 젖어 지내거나 절박하게 느끼지 않을 따름이다. 그것은 뛰어 넘을 수 없는 자신의 그림자와도 같다.

힘겨운 만년

송강의 나이 58살이던 생애 마지막 해(1593년 · 선조 26년), 명나라에 사신을 다녀온 후 엉뚱하게 무함을 입고 강화江華 송정촌松亭村으로 물러난 송강은, 당장 생계조차 꾸리기 어려운 상황에 직면한다. 전란이 계속되고 있었기에 더욱 그랬지만, 이런 상황에까지 이른 것은 평소 무엇인가를 받거나 사양하는 일에 한결같이 절조를 지킨 그의 품성 때문이기도 하였다.

그와 교분이 두터운 사이였던 예의 이희참에게 보낸 이 무렵의 편지를 보면, 그가 처해 있던 형편과 심사를 능히 헤아릴 수 있다.

> 내가 강화로 물러나온 후 사면을 둘러보아도 입에 풀칠할 계책이 없으니, 형이 조금 도와줄 수 없겠습니까. 평일에 여러 고을에서 보내온 것도 여지껏 감히 받지 않았는데, 지금 장차 계율을 깨뜨리게 되니, 늘그막에 대책 없이 이러는 게 자못 본심에 부끄럽습니다. 그러나 형처럼 절친한 이에게서도 약간의 것인즉 마음이 편하겠지만, 많은 것은 감히 받을 수 없습니다.

입에 풀칠할 계책조차 없는 형편이기에, 도리 없이 도움을 청한다는 내용이다. 불과 한 해 전에 북쪽 변방에서 혹독한 유배생활까지 한 송강이지만, 생계와 관련하여 누구에겐가 이처럼 절실히 도움을 청한 적이 있었을까 싶다. 이런 편지를 쓰는 송강의 심정이 어떠했을 지 짐작할 수 있을 듯하다.

아무리 그렇다 하더라도, 한 나라의 정승의 자리에까지 올랐고, 지금 사면을 청하여 물러나 있는 처지이기는 해도 여전히 정승의 직책을 지니고 있던 송강이다. 그런데도 이처럼 '입에 풀칠할 계책'조차 없는 상황에 직면해 있다는 것은, 그가 평소 얼마나 청렴·결백했는 가를 짐작할 수 있다. 달리 방도가 없어 '장차 계율을 깨뜨리며' 어렵사리 도움을 청하면서도, '그러나 형처럼 절친한 이에게서도 약간의 것인즉 마음이 편하겠지만, 많은 것은 감히 받을 수 없습니다.'라고 한 데서, 그 꿋꿋한 심성의 단면을 확인할 수 있다.

또, 송강이 세상을 떠나기 바로 전 달(1593년 11월) 우계에게 보낸 편지를 보면, 그의 만년의 생활상과 심경이 고스란히 담겨 있다. 그 내용의 일부만을 옮겨보면 다음과 같다.

> 며칠 동안 추위가 극심한데 객지에서 기력이 어떠신지, 걱정스러운 생각이 날로 깊어갑니다. 나는 강도江都에 와서 의탁하고 있으나 궁색함이 객지나 다름이 없어, 바야흐로 한유韓愈가 소금과 쌀이 여러 번 떨어졌다는 글귀를 외우고 삽니다.
>
> 어제는 편지 한 장을 써서 보내, 경로(景魯:이희참)와 습지(習之:안민학) 등 여러 공들에게 도움을 청하였소. 백발의 나이에 처음으로 걸乞자를 배우게 되었으니, 자못 본심에 부끄럽지 않을 수 없습니다. 대개 염치없이 관의 곡식을 받는 것이 마음에 불안한 것 같아서, 문득 지혜로운 계책을 이용해 스스로 살아가려고 하니, 지극히 어려운 일이라 하겠습니다. (중략)
>
> 나의 일은, 본시 물러나려 했는데 마침 죄를 묻는 날을 당하였으니, 이같이 좋은 기회에 그대로 잠복해 있다가 늙어 죽는 것을 달게 여기는 것 외에, 달리 무엇을 다시 바라겠습니까. 다만 나라 형편이 날로 급박해진

이 때, 명색이 대신으로서 직책을 가지고 밖에 있으니, 마음이 스스로 불안할 따름이오. 가까이 있으면 먹을 것이 없고, 멀리 가면 서울과 거리가 더욱 멀어서 돌아보며 주저하게 되니, 어찌하면 좋을까요. 다행히 한가한 겨를을 얻으실 수 있거든, 깊이 생각하여 가르쳐 주시기를 바랍니다.

한 해도 저물어가는 몹시 추운 어느 날의 편지다. 날씨만큼이나 혹독한 상황이 쉬 풀릴 것 같지 않다. 그래도 평생의 지기인 우계가 있어서 이처럼 자신의 처지와 심경을 이야기할 수 있는 것이 송강에게는 큰 위안이 되었을 것이다. 송강과 우계, 두 사람 사이의 다사로운 우정을 새삼 절감케 하는 편지다.

나아가, 이 편지는 인생의 황혼기에 이런저런 사정과 생각들로 머릿속이 어지러웠을 송강의 심사를 십분 헤아릴 수 있게 한다. 특히 '백발의 나이에 처음으로 걸 자를 배우게 되어, 자못 본심에 부끄럽지 않을 수 없다.'라는 말에서는, 씁쓰레한 웃음과 함께 착잡해 하는 심경을 느낄 수 있다. 달리 희망을 찾을 수 없는 지금의 처지가 인생의 황혼을 더욱 참담하게 하는 것이다.

그런 가운데서도 전란의 위기를 겪고 있는 나라를 위하는 마음은 여전히 시들지 않아, 생존이 위태로운 상황에서도 어디에 머물러야 좋을 지 우계에게 자문을 구한다. 이런 송강의 모습에서, 그가 평생을 두고 추구해 온 우국충정의 일념을 거듭 확인할 수 있다.

송강의 만년은 이처럼 계속되는 전란에 생계조차 꾸려 나가기 어려운 형편으로 더욱 고통스러웠다. 게다가 환갑이 가까운 나이에 병까지 깊어, 어느 것 하나 위안을 삼을 만한 일이 없고 보니, 어두운 밤길에 비바람까지 만난 격이었다. 그래서 지난 날을 돌이켜 보면서 지금의 신세를 한탄스러워 했을 것은 당연하다.

활을 잡고 변방으로 출정도 했고,   操弓出塞日

칼을 보며 술잔을 들기도 했지.　　　　　看釖引杯時
만사가 이제는 적막만 하니,　　　　　　萬事今寥落
한 가지에 나앉은 쇠잔한 인생.　　　　　殘生寄一枝

역시 만년에 지은 것으로 보이는 송강의 5언으로 된 「절구 9수絶句九首」 가운데 한 수다. 활기에 넘쳐 활약하던 시절은 어느덧 가고, 이제는 적막감만이 감도는 처지를 비통하게 노래하고 있다. 특히 마지막 구 '한 가지에 나앉은 쇠잔한 인생'이라는 말 속에는, 지금의 신세를 한탄하는 자조적인 분위기가 짙게 배어 있다. 자신의 처지를 '뱁새가 나무 우거진 숲에 깃들어 살면서도 다만 가느다란 나뭇가지 하나에 나앉는다.(『장자莊子』·소요유편)'는 데 견주고 있기 때문이다.

무엇인가를 추억한다는 것은 대개 지금의 처지가 불우하거나, 나이가 들었거나, 미래에 대한 전망이 불투명할 때다. 그래서 지난 날 화려했던 시절이나 좋은 추억들을 떠올리며 위안을 삼기도 하고, 그때와 대조적인 지금의 처지를 탄식하며 씁쓸한 웃음을 짓기도 한다. 추억은 힘이 되기도 하지만, 이처럼 비애감을 불러 일으키기도 한다. 그럴 때 직접 피부로 느낄 수 있는 것 가운데 하나가 바로 인정이나 세태일 것이다. 어느 경우든 사람은 결코 혼자 살지 않기 때문이다.

　　나모도 병이 드니 졍자라도 쉴 이 업다.
　　호화히 셔신 제는 올 이 갈 이 다 쉬더니,
　　닙디고 가지 것근 후난 새도 아니 안는다.

이런저런 사람들이 무수히 드나들며 쉬던 정자나무도 병들어 잎이 지고 가지도 꺾이니, 사람은 커녕 그 나무에 깃들던 새들도 날아와 앉지 않는다. 잎 무성하고 가지 사방으로 벋어 있을 때와는 이리도 다르다는 말인가. 참으로 몹쓸 세태로다.

지위가 높고 권세가 있을 때에는 찾아오는 사람도 많더니, 형편이 쇠잔해지자 찾는 사람조차 없는 세상 인심을 정자나무에 비겨 노래한 시조다. 일상 주변에서 범상하게 볼 수 있는 사물의 단면을 포착하여, 실로 비범하게 세태를 형상화하고 있다. 평이한 비유 속에 깊은 뜻이 우러나는 송강의 뛰어난 작품 가운데 하나다.

이 노래는 제주도 민요 가운데 내용이 거의 같은 것이 있어서, 송강의 작품이 아니라고 보는 견해도 있다. 그 비유의 대상이 유사할 수 있기에 이런 견해가 나온 것이 아닌가 생각한다. 어찌되었든 송강의 만년 심경을 여실히 살필 수 있는 작품임에 틀림 없다. 그 심경은 쓸쓸하다 못해 애절하기조차 하다.

그리하여 만년의 송강은 정치 혹은 권력의 허무함을 더욱 뼈저리게 느꼈는 지 모른다. 구봉 송익필에게 자신의 넷째 아들 홍명을 보내 수학하게 할 즈음, 자식들에게 경계의 말을 담은 다음과 같은 「계자첩戒子帖」에서 이를 넉넉히 확인할 수 있다. 그 내용의 일부를 옮겨보면 다음과 같다.

만일 벼슬이나 구하며 이리나 따를 것을 생각하고, 과거 공부에 전심하여 글짓기에만 주력할 양이면, 내 하필 너를 권하여 구봉의 문하에서 배우게 하고, 구봉 또한 어찌 너에게 의리의 학으로써 강요하랴. 너는 아비가 스승을 가린 뜻을 생각하고, 또 네 스승이 착한 데로 인도하는 성의를 헤아려, 오로지 날마다 사람이 될 이치만을 강구하여 밝히는 동시에, 그밖의 일은 생각지도 말고 남에게서 구하지도 말라. 모든 것을 물리치고 오로지 옛 것을 배우고 성현을 바라는 것으로써 자신의 임무를 삼는 것이 역시 상쾌한 일이 아니겠느냐. (중략)
나는 불행히도 일찍이 벼슬길에 올라 거친 세파에 골몰하였으므로, 날로 잃어버리고 달로 없어져서 하늘이 내게 부여하신 본성을 능히 강구하여 지키지 못하였다. 그래서 마음이 어두워 밀쳐두는 일이 심하고, 뉘우처 한탄하게 된 지가 오래 되었으니, 이제야 말한들 무엇하랴. 이는 내 자신이 증험하여 네게 바라는 것이니, 밖으로부터 오는 것을 가지고 나의 영화로 삼으려고 하지 않아야 할지니라.

벼슬이나 권력과 같은 세속적인 명예·영광은 자아실현의 궁극적 목적이 될 수 없기에, 무엇보다도 참된 사람이 되는 데 필요한 심성과 학문을 닦는 일에 매진할 것을 당부한 글이다. 그래서 '오로지 날마다 사람이 될 이치만을 강구하여 밝히는 동시에, 그밖의 일은 생각지도 말고 남에게서 구하지도 말라.'는 송강의 당부는, 비단 아버지가 자식에게 끼쳐주는 충고 이상의 진실이 담겨 있기도 하다.

거기에 자신을 증험삼아 거친 세파를 뚫고 벼슬살이하는 일이 정작 바람직한 것은 아니라는 말을 덧붙이고 있는 것을 보면, 정치 혹은 권력이라는 것이 실로 허망하다는 사실을 그 자신 누구보다도 뼈저리게 느끼고 있었다는 것을 헤아릴 수 있다.

물론 그렇다고 해서 송강이 강화 송정촌으로 물러난 후에는 모든 것을 완전히 포기한 채 그저 죽음만을 기다리고 있었던 것은 아니다. 그 자신 지금의 처지를 누구보다도 잘 알고 있지만, 인생의 어느 시기에 있어서고 그가 무엇인가를 쉽사리 포기한 적이 있었는가. 그로 말하면 자신의 모든 것을 '현실―경국제민의 사회 현실'에 뿌리를 두고 살아오지 않았는가. 그래서 만년 특유의 탄식이 배어 있기는 해도, 송강은 죽음에 임박해서까지도 여전히 자신이 추구하는 이념과 가치의식에 충실한 생활태도를 보인다.

송강이 살아 생전에 지은 마지막 작품으로 보이는 「섣달 초6일 밤에 앉아서臘月初六日夜坐」라는 7언율시를 옮겨보기로 하겠다.

외로운 섬 나그네 신세 해조차 저무는데,	旅遊孤島歲崢嶸
남녘에선 아직도 왜적 물리치지 못했다네.	南徼兵塵賊未平

천리 밖 서신은 어느 날에나 오려는지,	千里音書何日到
오경 등잔불은 누굴 위해 밝은 건가.	五更燈火爲誰明
사귄 정은 물과 같아 머물러 있기 어렵고,	交情似水流難定
시름은 실오리 같아 어지러이 더욱 얽히네.	愁緖如絲亂更縈
원님이 보내 온 진일주眞一酒에 힘입어,	賴有使君眞一酒
눈 쌓인 궁촌에서 화로 끼고 마신다오.	雪深窮巷擁爐傾

　암담하기만한 현실이 눈에 선하게 떠오른다. 강화도로 물러나 나그네 신세가 된 처지, 그리고 여전히 계속되고 있는 전란은 그야말로 수심만 쌓이게 한다. 그래도 마음을 떠나지 않는 것은 나라와 임금에 대한 걱정이다. 왜적을 물리쳐 강토를 회복했다는 소식, 북쪽 조정에 계신 임금의 소식은 언제나 오려는지. 아무런 기약이 없다. 그래서 다만 새벽이 가까울 무렵까지 이렇게 불을 밝히고, 모든 것이 잘 되어 좋은 소식 오기만을 애타게 기다린다.

　생각해 보면, 그 동안 많은 사람들과 두터운 정분도 쌓았다. 변치 않는 우정을 다짐하고 의리를 함께했다. 그러나 시절이 이러하니 사귄 정인들 늘상 내 곁에 머물러 있기도 어려울 터. 만 갈래로 풀어 헤쳐진 시름은 어지러이 얽히더니 더욱 얽힌다. 참담한 마음 달랠 길 없다. 그나마 다행인지, 마침 고을 원님이 보내 온 술이 있어서, 병든 몸 아랑곳하지 않고 그것으로 잠시 시름을 달랜다.

　송강의 만년 생활, 그 사무치게 외롭고 쓸쓸한 심경과 궁벽한 처지가 잘 드러나 있다. 특히 병으로 고생하는 몸임에도 '눈 쌓인 궁촌에서 화로 끼고 마신다오.' 라는 말 속에는, 달리 어쩔 도리가 없는 현실 상황이 집약되어 있다. 이 시는 제목에서 '섣달 초6일' 이라고 했으니, 송강이 이 세상을 하직하기 불과 12일 전에 지은 작품이다. 요컨대 그가 살아 생전에 지은 마지막 작품인 것이다.

　이렇듯 송강의 만년 생활과 심사는 참담함 그 자체였다. 오락가락하는 벼슬살이에 지치고 피곤한 몸이었던 데다, 정신적으로도 암울하기 짝이 없는 상황이었다. 그런 처지에서도 그는 여전히 나라와 임금의 안위, 이름하여 경국제민의 사회 현실을 걱정한다. 이제 그로서는 어떤 힘이나 능력을 발휘할 처지가 되지 못했지만, 유가 사대부로서의 마음가짐만큼은 변함이 없었다. 그래서인지 그는 만단의 수심에 에워싸여, 생을 마감하기 직전까지도 술로 시름을 달랜다. 술은 그와 마지막까지 함께 한 친구였던 셈이다.

강화 송정촌에서 살별로 지다

송강은 조정에서 물러난 지 불과 한 달 정도인 1593년(선조 26년) 12월 18일, 마침내 강화 송정촌 거처에서 숨을 거둔다. 향년 58세였다. 그가 숨을 거둘 때 둘째 아들 종명宗溟이 옆에 있었는데, 병환이 급하게 되자 손가락을 갈라 피를 내어 드리니, 송강은 감은 눈을 살며시 뜨고서 "이 아이가 헛된 일을 하는구나."라는 말을 남기고, 조금 뒤에 숨을 거두었다고 한다.

송강은 그가 자신의 아버지를 떠나 보내었을 때의 심정을 자식들에게 남기고 먼 길을 떠났다. 죽음은 대대손손 되풀이되는 것이지만, 죽음의 순간은 항상 남아 있는 사람들에게 이루 다 형용할 수 없는 안타까움과 참담함을 안겨준다. 이른바 '살아 남은 자의 슬픔'이라는 말은 여러 갈래의 뜻을 지니고 있겠지만, 어버이를 떠나 보내는 자식의 슬픔이야말로 그 원초적인 것이 아닐까 싶다.

소식을 접한 선조 임금은 관을 보내어 송강을 제사한다. 임금이 내린 제문의 내용은 다음과 같다.

오직 영령은 살필지어다.

하늘이 기운을 뭉쳐 영재를 낳았으니, 그 풍채와 인품을 세상이 우러렀다. 심성이 굳고 곧으며 충직하고 맑았으니[剛直忠淸], 그 덕이 참으로 어질었다. 일찍이 과거에 수석으로 뽑혔으니, 선조(先朝:명종)께서 스스로 간택하신 것이었다. 밟아온 행적과 쌓은 명성은, 뭇 동료들 가운데 으뜸이었다. 내가 일으켜 세우니, 백성들이 이마에 손을 얹고 환영하였다. 나라가 어려운 일이 많은 때를 만나, 역적을 토벌하는 일에 오래도록 수고하였다. 산하를 가리켜 맹세하면서, 나라와 기쁨·슬픔을 같이하였다.

어찌 아니 슬퍼하리오, 나라를 버리게 된 화가 박두하였다. 서관(西關:황해도와 평안도를 두루 이름)에서 서로 만나니, 덕이 더욱 새로웠다. 양호(兩湖:충청도와 전라도)를 체찰하였으니, 경이 아니고는 할 이가 없었다. 망극한 큰 은혜(명나라 태조실록에 잘못 기재된 조선 왕실의 계통을 바로잡은 일)도, 경에게 의뢰하여 갚게 되었다. 물을 건너고 육지를 달리는 사이, 몸이 많이 손상되었다. 한 번 병이 들자 일어나지 못하고, 극도로 파리한 몸으로 돌아갔도다. 길이 그 언론을 들을 수 없으니, 한갓되이 전형의 법도만 생각나도다.

부조[賻]는 의식을 갖추지 못하고, 예는 그 정의情誼가 극진하지 못하도다. 애오라지 한 차례 제를 행하니, 내 성의에 흠향하기를 바라오.

생전에 빛났던 송강의 품성과 행적을 간략히 드러내면서, 선조 자신과의 인연을 소중하게 이야기하고 있다. 그 동안 이런저런 사정으로 우여곡절이 심했지만, 어떻든 선조는 송강을 누구보다도 아끼고 인정해 주었다. 제문의 내용을 통해서도 확인할 수 있듯, 그가 벼슬길에 나온 이후 다방면에 걸쳐 능력을 발휘하면서 누구보다도 굳고 강직하며 맑은 품성으로 나라 일에 혼신의 힘을 다하였으니, 그 대부분의 일들이 선조 임금 밑에서 이루어졌던 것이다.

송강은 자신을 믿고 인정해 주는 선조를 평생토록 정성을 다해 섬겼다. 선조 또한 그런 송강에게 어려울 때마다 많은 것을 맡기고 의지하였다. 그래서 송강의 죽음을 대하는 선조의 심정은 착잡하였을 것이다. 더욱이 나라가 왜구의 침탈로 어지러운 상황에 놓여 있었던 터라, 그의 죽음은 선조로서도 큰 손실이 아닐 수 없었다.

아쉬운 것은, 송강이 임종할 당시의 처지다. 그 옳고 그른 시비야 시간이 지나면서 자연히 드러날 터지만, 예의 '털끝만큼도 없는 사실이며, 꿈에도 생각지 못한 일'로 죄를 입은 처지에서 죽음을 맞았기 때문이다. 평온한 마음으로 죽음을 맞는 일은 누구에게나 중요할 듯하다. '행복한 죽음'이 있을 수 있는지, 또 그것이 '새로운 시작'일 수 있는지 잘 모르겠으나, 우리가 태어나 어떤 식으로든 흔적을 남기고 생애를 마감하는 순간은 모두에게 숭고하게 기억되어야 마땅할 것이기 때문이다.

그런데 사실이야 어떻든 송강은 나라에 죄를 입은 처지에서 생을 마감했다. 그렇기에 아무리 간절한 뜻이 있다 하더라도, 당시 집안 사람 외에 드러내놓고 조문조차 하기 어려웠을 것이다. 그의 평생의 지기 가운데 한 사람인 우계 성혼조차도, 송강의 넷째 아들 홍명弘溟이 그에게 아버지의 「행장行狀」을 청하였을 때, 이런 이유를 들어 '모름지기 때를 기다린 후 자청해서라도 지을 것'을 말한다. 그의 행장은 결국 그로부터 상당한 세월이 지난 효종孝宗대에 이르러, 사계 김장생(沙溪 金長生:1548~1631)의 아들 신독재 김집(愼獨齋 金集:1574~1656)에 의해 찬술撰述된다.

송강의 시신은 이듬해인 1594년(선조 27년) 2월 고양군 신원에서 장사를 치르고, 그로부터 70여년 후인 1665년(현종 6년) 3월 우암 송시열(尤庵 宋時烈:1607~1689)의 주선으로 충청북도 진천鎭川 관동寬洞의 지장산地藏山에 이장되어 오늘에 이른다.

송강을 제사할 때의 제문은 앞에서 인용한 선조 임금이 내린 것 외에도, 여러 시대에 걸쳐 여러 편이 전한다. 만사輓詞 또한 후대의 인물에 의해 지어진 것까지 여러 편이 전한다. 주지하는 것처럼 제문이나 만사는 고인을 애도하는 뜻을 담으면서, 생애와 관련된 두드러진 행적 및 평가까지를 아우르고 있다는 점에서 주목의 대상이다. 여기에서는 우선 송강과 직접 교분을 쌓았던 인물들이 지은 것만을 몇 편 소개하기로 한다.

우계는 송강보다 한 해 먼저 태어나 다섯 해를 더 산다. 두 사람 사이의 돈독했던 교분은 새삼스런 말이 필요 없을 것이다. 그런 만큼 송강을 떠나보내는 우계의 심정은 착잡하기 이를 데 없었다. 그는 송강이 죽은 다음 해에 다음과 같은 제문을 지어 곡한다.

> 형이 돌아간 뒤 해가 넘어서야 비로소 나는 와서 곡을 하며, 곡으로써 슬픔을 다하려 하나, 슬픈 심경이 끝이 없구려.
> 아아! 어지러운 세상에는 오래 사는 것이 괴로운 일이구려. 사는 것이 괴로울진대 죽는 것이 또 어찌 슬프오리까. 혼탁한 세상에서 벗어난 형의 꾀가 옳은 것이라 생각되오. 여윈 살은 뼈에 붙고 백 가지 걱정은 마음속에 스며드오. 어느 때든지 형의 뒤를 따르겠으니, 알음이 있을진대 아마도 저승에서 다시 만나게 되오리라.

이런저런 말을 갖추어 고인의 넋을 기리기보다는, 아끼고 사랑한 벗을 먼저 떠나 보낸 슬픔과, 우계 자신이 처해 있는 심경을 꾸밈 없이 드러내었다. 비슷한 나이였기에 자신도 곧 뒤따라 가 만날 것을 말한 데서는, 죽음 자체를 담담하게 받아들이려는 태도를 엿볼 수 있다. 또, 어지럽고 혼탁한 세상에서 온갖 근심으로 괴로워하느니보다 차라리 조금 앞서 떠난 '형의 꾀가 옳은 것'이라 생각된다는 말에서는, 우계의 착잡한 노년의 심경을 헤아릴 수 있다. 이런 우계의 말만을 놓고 본다면, 송강의 죽음은 마침내 괴로움의 바다에서 건져 올려진 한 영혼의 해방일 수도 있을 것이다.

만사의 경우는, 역시 송강과 비슷한 연배의 벗들로서 그와 교분이 두터웠던 윤두수(尹斗壽:1533~1601), 송익필(宋翼弼:1534~1599), 윤근수(尹根壽:1537~1616)가 지은 것을 차례로 옮겨보기로 하겠다.

이소離騷를 읊고 나니 해조차 빛이 없네.	楚騷吟罷日無光
강화江華로 고개 돌리면 아득하기만 하구려.	回首江都隔渺茫
명위名位야 흔들리리 진실로 세웠으니,	名位豈搖眞所植
청빈을 지키는 건 선비의 상사常事로세.	淸貧長保士之常
임금 곁에 남긴 자취 오래지 못했거니,	日邊踪跡嗟難久
곁을 떠나 머문 심정 무엇보다 슬펐다오.	澤畔心情最可傷
해 가린 뜬 구름을 어느 때나 쓸어낼고.	蔽日浮雲何日掃
저승길에 끼친 한은 길이길이 남으리라.	九原遺恨竟天長

[윤두수]

병든 몸 봄이 늦어 창생蒼生을 남겨 두고,	東山春晚留民望
물러난 곳 가을 깊어 외로운 길 원망하네.	楚澤秋深怨獨行
의롭지 않은 재물이야 귀신이 다 안다고,	楊子返金神鬼識
유배에서 전殿에 오르니 공경公卿이 놀랐다오.	萊公升殿縉紳驚
서리 누르는 높은 절개 푸른 솔로 우뚝 솟으니,	凌霜高節靑松立
우국憂國의 외로운 충성 백일 하에 밝고 밝네.	憂國孤忠白日明
어진 재상 높은 이름 만고에 전하리니,	三黜高名傳萬古
백 년의 영화야 한 털같이 가벼워라.	百年榮寵一毫輕

[송익필]

한 조각 옥으로 높은 이름 남겨 두고,	片玉名高五色雲
맑은 인품 모진 절개 속세를 떠났구려.	淸標苦節謝塵氛
인생살이 험한 길 두루두루 다니었고,	人間險路經行遍
하늘이 내린 정승으로 정사에 골몰했네.	天上中台經理勤

늘그막에 위기 맞아 몸을 다해 바쳤더니,	晚際時危期盡瘁
생이별 못 견디고 길이 서로 나뉘었네.	不堪生別永相分
교유시절 통하던 줄 이제 영영 끊겼으니,	交遊意氣玆長絶
서쪽으로 상여 바라보다 눈물이 절로 나네.	西望靈輀淚自紛

[윤근수]

위 세 편의 만사는 모두 7언율시 형식으로 되어 있다. 각 편에서 노래되고 있는 생애의 단면들로부터, 송강이 걸었던 고난의 가시밭길과 후세에 남긴 행적들을 간명하게 되새겨 볼 수 있다. 즉, 송강은 '인생살이 험한 길 두루두루 다니었던' 우여곡절이 심한 생애를 살면서, '의롭지 않은 재물'을 되돌려 주며 '청빈을 지킨 선비'로서, '서리 누르는 높은 절개'와 '맑은 인품'으로 '우국憂國의 외로운 충성'을 다한 '어진 재상'이었으니, 그 '한 조각 옥같은 이름'이 '만고에 전하게 되리라.'는 것으로 함축할 수 있을 것이다.

제문이나 만사에는 으레 고인을 실제 이상으로 칭송하는 말이 두루 쓰이게 마련이다. 그러나 송강의 경우는 실제와 부합하는 면이 대부분이지 않은가 생각한다. 강렬한 개성으로 남다른 삶을 산 그였기에 그만큼 다양한 평가를 받을 수 있겠지만, 요컨대 송강은 지탄을 받아 마땅한 단점보다는 높이 사야 할 장점을 훨씬 더 많이 가졌던 인물임에 틀림없다고 하겠다.

남겨진 사람들과 아버지 송강

송강은 정실正室인 문화 유씨로부터 4남 3녀를, 그리고 시·서·화 詩書畵에 능했다는 것 외에 자세한 내력이 전해지지 않는 측실側室 진주 유씨로부터는 1남 1녀를 낳는다. 모두 5남 4녀다.

정실 자식들 가운데 맏아들 화곡공 기명華谷公 起溟은 진사로서, 앞에서 살핀 것처럼 31살의 젊은 나이에 병으로 세상을 뜬다. 둘째 아들 강릉공 종명江陵公 宗溟은 문과에 장원하여 강릉 부사를 지냈는데, 형제들 가운데 후손이 가장 번창하였다. 또, 셋째 아들 운봉공 진명雲鵬公 振溟은 진사로서, 벼슬길에 나아가지 않고 독서에 열중했다고 한다. 그리고 넷째 아들 기암공 홍명畸巖公 弘溟은 문과를 거쳐 대사헌·대제학을 지냈는데, 벼슬은 물론 학문에서도 형제들 가운데 가장 높았다.

역시 정실의 세 딸 가운데, 맏딸은 이기목李基穆이라는 이에게 출가했지만 일찍 세상을 뜬다. 둘째 딸은 최오崔澳라는 이에게 출가했으나, 출가한 지 두어 달만에 남편이 병으로 죽어 과부로 지내다가, 역시 십여 년만에 세상을 뜬다. 셋째 딸은 목사牧使 임회林檜에게 출가했는데, 임회는 을사사화 때 화를 입은 금호 임사수錦湖 林士遂의 조카다.

그리고 측실에게서 낳은 1남 1녀 중, 아들 지명之溟은 함흥에 살았다고 전하지만, 행적은 자세히 알 수 없다. 딸은 무사인 권경權曔의 첩이 되었으나, 일찍 세상을 떴다고 한다.

이렇게 보면 송강은 자식 복이 많지 않은 사람이다. 특히 9명의 자식들 가운데 반수에 가까운 4명이 일찍 죽었으니, 자식을 먼저 떠나 보내면서 실로 가슴을 도려내는 아픔을 여러 차례 겪었다. 생전에 이처럼 많은 자식을 잃는 일은 당시로서도 흔치 않은 일이었을 것이기에, 그렇잖아도 파란이 심한 삶을 산 송강으로서는, 그만큼 더 수심이 깊은 나날들이 많았을 것으로 보인다.

그러면, 아버지로서의 송강은 어떠했을까?

송강은 평소 자식들에게 많은 편지를 썼는데, 오늘날 기록에 남아 전하는 것만도 70통이 넘는다. 그 내용은 일상 집안일들로부터, 자신의 운신과 관련된 조정의 문제, 임진년 피란 때의 여러 일들에 이르기까지 매우 다양하다. 그러나 자식들 가운데 건강이 나빠 안타깝게 하는 경우가 많았기에 이들에게 당부의 말을 전하는 내용이 많으며, 술과 여색 등 유흥을 삼가고 독서와 학문에 매진할 것을 적극 독려하는 등, 경계의 말을 담고 있는 것이 주종을 이룬다.

맏아들 기명에게 보낸 짤막한 편지 한 통을 옮겨보기로 하겠다.

　　편지가 와서 잘 있다는 것을 알게 되어 위안이 된다. 나는 세 번이나 상소를 올려 물러날 것을 청하였으나, 상감의 말씀이 간절하시었다. 전날 저녁 강의하는 자리에서도 또 직을 바꿔주실 것을 청하였으나, 도리어 위안하는 말씀으로 간절히 만류하시며, "경이 비록 직을 바꿔달라고 하나, 내 어찌 경을 윤허할까보냐. 그런 생각일랑 하지 말고 나랏일에 마음을 다하라." 운운 하시기에, 아직은 맡은 일을 그대로 보고 있다. 요새 율곡이 이미 조정에 나왔고 우계도 장차 나온다고 하는데, 차후의 결말은 어떻게 될는지 모르겠다.

　　너는 모름지기 고요한 곳을 가려 거처하면서 번화하고 잡된 일은 피하고, 한 마음으로 학문을 독실히 하는 것이 옳다. 과거 같은 것은 작은 일이니 득실에 관계가 없다. 본래 이것으로 영욕을 삼는 것이 아니기 때문이다.

문맥의 내용으로 미루어, 이 편지를 쓴 시기는 송강의 나이 48살 때인 1583년(선조 16년), 그가 당쟁의 소용돌이 속에서 진퇴를 거듭하다가 다시 선조의 두터운 신임에 힘입어 예조판서의 자리에 있을 무렵으로 생각된다. 자신이 처해 있는 형편이며 조정의 상황, 자식에게 당부하는 말을 간단 명료하게 적고 있다.

당시 기명의 나이는 25살이었는데, 모름지기 절도 있는 생활을 통해 인격을 수양하고, 마음을 다잡아 학문에 매진할 것을 힘주어 당부하고 있다. 특히 과거 같은 것은 작은 일이니, 그 득실을 생각하거나 이것으로 영욕을 삼지 말라는 당부에서는, 자신이야 이미 험난한 벼슬살이의 풍파에 시달리게 된 몸이지만, 자식에게 만큼은 그렇게 하지 않으려는 아버지의 심정이 잘 나타나 있다.
 맏아들 역시 건강이 좋지 않아 많은 걱정을 끼쳤지만, 셋째 아들 진명은 특히나 병약하여, 평소 어버이의 속을 많이 끓였다. 그래서인지 송강은 진명에게 가장 많은 편지를 보냈다. 그 한 예를 옮겨보기로 하겠다.

 큰 병을 겪은 뒤에는 장차 몸조리를 하되, 마땅히 십분 주의해야 할 일이다. 그런데 바람이 센 데서 머리를 빗거나, 마음을 괴롭히면서까지 일에 골몰하는 것이 뱃병을 일으키게 됨은 무슨 까닭인지 아느냐. 너도 이를 모르지는 않을 터인데, 몸을 돌보는 것이 꼭 어린 아이들과 같으니, 참으로 탄식할 일이다. 늙은 아비의 걱정이 어느 때나 펴질 것이냐. 천만 번 생각하고 몇 갑절 조심하여, 나로 하여금 초조한 마음이 없게 하라.
 듣건대 네 일행이 무사하다 하니 기쁜 마음 한량 없다. 다만, 양호兩湖에 있는 적의 형세가 역시 심히 염려스러워, 바야흐로 고민에 고민이다. 모름지기 삼갈 것은 어느 곳에서든 사사로이 머물 것이지, 관부官府에는 들어가지 말아라. 네 아비가 술로 인한 병통으로 일을 폐하는 것은 없는데 사람들의 말이 이같으니, 경계하고 삼갈 것을 통절히 느꼈다.

 송강의 나이 57살인 1592년(선조 25년) 9월 이후, 왜구의 침략으로 나라가 위기에 처했을 때 충청·전라 양호를 체찰하는 임무를 띠고 분주하던때 썼던 편지로 보인다. 병약한 아들의 병 후 몸조리며 생활 태도, 난중에 임한 아들 일행의 처신 등을 간곡하게 당부하는 내용이다. 자식의 안위를 걱정하는 어버이의 애틋한 심사가 문면에 넘쳐 흐르며, 행동의 세부에 이르기까지 낱낱이 경계의 말을 남기는 자상함이 더없이 다사로운 정을 느끼게 한다.
 이밖에도 송강이 자식들에게 보낸 편지 가운데에는, 이와 같이 애틋하고 자상하기 짝이 없는 부성애를 살필 수 있는 예들이 여러 편 전한다. 그 한 예만을 더 들어보기로 하겠다.

    초 6일이 내 생일이다. 내 본시 연회 같은 것을 좋아하지 않는 것은 너희들도 잘 알 것이다. 이 일로 구애받지 말고 천천히 입춘 뒤에 날씨가 조금 풀리는 것을 기다려 오는 것이 좋을 듯하니, 고집부리지 말 것을 천만 번 말하여 둔다.
    여기는 식량이 떨어진 지가 오래여서, 아비는 겨우겨우 유지하고 있다. 노복들이 모두 굶주리는 형편이고 때로 묽은 죽으로 목숨을 부지하고 있으니, 여기에서는 하루도 더 머물 수 없다. 연안延安이나 수양首陽으로 가려고 하는데, 처리해야 할 공문 서한이 아직 도착하지 않고, 날씨 또한 심히 추워서 인마人馬 어느 쪽도 능히 움직일 수가 없으니, 어찌하랴. 보리나 밀·콩 같은 잡곡이라도 두어 말 얻어 노복들을 구원하려고 해도, 그렇게 되지 않는구나.

    목숨을 부지하기조차 어려운 난중의 참상이 잘 나타나 있다. 그런 와중에서도 다가오는 자신의 생일에 어려움을 무릅쓰고 찾아올 자식에게, 절대 그러지 말 것을 '천만 번' 당부하는 어버이의 정이 간곡하게 담겨 있다. 굶주리는 노복들을 어떻게 해서든지 구원해 보려는 인자함 또한 잘 드러나 있다. 누구보다도 자신이 어려운 상황에 놓여 있으면서도, 이렇듯 자식과 주변 사람들을 걱정하는 심사에서 송강의 넉넉하고 훈훈한 정을 느낄 수 있다.
    송강이 자식들에게 보낸 편지를 보면, 항상 자신보다는 자식을 먼저 걱정하는 마음이 애틋하게 담겨 있다. 어느 부모치고 그렇지 않은 경우가 있을까마는, 그의 편지를 보노라면 '어버이란 이런 것인가!' 하는 생각이 절로 떠오르게 한다. 인간 본연의 소박하고 아름다운 정이 짙게 배어 있다. 그런 의미에서 자애롭고 꾸밈이 없으며 자상한 점이 곧 아버지로서의 송강이 지닌 이미지가 아닐까 싶다.

100년 동안 잠들지 못한 시신

　1593년(선조 26년) 12월 18일, 강화 송정촌에서 58세로 생을 마감한 송강은 그러나 쉽게 잠들지 못한다. 이듬해 2월 고양군 신원에서 장사가 치러진 이후, 그때 그때 붕당의 형세에 따라 실로 여러 차례 생전의 관작(官爵:관직과 작위)이 깎여 없어졌다 회복되는 수난을 겪기 때문이다. 그리하여 이런 악순환이 마지막으로 이루어진 것이 1694년(숙종 20년) 4월이었으니, 송강은 실로 죽은 후 100년이 넘도록 편히 잠들지 못했던 셈이다.

　그가 생전에 가졌던 관작을 깎아 없애야 한다는 논의는 거의가 기축옥사와 관련된 일이었다. 이미 살펴본 것처럼, 정여립 모반사건과 관련된 기축옥사에서 위관委官을 담당했던 송강의 일처리를 두고, 핵심 인물은 물론 당시 영남 일대에서 효우와 절개로 이름이 있던 최영경 같은 이가 옥중에서 죽게 된 일들을, 동인세력에서 거듭 문제삼은 것이다. 동인세력은 후에 남인계열과 북인계열로 다시 분화하거니와, 이들 세력이 조정에서 실권을 장악하고 있던 한 이 문제는 시대가 바뀌어도 여전히 계속되었다.

　물론, 그러는 사이사이 송강의 자식들을 위시하여 서인계열에 속하는 인물들은 깎여 없어졌던 송강의 관작을 다시 회복하기에 정성을 다한다. 특히 서인세력이 조정의 실권을 장악했을 경우, 송강의 관작은 당연히 제 위치로 되돌려졌다. 서인세력 역시 후에 노론계열과 소론계열로 분화하는데, 이 시점에 와서는 노론계열이 이 문제에 발벗고 나서게 된다.

　생전에 가졌던 관작이 깎여 없어지거나 회복되는 일은, 비단 관작 그 자체만의 보존에 관련된 문제는 아니다. 그것은 목숨보다 더 소중한 명예와 직결되는 문제기 때문이다. 따라서 실제로는 당사자의 생애 모두가 거기에 걸려 있다고 할 수 있다. 그러니 관직과 작위를 이름과 동격으로까지 사용했던 왕조시대에 있어서, 이 문제에 죽을 각오를 하고 달려드는 것은 어쩌면 당연한 일이기도 했다.

오랜 세월을 두고 생전의 관작을 되풀이해 잃었다 회복하는 송강의 사후 수난 과정은 곧 조선시대 정치사의 단면을 드러낸 것이라고 할 수 있다. 따라서 그 과정을 간략하게 살피는 것 또한 의미 있는 일이다. 뿐만 아니라 이와 같은 역사적 사실로부터 우리는 살아가는 동안 '하늘을 우러러 한 점 부끄럼이 없어야' 한다는 사실을 새삼 깨닫게 된다. 그러기가 쉽지 않을 테지만, 그렇게 하려고 노력하는 것 자체만으로도 가치 있는 일이기 때문이다.

송강이 가졌던 관작을 깎아 없애야 한다는 첫 논의는, 그가 죽은 지 불과 6개월이 지난 1594년(선조 27년) 6월에 제기된다. 김우옹을 위시하여 이산해·정인홍·홍여순 등 동인세력의 인물들이 기축옥사 때 억울하게 죽은 최영경의 명예를 회복해 주어야 한다는 논의를 시작으로, 결국 송강에게 그 죄를 물어 관작을 깎아 없애려는 것이었다.

당시 조정에서 득세하고 있던 동인들로서는 기축옥사 때 큰 화를 입은 것이 생각할수록 분통터지는 일이었을 것이며, 서인의 우두머리가 없어진 지금, 지난 날 화를 입은 동인계 인물들의 명예를 어떻게든 회복하는 동시에, 송강을 깎아 내리고자 했을 것이다. 그 진위나 문제의 중요성을 떠나, 왜구의 침입으로 여전히 나라가 혼란에 빠져 있던 당시 상황에서 결코 바람직한 일은 아니었던 셈이다.

어떻든 선조는 그렇게 하도록 윤허한다. 그리고 그 불똥은 송강과 교분이 두터웠던 만년의 우계 성혼에게로까지 튄다. 동인세력으로서는 결코 무시하지 못할 존재인 우계를 그대로 내버려 둘 수 없었던 것이다. 그리하여 선조는 "최영경의 억울한 죽음은 천하에 지극히 원통한 일이요, 정철의 사악하고 독함은 천고의 간흉이다. 성혼은 철의 심복이 되었으니, 철의 마음이 곧 혼의 마음으로, 둘이면서도 하나인 것이다. 이것은 천지귀신도 환히 알고, 털이 마르지 않은 갓난애 역시 이미 아는 사실이다."라고 하면서 가차없이 내친다.

충신과 간흉은 하늘과 땅 차이만큼이나 큰데, 선조의 이런 발언을 어떻게 이해해야 할 지 당혹스럽기조차 하다. 아무리 붕당의 움직임과 힘을 적절히 활용해야 하는 임금의 처지라지만, 송강을 다시없는 충신으로 칭찬을 아끼지 않았던 그가, 이제 와서 이런 발언을 서슴치 않는 것을 이해하기란 쉽지 않기 때문이다.

송강이 생전에 그처럼 믿고 충성을 다했던 선조대에는 일이 이런 상태에서 마감된다. 그러다가 선조의 뒤를 이어 광해군이 즉위하자(1609년), 송강의 아들 종명이 직접 상소하여 그 원통함을 호소한다. 그러나 당시 승지承旨의 직에 있던 종명은 오히려 파직을 겨우 면할 뿐, 아무런 반응도 얻어내지 못한다. 공론이 전혀 없는데도 친히 상소하였다 하여 사헌부·사간원의 논핵을 입지만, 임금은 자식이 아비의 원한을 호소하는 것이 도리에 어긋나는 일이겠느냐며 그냥 접어두도록 했던 것이다.

광해군에 이어 인조가 즉위하자(1623년), 사태는 다시 돌변한다. 이른바 인조반정仁祖反正으로 서인세력이 조정의 실권을 장악하게 되기 때문이다. 사계 김장생(1548~1631)을 비롯한 서인계 인물들은 지난 날 송강이 쌓았던 공덕과 명예를 회복시키기 위해 인조에게 진언하고, 인조로부터 "점차 그렇게 하겠다."라는 언질을 받는다. 그러다가 이듬해인 1624년(인조 2년), 다시 송강의 아들 종명 등이 상소하여 원한을 호소하자, 임금은 대신들과 의논하여 비로소 관작의 회복을 명한다.

당시 우의정의 자리에 있었던 상촌 신흠(象村 申欽:1566~1628) 같은 이는 다만 송강이 원만치 못한 성격을 지녔기 때문에 많은 혐의를 받았다고 하면서, "지난 수 십년 간 조정의 의론이 둘로 나뉘어 정철로 함정을 삼았기 때문에, 신진소생新進小生들은 철의 면목조차 보지 못한 자라도 한 마디의 말만 철에게 미치는 일이 있으면, 곧 철의 당이라 지

목하여 제거당하니, 무더기로 배척된 자 어찌 홀로 철 한 사람 뿐이오리까."라고 진언하기도 했다. 이와 같은 신흠의 말만 보아도 당시 붕당정치의 위세와 송강의 영향력이 어떠했는지 능히 짐작할 수 있다.

이렇게 하여 다시 회복된 송강의 명예와 관작은 인조의 뒤를 이은 효종과, 그 뒤를 이은 현종 연간을 무사히 지나간다. 그러다가 현종의 뒤를 이은 숙종대에 이르러 다시 들먹이게 된다. 송강이 죽은 지 80여 년이 지난 1677년(숙종 3년), 동인세력에 뿌리를 둔 남인계열의 허적許積·허목許穆 등이 실권을 잡자, 송강의 관작을 깎아 없애고자 하는 논의를 다시 불러 일으키는 것이다. 그러나 숙종은 선왕先王의 대에서 이미 사실을 참작하여 정한 것이 오래인데, 지금에 이르러 다시 고칠 수 없다고 잘라 말한다. 이들 남인계 인물들은 오히려 1680년(숙종 6년)에 이르러 조정에서 내쫓김을 당한다.

1684년(숙종 10년)에 이르자, 드디어 송강에게 시호諡號가 내려진다. 홍문관에서 송강의 시호를 의논하여 처음에는 '문개文介'라고 정했다. 그러나 당시 정승 자리에 있던 김수항金壽恒이 '개介' 자의 뜻이 송강의 평생 행적을 다 포함시키지 못한다고 하고, 또 여러 사람들이 흡족히 여기지 않는 의사가 있다고 하여, 다시 짓게 되었다. 홍문관에서는 결국 다시 의논하여 '문청文淸'으로 정하여 임금께 윤허를 얻는다. 그러자 공론도 비로소 '문청'으로 정해졌다고 한다.

'介'와 '淸'은 다소 다른 의미와 느낌을 주는 것이 사실이다. 김수항을 위시한 당대의 선비들이 왜 '介'보다는 '淸'을 선호했는지, 두 글자를 자세히 따져보면 대개 짐작이 가는 바가 있다.

'介'는 '人+八'로 이루어진 글자인데, 여기에서 '八'은 나눈다는 뜻이다. 그리하여 '介'는 사람이 각각 그 나누어진 분수를 지킨다는 데서 '절개'의 뜻을 나타낸다. 또, 사람이 나누어 놓은 둘 사이에 들어 있다는 데서는 '끼이다'의 뜻을 나타낸다고도 한다. 이런 본래의 뜻을 바탕으로 하여 '介'는 대부분 '절개'·'절의'·'정조'라든가, '깔끔하다'·'얌전하다'의 경우를 가리킬 때 주로 쓰이는 글자다.

'淸'은 '氵+靑'으로 이루어진 글자인데, 여기에서 '靑'은 다시 '生+丼'이 결합된 것으로서, 식물의 싹[生]이나 우물물[丼]이 맑은 푸른빛인 데서 '푸름'을 뜻하는 글자다. 그리하여 '淸'은 '물이 맑다'·'구름이나 안개가 끼지 아니하여 깨끗하다'·'더럽고 잡스러운 것이 섞이지 아니하고 신선하다'·'환히 트이어 속되거나 탁한 맛이 없다' 등의 뜻을 나타내면서, 여기에서 나아가 '탐욕이 없다'·'공명정대하다' 등의 뜻을 나타내기도 하는 글자다.

이렇게 볼 때, 당시 송강에게 우호적인 태도를 가진 이들로서는 아무래도 '介'가 함축하고 있는 단편적인 '절개'보다는, '淸'이 함축하고 있는 다양한 측면의 '맑음'이 송강의 품성과 행적을 여실히 대변하는 것으로 생각했던 데서, 이를 선호했던 것이 아닌가 생각한다. '文'은 곧 송강이 문신이었기에 응당 붙는 것으로서, 새삼스런 설명이 필요하지 않을 것이다.

그런데, 이렇게 나라로부터 시호까지 내려진 상태였는데도, 송강은 그로부터 7년 뒤인 1691년(숙종 17년)에 다시 관작이 깎여 없어진다. 1689년(숙종 15년) 이후 조정은 다시 남인계열에서 실권을 장악하기 때문이다. 그리하여 새삼스런 의론이 되풀이되지 않을 듯 싶었던 송강의 명예는 멀리 기축옥사로까지 거슬러 올라가 모든 것이 뒤엎어짐으로써, 그 동안의 일들이 모두 물거품이 된다. 아마도 90여년이 지나도록 잠들지 못했던 시신이 시호가 내려지면서 비로소 안도의 한숨을 쉬며 잠들 채비를 하는 즈음, 아직도 끝나지 않았다고 하면서 다시 일으켜 세운 격이 되지 않았나 싶다.

그러나 이와 같은 수난도 드디어 1694년(숙종 20년)에 이르러 끝이 난다. 이 해 4월이 되자, 숙종은 특명으로 송강의 관작을 회복시킨다. 물론 조정은 다시 서인세력에 뿌리를 둔 노론과 소론에게 주도권이 넘어가 있는 상황이었다. 이 때 숙종은 특별히 「비망기備忘記」를 내려,

"정철을 100년이 지난 오늘에 관작을 깎아 없애는 것은 너무 심한 일이다."라는 말을 덧붙이기까지 한다.

이렇게 하여, 1694년 이후 이 문제는 다시 거론되지 않는다. 아마도 그제서야 송강은 비로소 영원한 잠을 청하게 되지 않았을까 생각된다. 1704년(숙종 30년) 3월에는 전라도 유생 김정삼金鼎三 등이 상소하여 창평에 새로 세운 서원에 현판을 내려줄 것을 청하여 윤허를 얻는다. 또 후대의 임금들은 사람을 보내어 송강의 묘에 제사하기도 한다. 아무리 예사롭지 않은 삶을 산 송강이라지만 죽어서까지도 이런 일이 있었으니, 참으로 기구한 운명의 소유자임을 새삼 절감할 수 있다.

8. 역사의 거울에 비추어진 송강의 얼굴

송강, 그 넓고도 깊은 강

　물리적으로만 본다면 통상적 의미의 강은 어느 순간에 흐름을 멈춘다. 그러나 송강의 강물은 예나 지금이나 한결같이 흐른다. 그래서 생각해 보면, 어떤 사람에 대한 평가는 그가 죽은 후에야 비로소 제모습을 드러내는 게 아닌가 싶다.

　송강은 60갑자를 불과 두 해 남겨둔 해에 세상을 떠났다. 한 시대를 주름잡았던 인걸은 이제 혼백 되어 떠나고, 그가 남긴 삶의 자취들만이 푸르른 강물에 녹아 흐른다.

　　삼가 생각건대, 선생은 세상을 덮을 만한 영웅·호걸이요, 사람 중에 뛰어난 재질이셨습니다. 평생의 지조와 절개는 곧 얼음처럼 맑고 차가우며, 황벽나무처럼 쓰다 일컬어지셨습니다.
　　조정의 대열에 단정히 서시어, 착한 말씀 엄정한 낯빛에, 욕심 많고 더러운 이 청렴해지고, 나약한 이 정신을 가다듬어, 백관 동료가 모두 다 공경하였습니다. 현명한 이를 좋아하시고 어진 이를 벗하시니, 그 덕이 외롭지 않으셨습니다.

알맞게 간을 맞추듯, 올바르게 정사를 베푸시도록 임금을 보필하셨으며, 뭇 신하의 우두머리인 이름높은 선비셨습니다. 천년에 만나기 어려운 군신君臣이, 한 자리에서 서로 찬미하셨습니다. 크게 어진 정사를 베풀어, 왕국을 건지셨습니다.

도를 바르게 행함에 소인들은 두려워서, 때때로 일어난 참소가 하늘에까지 뻗치고, 뭇 입이 떠들어댐에 쇠를 녹일듯 하였습니다. 곤궁에 처할수록 더욱 태연하셨으니, 용납되지 못함을 어찌 병되게 여기시리오. 나라가 어지러워 흔들리는 세상에 즈음하여, 바야흐로 충직과 아첨을 알게 되는 것입니다.

숙종의 장인 민유중(閔維重:1630~1687)이 쓴 송강의 「제묘문祭墓文」이다. 송강 생전의 품성과 행적을 조목조목 들어가면서, 길지 않은 생애에 이루고 끼친 일들을 하나하나 되새기고 있다. 그 일들이 대부분 후세에 귀감이 될 만하기에, 저 세상으로 간 지 벌써 오래건만, 이처럼 고인의 영령에 새삼스런 경의를 표하고 있다.

58년이라는 길지 않은 시간을 흐르면서도, 송강은 참으로 넓고도 깊은 강을 이루어 놓았다. 그렇기에 다만 육신만이 사라졌을 뿐, 우리로 하여금 대대로 그 넉넉하고 푸른 물 속에서, 저마다 삶의 그물을 펼쳐 거두게 한다. 풍부한 성량으로 노래부르게 한다.

그는 현실의 풍파에 시달리면서 예의 파란만장한 삶을 살았으면서도, 인생의 유한성을 자각하고 삶을 즐길 줄 아는 풍류인이었으며, 특히 그 자신 의식했든 그렇지 않았든, 우리 문학사에 영원한 연가戀歌의 주인공으로 남아 있다.

활달·호방한 기질이어서 무엇에고 막히는 바가 없었으면서도, 감성만큼은 가을 기러기털보다도 예민하고 섬세했다. 경국제민의 뜻을 펴며 숱한 고초를 겪었으나, 그때마다 곧고 강직한 의기로 스스로 옳다고 여기는 바를 실천해 나갔다. 그렇기에 외곬수의 고집불통이요,

의리의 사나이기도 했다.

> 십 년 동안 적소에서 향풀이나 뜯으며,　　十年湘浦採江蘺
> 기약 없는 임과의 이별 원망했다네.　　　望斷瑤臺怨別離
> 계집 아이들 그 때의 일 알지도 못하고,　兒女不知時世態
> 이제 와선 헛되이 미인사만 부르는구나.　至今空唱美人辭

동악 이안눌(東岳 李安訥:1571~1625)의 7언절구 「옥아가 고인이 된 인성부원군 정송강의 사미인곡을 노래부르는 것을 듣고聞玉娥歌故寅城鄭松江思美人曲」 2수 가운데 한 수다. '헛되이'라는 한 마디의 말 속에 송강을 추억하는 모든 심회가 집약되어 있는 절창이다.

강직과 의기로 거친 세파를 헤쳐나가면서 출사와 낙향을 거듭 되풀이했던 송강이다. 심지어 만년에는 북녘 땅 하늘 끝에서 가시울타리의 유배생활을 했던 송강이다. 그렇기에 '십 년 동안 적소에서 향풀이나 뜯으며' 지냈던 그 세월이 얼마나 참담했던가. '기약 없는 임과의 이별 원망하며' 또 얼마나 많은 시간을 고통스러워 했던가. 모두가 타협을 모르는 기질, 강직과 의기를 신조로 여긴 탓이 아니겠는가. 그러나 수많은 세월이 흐른 지금, 그의 임 그리는 애절한 가락만이 허공에 맴돈다. '계집 아이들 그 때의 일 알지도 못하고' 눈물 글썽이며 시름에 젖는다. 누군들 지난 시절, 그 뼈저린 아픔들을 기억하리오. 이제는 다만 역사의 풀 우거진 숲에서 구슬픈 새소리·물소리만 들리는 것을. 이제는 추억이 눈물되어 '헛되이 미인사만 부르는' 것을.

임어당林語堂이라는 이는 그가 지은 『소동파평전蘇東坡評傳』에서, "그는 누구보다도 강렬하게 느꼈고, 명료하게 숙고했으며, 아름답게 글로 표현했고, 고고한 용기로써 행동했다."라고 한 적이 있다. 소동파도 그랬겠지만, 송강이야말로 이런 평에 합당한 인물이 아닌가 생각한다. 송강의 생애와 행적 또한 이와 유사한 국면에서 참으로 개성이 뚜렷한 자취를 남기고 있기 때문이다.

그러고 보면, 두 사람 사이의 시간적 거리가 정확히 500년이나 벌어져 있음에도 불구하고, 동파(1036~1101)와 송강(1536~1593)은 퍽이나 닮은 데가 많다. 우선 생애 전반이 실로 복잡다단하였다는 점에서 그렇고, 항상 당대의 정치적 소용돌이에 깊이 말려들었다는 점에서도 그렇다. 또, 품성 면에서도 무엇에든 특별히 구애되지 않는 호방한 성격이었다는 점과, 고집스러우면서도 꾸밈이 없이 소탈했고, 심지어 참을성이 없었다는 점에, 지독히도 술을 좋아했다는 점까지 닮아 있다.

그런가 하면, 동파 역시 유한한 인생을 즐길 줄 아는 낭만적 풍류인이었으며, 무엇보다도 강렬한 개성과 천재성이 번뜩이는 시인이었다는 점에서 더 이상의 비교를 새삼스럽게 한다. 두 사람 사이의 시간적 거리를 접어두고 본다면, 아마도 다른 누구와도 견주기 어려운 난형난제難兄難弟의 짝일 듯싶다.

송강이 세상을 뜬 지 400여년이 지났다. 그러나 그는 여전히 우리 곁에서 살아 숨쉰다. 후대에 끼친 유산이 많은 인물에게는 400년이라는 세월이 다만 산술적으로 환산된 물리적 시간일 따름인지도 모른다. 그만큼 사람들 머릿속에 오래도록 남을 만한 자취를 남기긴 쉽지 않을 터다. 그런데 어느 쪽에서 보아도 송강은 '그게 그렇게 어려울까?' 싶은 얼굴로 우리에게 미소짓고 있는 듯하다.

호방하면서도 다감한 풍류인

'송강'이라는 이름을 들었을 때 연상되는 이미지는 다양하다. '위대한 시인'이라든가, '당쟁의 중심에 선 정치가'라는 말은 으레 떠올릴 수 있는 이미지를 대변한다.

그러나 송강은 시인이요 정치가이기에 앞서 '시대의 풍류인'이었다. 아마도 그를 아는 모든 사람들이 여기에 선뜻 동의할 것이다. 그 자신 역시 그렇게 여기지 않았을까 생각한다. 송강의 풍류인으로서의 면모는 그가 지은 문학 작품과 다양한 일화를 통해 면면히 전해 내려 오고 있다.

사실, 풍류의 개념은 시대에 따라 상당히 다르다. 그렇지만 풍류란 대개 '인격과 학문을 바탕으로 표현된, 고상한 운치와 예술적인 멋'을 두루 일컫는 말이라고 할 수 있다. 흔히 음풍농월吟風弄月의 분위기나, 그런 자리에서 벌어지는 유락遊樂적 행위만을 생각하기 쉽지만, 원래는 이처럼 사람의 품위 전반을 포괄한 '고상한 운치와 예술적인 멋'을 일컫는다고 할 것이다.

조선조 사대부들의 풍류를 대변하는 것은 역시 '상자연賞自然—자연완상'이다. 순수하고 넉넉하고 조화로운 자연을 노래하면서, 그 심성을 닮고자 한 것이다. 또 그렇게 하면서 사회 현실에서 빚어진 갈등과 긴장을 치유하기도 한, 독특한 성격의 풍류였다. 그것은 주로 철학적 사유와 시를 통해 표출되었다. 송강의 경우는 시가 압도적인 비중을 차지한다.

그렇다 하더라도, 통상적 차원의 풍류는 주酒·가歌·무舞, 즉 술과 노래와 춤이 어우러진 유락적 분위기를 먼저 떠올리게 된다. 더욱이 송강으로 말하면, 호방하면서도 다감한 성격에, 친구 좋아하고, 술 좋아하고, 노래 좋아하는 데다가, 종류에 상관 없이 시까지 잘 지은 인물이다. 그러니 이쯤 되면 송강의 경우는 통상적 차원의 풍류에도 일가견이 있던 인물이다.

옛부터 사대부들은 그들의 교양이자 풍류의 전형으로서 '금기서화(琴棋書畵:거문고·바둑·글씨·그림)', 또는 '금기시주(琴棋詩酒:거문고·바둑·시·술)'를 들어 왔다. 위에서 말한 풍류를 두루 아우른 것이면서, 거기에 '고상한 운치와 예술적인 멋'이 짙게 배어 있는 내용들이다. 따라서 다양한 차원에 일가견을 가지고 있던 '시대의 풍류인' 송강 역시, 이와 관련된 측면에서 그 특징적 면모를 살피는 것이 바람직할 것이다.

먼저, 송강은 우리말 시가의 제맛을 아는 시인이었다. 우리말 시가는 악곡을 동반하여 노래로 불리어질 때 그 빛을 발한다. 그래서 우리 고전문학에서 '시'는 대개 읊조리는 한시를 가리키는 말이고, 이와 구분되는 '시가'는 악곡을 통해 노래로 불리어지는 우리말 가사를 가리킨다. 송강의 노랫소리를 한 번 들어보기로 하겠다.

한 곡조 길게 「사미인」 부르고 나니,	一曲長歌思美人
이 몸이야 늙었지만 마음 상기 새로워라.	此身雖老此心新
명년이라 창 앞에 매화꽃 피거드면,	明年梅發窓前樹
강남 첫봄 소식 임께 꺾어 부치오리.	折寄江南第一春

「대점 술자리에서 운을 불러 짓다大岾酒席呼韻」라는 7언절구다. 제목에 나오는 '대점'은 송강의 향리 담양 창평의 한 지명이다.

자신이 지은 「사미인곡」으로 보이는 노래를 '한 곡조 길게 부르고 나니, 마음 상기 새롭구나.'라고 했다. '이 몸이야 늙었지만'·'강남 첫봄 소식'이라는 표현이 나오는 것으로 보아, 쉬흔이 넘어 향리에 물러나 있을 무렵의 일로 생각된다. 이른바 연군의 정을 노래한 시면서도, 노래부르는 일 자체가 주는 정신의 상쾌함이 담담하게 배어 있다.

송강은 노래 역시 잘 불렀을 것으로 생각한다. 시가의 언어, 즉 노랫말을 그처럼 능수능란하게 다룰 줄 아는 시인이, 다만 노랫말을 짓는 데에만 골몰했으리라 생각되지 않기 때문이다. 물론 시를 잘 짓는다고 해서 노래까지 잘 부를 수 있는 것은 아니며, 그가 실제로 노래를 잘 불렀다는 확실한 증거는 없다.

그러나 그가 지은 우리말 시가 대부분이 당대는 물론 죽은 후에도 오래도록 가인歌人들의 열렬한 애호 속에 가창되었다는 사실로 미루어, 그는 음률에도 조예가 깊었던 것으로 보이며, 그 자신 노래에도 능하지 않았을까 생각한다. 더욱이 송강은 시대의 풍류인으로서 명성이 자자했다는 사실을 감안할 때, 가인으로서의 자질과 능력 또한 범상치 않았으리라 생각한다.

그런데, 우리말 시가는 악기의 반주에 맞추어 가창될 때 그 맛이 제대로 우러난다. 가창과 반주는 주로 이 방면에 탁월한 재질을 가진 기녀·악인 등이 담당했다. 그러나 사대부들이라고 해서 이 방면에 전혀 관여하지 않거나, 문외한으로 남아 있지는 않았다. 특히 악기를 다루는 데 있어서는 나름의 취향과 장기를 갖춘 경우가 적지 않았던 것으로 보인다.

과거 사대부 남성들이 연주한 악기는 거문고다. 그래서 사대부의 교양이자 풍류를 말할 때 으레 첫 손가락으로 거문고를 꼽는다. 송강은 거문고에도 조예가 깊었던 것으로 보인다. 그 실상을 짐작게 하는 몇 편의 작품을 들어보기로 하겠다.

> 거문고 대현大絃을 티니 마음이 다 녹더니,
> 자현子絃에 우됴羽調 올라 막막됴 쇠온 말이,
> 셟기는 젼혀 아니호되 이별 엇디하리.

위 시조는 거문고 각 현에서 나는 소리를 특징적으로 묘사하면서, 그 음색에 실어 그리운 사람과 헤어져 있는 상황을 탄식한 노래다. '대현'의 소리가 마음을 무르녹여 푹 가라앉게 한다고 했는가 하면, 급하고 강렬한 '자현'의 소리에 맑고 웅장한 '우조'를 곁들여 다시 '막막조'로 내닫는 소리로써 이별한 임에 대한 그립고 조바심 나는 마음을 그려내고 있다. 거문고에 조예가 깊지 않고서는 현마다 독특한 특징을 지닌 음색을 이처럼 형용해 내기 어려울 것이다.

거믄고 대현大絃 올라 한 과棵 밧글 디퍼시니,
어름의 마킨 물 여흘의셔 우니는 듯,
어디셔 넌닙페 디는 비솔이는 이를 조차 마초나니.

 거문고 대현을 누르고 한 음계를 타니, 그 소리가 마치 얼음에 막힌 물이 여울에서 울어 예는 듯하다고 했다. 거문고를 타는 손가락과 그 끝에서 울리는 소리가 그대로 전해져 오는 듯하다. 거기에 연잎에 떨어지는 빗소리가 장단을 맞춤으로써, 멋진 화음을 이룬다고 했다. 맑고 섬세한 묘사를 동반한 시상의 전개가 놀랍다. 그래서 빗소리에 어울린 청아한 거문고 소리가 귓가에 들리는 듯하다. 흥겹고 상쾌한 분위기를 자아내면서도, 실로 섬세하고 우아한 멋이 풍긴다.

차가운 비 후두둑 온 대숲을 울리나니,　　　　萬竹鳴寒雨
어찌하나 아득아득 마음만 초조하여라.　　　　迢迢江漢心
숨어 사는 사람 어수선히 일 많아져,　　　　　幽人自多事
한 밤에 홀로 앉아 거문고를 타노라.　　　　　中夜獨橫琴

 「즉석에서 짓다卽事」라는 5언절구다. 말 그대로 즉흥시다.
 싸늘한 계절로 접어드는 시절, 차가운 비가 댓잎을 스치면서 온 대숲을 울린다. 스산한 빗소리에 갑자기 마음이 산란해진다. 또 계절이 바뀌는데, 무엇을 어찌해야 할 지 막막하다. 하여 마음만 초조해진다. 초야에 묻혀 지내는 몸, 이것저것 생각해야 할 일들이 머리 속을 가득 메워, 마음이 어수선해진다. 밤은 깊어가는데, 대숲을 울리는 빗소리가 일으킨 파문은 쉬이 잦아들지 않는다. 자세를 고쳐잡고 거문고를 끌어당긴다. 조용히 거문고를 타면서 마음을 다독인다.
 역시 거문고에 일가견이 있지 않고서는 이런 시를 짓기 어려울 것이다. 깊은 밤에 홀로 앉아 거문고를 타는 송강의 모습에서 단아端雅

한 사대부 풍류의 한 모습을 실감할 수 있다. 그런 면에서 '한 밤에 홀로 앉아 거문고를 타노라.'라는 마지막 구는, 호방하다거나 다혈질에 가까운 이미지와는 전혀 다른, 송강의 또다른 면모를 확인할 수 있는 대목이다.

유가에서는 '시에서 얻은 풍부한 감흥을, 예로써 다듬고, 음악의 조화를 얻어 인간을 완성한다.(興於詩 立於禮 成於樂:『논어』·태백편)'라고 하여, 인격도야에 의한 인간 완성의 최고 방편으로써 예술을 든다. 이것이 이른바 유가 예술관의 요체라고 할 수 있다.

송강을 위시한 사대부들 역시 이러한 예술관을 어떤 식으로든 염두에 두었을 듯한데, 그 단면을 위 송강의 거문고 연주에서 확인할 수 있지 않을까 생각한다. 나아가, 이런 사실들로부터 송강의 풍류가 지닌 '고상한 운치와 예술적인 맛' 또한 실감할 수 있으리라 생각한다.

한편, 송강의 풍류에 얽힌 일화는 다양한 이야기 형태로 전해지고 있다. 특히 그가 만년에 귀양살이를 하던 강계江界에서 기생 진옥眞玉과 시와 음악으로 화답하며 쓸쓸한 심정을 달랜 다음과 같은 일화는, 그의 다감한 품성과 풍류운사로서의 기질을 새삼 엿볼 수 있는 예라고 할 수 있다.

일세의 시인이요 정치가인 송강의 만년 유배생활은 정승의 자리에서 하루 아침에 북녘 황량한 땅으로 내몰린 것이어서, 어떻든 착잡할 수밖에 없었다. 그래서 그는 이제 모든 것을 운명에 맡긴듯, 담담히 글을 읽으며 하루 하루를 보내는 생활에서 나름의 의미를 찾아나갔다. 그러나 유배생활에서 오는 우울과 적막감을 떨치기 어려울 것은 당연했다. 더군다나 그로 말하면 누구에게도 뒤지지 않는 풍류운사요, 호방한 심성의 소유자가 아니던가.

우울과 적막감에 젖어 쓸쓸히 등잔불을 밝히던 어느 가을 밤, 그의 처소로 한 여인이 들어선다. 휘영청 밝은 달빛 아래 형형색색으로 물든 잎새들이 하나 둘 떨어지고, 댓돌 아래 귀뚜라미 소리도 처량하다.

귀뚜라미 소리가 잠시 멈추는가 싶더니, 여인이 조심스럽게 방문을 두드린다. 깜짝 놀라 방문을 여는 순간, 송강은 어안이 벙벙해졌다.
　여인은 맑고 다소곳한 용모를 하고 있었다. 수수하게 차려 입었으나 우아하고 아름다웠다. 그녀는 깍듯이 예를 갖추어 인사를 올린 다음, 이렇듯 당돌하게 찾아 뵌 것을 용서해 주십사고 말했다. 송강이 그대는 누구이며 어찌된 일인가를 물었다. 여인은 낮은 목소리로 찾아 뵌 연유를 말했다.
　자신은 이곳 기적妓籍에 몸담고 있는 진옥이란 기생으로서, 오래 전부터 대감의 글을 흠모해 왔던 터라 꼭 한 번 뵙고 싶었다는 것이었다. 송강은 자신의 글 가운데 무엇을 읽었는가를 다시 물었다. 그러자 여인은 조용히 가야금을 무릎에 올리더니, 한 곡 타 올리기를 청했다.

세상에 살면서도 세상을 모르고,	居世不知世
하늘을 이고도 하늘 보기 어렵네.	戴天難見天
내 마음 아는 건 오직 백발이런가,	知心惟白髮
나를 따라 또 한 해를 지나는구나.	隨我又經年

　청아하고 우수에 찬 목소리였다. 그러면서도 노래 속에는 단아한 품격이 잔잔하게 배어 있었다. 송강은 소스라치듯 놀랐다. 여인은 자신이 이곳 강계에 유배와서 고통스럽고 착잡한 심경을 읊은 5언절구 「청원의 가시울타리 속에서淸源棘裏」를 부르고 있지 않은가! 이렇듯 황량하고 적막한 곳에도 자신의 심경과 처지를 이해해 주는 이가 있다는 말인가! 참으로 뜻밖의 일이었다.
　그날 이후 진옥은 송강의 더없는 벗이 되었다. 그녀는 슬기롭고 재치가 번뜩이는 여인이었다. 유배생활 중에 부인 안씨에게 보낸 편지에서도, 송강은 진옥의 이야기를 있는 그대로 적어 보내기도 했다고 한다. 그러자 부인 또한 송강에게 보낸 편지에서, 남편의 유배생활을 위로해 주는 진옥에게 고마움을 전해 달라는 말을 적었다고 한다.
　시간이 흘러가면서 송강과 진옥은 서로 깊이 사랑하였다. 그리하여 이제 두 사람은 말하지 않아도 뜻이 통하고 서로를 의지하는 사이가 되었다. 그러던 어느날, 두 사람은 술상을 마주하고 앉았다. 거나해진 송강이 먼저 입을 열었다. 시조 한 수를 읊을 테니 여기에 지체없이 화답을 하라는 것이었다.

　　옥玉이 옥이라커늘 번옥燔玉으로만 여겼더니,
　　이제야 보아하니 진옥眞玉일 시 분명하다.
　　내게 살송곳 있으니 뚫어볼까 하노라.

　의뭉스러운 웃음과 함께 송강의 노래가 끝나자, 여기에 한 술 더 뜬 진옥의 화답이 곧바로 이어졌다.

　　철鐵이 철이라커늘 섭철錫鐵로만 여겼더니,
　　이제야 보아하니 정철正鐵일 시 분명하다.
　　내게 골풀무 있으니 녹여볼까 하노라.

　먼저 송강이 진옥에게 건넨 시조는 '옥이라 옥이라 하길래 시원찮은 옥으로만 여겼더니, 이제야 살펴보니 진짜 옥이 분명하구나. 내게 살송곳 있으니 뚫어볼까 하노라.' 로 풀이할 수 있다.
　그리고 여기에 화답한 진옥의 시조는 '철이라 철이라 하길래 잡스러운 것이 섞인 철로만 여겼더니, 이제야 살펴보니 진짜 철이 분명하구나. 내게 쇠를 녹일 만한 골짜기 풀무가 있으니 녹여볼까 하노라.' 로 풀이할 수 있다.
　일견 은근한 듯하지만, 두 시조 모두 농염한 분위기와 함께 노골적인 유혹을 드러낸 사랑 노래다. 특히 각 작품의 종장 '내게 살송곳 있으니 뚫어볼까 하노라.' 와 '내게 골풀무 있으니 녹여볼까 하노라.' 는 그 선정성의 정도가 지나치다 싶을 만큼 적나라하다. '살송곳' 이니 '골풀무' 니 하는 말이 남녀의 성기를 비유하고 있음을 쉽게 알아차릴 수 있기 때문이다.

그러나 달리 생각해 보면, 서로 진정으로 믿고 사랑하는 사이에서만이 내보일 수 있는 애정 표현으로서, 이만큼 진솔한 예도 드물다. 더욱이 다짜고짜 이런 말을 앞세운 것이 아니라, 각기 초장과 중장에서 서로 은근하게 그 진위를 가려본 과정이 전제되어 있기에, 격에 어긋난 표현이라고만 보기에는 어딘지 아쉽다. '진옥'·'정철' 등 이중적 의미를 지닌 동음어를 적절히 활용하고 있는 것도 농염한 분위기에 호응하는 재치와 언어유희적 묘미가 번뜩인다.

위 시조들은 자칫 정도를 벗어나 육담으로 흐르기 쉬운 남녀 간의 뜨거운 애정 표현을, 언어유희적 수법을 재치 있게 활용하여 한바탕 즐거운 웃음으로 떠넘기는 흔쾌함이 있다. 풍류 호남아임을 자부한다는 듯 먼저 운을 뗀 송강도 송강이지만, 서슴없이 이를 되받아 넘기는 진옥의 솜씨도 가히 일품이라고 하겠다.

이렇듯 송강은 우여곡절이 심한 삶을 살면서도 분방한 품성을 지닌 풍류운사로서의 멋과 낭만을 잃지 않았다. 어찌 보면 바람둥이 기질이 다분했던 시인이 아닌가도 생각되며, 오늘날과 시대차를 실감케 하는 단면이 아닌가도 생각된다. 훗날 송강이 유배에서 풀려 서울로 올라오게 되자, 부인 안씨까지도 진옥을 데려오도록 권했으나, 진옥은 끝내 거절하고 강계에 남아 살았다고 한다.

송강과 진옥과의 로맨스는 야사로 전해오는 이야기다. 그래서 송강이 정말 그랬을까 싶은 의구심을 자아내기도 한다. 특히 진옥과의 로맨스가 이루어진 곳이 강계, 즉 가시울타리까지 쳐지는 혹독한 유배 생활 도중이라는 사실이 묘한 감정을 불러 일으킨다. 그래서 어떤 이는 송강이 워낙 술을 좋아하고 색을 좋아한다는 말을 들은 사람들이 이런 이야기를 지어냈을 가능성이 크다고도 말한다.

그러나 어떻게 들으면 정말 같기도 하고 때로는 거짓말 같기도 한 이런 로맨스를 사람들은 믿기 좋아한다. 무엇보다도 사랑과 낭만이 깃든 풍류는 시대를 뛰어넘어 모두에게 강렬한 흥미를 자아내기 때문일 것이다. 나아가 인간은 한 두 가지로 틀지우기 어려운 다양한 면을 지니고 있다. 그만큼 복합적인 존재다. 따라서 어떤 사람의 기질이나 특성을 평면적으로보다는 입체적으로 이해할 필요가 있다. 송강과 진옥과의 로맨스를 사실이라고 할 때, 바로 이러한 이해의 시각이 필요하지 않을까 생각한다.

사계 김장생(沙溪 金長生:1548~1631)은 그가 지은 송강의 「행록行錄」에서, 송강에 대해 다음과 같은 평을 한 적이 있다.

> 공은 가슴 속에 품고 있는 생각이 소탈·상쾌하며 언어가 호방하여 사람을 감동시키는 점이 많으나, 다만 대신으로서 널리 관용을 베풀어 용납하는 도량이 적고, 또 때로는 주색酒色에 초연하지 못한 것이 그 흠이었다.

정치인으로서의 면모를 접어두고 보면, 위의 '생각이 소탈·상쾌하며 언어가 호방하여 사람을 감동시키는 점이 많다.'라든가, '때로는 주색에 초연하지 못한 것이 그 흠이었다.'라는 평은, 달리 보면 송강의 풍류인으로서의 기질을 일컫는 것으로도 이해할 수 있다. 그래서 송강의 개성을 드러낸 평이면서도, 당대 주변 사람들의 인식의 일면까지를 살필 수 있는 예가 아닌가 생각한다.

송강의 풍류는 대개 호방한 멋과 운치를 풍기는 것으로 알려져 있지만, 이와 달리 섬세·우아한 양상으로 전개되기도 하고, 또 때로는 담담하면서도 처절한 분위기를 띠기도 하는 등, 퍽이나 대조되는 면모를 보여준다. 요컨대, 그의 다정다감한 기질이 이처럼 다양하고도 풍부한 감수성의 세계를 열어놓는 것이 아닐까 생각한다. '시대의 풍류인'으로 일컬어 손색이 없는 이와 같은 모습들은 송강이 타고난 예술가임을 대변하는 실례라고 하겠다.

당쟁의 중심에 선 정치가

정치인으로서의 송강을 떠올릴 때면, 그가 당쟁의 소용돌이 속에서 현실 상황에 따라 무척이나 큰 낙차를 지닌 삶을 살았던 인물이라는 데 누구나 동의한다. 영화로운 지위와 욕된 처지를 번갈아가며 변화무쌍한 삶을 산 것이 그것을 잘 말해 준다.

송강은 유가 사대부의 윤리와 규범에 충실하면서, 수양을 통해 경국제민에의 뜻을 확고히 세우고, 그 뜻을 정치를 통해 실현하고자 했다. 이것이 그가 지향한 삶의 기본 태도라고 할 수 있다. 그래서 당대는 물론 후대에 이르기까지 송강을 정치권력에 강한 집착을 보인 인물로 평가하는 것도 무리는 아니다.

강직한 성격을 지닌 그는 특히 스스로 온당치 않다고 생각되는 일에 대해서는 추호의 타협이나 양보가 없었다. 비록 그것이 자신의 지위나 권세를 위태롭게 하는 경우라 할지라도 전혀 개의치 않았다. 그는 마음이 활달하고 상대방과 간격이 없어, 무엇인가 마음 속에 담아 두지 못하는 성격이었다. 하고 싶은 말이나 생각이 있을 때면 반드시 말로 드러내고, 사람의 과실을 보면 아무리 친한 벗이나 권세 있는 사람이라도 절대 용서하지 않았다.

이같은 품성과 관련하여 상촌 신흠(象村 申欽:1566~1628)이 지은 송강의 「전傳」과 사계 김장생(沙溪 金長生:1548~1631)이 지은 송강의 「행록行錄」에는 다음과 같이 기록되어 있다.

공은 평소 취향이 시원스럽고 자질과 성품이 맑고 명랑하며, 사람을 사랑하고 선비에게 겸손하되 간격이 없으며, 물욕에 청렴하고 벗을 믿으며, 집에 있으면 효도・우애하고 조정에 서면 결백하였으니, 마땅히 옛날 어진 사람 가운데서나 찾아볼 수 있는 분이다.「전」

　　공은 평생 악한 이를 미워하는 마음이 너무 심하여 사람의 과실을 능히 용서하지 못하되, 조금도 마음 속에 담아두는 일이 없이 반드시 밖으로 쏟아내 놓고야 말기 때문에, 원한을 품는 사람이 많았던 것이다.「행록」

　따라서 의견 대립이 있는 상대쪽과 잘 화합하지 못할 것은 당연했고, 점차 당쟁의 중심 인물로 부각되면서 수없이 논핵을 당했다. 요컨대 강직한 반면 화합하지 못하는 품성의 소유자였던 까닭에, 화를 입는 일이 수없이 많았던 것이다. 아울러 이처럼 자신의 소신을 굽히지 않는 강직한 기운은 늙을수록 더하였다고 한다. 정치가로서의 송강은 바로 이와 같은 품성 때문에 더욱 영욕이 엇갈리는 삶을 살았으며, 당대는 물론 후대에도 극단적인 평을 듣게 된 것으로 보인다.
　그러나 일반적으로 정치인은 관용과 포용력이 있어야 한다고 한다. 송강의 품성은 이와 거리가 먼 셈이다. 따라서 당쟁이 일어났을 때 그가 서인의 투사 역할을 한 것은 어쩌면 당연한 일인지도 모른다. 거침없고 격정적인 성격을 지닌 그가 사태를 차분히 관망하는 일이란 애초부터 불가능한 일이라고 해야 온당할 터기 때문이다. 더욱이 스스로 옳다고 믿는 바에 대해서는 추호의 양보나 타협도 없는 고집불통의 사나이인 바에야.
　그래서 송강은 당쟁의 소용돌이 속에서 수없이 시비에 휘말렸다. 자신의 성격 탓이기도 하고, 당대 정치 현실이 빚은 풍파 탓이기도 하다. 그리하여 그때그때 붕당 간의 알력과 힘의 논리에 따라 여러 차례 출사와 낙향을 되풀이했던 것 역시 당연하다. 그 자신 이러한 삶의 궤적에 대해 다음과 같이 읊은 적이 있다.

보무도 당당히 대궐을 하직하고서,	步武辭靑瑣
초옥에 앉아 청산을 마주 대했네.	茅茨對碧山
취했다 깼다 하는 속에서 출처를 했고,	行藏醉醒裏
옳다 그르다 하는 사이에 종적을 남겼네.	蹤跡是非間

「김군 영에게 주다贈金君瑛」라는 5언절구 2수 가운데 1수다.

무슨 일 때문에 벼슬살이에 어긋장이 났는지, 뜻에 맞지 않았던지, '보무도 당당히' 자리를 박차고 '초옥에 앉아 청산을 마주 대하는' 상황에 놓여 있다. 사실, 이런 일이 어디 한 두 번이었는가. 그래서 지나온 삶을 돌이켜 보니, '취했다 깼다 하는 속에서' 나아갔다 물러났다 했으며, '옳다 그르다 하는 시비 사이에' 참으로 많은 종적을 남겼다고 했다. 당쟁의 소용돌이가 가져 온 우여곡절이기도 하겠지만, 스스로 어쩔 수 없는 성격임을 잘 알기에, 자신의 삶을 이렇게 읊은 것인지도 모르겠다. 구절 사이 사이에 스스로의 행적을 빈정거리는 듯한 말투가 배어 있음을 느낄 수 있다.

정치인으로서의 송강에 대한 평은 으레 양면으로 나뉘어 극단적인 성격을 띤다. 긍정적인 평가는 '충직하고 맑으며 의로운 인물'이라는 것이 공통된 의견이다. 반면, 부정적인 평가는 '성격이 편협하고 복수심이 강한 인물'이라는 것이 대체적인 의견이다.

능히 짐작할 수 있는 것처럼, 이같은 극단적인 평은 무엇보다도 논평자가 당색을 같이했던 서인쪽 인물인가, 반대 세력인 동인쪽 인물인가에 따라 전혀 다른 견해를 보인 결과다. 나아가 그를 부정적으로 평가하는 이유는 대개 정여립 모반사건을 가혹하게 처리했다는 사실에 바탕을 두고 있다.

사실, 송강은 정치인으로서 원만한 품성을 갖춘 인물이라고 하기 어렵다. 이는 율곡이 그의 『석담일기石潭日記』에서 "송강은 충직하고 맑으며 의로운 선비다. 다만 성격이 편협하여 아량이 적은 것이 병폐다."라고 평한 데 잘 나타나 있다. 그가 남다른 의기를 지닌 선비임에는 틀림없지만, 남의 과실을 용납하지 못하고 관용을 베푸는 아량이 적으며 지독히 고집스러운 면을 지니고 있음을 지적한 말이다. 그의 오랜 지기이자 정치무대의 동반자였던 율곡조차도 이렇게 평할 정도였으니, 그는 대의명분과 원리원칙만을 고집하는 외골수의 기질을 가지고 있었던 것이 분명한 듯하다.

따라서 균형과 타협이 중시되는 정치무대에서 그의 행로가 원만하지 못할 것은 불을 보듯 빤한 일이다. 그래서 송강은 붕당 간의 갈등이나 시비가 있을 때마다 늘 상대 세력의 표적이 되었고, 원만한 정치 운영을 위한 공론에 타협하지 못하는 인물로 평가되기에까지 이르렀던 것이다. 그를 부정적으로 평가할 때 으레 등장하는 기축옥사 사건만 하더라도, 따지고 보면 평소 정치무대에서 이처럼 '막힌 사람'으로 통하는 그의 기질과 행동방식에 말미암는 바 크다고 할 수 있다.

널리 아는 바와 같이, 정여립 모반사건에 얽힌 기축옥사는 동인세력에 속하는 인물들에게 엄청난 화가 돌아갔다. 당시 옥사를 다스리는 위관의 책무를 대부분 송강이 맡았으니, 사실이야 어찌되었든 그로서는 비난받을 빌미를 준 셈이다. 더욱이 그가 기축옥사에 발을 들여놓게 된 시점이 동인세력으로부터 오해를 받을 소지, 나아가 뼈에 사무친 원한을 품게 할 소지가 다분했다. 그는 낙향의 처지에서 맏아들 기명의 죽음으로 경기도 고양에 올라와 있다가, 주변의 만류가 없지 않았음에도 입궐하여 임금께 직접 글을 올렸다. 그리하여 충정을 인정받아 정승의 직위로서 조정에 복귀하고, 더불어 위관의 책무를 맡았던 것이다.

그러나 기축옥사로 말미암아 송강에게 쏟아진 비난의 뿌리에는, 평소 지나치게 강직하여 타협을 모르기에 편협하고 아량이 적다는 이미지가 강했던 그의 기질과 행동방식이 동인세력의 의식 속에 깊숙히 자리잡고 있었기 때문이 아닐까 생각한다. 그래서 그로서는 옥사를 처리하면서 희생을 조금이라도 줄이기 위해 갖은 애를 썼지만, 결과적으로는 '가혹하다'는 평을 듣게 된 것으로 보인다.

그리하여 마침내 기축옥사가 마무리되고 일시 서인세력이 위세를 회복했다가 다시 서서히 동인세력이 조정을 장악하게 된 시점에서, 그가 세자책봉 문제로 무함을 입고 유배의 길을 떠나게 된 것도 다만 우연이라 할 수는 없을 것이다. 뿌리깊게는 예의 외골수의 기질과 행동방식에 말미암는 바 크다고 할 수 있기 때문이다.『선조실록宣祖實錄』에 보이는 "정철은 성격이 편협하고 망령된 말을 일삼으며, 가볍고 경박하여 실없이 희롱하는 일을 좋아해 허물을 자초했다."라는 기록도 같은 맥락에서 해석할 수 있는 소지가 다분하다. 그리고 죽은 후 100여년에 걸쳐 그의 행적과 명예가 거듭 삭탈·회복된 일도, 결국 이런 인식에 기초한 동인세력의 원한과 직결되어 있다고 할 것이다.

흥미로운 사실은, 유독 관동지방에 전승되고 있는 설화 가운데 송강을 부정적으로 그리고 있는 예들이 여러 편 있다는 점이다. 해당 설화에 등장하는 강원감사 송강은 대개 심술궂은 벼슬아치로서, 산에 혈(穴)을 지르거나 동네를 망하게 만드는 존재다. 그리하여 마침내 말에서 떨어져 다치거나, 벼랑에서 떨어져 강물에 빠져 죽는 등 부도덕한 인물로 그려지고 있다.

이런 설화들은 우선 그의 나이 45살이던 해(1580·선조 13년)에 강원도 관찰사로 나아가 봉직한 적이 있기 때문에 생겨난 것일 터다. 그런데 좀더 깊이 생각해 보면, 이런 설화들 역시 그의 고집스러운 성격의 일면을 은연중 반영하고 있는 것이 아닌가 생각된다. 요컨대 벼슬아치의 '고집스러움'이 민중들의 감정 속에서는 '심술궂음'으로 이해된 결과로 볼 수 있기 때문이다. 말하자면, 송강이 강원도 관찰사로 부임하여 선정을 펴는 데 강한 의지를 보인 것은 사실이지만, 풍속을 교화하고 사회 질서를 바로잡는 과정에서 모든 것을 엄격하게 시행·처리했기에, 더러 민심이 불안한 쪽으로 동요되어 이와 같은 설화들이 생겨난 게 아닐까 생각한다.

그런 면에서, 왕조시대에 있어서 충신은 무엇보다도 적극적인 선정의 의지를 가지고 더불어 잘 사는 사회를 만드는 데 헌신하는 인물을 가리킨다고 할 수 있다. 그리하여 위로는 정치를 바로 세워 임금의 덕을 드높이고, 아래로는 백성들이 윤택한 삶을 누릴 수 있도록 제반 여건을 조성하는 일을 중요한 책무로 삼는다. 한 마디로 경국제민의 이념을 실천에 옮기는 데 충실한 사대부다.

송강은 이런 충신 가운데 한 사람이었다. 조정에 있을 때에는 충직한 신하의 도리를 다하기 위해 누구보다도 적극적으로 행동했으며, 강원·전라·함경도 관찰사를 두루 역임할 때에는 어질고 현명한 목민관으로서의 역할을 수행하는 데 충실했다. 정치에 뜻을 두고 경국제민의 이념을 실천에 옮기는 데 스스로 정성을 다한 인물이기도 했던 것이다.

송시열은 그가 지은 송강의 「신도비명神道碑銘」에서, "마음은 호수같이 맑고, 기질과 절개는 대나무같이 푸르셨다."라고 한 바 있다. 일찍이 궁중에서 벌어진 경양군 사건만을 두고 보더라도, 어떻게든 자신의 사촌형을 살리려는 명종 임금의 부탁도 듣지 않은 송강이었다. 어린 시절 궁중에서 함께 어울려 놀기까지 한 명종의 간곡한 부탁이었는데도 이를 끝내 거절하고 원칙대로 처리하였으니, 송시열의 말이 아니더라도 그 대쪽같은 품성은 짐작하고도 남는 바가 있다.

사실 송강은 부정적인 평보다는 긍정적 평을 더 많이 듣는 사람이다. 당대는 물론이요, 오늘에 이르기까지 그래왔다. 그를 평할 때 늘 상 따라 다니는 말은 '아량이 적고 고집스러운 것이 병통이지만, 충직하고 맑고 절개있고 떳떳하다.' 라는 말이다. 그리하여 쉽게 만나보기 어려운 충신을 일컫는 '봉황의 대열에 드는 한 마리 수리요, 전당 위의 사나운 범'이라는 평까지를 받았다. 특히 율곡이 그렇게 말했고 선조 임금이 더욱 분명하게 인정했다. 한 마디로 '대쪽같이 곧고 강직한 충신'이라 일컬을 수 있을 것이다.

명분과 절개와 의리, 줄여 말해 '올곧고 떳떳함'은 옛부터 사대부들이 목숨처럼 여기던 신념이다. 특히 벼슬길에 나아가 있는 경우에는 다른 어떤 것으로도 대치할 수 없는 가치라고 여겼던 것이 선비사회의 통념이었다.

49살인 1584년(선조17년) 2월, 송강은 대사헌에 제수된다. 그러나 동인세력에서 그를 못마땅하게 여겨 자꾸 헐뜯는 말을 하자, 임금께 글을 올려 사직을 청한다. 이 때 선조는 회답하는 글에서 다음과 같이 말한다. "자신은 의로운 충성을 자부하는데, 뭇 사람들이 함께하지 않고 혼자서 과감히 말하니, 다른 사람은 어려운 일이다." 그리고는 사직하지 말라 하였다. 선조은 다른 자리에서 또한 "정철의 사람됨은 그 마음이 바르고 그 행실이 모가 나되, 오직 그 혀가 곧기 때문에 시속에 용납되지 못하고 사람들에게 미움을 받는 것일 따름이다."라고 말하기도 했다. 모두 송강의 '올곧고 떳떳한' 기질을 지적하고 인정한 말이라고 할 수 있다.

이와 같은 송강의 품성과 행적을 긍정적으로 평가하는 시각은 후대에 이르러서도 크게 달라지지 않는다. 그가 죽은 후에도 여전히 지속된 당쟁의 여파로 여러 차례 명예와 관작이 삭탈·회복되는 우여곡절을 겪기는 했지만, 실로 100여년만에 이 일에 종지부를 찍으며 숙종 20년(1694년)에 내려진 다음의 「제문祭文」에서 그 단면을 확인할 수 있다.

    경과 관련된 일의 처음과 끝을 헤아려 보건대, 지금 100년의 세월이 넘는다. 그 동안 진실이 굽혀졌다 펴진 일이 무릇 몇 번이나 되었던가.

경의 일이 굽혀졌을 때면 소인들이 뜰에 가득했고, 경의 일이 펴졌을 때면 교화가 다시 펴진 날이었다. 세상이 이와 같았으니, 그 사람됨을 알 수 있도다.

또 경같은 큰 절개는 옛적에도 역시 드문 일이었으니, 맑고 밝고 곧고 바른 심성 위에 학문을 더하였도다. 지조는 소나무요 대쪽같았고, 자질은 얼음이요 옥과 같았다. 윗대의 어진 임금들께서 그 공적을 높이 기리셨고, 크고 어진 선비들이 추앙하였다. 간악한 사람들과는 그 냄새와 맛이 크게 다르니, 비록 무함을 입은들 무슨 손상이 있으리오. 다만 그 정직만을 보일 뿐이로다.

어떻게 해야 경같은 이를 얻어 나의 정승을 삼을꼬.

그간의 우여곡절과 송강의 사람됨을 칭송하며 명복을 빈 글이다. 생전에 빛났던 송강의 품성과 행적을 높이 기리고 있음을 새삼 확인할 수 있다. 특히 마지막에 보이는 '어떻게 해야 경같은 이를 얻어 나의 정승을 삼을꼬.' 라는 말 속에는, 송강에 대한 후대의 평가가 집약되어 있다고 하겠다.

요컨대 한 시대의 정치가이기도 했던 송강은, 그가 활동하던 시기에 휘몰아친 당쟁의 소용돌이와 관련해 여러 가지 평을 받는다. 그러나 강직하고 의로운 기질로 나라 일을 걱정하고 백성들의 삶을 보살피는 데 있어서 만큼은, 다른 어떤 정치가보다도 정성을 아끼지 않은 사대부였다. 신독재 김집(愼獨齋 金集:1574~1656)은 그가 지은 송강의 「행장行狀」에서, "송강이 대사헌으로 재직할 무렵 시중 사람들이 다 말하기를, '이이·정철 두 대부가 사헌부에 있게 되면서부터는 각 관청에 불법수탈이 없어졌다.' 고 하였다."라는 말을 남기고 있다. 이와 같은 단면이 그 실례라 할 것이다.

영원히 살아 숨쉬는 시인

아무리 그렇다 하더라도, 송강은 우리에게 정치인으로서보다는 시인으로 기억되고 있다. 벼슬이 좌의정에까지 올랐으니 정치 방면에도 큰 이름을 남긴 것은 사실이지만, 시조·가사·한시 등 당대 시문학 전 장르에 걸쳐 그만큼 탁월한 작품을 남긴 이를 다시 찾기는 어렵기 때문이다.

그런 면에서 역사적으로 송강만한 정승은 적지 않지만, 그만한 시인은 우리 문학사 전체를 통해 몇 사람 되지 않는다. 대대로 우리말 문학의 최고봉이라는 평가를 받아왔던 4편의 가사와, 그 문학성이 가사에 결코 뒤지지 않는 80여 수의 시조, 그리고 삶과 사회와 자연에 대한 심상을 다채롭게 형상화한 700여 수의 한시가 그것을 잘 말해 준다.

송강은 당대로서는 드물게 한문문학과 국문문학 모두에 두루 능통한 문인이었다. 그가 한문문학에 능통했다는 사실은 어쩌면 당연하다. 당대 동아시아 문명권 내에서 통용되던 공동의 문장언어가 바로 한문이었다는 사실을 감안할 때, 송강만한 시인이 그저 뒷전에서 맴돌지는 않았을 터기 때문이다. 그러나 이와 동시에 일상에서 사용하는 구두언어, 즉 민족어로 이룩한 국문문학에 있어서도 그 만큼 통달한 문인을 찾기란 어렵다. 송강에 대한 역사적 평가는 실로 이 점에 있어서 다른 모든 것을 덮고도 남음이 있다.

송강은 그가 생존·활동하던 당대의 문학양식들을 다양하게 활용하여 탁월한 서정의 세계를 열어 놓았다. 그가 열어 놓은 서정의 세계는, 감각적인 시선과 청신한 언어를 통해 때로는 활달·호방한 정서로, 또 때로는 섬세·애절한 정서로 표출된다. 그런가 하면, 지극히 현실적인 삶의 모습들을 생생하게 그려내기도 하고, 시원스럽게 날아올라 탈속의 경지를 분방하게 노래하기도 한다. 거기에 풍토성에 바탕을 둔 토속적 정서를 형상화하는 데 있어서는 또 얼마나 절실한가.

그러면서도 송강의 작품들에는 매사 적극적이고 집착이 강한 그의 품성과 다정다감한 기질에서 연유하는 인간적인 풍모, 그 다사로움만큼은 공통적으로 배어 있다. 그의 문학 세계는 이처럼 다채로우면서도 감동적이다. 송강을 위대한 시인으로 일컬을 수 있는 것은 바로 이와 같은 풍부한 개성과 경험적 진실성에서 우러나는 감동에 있다고 할 수 있다. 그리하여 우리에게 보편적 공감의 세계를 열어 놓은 데 있다고 할 수 있다.

특히, 우리말로 된 송강의 시가들은 미적·정서적 체험을 훨씬 더 깊고 감칠맛나게 한다. 이는 무엇보다도 우리의 일상어를 무리없이 사용하여 독특한 표현 효과를 거두고 있기 때문일 것이다. 그만큼 송강은 언어감각이 뛰어났다는 말이기도 하다. 언어는 우리의 사고와 정서를 담는 그릇이라고 할 수 있는데, 송강의 뛰어난 언어감각은 우리말 표현에 담긴 사고와 정서를 한층 차원높은 단계로 끌어올려, 거기에 예술적 미감이 깃들게 했다. 이 점이 바로 송강의 위대한 시인으로서의 자질이자, 시대를 뛰어넘어 감동을 주는 직접적인 요인 가운데 하나라고 할 것이다.

그래서인지 특히 노래로 불려질 수 있는 송강의 우리말 시가 작품들은, 그가 생존·활동하던 당대는 물론이요, 죽은 후에도 많은 사람들의 애호 속에 애창되었다. 그 가운데서도 후대 사람들의 평이 집중되고 널리 칭송을 받아 온 작품들은 가사다. 말하자면 그의 문학 가운데서도 가사 작품이야말로 '압권'이었던 것이다.

대대로 송강문학이 누린 성가를 살필 수 있는 기록들과, 저명한 문인들에 의해 이루어진 평을 몇 가지 들어 보기로 하겠다.

청신하기 으뜸이라 「관동별곡」은,	關東歌曲最淸新
악부에 전해 오길 하마 오십년.	樂府流傳五十春
그 문채 그 풍류 아득하여라,	文采風流今寂寞

세상에 귀양왔던 신선이었지.   世間誰見謫仙人

    청음 김상헌(淸陰 金尙憲:1570~1652)이 지은「관동 안렴사 윤이지에게 주다贈關東安使尹履之」라는 7언절구다. 모두 4수로 되어 있는데, 그 가운데 세 번째 수다.
    「관동별곡」의 뛰어난 문학성을 '청신'으로 함축하면서, 노래하는 이들 사이에서 널리 애창되어 온 것이 '하마 오십년'이라고 했다. 그러면서 그 아름다운 언어와 그윽한 운치를 아련히 느끼노라니, 분명 '세상에 귀양왔던 신선'이 아니고서는 그처럼 탁월한 '문채와 풍류'를 지니기 어려울 것이라고 감탄하고 있다.
    송강이 세상을 뜬 해가 1593년이니, 김상헌으로서는 생전의 송강을 만나보기도 했을 터다. 그래서 더욱 감회가 깊지 않았을까 생각된다. 어떻든 송강의 작품들이 당대 이후 대단한 성가를 누렸음을 헤아릴 수 있는 예 가운데 하나라 할 것이다.

    빈 산에는 잎 지고 비는 우수수,   空山木落雨蕭蕭
    상국(相國)의 풍류 이리도 적막한가.   相國風流此寂廖
    슬프다 한 잔 술 다시 올리지 못하니,   惆悵一盃難更進
    예전에 부르던 노래 오늘을 말함인가.   昔年歌曲卽今調

    석주 권필(石洲 權韠:1569~1612)이 지은 「송강의 무덤을 지나는 감회 過松江墓有感」라는 7언절구 2수 가운데 한 수다. 권필은 송강의 문인 가운데 한 사람이기도 하다.
    쓸쓸한 무덤으로 남은 시대의 문인이자 풍류인인 송강을 회상하면서, 인생의 허무와 비애를 담담한듯 격조높게 노래하고 있다. '빈 산에는 잎 지고 비는 우수수'에 담긴 무덤 주변의 분위기가 이어지는 '이리도 적막한가.'에 와서 애절한 심사로 무르녹는다. 그리하여 송강을 기리는 정이 간절하게 배어 나온다.
 이같은 심회로부터 '한 잔 술 다시 올리지 못하는' 비애가 다시 샘솟으며, '예전에 부르던 노래'가 문인 권필의 귓전을 맴돈다. 「장진주사」의 '어욱새 속새 덥가나모 백양 수페 가기곳 가면, / 누른 해 흰 달 가는 비 굴근 눈 쇼쇼리 바람불 제, / 뉘 한 잔 먹쟈할고.'와 같은 구절일 것이다. 권필은 이 시를 당대 노래 잘 하기로 이름난 양이일楊理一이라는 사람에게 주었다고 한다.

강가에서 누가 「미인사」 부르는고,	江頭誰唱美人辭
외로운 배에 달 지는 바로 이 때에.	正時江頭月落時
서글퍼라 임 그리는 끝없는 마음,	惆悵戀君無限意
이 세상 아씨들만 하마 알 뿐이라네.	世間唯有女郎知

 동악 이안눌(東岳 李安訥:1571~1625)이 지은 「송강가사를 듣고서聽松江歌詞」라는 7언절구다. 이안눌은 앞의 권필과 같은 시대 사람으로서, 그와 쌍벽을 이루는 시인으로 일컬어졌던 사람이다.
 '외로운 배에 달 지는' 밤, 강가에 앉았노라니, 어디선가 송강의 「미인사」를 부르는 여인의 가냘픈 노랫소리가 들려온다. '임 그리는 끝없는 마음'이 참으로 서글프게 가슴에 와 닿는다. 그리는 '임'이야 각기 다르겠지만, 애달픈 정한은 모두 한 가지리라. 눈물에 젖은 그 때의 일들을 누가 얼마나 기억하겠는가. 저렇듯 애절하게 노래부르는 '이 세상 아씨들만 하마 알 뿐'일지니.
 송강의 생애와 그의 작품을 두고 노래한 위의 권필과 이안눌의 시는 후대 문인들에 의해 자주 화제에 올랐다.

 두 작품 다 정송강을 위해 지은 것으로, 모두 절창이어서 세상에서 감히 경중을 따지지 못한다. 대체로 권필의 첫 구 '빈 산에는 잎 지고 비는 우수수'는 마치 옹문(雍門:거문고의 귀재)의 거문고 소리가 홀연히 사람의 귀를 놀라게 하여 눈물을 흘리지 않는 이가 없게 하는 듯하다. 그리고 이 안눌의 마지막 구 '이 세상 아씨들만 하마 알 뿐이라네'는 마치 적벽(赤壁:소동파가 「적벽부」를 지은 명승지)의 퉁소 소리가 실낱같이 끊이지 않아 무한한 뜻을 머금은 듯하다. 비록 우열을 가리기 어려우나, 격조는 권필이 낫다.

차운로(車雲輅:1559~?)의 평이다. 이 글은 홍만종(洪萬宗:1643~1725)의 『시화총림詩話叢林』에 수록된 남용익(南龍翼:1628~1692)의 『호곡만필壺谷漫筆』 가운데 들어 있다.

두 작품 모두 송강을 기리는 뜻을 담고 있다고 하면서, 각각의 특성을 '옹문의 거문고 소리'와 '적벽의 퉁소 소리'에 비유하여 평하고 있다. 권필의 시가 서슬픈듯 간절한 정을 담고 있는 데 비해, 이안눌의 시는 처량한듯 무한한 뜻을 머금고 있다는 것이다. 그러면서 '격조는 권필이 낫다.'고 했다. 물론 두 작품 모두 송강의 삶과 행적을 감동적으로 기린 절창이라는 점에서는 차이가 없다.

송강의 작품들이 후대 사람들에게 얼마만큼 널리 애창되는가를 살필 수 있는 좋은 본보기로 다음 작품을 들 수 있다.

칠아는 이미 늙고 석아는 죽어,	七娥已老石娥死
오늘날 명창은 옥아 뿐이로세.	今代能歌號阿玉
대청마루에서 「미인사」 부르나니,	高堂試唱美人辭
인간 세상 노래가 아닌 듯하네.	聽之不似人間曲

이안눌의 『동악집東岳集』에 실려 있는 「옥아가 고인이 된 인성부원군 정송강의 사미인곡을 노래부르는 것을 듣고聞玉娥歌故寅城鄭松江思美人曲」라는 7언절구 2수 가운데 한 수다.

역시 당대의 명창 가운데 한 사람인 '옥아'의 「미인사」를 듣고, '인간 세상 노래가 아닌 듯하다.'라고 했다. 그처럼 아름답고 구슬퍼, 심금을 울린다는 뜻일 것이다. '옥아' 외에도 '칠아'·'석아' 등이 등장하는 것으로 보아, 송강의 작품들이 대대로 애창되었음을 잘 알 수 있다.

한편, 송강의 작품들에 대한 후대인들의 평은 그 모두를 헤아리기 어려울 만큼 여러 사람들에 의해 이루어졌다. 그 다양한 평들 가운데서도 가장 널리 알려져 있는 것은 김만중의 『서포만필』에 나오는 평이다. 번거로움을 피하기 위해 이 『서포만필』의 경우만을 들고, 그 평의 실상을 살펴보기로 하겠다.

송강의 「관동별곡」과 「전후미인가」는 우리나라의 「이소離騷」다. 그런데 한문 표현으로는 그 특성을 모두 옮겨 놓을 수 없는 까닭에, 오직 음악하는 무리들이 입으로 서로 전수하거나 국문으로만 전한다. 어떤 이가 7언시로 「관동별곡」을 번역해 보았으나, 아름다울 수가 없었다. 어떤 사람은 택당(澤堂:이식)이 젊었을 때 이 7언시를 지은 것이라고 하지만, 그렇지 않다.

구마라습鳩摩羅什이 말하기를 "천축(天竺:인도)의 풍속에서는 문文을 대단히 숭상하는데, 그들의 찬불讚佛 가사는 지극히 화려하고 아름답다. 이제 그것을 한문으로 번역해 보니, 다만 그 뜻[意]을 얻었을 뿐 그 표현의 묘미[辭]는 얻지 못했다."라고 했다. 이치가 그럴 수밖에 없다.

사람의 마음이 입을 통해 나타난 것이 말이고, 말에 절주(節奏:소리의 곡절과 변화)가 있는 것이 가歌·시詩·문文·부賦다. 여러 나라의 말이 비록 같지 않으나, 참으로 말을 잘 하는 이가 있어서 각기 고유의 언어를 가지고 절주하기만 하면, 모두가 충분히 천지를 움직이고 귀신에 통할 수 있다. 중국인의 한문 표현만이 그런 것은 아니다.

지금 우리나라의 시문詩文은 고유언어를 버리고 다른 나라의 말을 배워서 쓴 것이다. 그러니 설령 십분 비슷하게 그려낸다 하더라도, 이는 다만 앵무새나 구관조가 사람의 말을 흉내내는 것에 지나지 않는다. 그런데, 여항 간에 나무하는 아이들이나 물긷는 아낙네들이 에헤야 데헤야 하면서 화창和唱하는 것은, 비록 비루하고 속되다고야 할 지 모르지만, 만약 그 진위眞僞를 따진다면 참으로 학사·대부들의 이른바 시부詩賦라고 하는 것들과 함께 논할 수 없는 것이다.

하물며 이 세 별곡은 하늘로부터 부여받은 자질이 저절로 퍼지고 세속의 비리함이 없으니, 말할 나위가 있겠는가. 자고로 우리나라의 참된 문장은 다만 이 세 편 뿐이다. 그러나 더 나아가 세 편에 대해 논한다면, 「후미인」이 더욱 뛰어나다. 「관동·전미인」은 오히려 한문 어구를 빌어서 그 빛을 꾸미었기 때문이다.

위 김만중의 평은 크게 보아 송강가사가 '우리나라의 「이소」'라는 것, '한문으로 번역하면 그 뜻[意]만을 드러낼 뿐 표현의 묘미[辭]까지를 그려내지는 못한다.'는 것, 그리고 '하늘로부터 부여받은 자질이 저절로 퍼지고 세속의 비리함이 없다.'는 것 등의 세 가지로 요약될 수 있다. 그리고 이 세 가지 측면은 서로 긴밀한 연관을 맺고 있는 것으로 보인다.

먼저, 김만중이 송강가사를 '우리나라의 「이소」'라고 한 데에는, 다음과 같은 두 가지 측면이 신중히 고려된 것으로 보인다.

하나는, 「이소」에 담겨 있는 주제적 성격 – '충군애민' 혹은 '충신연주지사'로서의 성격이, 송강가사의 경우에도 잘 형상화되어 있다는 점을 지적한 것으로 볼 수 있다. 굴원이 지은 「이소」는 중국의 경우 경經으로까지 숭상되며 시대를 관류해 왔으며, 우리나라에서도 역대 유가들에 의해 '충신교과서'로 간주될만큼 큰 영향력을 행사해 왔다. 따라서 이같은 주제적 측면에서의 공통점은 송강가사를 「이소」와 우선적으로 대비할 수 있는 면모일 것이다.

다른 하나는, 「이소」가 중국 남방의 아름다운 민요 형식과 운율을 살려서 그들 특유의 정서를 잘 형상화해 냈다는 사실에 주목할 때, 송강가사 역시 우리말의 특성을 십분 살려서 우리 고유의 정서를 생명감 있게 형상화하고 있다는 점을 지적한 것으로 보인다. 말하자면, 두 작품 모두 자국어의 특성을 잘 살려서 민족 고유의 정서와 정감의 세계를 각기 형상화하고 있다는 측면에서의 공통점을 대비한 것이라고 할 수 있다.

그래서 김만중은 이어지는 평을 통해 우리말과 한문으로 된 표현의 차이점을, '번역하면 그 뜻만을 드러낼 뿐 표현의 묘미까지를 그려내지는 못한다.' 라고 지적했다. 언어가 다르면 당연히 생각하는 방식이나 내면의 감흥을 형상화하는 방식이 달라, 그 미적·정서적 체험이 다를 수밖에 없다는 것이다. 설사 '십분 비슷하게 그려낸다 하더라도, 이는 다만 앵무새나 구관조가 사람의 말을 흉내내는 것' 에 지나지 않을 것이기 때문이다.

그런 의미에서 김만중이 말하는 '사辭' 는 단순히 수사적修辭的 차원에서의 표현 기법만을 의미하는 것이 아니라, 표현 언어 속에 배어 있는 독특한 정서를 형상화하는 것을 의미한다고 할 수 있다. 다시 말해, 모든 나라의 시가는 각기 고유의 정서에서 우러나오는 맛과 향기를 가지고 있으므로, 이를 다른 나라의 말로 옮긴다면 그 내밀한 아름다움, 즉 '표현의 묘미' 를 잃게 된다는 것이다. 따라서 자국어의 특성을 잘 살려서 표현한 작품이 참된 가치를 지닌다는 것은 '이치가 그럴 수밖에 없는' 당연한 귀결인 셈이다.

나아가 김만중은 송강가사의 문학성을 '하늘로부터 부여받은 자질이 저절로 펴지고 세속의 비리함이 없다.' 라고 지적하면서, 우리말로 이루어진 문학 작품 가운데 그 유례를 찾기 어려운 예술성을 지니고 있음을 강조해 마지 않았다. 여기에서 '하늘로부터 부여받은 자질이 저절로 펴져 있다.' 라는 말은 작품 전반에 걸쳐 시상의 전개가 매끄러우면서도, 개별적 정황에 따른 작자의 정서 표출이 매우 자연스러운 과정을 통해 이루어지고 있기에, 탁월한 시적 세련미를 갖추고 있다는 뜻으로 풀이된다. 또 '세속의 비리함이 없다.'라는 말은 일상적 삶의 현실에서 제기되는 각박함이나 거칠고 속된 면이 드러나 있지 않음으로 해서, 온아한 느낌을 준다는 사실을 강조한 것으로 보인다.

이렇게 볼 때, 김만중의 평은 송강가사가 주제를 형상화하는 깊이, 고유의 정서를 그려내는 표현 언어의 탁월성, 시인의 천부적 자질과 개성이 돋보인다는 점 등을 근거로 '자고로 우리나라의 참된 문장은 다만 이 세 편 뿐' 이라고 못박아 말한 것으로 보인다.

이같은 김만중의 평 외에도 송강의 작품들은 대대로 수많은 문인들의 입에 오르내리면서 그 탁월한 시적 자질과 문학적 성가가 높이 평가되었다. 이런 일은 조선조 후기에까지 계속되었으니, 19세기의 걸출한 문인 영재 이건창(寧齋 李建昌:1852~1898)의 다음과 같은 시를 통해서도 그 단면을 확인할 수 있다.

어릴 때 「관동곡」 즐겨 불러서인지,	兒時愛唱關東曲
아직도 기억나네 '강호에 병이 깊어 죽림에 누웠더니'.	猶記江湖臥竹林
내 오늘 송강정 밑 지나노라니,	今日松江亭下過
강물 빛 댓잎 빛깔 이리도 서글프네.	江光竹色恨人心

「송강정松江亭」이라는 7언절구 2수 가운데 한 수다. 이미 200년이 지난 이건창 시대에 와서도 '어릴 때 「관동곡」 즐겨 불러서인지'라 하고 있으며, 작품의 시작 대목을 들어 그 구절들이 '아직도 기억난다.'라고 했다. 그러면서 송강정 밑을 지나는 감회와 함께 고인의 삶과 행적을 새삼 기리고 있다.

송강의 진가는 한문으로 된 글을 문학의 진면목으로 여기던 시대에 우리말의 아름다움과 가치를 새롭게 발견하고 세련시켜, 차원 높은 예술 언어로 끌어올린 데 있다. 그리고 이런 특성을 담은 작품들이 정서적 공감을 유발하면서 많은 사람들에게 감동을 준 데 있다. 송강을 우리말 문학이 비약적 발전을 하는 데 결정적 기여를 한 작가로 손꼽는 이유가 바로 여기에 있으며, 그가 생존·활동하던 당대의 문학인들 뿐만 아니라 오늘날의 문학인들까지도, 송강 시가야말로 이 땅의 진정한 문학일 수 있음을 주목·강조한 이유 또한 여기에 있다고 할 수 있다.

그런 면에서 우리는 송강에게 위대한 '민족시인'의 칭호를 부여해도 좋을 듯하다. 요컨대 송강만큼 우리말의 특성을 잘 살려서 민족 고유의 정서와 정감의 세계를 다채롭게 형상화한 시인도 드물기 때문이다. 뿐만 아니라 문학의 고유한 특성 가운데 하나가 '삶의 진실에 대한 인식과 아름다움에 대한 형상을 언어화하는 것'이라고 할 때, 송강은 이러한 문학의 특성을 가장 충실히 작품화한 작가 가운데 한 사람이라고 할 수 있기 때문이다.

그렇기에 송강은 그의 작품들과 더불어 우리 문학사에 위대한 시인으로 남아 있다. 영원한 생명을 지닌 채 오늘날까지도 우리 곁에서 살아 숨쉰다.

■ 글을 마치며

송강, 그 격정적 사대부 문인의 초상

    시공을 초월하여 존경받는 인물이 많은 민족은 행복하다.
    인간은 시행착오를 통해 성장하기에, 누군들 완벽한 품성을 갖출 수는 없다. 우리는 다만 사람살이의 개연성 속에서 인간의 본성을 살피고, 그들의 개성적인 사고방식과 행동을 거울삼아 내 삶의 의미를 구체화하고자 한다. 그리하여 어떤 삶이 인간성의 보편적 실현태며, 그것을 얼마만큼 자신의 피부로 공감할 수 있는가에 관심의 초점을 맞춘다. 내가 존경하는 인물의 삶에 가까이 다가가고 그렇지 않고는 다른 문제다. 인간의 다양한 삶에 관심을 기울이고 그것을 상상적으로 체험하는 것만으로도, 우리는 행복감을 느낄 수 있기 때문이다.
    그런 면에서 많은 사람들에게 공감의 여지를 열어준 삶의 주인공은 참으로 귀하고 값진 존재다. 시대적 삶의 여건이나 개성은 사람에 따라 각기 다르지만, 어떤 생각이나 느낌 또는 행동이 내 공감의 영역에 포착될 때, 우리는 인간에 대한 경험을 넓히고 삶의 의미를 되새기는 기회를 갖는다.
    따라서 그런 지평을 열어준 사람을 우리가 시공을 뛰어 넘어 존경하게 될 것은 당연하다. 인간의 삶은 대개 민족적 동질성에 기초하게 마련인데, 시공을 초월하여 존경받는 인물을 많이 가진 민족은 그래서 행복하다.

　송강의 삶과 행적을 살피면서 우리는 행복한 경험을 한다. 쉽게 틀 지우기 어려운 그의 인간적인 매력과, 강렬한 개성이 용솟음치는 문학적 감수성의 세계에 끌리지 않을 수 없기 때문이다. 따지고 보면 송강만큼 다채로운 모습을 보여주는 인물도 역사상 흔치 않다.
　송강은 타고난 기질에 충실한 삶을 산 인물이라고 할 수 있다. 타협을 모르는 강직과 의리는 지조와 신념이 넘치는 조선조 사대부의 표본을 보는 듯하다. 그래서 때로 앞 뒤 가리지 않고 행동하는 그의 다혈질적인 기질까지도 강렬한 개성의 발로로 여겨진다. 그러면서도 그는 다감한 기질과 호방한 품성의 소유자였다. 고집스럽고 개성이 강한 사람임에 틀림 없었지만, 그렇다고 매사 융통성 없이 꽉 막힌 사람은 아니었던 것이다.
　송강이라는 이름은 역시 위대한 문인의 칭호와 어울릴 때 그 빛을 발한다. 그의 문학 작품들 속에는 시대적 삶의 여건과 일상생활의 구체적 단면들이 두루 용해되어 있다. 아울러 그가 일생을 살아가면서 맞닥뜨린 크고 작은 일들에 대해 생각하고 느낀 점들이 특유의 청신한 언어로 형상화되어 있다. 일상사적 관심과 탈속의 정서를 분방하게 노래하는가 하면, 토속적 제재를 통해 우리 고유의 풍토성을 형상화하기도 하고, 섬세한 여성적 정조를 바탕으로 연군의 정을 간절하게 노래하기도 한다. 그런 면에서 송강의 문학은 그가 겪어온 삶의 기록이며, 탁월한 감성으로 짜놓은 질 좋은 비단이라고 할 수 있다.
　그리하여 작품 내부로 들어가 보면, 송강이 겪어온 삶의 기록들은 대부분 인정에 곡진하다는 사실을 실감한다. 우리가 살아가면서 겪게 되는 기쁘고 슬픈 곡절, 간절한 그리움과 애달픈 심사, 호쾌한 낭만과 섬세한 정감 등이 오롯이 담겨 있다. 그래서 그의 작품들에는 인간적 계기의 토양이 넓게 깔려 있다. 사람 냄새가 난다.

송강의 삶과 문학이 우리를 매료케 하는 것은, 이처럼 생활현실에서 경험적으로 우러나는 진실성 때문이 아닌가 생각한다. 그리고 그 경험적 진실성의 뿌리와 토양은, 요컨대 그의 다정다감한 기질과 강인한 집념으로부터 비롯된 것으로 보인다. 그리하여 다정다감한 기질은 그 자신 누구보다도 풍부한 감성을 지닌 시인이게 했으며, 또 강인한 집념은 매사 적극적인 언행으로써 현실의 풍파를 뚫고 나간 정치인이게 했다. 그가 경국제민의 사회현실에 깊은 관심과 애착을 가지고 당쟁의 소용돌이 속에서도 어떤 타협이나 망설임도 없이 자신의 뜻을 실천해 나가고자 한 것도 이같은 기질과 집념에서 비롯된 것이며, 그의 다채로운 문학 세계 역시 이러한 기질과 집념의 소산으로 볼 수 있는 것이다.

그렇기에 송강의 일생은 '격정적 사대부 문인의 삶' 바로 그것이었다고 할 수 있다. 그는 매사 적극적이고 활동적인 인물이었으며, 자신이 추구한 삶의 모든 행위에 의미와 가치를 부여하려는 의욕을 가진 인물이었다. 그의 삶이 우여곡절이 심했던 것은 이와 같은 품성과 기질이 당대 정치상황과 얽히면서 복잡다단한 문제들을 야기한 데 말미암은 것이라 하겠다.

오늘의 시대를 살아가는 사람들이 과거에 존재했던 인물의 삶이나 행적에 깊은 관심을 가지고 살피거나, 고전문학 유산에 담겨 있는 묘미와 정취를 제대로 이해·감상하기란 쉽지 않다. 이는 생활양식이나 삶의 전반적 여건이 과거와는 판이하게 달라진 데 따른 필연적 결과일 수 있기 때문이다. 따라서 지나간 시대의 인물이나 문화유산을 통해 살필 수 있는 사상과 정서들이 오늘날의 우리와 역사적으로 연계되어 있는 점은 분명하지만, 역사적 시·공의 차이에서 비롯되는 격절감이 가속화되는 추세에 놓여 있다는 사실 또한 분명하다. 이러한 추세는 한 마디로 문화의 대세이기 때문이다.

그럼에도 불구하고, 첨단 과학시대를 살아가는 우리들 대부분은 그 존재 의의와 가치에 대해 상당한 문제의식을 가지고 있다. 역사적 인물의 생애와 행적을 살피거나 문화유산을 이해 · 감상하는데 다소 어려움이 따르기는 하지만, 그렇다고 이를 쉽게 포기하지는 않는다. 그 구체적 내용들이 오늘날 우리 삶의 뿌리이자, 새롭게 일구어 나가야 할 정신의 텃밭이라는 사실을 어떻게든 느끼고 있기 때문이다. 이러한 문제의식은 이른바 '우리의 삶이 공시적 필요성 못지 않게 통시적 필연성을 지니고 있다는 점에 관한 성찰'의 결과라고 할 수 있을 것이다.

그런 면에서 특히 우리의 고전문학적 유산들은 그것을 창출해 낸 작가와 함께 이 시대 일반 독자들 가까이에 위치해 있어야 한다. 그래야만 단순한 사실 확인 작업의 차원을 넘어서서, 보다 입체적이고 의미있는 삶을 체험할 수 있는 계기를 마련할 수 있을 것이다. 아울러 몇몇 제한된 사람들만이 거기에 들어갈 수 있는 문이 아니라, 관심을 가진 많은 사람들이 들어갈 수 있는 넓은 문을 달아야 할 것이다. 그 존재 의의와 가치는 이런 계기를 통해 더욱 빛을 발할 터이기 때문이다.

이 책은 이와 같은 문제의식으로부터 집필되었다. 그리하여 송강이라는 인물을 중심에 놓고, 그의 생애와 당대 문화의 세부들을 살펴가면서, 돋보이는 그의 문학유산들을 가능한 한 수월하게 이해 · 감상하고자 했다. '고전의 대중화' 문제에 관심을 가지고, 그 구체적 접근 방안과 실례를 제시하려고 애썼다.

이 책이 사람과 삶, 문학과 역사의 의미를 느끼고 깨닫게 하는 데 다소나마 도움이 되었으면 싶다. 아울러 이 책은 글쓴이 혼자서 짓고 펴내지 않았다. 이 책을 짓는데 실질적인 힘을 실어주신 기존 연구자들, 그리고 책을 펴내기까지 격려와 정성을 아끼지 않으신 모든 분들께, 고개 숙여 감사드린다.

부록

간추린 송강 연보
송강 관련 자료 및 참고논저 목록

간추린 송강 연보

- 출생(1536) : 조선 중종 31년. 윤 12월 6일, 서울 장의동—지금의 종로구 청운동에서, 위로 형 셋과 누나 셋을 둔 막내로 태어남. 본관은 경북 영일. 고려왕조 때 현감 벼슬을 한 정극유의 12대 손. 아버지는 돈령부 판관 정유침이며, 어머니는 죽산 안씨로서 대사간 안팽수의 딸. 고조 할아버지는 병조판서, 증조 할아버지는 김제 군수를 역임했으나, 출생 당시 할아버지와 아버지는 벼슬에 나아가지 못하고 있었음.
- 유년(10살 이전) : 맏누이가 당시 세자였던 인종의 후궁 가운데 한 사람인 숙의로 입궐하고, 막내누이가 왕의 종실인 계림군에게 출가하면서, 왕실과의 혼인으로 집안이 새롭게 활기를 찾으며 펴 나감. 할아버지와 아버지에게도 벼슬이 내려짐. 궁중을 자유롭게 출입하면서, 여러 왕자들과 어울려 놀며 친교를 쌓음. 특히 훗날의 명종인 당시 경원대군과는 소꿉동무 사이로서, 정분이 매우 두터웠음.
- 10살(1545) : 인종 1년·명종 즉위년. 을사사화가 일어나 집안이 사화에 연루되면서 참혹한 화를 입음. 이로 인해 파란만장한 삶의 시발점에 서게 됨. 자형 계림군이 역모죄로 붙잡혀 처형을 당하고, 아버지는 함경도 정평으로, 맏형은 광양으로 유배됨. 송강은 아버지를 따라 유배지 생활을 했으며, 곧이어 아버지만 유배가 풀림.
- 12살(1547) : 명종 2년. 전라도 양재역 벽서사건이 터지면서 다시 을사사화의 여파가 집안에 휘몰아침. 아버지는 경상도 영일로 유배되었으며, 맏형은 다시 붙잡혀 와 매를 맞고 함경도 경원으로 귀양가는 도중 32살의 나이로 요절했고, 둘째 형은 과거를 준비하다가 벼슬길에 환멸을 느껴 처가가 있는 전라도 순천으로 은거함. 송강은 다시 아버지를 따라 유배지 생활을 함.
- 16살(1551) : 명종 6년. 왕실의 대를 이을 왕자(훗날의 선조)가 태어나, 아버지가 사면을 받아 유배에서 풀려남. 송강은 아버지를 따라 담

양 창평의 당지산 기슭으로 옮겨와 살게 됨. 이후 27살의 나이로 벼슬 길에 나아가기 전까지 10년여 동안 이곳에서 송순·임억령·김윤제· 김인후·양응정·기대승 등 당대 기라성같은 학자·문인들을 스승으 로 모시고 수학하였으며, 김성원·고경명 등과 교유하며 성장함.

- 17살(1552) : 명종 7년. 김윤제의 주선으로 문화 유씨와 결혼함.
- 21살(1556) : 명종 11년. 율곡 이이와 처음 만나 교우의 도를 정함.
- 26살(1561) : 명종 16년. 진사시에서 장원을 차지함. 적어도 이 해 이전에 이미 우계 성혼과 교우의 도를 정함.
- 27살(1562) : 명종 17년. 문과 별시에서 장원급제함. 성균관 전적 겸 지제교를 거쳐 사헌부 지평에 임명됨. 순조롭게 출발한 벼슬길이었으 나 명종 임금의 사촌형 경양군의 옥사사건을 맡아 처리하면서 명종의 부탁을 거절함으로써, 수 년 동안 좋은 벼슬길에서 소외됨. 이후 30살 때까지 형조·예조·공조·병조의 좌랑을 거쳐, 공조·예조의 정랑에 제수됨. 요직에 나아가지 못해 능력을 제대로 발휘할 기회를 얻지 못 하였음.
- 30살(1565) : 명종 20년. 한 달여 동안 경기도사에 제수됨.
- 31살(1566) : 명종 21년. 형조정랑, 성균관 직강, 사간원 헌납, 사헌 부 지평 등역임. 1월에 형조정랑 자격으로 궐정에 참여하여 을사사화 에 연루된 선비들의 무고함을 밝혀줄 것을 건의함. 3월에 인조의 귀인 이었던 맏누이의 상을 당해 곡함. 9월에 북관어사로 나아가 함경도를 순시함. 도중에 우연히 시조 한 수를 짓게 되는데, 그 내용이 명종의 죽 음을 예언하고 있다 하여 오래도록 화제가 됨. 10월에 홍문관 부수찬 에 제수되어 처음으로 홍문관에 들어감.
- 32살(1567) : 선조 즉위년. 벼슬살이에 새로운 전기를 맞음. 10월에 이르러 을사사화에 무고하게 연루된 인사들이 석방되고 명예가 회복 됨. 아버지 판관공의 직첩이 다시 회복됨. 11월에 홍문관 수찬에 임명 됨. 직후 율곡과 더불어 호당에 선출됨.
- 33살(1568) : 선조 1년. 3월에 이조좌랑의 요직에 임명됨. 6월에 원 접사 박순의 종사관이 되어 시 재주를 발휘함.

· 34살(1569) : 선조 2년. 5월에 홍문관 수찬, 교리, 지평에 제수됨. 이
   즈음 조정의 요직을 차지하고 있던 기존세력들이 사림계 인물 17인을
   논죄하고 조정에서 내쫓으려 하자, 임금 앞에 나아가 그들을 통렬히 논
   박함.
· 35살(1570) : 선조 3년. 교리, 예조정랑을 역임함. 4월에 부친상을
   당하여 경기도 고양군 신원에서 37살(1572) 되던 해 6월까지 2년여에
   걸쳐 시묘살이를 함. 이 때 모든 의례와 절차를 스승과 벗들에게 물어
   예에 조금도 어긋남이 없게 함으로써, 주위의 큰 칭송을 받음.
· 37살(1572) : 선조 5년. 7월에 시묘살이의 복을 벗고 벼슬길에 나아
   가 직강, 이조정랑, 의정부 검상 및 사인, 사간원 사간 등을 역임함.
· 38살(1573) : 선조 6년. 홍문관 전한, 사헌부 집의, 군기시정 등을 역
   임함. 4월에 모친상을 당하여 경기도 고양군 신원에서 40살(1575) 되던
   해 5월까지 약 2년 동안 시묘살이를 함. 이 때에도 예를 다하여 주위의
   큰 칭송을 받음.
· 40살(1575) : 선조 8년. 6월에 시묘살이 복을 벗고 벼슬길에 나아가
   내자시정, 사인으로부터 홍문관 직제학, 성균관 사성, 사간 등을 역임
   함. 이 무렵 동서분당에 따른 당쟁의 소용돌이가 본격화되기 시작함.
   서인의 주요 인사로서 동인과 대립함. 그러다가 마침내 율곡에게 조정
   의 화합을 맡기고 담양 창평으로 낙향함(첫번째 낙향). 이 소식을 들은
   선조가 장차 크게 등용하겠다고 하면서 만류했으나 끝내 낙향을 택함.
   이로 인해 이 해 10월 이후 42살(1577) 되던 해 10월까지 약 2년간 주로
   창평에서 생활함. 낙향 기간 중에 선조로부터 계속해서 여러 관직을
   제수받지만, 모두 응하지 않음.
· 42살(1577) : 선조 10년. 11월에 계림군에게 출가했던 막내 누님이
   죽자 고양군 신원에 와서 지냄. 같은 달에 인성왕후(인조의 왕비)가
   세상을 뜨자, 대궐에 들어가 상에 임함. 이어 송익필을 만나 거취를 상
   의하기도 함.
· 43살(1578) : 선조 11년. 5월에 통정대부 승정원 동부승지 겸 경연
   참찬관 춘추관 수찬관으로 승진되어 다시 벼슬길에 나아감. 11월에 사

간원 대사간에 제수되나, 그 즈음에 벌어진 진도 군수 이수의 뇌물사건 옥사 처리 문제로 동인들의 공격을 받아 탄핵을 입고 직무가 바뀜. 12월에 성균관 대사성·병조참지에 제수되지만, 이수의 옥사 이후 계속 조정에 나아가지 않음.

· 44살(1579) : 선조 12년. 5월에 형조참의, 6월에 우부승지, 8월에 동부승지에 제수되지만 역시 나아가지 않음. 당쟁의 소용돌이가 빚어낸 일련의 사건을 지켜보다가 정치 현실에 깊은 환멸을 느끼고, 그 동안 머물러 있던 서울 및 고양군 음죽을 떠나 다시 창평으로 낙향함(두번째 낙향).

· 45살(1580) : 선조 13년. 1월에 강원도 관찰사를 제수받고 다시 벼슬길에 나아감. 이 무렵 「관동별곡」·「훈민가」 등을 지음. 관찰사 임무를 수행하면서 도내 여러 폐단들을 시정·개혁하고, 영월 땅에 표석도 없이 버려진 단종의 묘를 수축하여 제사를 드리게 하며, 지방관을 독려하기 위해 「고을의 관리들을 깨우쳐 인도하는 글諭邑宰文」을 짓기도 하는 등 선정을 베풀어 강원도 내 민풍을 크게 진작시킴.

· 46살(1581) : 선조 14년. 관찰사의 외직에서 돌아와 2월에 참지, 4월에 대사성에 제수됨. 6월에 임금의 명을 받들어 정승 노수신의 사직을 윤허하지 않는다는 내용의 비답(신하의 상소에 임금이 내리는 답)을 짓게 되는데, 그 내용이 합당치 않다는 이유로 사헌부의 탄핵과 동인들의 맹렬한 공격을 받고 다시 창평으로 낙향함(세번째 낙향). 그러나 12월에 특명으로 전라도 관찰사로 임명되어, 특히 도내 세액과 부역의 실상을 조사·개혁하여 백성들에게 크게 칭송받음. 그 무렵 전라도사로 있던 조헌과 처음 만나 우여곡절 끝에 돈독한 교분을 쌓게 됨.

· 47살(1582) : 선조 15년. 9월에 임금의 특명으로 가선대부 행 승정원 도승지 겸 경연참찬관 춘추관 수찬관 상서원정 예문관 직제학에 임명됨. 12월에 예조참판에 이어 함경도 관찰사에 임명됨.

· 48살(1583) : 선조 16년. 2월에 예조참판, 3월에 특명으로 자헌대부 예조판서로 승진됨. 4월에 평소 술을 즐겨 위신을 잃는 일이 많고 승진이 너무 빠르다는 사헌부의 탄핵을 입으나, 임금이 비호함. 다시 4월에

지돈령 부사, 6월에 동지 성균관사에 이어 형조판서에 제수됨. 8월에 임금과 대면하여 교만한 동인세력의 인물들을 죄로 다스릴 것을 청하여 결국 뜻을 이룸. 다시 예조판서에 제수됨. 9월에 동인세력을 죄로 다스린 일로 계속 간원의 논핵을 입지만, 임금의 적극적인 비호를 받음.

· 49살(1584) : 선조 17년. 1월에 더없는 지기였던 율곡이 세상을 떠나자, 곡하며 애도의 시를 지음. 2월에 대사헌 겸 예문제학에 제수되며, 곧이어 찬집청 당상으로 차출됨. 8월에 지의금부사 대사헌에 제수됨. 이 무렵 임금이 총마를 특사하여 출입시에 타고 다니게 되니, 사람들이 그를 '총마어사'라고 부르기도 함. 12월에 다시 특명으로 승진하여 숭정대부 의정부 우찬성 겸지 경연사에 제수됨. 선조의 총애가 더할 나위 없이 두터운 시기였음.

· 50살(1585) : 선조 18년. 3월에 판돈령으로 직무가 바뀜. 4월에 동인세력의 인물들로부터 논핵을 입으나, 임금이 비호함. 8월에 이르러 동인들로부터 조정 내부에 파당을 만들어 나라 일을 그르치려는 무리의 우두머리로 지목되어, 그들의 공박과 사간원 및 사헌부의 논핵을 입고 마침내 그와 가까이 지내던 주변 인물들과 함께 벼슬에서 물러남. 처음에 고양을 중심으로 한 근기지방에서 생활 근거를 마련하고자 했으나, 가까이에서 계속 비방의 소리가 들려오자 결국 창평으로 낙향함(네번째 낙향). 이후 54살(1589) 되던 해 10월 초까지 4년여 동안 향리 창평을 근거지로 초야에 묻혀 지냄. 이 기간에 주옥같은 작품들을 많이 지음.

· 51살(1586) : 선조 19년. 10월에 조헌이 상소하여 이이 · 성혼 · 박순과 함께 송강을 복권시키고자 함.

· 52살(1587) : 선조 20년. 3월에 이귀가 상소하여 송강을 복권시키고자 애씀. 이 해와 다음 해 사이의 기간에 특히 「사미인곡」과 「속미인곡」을 지음.

· 53살(1588) : 선조 21년. 조헌이 재차 상소하여 송강을 복권시키고자 함.

· 54살(1589) : 선조 22년. 7월에 사암 박순의 죽음에 곡하며 추도의 시를 지

음. 8월에 맏아들 기명의 죽음으로 복을 입음. 10월에 정여립 모반사건이 적발되자, 아들의 장사를 위해 경기 고양에 올라와 있다가 대궐에 들어가 임금께 사건의 전말을 기록한 계를 올림. 선조는 충절로서 일컬으며 가상히 여김. 이어 기축옥사가 벌어지며, 11월에 특명으로 의정부 우의정에 임명되고 겸하여 옥사를 주관하는 위관이 됨. 낙향한 지 4년 여만에 다시 화려하게 중앙 정계에 복귀함.

· 55살(1590) : 선조 23년. 2월에 좌의정으로 승진함. 3월에 다시 위관을 맡아 기축옥사를 처리함. 희생을 줄이기 위해 갖은 애를 씀. 7월에 수충익모 광국추충 분의협책 평난공신을 책하고 인성 부원군에 봉해짐.

· 56살(1591) : 선조 24년. 2월에 세자 책봉 문제를 건의하다 이산해의 모해로 선조의 노여움을 사, 사직서를 올리자 체임됨. 3월에 용산촌사로 물러나 명을 기다림. 윤 3월에 이르러 평소 주색에 빠져 생활이 문란하고, 당을 꾸며 경박한 무리를 모았으며, 조정의 인사를 마음대로 휘둘렀다는 혐의로 사헌부와 사간원 양사의 논핵을 입고 파직됨. 6월에 다시 양사가 계를 올려 송강의 귀양을 청하자, 처음에는 명천으로 정배되었다가, 곧이어 진주 옮기라는 명이 내린지 사흘만에 북녘 땅 강계로 유배되어, 거처 주위에 가시울타리까지 쳐지는 혹독한 귀양살이를 함. 이 기간 중 대부분을 독서와 사색으로 보냄.

· 57살(1592) : 선조 25년. 4월 중순에 임진왜란이 일어나고, 5월 초에 유배에서 풀려나 평양에서 임금을 모심. 9월에 충청 · 호남 양호의 체찰사로 임명되어 남쪽으로 내려감. 이 무렵 조헌의 순국 소식을 듣고 제문을 지어 곡함.

· 58살(1593) : 선조 26년. 1월에 체찰의 임무를 소홀히한다는 무함을 받고 북쪽 조정으로 돌아옴. 5월에 사은사로 명나라에 가게 되는데, 출발에 임하여 임금께 글을 올려 국난에 임한 충정을 간절히 드러냄. 11월, 귀국 직후 명나라 조정에서 군사를 출동할 뜻이 없는 것이 송강의 일행으로부터 나온 거짓 보고 때문이라는 엉뚱한 무함을 입음. 이에 사면을 청하고 강화 송정촌으로 물러남. 당장 생계조차 꾸리기 어려운

상황에 직면하면서 깊은 시름을 안고 지내다가, 마침내 12월 18일 강화 송정촌 거처에서 세상을 뜸.
· 사후 : 세상을 뜬 이듬해인 1594년 2월에 경기도 고양군 신원에 장사함. 1624년(인조 2년)에 관작이 회복되었으며, 1665년(효종 6년)에 충북 진천으로 이장함. 1684년(숙종 10년)에 '문청文淸'이라는 시호가 내림. 1691년(숙종 17년)에 다시 관작이 삭탈되었다가, 1694년(숙종 20년)에 재차 회복됨.

송강 관련 자료 및 참고논저 목록

[송강 관련 자료]

경북대 대학원, 『송강별집추록유사』(석판본), 1958.
성균관대 대동문화연구원 편, 『송강전집』, 1964.
송강유적보존회, 『국역 송강집』, 제일문화사, 1988.
정운한 역, 『국역 송강집』(상·하), 삼안출판사, 1974.

국사편찬위원회, 『조선왕조실록』:「명종실록」·「선조실록」, 1973.
권필, 『석주집』, 오성사, 1984.
김만중, 『서포집·서포만필』, 통문관, 1971.
김성배 외 3인 편저, 『주해 가사문학전집』, 집문당, 1981.
박성의, 『송강·노계·고산의 시가문학』, 현암사, 1976.
방종현, 『송강가사 주해』, 정음사, 1948.
보고사 발행, 『한국계행보(지)』, 1992.
영일정씨문청공파종친회, 『영일정씨문청공파세보(전)』, 회상사, 1984.
이안눌, 『동악집』, 여강출판사, 1984.
이종은·정민 공편, 『한국역대시화유편』, 아세아문화사, 1988.
통문관 편, 『송강가사(전)』(영인), 1954.
허균, 『성소부부고』, 성균관대 대동문화연구원, 1961.
홍만종, 『홍만종전집(상·하)』(영인), 태학사, 1980.

[참고논저 목록]

국어국문학편찬위원회, 『국어국문학자료사전』, 한국사전연구사, 1995.
권용주, 「송강 정철의 시문학 연구」, 세종대 박사학위논문, 1994.
김갑기, 『송강 정철 연구』, 이우출판사, 1985.

김대행, 「송강가사와 문학교육」, 『고시가연구』2·3합집, 한국고시가문학회, 1995.
김선풍, 「전설에 나타난 정송강(Ⅱ)-위인과 구조면에서」, 『흔미 최정여 박사 송수기념 민속어문논총』, 계명대 출판부, 1983.
김신중, 「송강가사의 시공상 대비적 양상」, 『고시가연구』2·3합집, 한국고시가문학회, 1995.
김학성, 『국문학의 탐구』, 성균관대 출판부, 1987.
김흥규, 『한국문학의 이해』, 민음사, 1986.
박언곤, 『한국의 정자』(빛깔있는 책들 25), 대원사, 1989.
박영주, 「〈관동별곡〉의 시적 형상성」, 『반교어문연구』5집, 반교어문학회, 1994.
―――, 「고전문학 교육의 현실과 방향정립」, 『국어교육』90집, 국어교육연구회, 1995.
―――, 「서포가 송강가사를 '아동지이소'라고 한 것에 대하여」, 『반교어문연구』창간호, 반교어문연구회, 1988.
―――, 「송강 시가의 정서적 특질」, 『한국시가연구』 5집, 한국시가학회, 1999.
박요순, 「정철과 그의 시」, 『송강문학연구』, 국학자료원, 1993.
박준규, 「송강 정철의 누정제영고」, 『고시가연구』2·3합집, 한국고시가문학회, 1995.
―――, 「식영정의 창건과 식영정기」, 『호남문화연구』14집, 전남대 호남문화연구소, 1985.
―――, 「한국의 누정고」, 『호남문화연구』17집, 전남대 호남문화연구소, 1987.
―――, 『유배지에서 부르는 노래』, 중앙M&B, 1997.
성무경, 「가사의 존재양식 연구」, 성균관대 박사학위논문, 1997.
소쇄원시선편찬위원회, 『소쇄원시선』, 사적 304호 소쇄원, 1995.
유예근, 「송강의 산문고 1·2」, 『송강문학연구』, 국학자료원, 1993.
유홍준, 『나의 문화유산답사기』, 창작과비평사, 1993.

이두희 외 3인 편저, 『한국인명자호사전』, 계명문화사, 1988.
이민홍, 『조선중기 시가의 이념과 미의식』, 성균관대 출판부, 1993.
이병주, 『송강·고산 문학론』, 이우출판사, 1979.
이수광, 『지봉유설』, 을유문화사 세계사상교양전집 속10, 1975.
이은봉, 「송강 문학의 전기적 배경 연구」, 『송강문학연구』, 국학자료원, 1993.
이이, 『율곡전서 1·2』, 성균관대 대동문화연구원, 1978.
임어당 지음·진영희 옮김, 『소동파평전』, 지식산업사, 1987.
정민, 『한시미학산책』, 솔출판사, 1996.
정익섭, 『개고 호남가단 연구』, 민문고, 1989.
─── , 『한국시가문학논고』, 전남대출판부, 1989.
정인보, 「정송강과 국문학」, 『양명학연론(외)』, 삼성문화문고11, 1972.
정춘용, 「송강문학의 고향」, 『송강문학연구』, 국학자료원, 1993.
조규익, 「송강문학의 문학사적 위상」, 『송강문학연구』, 국학자료원, 1993.
─── , 『가곡창사의 국문학적 본질』, 집문당, 1994.
조동일, 『한국문학통사·2』, 지식산업사, 1983.
최규수, 「송강 정철 시가의 미적 특질 연구」, 이화여대박사논문, 1996.
최상은, 「송강가사에 있어서의 자연과 현실」, 『모산학보』4·5집, 모산학술연구소, 1993.
최진원, 『국문학과 자연』, 성균관대출판부, 1986.
─── , 『한국고전시가의 형상성』(증보판), 성균관대 대동문화연구원, 1996.
최한선, 「석천 임억령 시문학 연구」, 성균관대 박사학위논문, 1994.
─── , 「성산별곡과 송강 정철」, 『고시가연구』5집, 한국고시가문학회, 1998.
하겸진 지음, 기태완·진영미 옮김, 『국역 동시화』, 아세아문화사, 1995.
한국고문서학회 엮음, 『조선시대 생활사』, 역사비평사, 1996.
한국문화유산답사회 엮음, 『답사여행의 길잡이5-전남』, 돌베개, 1995.
한국정신문화연구원, 『한국민족문화대백과사전(전)』, 1992.

고집불통 송강평전

초판 1쇄 인쇄일 | 2003년 3월 27일
초판 1쇄 발행일 | 2003년 4월 2일

지은이 | 박영주
펴낸곳 | 도서출판 고요아침
발행인 | 노정자 · 정성욱

출판등록 | 2002년 8월 1일 제1-3094호
서울시 서대문구 연희동 133-1 범우빌딩 404호
전화 | 322-3673(대표)
팩스 | 322-3674
e-mail : goyoachim@hanmail.net

ISBN 89-90317-16-9 (03810)
값 13,000원

- 저자와의 협의하에 인지는 생략합니다.
- 잘못된 책은 교환해 드립니다.